国学新读本

周　易

龚留柱 注说

河南大学出版社

目　　录

序

最近一些年来，一股“国学热”的思潮强劲涌动，在文化学界以至于整个社会上，引起了强烈反响。为什么在这样一个社会的大变革时代，在从传统社会向现代社会的转型期，最为传统的国学，却能引起国人的极大兴趣，这的确是一个值得思考和研究的问题。

“国学”作为一个学术文化概念，产生于近代。从渊源上讲，“国学”概念的产生，与“国粹”有些关联，并且是从对抗西学侵入的角度提出来的。今天，中华民族早已是一个独立于世界民族之林的自立自强的民族，全球经济一体化所带来的世界文化的汇合与交融，也早已是历史发展的必然趋势，而在这样的历史大势中，却会有“国学热”的产生，乍一看来，确有不可思议之处。但实际上，国学的当代走红，则与我们今天所处的历史时代有着一定的关系。

随着改革开放的迅速推进，随着市场经济的强劲发展，传统道德受到了强烈冲击，传统文化与现代文化观念的碰撞也日益强烈。于是，如何看待传统文化的问题，就严峻地摆到了国人的面前。传统文化的出路何在，它从何而来，要走向何方，如何对之进行价值重估，一切关心文化问题、有强烈历史责任感的人们，无不把关注的目光投向中国的传统学术。当然，也不排除一些对改革开放和市场经济所带来的冲击无法理解和接受，对现代经济发展对传统道德的亵渎强烈抗议的人们，自然而然地发出向传统文化复归而倡导国学的呼声。总之，不论是出于积极的思考，还是抱着一种向后看的心态，对国学的重视则成了最近十多年来一种普遍的文化选择。

于是，对待"国学热"就需要有一个分析的态度。对于任何一个民族的发展来说，传统文化都是其牢固的根基，是其一切历史的出发点，摒弃传统、甚至全盘否定传统文化，都是幼稚可笑的，不可取的。但一遇到问题就求助于传统，甚至一味狂热地提倡向传统复归，也是走不通的，过去那句常说的"倒退是没有出路的"话，虽说不是什么至理名言，却也还是有些道理的。这些年来，一些地方出现的中小学生、甚至幼儿园小朋友的读经热，就是一种值得注意的倾向。国学，毕竟是一种学术，需要有一定的文化基础，有一定的分析批判能力，才能对之进行识读、鉴别而决定其取舍。所以，严格地说，对于国学，尤其是经学，在当代中国，需要的是研究以及在此基础上的批判继承，而不是再像传统社会中那样采取唱诗班的方式，对青少年一代进行无分析地灌输。因此，如何弘扬传统文化，就是一个需要思考的问题。

正是基于以上考虑，为了满足弘扬优秀传统文化的需要，也为了对社会上盲目崇尚读经的风气有所引导，我们组织了这套"国学新读本"丛书，选择一些在中国传统文化中影响较大的国学典籍，对之简明扼要地进行注释，然后在读本前边，用较大篇幅解读该典籍的基本思想文化内涵，评述其在中国文化史上的地位和影响，并对如何阅读该典籍做出读书方法上的引导。通过这样一个较为翔实的导读内容，以批判分析的态度，给青年人的国学典籍阅读提供一个健康的思想导向。根据这样的宗旨，这套丛书，在大的结构上，每本都分为"通说"和"简注"两个部分，"通说"是导读的性质，"简注"在于疏通文字，希望这样的安排，能够为青年朋友和一般社会读者提供一个国学入门的向导。果能如此，也就实现了撰著者和出版者的愿望。

国学所以是国学，就在于它是我们祖国优秀民族文化和民族精神的载体。这些国学典籍包含着民族文化的基因，蕴藏着民族精神的范型。衷心期待这套丛书能够成为广大读者学习国学精华、体认民族精神、继承祖国优秀文化遗产的良师益友。

李振宏

《周易》通说

虽然最初人们是将《周易》视为卜筮之书的，但它却是华夏文明最古老的文献载体之一。它的内容不但广泛涉及当时社会生活的方方面面，而且还内涵着深刻的哲理，在数千年的历史进程中，不断释放出强大的思想能量，以致被儒家列为“六经”之首，被道家置为“三玄”之冠。它又是世界上唯一由符号和文字组合而成的一部神秘“天书”，其卦、爻(yáo)的符号系统千变万化，其文辞语句艰涩难懂，虽然历代的注释疏解汗牛充栋，但依然改变不了人们对之既神往又困惑的两难心境。专门研究《周易》者号称“《易》学”，其历史源远流长，形成了林立的流派和一个无比庞杂的学术体系，其典籍有存有亡，也以千万计。这种研习《周易》的兴趣和热情，至今而不减，且有向海外异域不断弥散的态势。一部远古时代的文化典籍，为何到了今天还会有如此持久的魅力？原因就在于它的“大道之源”的性质，即不仅仅是要提供某种凝固的文化知识，而且更是作为锻炼华夏民族理论思维能力的一部教材，不断发挥而且还在继续发挥着重大的影响力。而这种理论思维能力的培养，对人类早期文明的发展来说，不啻是最灿烂夺目的一缕霞光。

一 《周易》释名

今天摆在我们面前的这部《周易》，渊源久长，它的名称最早见于《左传》庄公二十二年（公元前672年）："周史有以《周易》见陈侯者。"又有《左传》昭公七年（公元前535年）云："孔成子以《周易》筮之。"如此等等，都说明最晚在春秋前期，已经出现了《周易》这样的书籍名称。

作为上古时代的卜筮类著作之一，它因何而得名？"周易"二字何解？从汉唐至今，却有着纠缠不清的各种解释。

先看"周"字。

一说为周密、周遍、周流之"周"。唐人孔颖达《周易正义·序·论三代易名》引东汉郑玄《易论》云："《周易》者，言《易》道周普，无所不备。"这种观点与《韩非子·解老》所说"圣人观其玄虚，用其周行"是一致的。到唐人陆德明的《经典释文》就论述为："周，至也，遍也，备也，今名书，义取周普。"

一说为周代、周朝之"周"。还是孔颖达在《论三代易名》中说："《周易》称周，取岐阳地名。《毛诗》云'周原膴膴'是也。又文王作《易》之时，正在羑里，周德未兴，犹是殷世也，故题周，别于殷。以此文王所演，故谓之《周易》。其犹《周书》《周礼》，题'周'以别余代。故《易纬》云'因代以题周'是也。"

两说虽仁智互见，但还是后一种说法为胜。《国语·晋语四》韦昭注："筮史，筮人，掌以三易辨九筮之名，一夏《连山》，二殷《归藏》，三周《易》。"以"三代"配"三易"，是汉代人的普遍看法。《周易正义》孔颖达疏引郑玄《易赞》及《易论》也说："夏曰《连山》，殷曰《归藏》，周曰《周易》。"

再说"易"字，总有三义，即变易、简易、不易。《易纬·乾凿度》

云："'易'一名而含三义，所谓(简)易也、变易也、不易也。"

所谓"变易"，指的是阴阳之气，"天地不变，不能通气"，所以《周易》强调阴阳刚柔之间的"变"，所谓"穷则变，变则通，通则久"是也。从字形上看，《说文》："易，蜥易，象形。"蜥蜴善于变色，故云。《说文》还引《秘书》云："日月为易，象阴阳也。"这是说"易"字上部象"日"，下部象"月"，每天日、月都在不断地周转轮替，昭示着阴阳的演变。但实际上商周时期"易"的字形更像水杯向外溢水。郭沫若《文史论集》说："(从甲骨文、金文)可以看出'易'字是'益'字的简化"，"'益'乃'溢'之初文，象杯中盛水满出之形"。《周易》的这种"变易"之意旨，在《易传·系辞下》中已经表达得很清楚："八卦成列，象在其中矣；因而重之，爻在其中矣；刚柔相推，变在其中矣；系辞焉而命之，动在其中矣。"《周易》讲的就是一种变动的道理和哲学。

其次是"简易"。《易纬·乾凿度》说"'易'者，其德也，光明四通，简易立节"。此说让人在感觉上还是有些含混不清，也许应该从龟卜和筮占的演变史上来着眼。

中国古代曾有龟卜和筮占两种占法。龟卜指以甲骨占卜，以灼龟的兆坼(chè，裂也)变化以断吉凶。筮占指用竹策、蓍草，以揲(指分蓍草卜卦，音 shé)数的变化组合以定休咎祸福。故《左传》僖公十五年云："龟，象也；筮，数也。"《史记·龟策列传》云："摓(分而数之也，音 féng)策定数，灼龟观兆，变化无穷。"这两种方法分别由"占人"和"筮人"专掌，并行不悖，或者先卜而后筮，或者大事卜，小事筮，故有"筮短龟长"之说。

但后来二者分道扬镳，卜衰而筮显，甚至汉代以后卜龟之法不传，只剩下一本《周易》广为人知。一兴一衰的原因很多，一是古人认为龟卜的材料来源稀缺贵重，还要经过命龟、钻龟、灼龟、视兆、繇辞等多道程序，比较麻烦；而用蓍草占卦则相对简易。二是甲骨占卜的结果仅有“吉”、“凶”两种，往往比较僵硬武断，在处理社会事务上显得过于简单化。随着社会生活的日趋复杂化，人们对事物的预测需要有更丰富更多样的层次。因为筮占之法既有符号化的“象”，又有文字化的“辞”，使人们的解说更从容而富于弹性，于是后起的《周易》反而超迈龟卜更风行于世。

但这只是一种皮相的分析，其实最关键的还在于人类理性思维的进步和儒家文化的兴起使然。《五礼通考》卷 214 云：“古人先卜而后筮，《春秋传》亦云筮短龟长，此‘筮人’之官领于‘大卜’，盖古制然也。至孔子赞《易》，列于六经，而卜龟之法不传，人始重筮而轻卜矣。”《周礼注疏》卷 24 也说：“自夫子赞《易》，极著筮卦之德，蓍重而龟书不传云。”社会向前发展，使人们不仅重龟卜筮占的结果，更重其背后蕴含的道德和义理，而在这方面《周易》的优势明显，于是就发生了两种占法的隆替。

最后来看所谓的“不易”。《易纬·乾凿度》解释说：“‘不易’者，其位也。天在上，地在下；君南面，臣北面；父坐，子伏。”观察每卦六爻，“初为元士，二为大夫，三为三公，四为诸侯，五为天子，上为宗庙。凡此六者，阴阳所以进退，君臣所以升降，万民所以为象则也”。即从常体的角度看，这种或贵或贱的地位是不变的。因为《周易》论证了这种常体，故“易”就是纲常伦理永远“不易”的意思。但一个概念，往往最初源起的古朴之意才是本质的，而不是后人牵强附会出来的更复杂的说法。所以这种说法从逻辑上也很难讲通，故不取。

总的来看，《周易》名称之本义，应该还是“周朝人推出的一部筮占典籍”。筮占需要运算数学，故其突出特点就是“变易”。今人往往将其名称英译为“The Book of Changes”（“变化之书”），还是比较确切地把握了它的本质意蕴。

后来，《周易》更多地被简称为《易》，如《庄子·天下》“《易》以道阴阳”；如《论语·述而》“子曰：加我数年，五十以学《易》，可以无大过矣”。到西汉时，儒学独尊，其书被奉为经书，其学被奉为经学，于是《周易》也被尊为《易经》，《易经》就成为它更为常用的名称。

二　《易经》的结构和内容

中国现存最早的目录学著作《汉书·艺文志》，对《周易》的形成有一个“人更三圣，世历三古”的说法。即先是由伏羲氏“始作八卦”；再到周文王“重《易》六爻”，作六十四卦，创建《周易古经》。这种“古经”的名称，主要是区别于汉代以后儒家的《易经》，因为后者是包括晚出的《易传》在内的。最后在春秋时由孔子阐发《易》之义理，解“经”为“传”，完成了《易传》共七种十篇（即“十翼”）的构建。所谓“三圣”就是伏羲、周文王和孔子，所谓“三古”就是上古、中古和下古。这是传统的说法，体现了古人的一种崇圣心理。而我们今天更相信，《周易》这样一部博大精深的文化典籍，必定是由无数学者在千百年之久的长时段里，经过了一个不断酝酿和反复选择、加工、充实、整理、完善的过程，才将之由单纯的占筮之书变成了一部富于深刻哲理的文化典籍，约到秦汉后才最后定型。这并非是仅靠两三位圣人所能完成的，而一定是华夏祖先们集体智慧的结晶。

《周易》的结构是由《易经》和《易传》两大部分构成，《易经》又是由符号和文字两大系统组合而成。其符号系统包括阴阳二爻、八个“经卦”和六十四个“别卦”，其文字系统包括六十四卦的卦辞和三百八十四爻的爻辞。符号系统的宗旨在于使思想规范化、条理化、系统化、图式化，但在某种意义上它又是一个“空壳子”，需要辅助以卦辞和爻辞的文字来表述其涵义。所谓“经卦”，就是每卦由三个“爻”构成；所谓“别卦”就是由两个经卦叠合而成，或者说是由六个“爻”所构成。于是“爻”就是《周易》最基本的符号单位，也是极具象征意义的对天下万物进行概括和归类的基本元素。

（一）阴爻与阳爻

上古人通过对自然的观察，产生了素朴的阴、阳观念。甲骨卜辞有“昜日”、“不昜日”的区分，《说文》“昜，日出也”，引申为出太阳的晴天，反之就是不见太阳的阴天或者夜晚。这就有了原始的阴阳观念。《诗·大雅·公刘》云：“既景乃冈，相其阴阳。”以能否见到阳光为准，山冈的北、南可以区分为阴、阳。它再引申为气候的冷热，如《尚书·周官》：“兹惟三公，论道经邦，燮理阴阳。”调和阴阳、防止自然灾变是三公之责。再后发展出更加具有抽象性、普遍性的阴阳二气的指称，如《国语·周语上》说：“阳伏而不能出，阴迫而不能蒸，于是有地震。”等到老子说出“万物负阴而抱阳”这样的话，阴、阳已经发展成一对哲学范畴，用来解释自然和社会现象中普遍存在的既互相对立又互相依存的两个方面的力量。

《周易》正是在这样的观念背景下，发展出了以阴阳为基础的卦爻符号系统，来表示万事万物的产生和相互消长。八卦和六十四卦就是由阴（--）和阳（—）两个符号依照不同次序组合起来的，阴阳二爻就成了《周易》卦象符号系统的最基本要素。

爻分阴阳，“—”为阳爻，“--”为阴爻。《易传·系辞上传》说“爻象动乎内，吉凶见于外”；“爻者言乎变者也”。爻的本质特性就是变动。《系辞下传》也说：“爻也者，效天下之动也。”“爻”效仿着天下万事万物的运动和变化，然后被抽象化为一对符号。它们总括了天下既互相对立又互相统一的纷纭物象，其中阳爻象征积极进取的事物特性，阴爻象征消极保守的事物特性。于是阳代表天，阴就代表地；阳代表君，阴就代表臣；阳又代表日、父、男、白昼、暑热、刚强、积极、进攻等等一方面的物象，阴就代表对应的月、母、女、黑夜、冬寒、柔弱、保守、退守等等另一面的物象。

在《周易》看来，“一阴一阳之谓道”，“立天地之道曰阴曰阳”，这就是最大的易理。阴爻和阳爻效仿了天下万物的变化运动，“范围天地之化而不过，曲成万物而不遗”，具有普适性。以此为基础，经过关联思维和分类配位，从而构建出一个可以无限膨胀的庞大体系。而且，天地万物变化的内在原因，也在于阴阳二者之间的“相感”、“相摩”和“相荡”，是内在本质的矛盾运动，引起了事物的广泛联系和转化趋变。

这个阴爻和阳爻的象征符号具体是如何产生的呢？

一种看法认为它们是古人眼中太阳和月亮的象征。“**—**”的爻画为日象，“**--**”的爻画为月象，因为上古的象形“易”字，就是由上“日”下“月”的叠压而构成的。

另一种看法是男女生殖器的象征，“**—**”为男根，“**--**”为女阴。上古之人横向比类，认为自然也像人类一样，由阴阳两性交感而出，天就是“父”，地就是“母”，万物由此演生。

第三种看法是模仿龟卜的兆纹说，横直不断的兆纹和变成两段的兆纹分别为阳、阴。因此筮占与龟卜在理路上一脉相承，不过阴、阳二爻是一种更标准化的“兆”。

第四种看法是结绳说。古人在文字出现之前，曾经“结绳而治”，“**—**”像大结，“**--**”像两个小结；或者“**—**”像无结，“**--**”像有节。

第五种看法是竹节蓍草说。筮占时或用小竹棍（“策”）或用蓍草，阴爻和阳爻分别是有节和无节竹棍的符号象征；或者“**—**”像一节竹策，“**--**”像断开的竹策。

总之，以上诸说言人人殊，但都缺乏地下文物的佐证，故带有主观推测的假说性质。20 世纪 70 年代后，有学者根据考古发现的“数字卦”，提出一种新的看法，即阴阳爻画是由古代数卜的记录符号演变而来。如张政烺先生就认为，阴爻“--”和阳爻“—”分别是由“六”和“一”等数字字形演变而来。① 但学术界对此问题仍然争论很大，我们可以放在后面专门来谈。

我们可以再从易理的角度来看阴阳爻的产生。《周易·系辞上传》云：“《易》有太极，是生两仪，两仪生四象，四象生八卦。”这里的“两仪”，指的就是“天地”或“阴阳”。《易纬·乾凿度》云：“易始于太极，太极分而为二，故生天地。”郑康成注曰：“轻清者上为天，浊重者下为地。”天地指由太极化生而成的最初的物质实体，其由元气分化而成。阳气轻清上浮而为天，阴气重浊下沉而为地，故天地也就是阴阳的产物。“仪”，匹也，天地两体之仪容也。《周易》模拟宇宙太极的演化，“两仪”即两相匹配的一对事物，作为天地二体的象征，其符号就是阳爻“—”和阴爻“--”。

“两仪”之前的“太极”又是什么呢？这是《易传》关于世界万物最终本原的重要范畴，或者是产生世界万物的最高本体。所谓“本体”，即万物由它而产生，万物寂灭之后又归于它。太极又名为“太初”、“太一”、“太和”，其实就相当于后来《老子》所说的“道”。在中国古代，它既可以被解释为物质实体，也可以被解释为精神实体。如《周易注疏》卷 11 引魏晋王弼说：“夫有必始于无，故太极生两仪也。太极者，无称之称，不可得而名，取有之所极，况之太极者也。”这里的“无”似指一种精神实体。孔颖达疏云：“太极，谓天地未分之前，元气混而为一，即是太初、太一也。故老子云‘道生一’，即此‘太极’是也。”这里指的“元气”，就是一种物质实体。可见王、孔两人或者道、儒两家对“太极”的理解也并非完全一致。

《老子》云：“为天下式，常德不忒，复归于无极。”老子这种产生

① 参见张政烺：《试释周初青铜器铭文中的易卦》，《考古学报》1980 年第 4 期。

了宇宙万物的本原，无形无象，无声无色，无始无终，无可指名，故曰无极。到了宋代，朱熹将老子的“无极”同《易传》之“太极”混合起来，提出“无极而太极”的命题，完成了宋明理学的理论构建。宋人还通过对“太极”的研究，创建了“太极图”以流传后世。多帧《太极图》中流传最广的是“先天太极图”（见下图一），又称“天地自然之图”。清人胡渭云：“其环中有太极，两边黑白回互，白为阳，黑为阴。”此图主要表示阴阳二气运行之情状。

图一　先天太极图

按照战国开始流行的宇宙太极演化论，“太极生两仪”后，接着是“两仪生四象，四象生八卦”。那么何为“四象”？一般认为，四象就是春、夏、秋、冬“四季之象”。虞翻云：“四象，四时也。”张载云：“四象即乾之四德，四时之象。”因为天地为“两仪”，宇宙有了空间坐标（“上下四方曰宇”）；现在还需要有“四象”，使宇宙再有时间坐标（“古往今来曰宙”）。一年春、夏、秋、冬四季的运行，也是阴阳消长的结果。于是春为“少阳”，夏为“太阳”（老阳），秋为“少阴”，冬为“太阴”（老阴）。四象分别用两个爻的叠压作为象征符号，“少阳”是一个阴爻上面一个阳爻（⚎），“太阳”为两个阳爻上下叠压（⚌），“少阴”是一个阳爻上面加一个阴爻（⚍），“太阴”是两个阴爻上下叠压（⚏）。（见下图二）

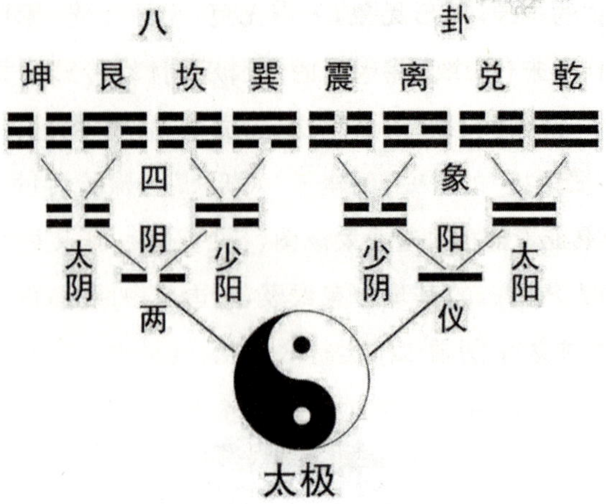

图二 太极演化图

至于“四象生八卦”的问题，我们在下面接着来谈。

（二）八卦与取象

《周易》由符号和文字两大系统组合而成，其符号系统就主要体现在卦象上。易卦都由阴爻和阳爻组合而成，由三个爻组成的为“八卦”，由六个爻组成的为“六十四卦”。八卦被称为经卦、单卦、三画卦、小成之卦等，六十四卦被称为别卦、重卦、六画卦、大成之卦等。

首先讲什么是卦？《说文》：“卦，筮也。”卦是由占筮得来的。《玉篇・卜部》：“卦，八卦也，兆也。”卦的性质就如同龟卜之兆纹，是神秘天意的昭示。《易传・说卦》：“观变于阴阳而立卦。”韩康伯注：“卦，象也。”卦象是筮者论断吉凶的凭借。“卦”还通“挂”字，《易纬・乾凿度》：“卦者，挂也，挂万物视而见之。”占筮时要按照筮法将蓍草夹挂在手指上，一边操作一边示人而成卦形。

八卦是由三个爻组成的八种基本卦形，由“四象”生发而来。其理论根据是，随着春夏秋冬的季节更替，万物就会应时而生、长、壮、老、已。于是太阴之上再生一阴或者一阳，分别得坤(☷)和艮(☶)；少阳再生一阴或一阳，分别得坎(☵)和巽(☴)；太阳再生一阴或一阳，分别得兑(☱)和乾(☰)；少阴再生一阴或一阳，得震(☳)和离(☲)。

八卦象征着四时而生万物。

八卦是《周易》的基本表象结构。《易传·系辞下》："八卦成列，象在其中矣"；"八卦以象告……吉凶可见矣"。"象"是《周易》的基本概念范畴，易理正是通过"象"表现出来的。"象"之要义有三：现象、意象和法象。现象指自然界和社会所客观存在的物象，如"天垂象"、"见乃谓之象"等等。意象指圣人仿效诸现象，再试图通过八卦和六十四卦的形式表现出来其意念，如"设卦观象"、"进退之象"、"失得之象"等等。法象指典籍《周易》中通过卦形所体现出来的"卦象"，以及通过阳爻"—"和阴爻"- -"所体现出来的爻象，如"象也者，象此者也"。现象、意象、法象三者是密切联系着的。

八卦正是通过"象"来模拟客观事物以及客观事物之间的联系和变化的。如：

☰ 乾，象征天；☷ 坤，象征地；☳ 震，象征雷；☴ 巽，象征风；☵ 坎，象征水；☲ 离，象征火；☶ 艮，象征山；☱ 兑，象征泽。

这是八卦的基本之象。古人认为天、地、雷、风、水、火、山、泽是构成宇宙的基本物象，同时八卦还象征八种事物的特性，即分别体现出一定的"卦德"。如：

"乾，健也"；其体现出"天"的刚健之德，会永不停息地运转。

"坤，顺也"；其体现出"地"的柔顺之德，会顺天而行。

"震，动也"；其体现出"雷"的震动之德，会在春天惊动万物使之复苏。

"巽，入也"；其体现出"风"的无孔不入之德，"雷风相薄"，会与震卦互相配合。

“坎，陷也”；其体现出“水”流低处之德，会形成坎陷之险。

“离，丽也”；其体现出“火”附着于可燃物之德，性质为“丽”即附着，如《彖传·离卦》云：“日月丽乎天，百谷草木丽乎土。”

“艮，止也”；其体现出“山”的稳定难移之德，性质为高山仰止。

“兑，悦也”；其体现出“泽”气洋溢、无所不在之德，性质为喜悦。

八卦又可以分成四组，如乾与坤、震与巽、坎与离、艮与兑，每组的两卦相反相成，体现了古代朴素辩证法的对立统一。当然，八卦所象征的事物并不局限于以上所说的基本之象，它往往通过类比而广取，再形成多种多样的“衍生之象”。如类比家庭，则乾为父，坤为母，震为长男，巽为长女，坎为中男，离为中女，艮为少男，兑为少女。如类比人体，则乾为首，坤为腹，震为足，巽为股，坎为耳，离为目，艮为手，兑为口。如类比动物，则乾为马，坤为牛，震为龙，巽为鸡，坎为猪，离为雉，艮为狗，兑为羊。如此等等，虽然庞杂，而且不乏穿凿附会，但基本上还是每卦基本“卦德”的延伸。如“乾为健”，乾既可象天，又可象君、父、金、玉、龙、良马、大赤等，均与刚健之义有关。八卦这样的广泛类比，使宇宙间万事万物无所不包，增加了易占的灵活度与弹性，使《周易》较之其他占法有了一个更加开放的取象系统，以之更能广泛适应社会的需求，体现出永不枯竭的思想活力。

据宋人魏了翁《周易要义》说，六十四卦之象还有一个实象和假象的问题：“实象者，若地上有水，比也；地中生木，升也；皆非虚言，故言实也。假象者，若天在山中、风自火出；如此之类，实无此象，假而为义，故谓之假也。”①这里之“假”不完全是真假之“假”，

① 魏了翁：《周易要义》卷一上《乾》，文渊阁四库全书本，台湾商务印书馆影印。

更是假借之“假”。《淮南子·说山》也说:“《易》之有象,取譬明理也,所以喻道而非道也。求道之能喻而理之能明,初不拘泥于某象,变其象也可。及道之既喻而理之既明,亦不恋着于象,舍象也可。”就是说,象只是理论分析的一种工具,象征也只是似之,不必过于认真。

八卦也可以按照其卦画数的奇、偶而分为阳卦和阴卦两种。如乾☰、震☳、艮☶、坎☵的卦画分别为三、五、五、五的奇数,故为阳卦;如坤☷、离☲、巽☴、兑☱的卦画分别为六、四、四、四的偶数,故为阴卦。

八卦还可以分别按照八方来分配方位,如乾为西北,坤为西南,震为东,巽为东南,坎为北,离为南,艮为东北,兑为西。相应八卦还可以按照一年的季节来进行时段的分配,如震、离、兑、坎分别代表春、夏、秋、冬四季,乾在秋冬之间,坤在夏秋之间,巽在春夏之间,艮在冬春之间。方位和季节是密切关联的。

朱熹在《周易本义》中曾作有《八卦取象歌》,每一个卦形都有一个形象的比喻,以方便初学易者熟记八卦的构成形式,也可以体察每组两卦之相反相成的卦象:

☰	乾三连	☷	坤六断
☳	震仰盂	☶	艮覆碗
☲	离中虚	☵	坎中满
☱	兑上缺	☴	巽下断

(三)六十四卦与卦序

仅仅有八卦是不能进行筮占的,还必须要将八个经卦两两相重叠。即每一个经卦不但要自重一次,还要与其他的七个经卦分别相重,则八个经卦分别重合八次,这样演变出来的就是六十四“别卦”。相重的方法是以某个经卦(三画卦)在下面为内卦(后卦)，再把一个经卦放在上面为外卦(前卦)，从而构成一个上下六爻的别卦。经卦自重产生的别卦共8个，还用原来经卦名称，此为“八纯卦”，它们是：乾(䷀)、坤(䷁)、震(䷲)、巽(䷸)、离(䷝)、坎(䷜)、艮(䷳)、兑(䷹)。一个经卦与别的经卦相重产生的异重别卦共56个，每卦会有一个新的卦名。如经卦的乾卦(☰)与坤卦(☷)相重，会产生别卦的泰卦(䷊)和否卦(䷋)；与震卦(☳)相重，会产生大壮卦(䷡)无妄卦(䷘)……以此类推，就产生了六十四别卦。

为什么要将八卦相重为六十四卦?《易传·系辞下》云：“八卦成列，象在其中矣；因而重之，爻在其中矣。”意思是说，阴爻和阳爻的运动变化只能存在于由六爻组成的卦体之中。《系辞上传》云：“八卦而小成，引而伸之，触类而长之，天下之能事毕也。”也就是说，从三个爻画的八卦，推演成六个爻画的六十四卦，共有384个爻的爻象和64个卦的卦象，反映了《易经》的作者们对自然界和人类社会认识的逐渐丰富和深化。如泰卦(䷊)，下乾上坤，象征天在下，地在上，其寓意是阳气上升，阴气下降，而阴阳只有上下交通，才能使人事通泰兴旺。故比起八经卦来，六十四别卦更强调两种事物之间的联系，同时它还昭示着一种完善的符号系统体系的构建完成，至此才可以应付现实中复杂的万事万物的千变万化。总之，重卦的目的还是为了占筮的需要。

六十四卦的排列有一个“卦序”的问题，它并不是随意为之胡乱排列，其中当有规律可寻。

一是从相邻的两卦来看，多以卦形的互相倒置为序，此即“反对卦”(综卦)。也就是说，前一个卦的卦形颠倒过来就是后一个卦的卦形。如屯卦(䷂)与蒙卦(䷃)，卦形颠倒，它们在六十四卦中，又相邻分别为第3卦和第4卦。又如师卦(䷆)和比卦(䷇)，也是卦形颠倒，又相邻分别为第7卦和第8卦。像这种情况的一共有28对，共56卦，即相邻两卦，后一卦是前一卦的反复(覆)倒挂。

二是另外有乾(䷀)、坤(䷁)、颐(䷚)、大过(䷛)、坎(䷜)、离(䷝)、中孚(䷼)、小过(䷽)共 8 个卦为一类型，因为其卦体颠倒过来而卦形将会不变，那就要把前一卦的六个爻进行交变，即位置并排之爻，一一阴阳互变，也就是阳爻变成阴爻，阴爻变成阳爻。此即“正对卦”(错卦)。如乾卦(䷀)反复后仍为乾，就将六个阳爻一一变成阴爻，于是成为坤卦(䷁)。乾、坤分别为相邻的第 1 卦和第 2 卦。又如颐卦(䷚)反复后仍为颐卦，于是六爻皆阴阳互变，成为大过卦(䷛)。颐、大过两卦分别为相邻的第 27 卦和第 28 卦。

以上这种情形在古书中被称作“两两相耦，非覆即变”。“两两相耦”即六十四卦可以按两个一组的方式分为 32 组。“非覆即变”就是相邻两卦的关系要么是“覆”，后一卦是前一卦的反复倒挂；要么是“变”，前一卦通过六爻的阴阳互变，成为后一卦的卦形。

三是从六十四卦的整体排列上来看，它由“乾”“坤”二卦开始，到“既济”、“未济”二卦终结，中间所经过的各个环节、各个阶段，均有相承和相受的联系，体现了世间事物由产生、发展到递进、转化的全过程。这一切，都是在六十四卦这个完整的体系内有步骤地进行的，显示了一种深刻的哲理性。比如乾(䷀)、坤(䷁)作为《易》之开端，反映天地的产生和运动，是此后世界万物“生生不息”过程发生的决定性原因。到 31 卦咸卦(䷞)象征男女，32 卦恒卦(䷟)象征夫妇，它们作为“下经”的开始，反映人类文明社会构建的基础，是由男女夫妇组成的家庭而奠定的。最后 63 卦既济(䷾)、64 卦未济(䷿)二卦作为六十四卦的结尾，一方面由既济表示一个进化过程的终结，另一方面由未济表示一个新的矛盾运动的开始，体现了一种深刻的“物不可穷，穷极而反”的辩证思维。这种六十四卦之间的联系和演变，具体可参看《易传・序卦传》的相关阐述，读者自可一窥其深意存焉。

六十四卦又相应分为“上经”和“下经”二篇，韩康伯注《序卦传》云："先儒以《乾》至《离》为上经，天道也；《咸》至《未济》为下经，人事也。"即上篇30卦，下篇34卦，其具体排列顺序如下：

1. ䷀乾	2. ䷁坤	3. ䷂屯	4. ䷃蒙	5. ䷄需
6. ䷅讼	7. ䷆师	8. ䷇比	9. ䷈小畜	10. ䷉履
11. ䷊泰	12. ䷋否	13. ䷌同人	14. ䷍大有	15. ䷎谦
16. ䷏豫	17. ䷐随	18. ䷑蛊	19. ䷒临	20. ䷓观
21. ䷔噬嗑	22. ䷕贲	23. ䷖剥	24. ䷗复	25. ䷘无妄
26. ䷙大畜	27. ䷚颐	28. ䷛大过	29. ䷜坎	30. ䷝离
31. ䷞咸	32. ䷟恒	33. ䷠遁	34. ䷡大壮	35. ䷢晋
36. ䷣明夷	37. ䷤家人	38. ䷥睽	39. ䷦蹇	40. ䷧解
41. ䷨损	42. ䷩益	43. ䷪夬	44. ䷫姤	45. ䷬萃
46. ䷭升	47. ䷮困	48. ䷯井	49. ䷰革	50. ䷱鼎
51. ䷲震	52. ䷳艮	53. ䷴渐	54. ䷵归妹	55. ䷶丰
56. ䷷旅	57. ䷸巽	58. ䷹兑	59. ䷺涣	60. ䷻节
61. ䷼中孚	62. ䷽小过	63. ䷾既济	64. ䷿未济①	

朱熹的《周易本义》载有《卦名次序歌》，以便于初学者熟记：

乾坤屯蒙需讼师，　比小畜兮履泰否；
同人大有谦豫随，　蛊临观兮噬嗑贲；
剥复无妄大畜颐，　大过坎离三十备；
咸恒遁兮及大壮，　晋与明夷家人睽；
蹇解损益夬姤萃，　升困井革鼎震继；
艮渐归妹丰旅巽，　兑涣节兮中孚至；
小过既济兼未济，　是为下经三十四。

每个别卦，其读法包含所构成的上下两个经卦的别称，如读出

---

①　按有些卦名，其读音应该特别注意，如否（pǐ）、屯（zhūn）、噬嗑（shì hé）、贲（bì）、睽（kuí）、蹇（jiǎn）、夬（guài）、姤（gòu）等等。

“风火家人”，就知道“家人”卦(䷤)是由上巽(☴，象风)和下离(☲，象火)结合而成的。因此还有一种卦序，被称为“分宫卦象次序”。它主要是后人为了占筮的方便，为记诵卦名和卦画的方便，而不讲究哲理，于是将以上的卦序进一步改编而成。马王堆汉墓帛书《周易》的卦序，就与今天的《序卦传》不同，而与“分宫卦象次序”类似，其排列法正是为了便于检索和记忆。分宫卦象次序也见于朱熹的《周易本义》，具体排列如下：

乾宫八卦——乾为天(䷀)、天风姤(䷫)、天山遁(䷠)、天地否(䷋)、风地观(䷓)、山地剥(䷖)、火地晋(䷢)、火天大有(䷍)。

坎宫八卦——坎为水(䷜)、水泽节(䷻)、水雷屯(䷂)、水火既济(䷾)、泽火革(䷰)、雷火丰(䷶)、地火明夷(䷣)、地水师(䷆)。

艮宫八卦——艮为山(䷳)、山火贲(䷕)、山天大畜(䷙)、山泽损(䷨)、火泽睽(䷥)、天泽履(䷉)、风泽中孚(䷼)、风山渐(䷴)。

震宫八卦——震为雷(䷲)、雷地豫(䷏)、雷水解(䷧)、雷风恒(䷟)、地风升(䷭)、水风井(䷯)、泽风大过(䷛)、泽雷随(䷐)。

巽宫八卦——巽为风(䷸)、风天小畜(䷈)、风火家人(䷤)、风雷益(䷩)、天雷无妄(䷘)、火雷噬嗑(䷔)、山雷颐(䷚)、山风蛊(䷑)。

离宫八卦——离为火(䷝)、火山旅(䷷)、火风鼎(䷱)、火水未济(䷿)、山水蒙(䷃)、风水涣(䷺)、天水讼(䷅)、天火同人(䷌)。

坤宫八卦——坤为地(䷁)、地雷复(䷗)、地泽临(䷒)、地天泰(䷊)、雷天大壮(䷡)、泽天夬(䷪)、水天需(䷄)、水地比(䷇)。

兑宫八卦——兑为泽(䷹)、泽水困(䷮)、泽地萃(䷬)、泽山咸(䷞)、水山蹇(䷦)、地山谦(䷎)、雷山小过(䷽)、雷泽归妹(䷵)。

这个“八宫卦序”虽然对于深入研究《易经》的思想内涵不甚重要，但对于初学者而言，若能背诵熟习，就能解决卦画难知的困难。具体而言，就是看到一个卦名，马上知道它的上下构成各是哪两个经卦叠压而成，不用强记每卦六爻之卦画中哪个是阴哪个是阳，自然就能知道它们的爻题为何。那么什么是爻题呢？

（四）爻题、爻性和爻位

《周易》之六十四卦，每卦都是由六爻组成，每爻都有爻题、爻性和爻位。“爻题”就是爻的名称，都是由两个字构成：一是指爻性，即爻分阴（⚋）阳（⚊），阳爻用奇数“九”表示，阴爻用偶数“六”表示；二是指爻位，表示该爻在卦中的次序位置，自下而上，分别为初、二、三、四、五、上。如乾卦（䷀）全由阳爻构成，自下而上，依次读为初九、九二、九三、九四、九五、上九。又如泰卦（䷊），由三个阴爻和三个阳爻叠压构成，也自下而上依次读为初九、九二、九三、六四、六五、上六。再如贲卦（䷕）之形为离下艮上，其爻题自下而上依次读为初九、六二、九三、六四、六五、上九。这种自下而上的排列原因，被《易纬·乾凿度》解释为“《易》气从下生”，即反映了不同领域的万事万物总是从低向高渐次发展的，从而体现了自然和社会的一般规律。

爻题、爻性和爻位结合起来，它们在《周易》的符号系统中起着重要的作用。

爻题可以帮助人们认识卦中各爻所在的位置和性质，以便结合爻辞，探讨全卦六爻的发展趋势。不同爻位往往被象征为事物发展过程的不同阶段。如初位是萌芽肇端，主于深藏勿用；二位是崭露头角，主于适当进取；三位是功业小成，主于戒惧慎行；四位是跨越突进，主于大刀阔斧；五位是圆满成功，主于处盛防满；最上位是发展终尽，主于物极必反。如《周易》首卦的乾卦（䷀）之六爻，其爻题与爻辞之间的相应关系，就颇可注意——

初九：潜龙勿用。

九二：见（xiàn）龙在田，利见大人。

九三：君子终日乾乾，夕惕若，厉，无咎。

九四：或跃在渊，无咎。

九五：飞龙在天，利见大人。

上九：亢龙有悔。

这里以龙为喻，其潜伏—现身—戒惧—跨跃—飞腾—亢悔的递进式发展演变，在不同爻位表现出的六阶段的不同境况清晰可辨。

在古代爻位还被用来譬指人的社会等级。《易纬·乾凿度》云："初为元士，二为大夫，三为三公，四为诸侯，五为天子，上为宗庙。凡此六者，阴阳所以进退，君臣所以升降，万民所以为象则也。"就人的贵贱来说，或另有解释，初九、九五为圣人，初六、六四、上六为小人，九三为君子，九二为庸人，九四为恶人等等。

别卦六爻还被《易传》按天、地、人的"三才"进行等级区分，但这并非是《易经》之原意。如《说卦传》云："立天之道曰阴与阳，立地之道曰柔与刚，立人之道曰仁与义，兼三才而两之。"即初、二爻象征"地道"之刚与柔，三、四爻象征"人道"之义与仁，五、上爻象征"天道"之阳与阴。《系辞下传》有相同的说法，而《文言传》稍异，即认为初、二爻虽象地，但万物所处在地上面，故二爻才是"地位"；三、四爻虽象人，但人生在地上，故三爻才是"人位"；上、五爻虽象天，但人能看到的只是天的下面，故五爻才是"天位"。如乾卦《文言传》所谓"九四……上不在天，下不在田，中不在人"就证明了此说。《周易》的这种"三才"观对后代影响深远，如东汉王符《潜夫论·本训》云："天本诸阳，地本诸阴，人本中和。三才异务，相待而成。"北宋张载《横渠易说·说卦》亦云："易一物而三才备。阴阳气也，而谓之天；刚柔质也，而谓之地；仁义德也，而谓之人。"所谓《易传》"三才"观的实质，正是假借天地而论证儒家纲常伦理的合法性、合理性。

从爻性的角度看，一般来说，阴爻象征事物的消极保守性，阳爻象征事物的积极进取性，往往可以由其上下位置的变化，研究一卦所象之事物的特性、主旨和前途吉凶。

故比较而言，爻位更是《周易》的重要概念，后来的《易传》甚至发展出一种“爻位学”，促使《周易》从原初的卜筮迷信逐渐向哲理化的方向发展。用爻位来分析一卦之吉凶时，主要体现出以下原则。

一是当位原则。每卦六爻，初、三、五（奇数）被称阳位，二、四、上（偶数）被称阴位。阳爻居阳位和阴爻居阴位被称为“当位”或“得位”、“得正”；反之阳爻居阴位、阴爻居阳位为“不当位”或“失位”、“失正”。故“当位”与“不当位”的区别主要在于爻象与爻位是否一致。如六十四卦中唯一六爻全部当位的是既济卦（䷾），而六爻全部失位的只有“未济”卦（䷿）。就卦德来说，“当位”往往象征着事物的发展合乎正道因而有前途，“不当位”则预示着事物发展违反规律因而没有前途。当然这还要联系爻位所处的环境条件进行具体分析，或许“不当位”者亦可以逢凶化吉。

二是应位原则。“应”就是呼应和感应，指的是一卦的下卦三爻与上卦三爻之间的对应关系。即初与四、二与五、三与上之间如果是一阴爻一阳爻，二者可以交感，则为“应”；反之两爻皆阴或皆阳，则为“无应”。一般说，“应”象征着矛盾双方在接触和交往中达到统一与和谐，因而有发展前途而吉；“无应”则象征双方背离不接触，故无发展前途而凶。如临卦（䷒）之初九爻辞：“咸临，贞吉。”为什么？其初九阳爻居阳位，六四阴爻居阴位，皆“得正”。因为初九“得正应四”，与六四阴阳相应，故“吉”。这个应位原则来源于古人的朴素观念，即天地阴阳交则万物生，男女阴阳交则子女生，故“交有功”、“交相爱”、“交孚无咎”，相反则是“无交害”。

三是中位原则。一别卦由上下两个经卦组成，每个经卦的中间那一爻，即是全卦之第二(九二或六二)和第五爻(九五或六五)。爻位居中(或得中、处中)，则象征行为适中、不偏不倚。“守中”是《周易》的一个重要观念，“中正”符合人们的道德预期，尤具善美的发展前途，故在爻辞中，“二多誉”、“五多功”。凡阳爻居中，象征“刚中”之德；阴爻居中，象征“柔中”之德。假若阳爻处五位或阴爻处二位，更为刚中之正或柔中之正。如乾卦九五爻辞“飞龙在天，利见大人”和坤卦六二爻辞“直方大，不习无不利”，正是得中正之德的体现。“中德”与“正德”比较，前者又优于后者。《御纂周易折中》引程颐曰：“正未必中，中则无不正也。六爻当位者未必皆吉，而二、五之中，则吉者尤多。”因为这符合儒家提倡的“中庸之道”。

四是时位原则。《周易》不但强调得位，而且强调得时，杰出人物如果不得其时，也将一事无成。《周易》之“时”即“卦时”，每卦都有其特定的时段，六十四卦象征六十四种“时”之事理。如泰卦的背景是“通泰”之时，讼卦之背景是“争讼”之时。《周易》显示，如果不能适时而动，即使当位或居中也可能变吉为凶，所以文辞多见“趋时”、“随时”、“明时”、“时变”、“时发”、“时用”之语。正如艮卦之《彖传》所云：“时止则止，时行则行，动静不失其时，其道光明。”如节卦(䷻)九二爻虽居中位，但爻辞却说“不出门庭，凶”。为什么？《小象传》解释说：“不出门庭，凶，失时极也。”应出门而未出，就失去时机，故凶。

五是乘承原则。《周易》具有浓厚的“扶阳抑阴”思想，体现在爻位分析时，就是凡阴爻居于阳爻之上位者，为“乘刚”，象征“小人”欺压侵凌“君子”，则为逆而凶；凡阳爻居于阴爻之上位者，在下的阴爻为“承阳”，象征“小人”承接“君子”，为顺承上位而理所当然，则吉。如屯卦(䷂)初九为阳爻，六二为阴爻，二者的关系是“柔乘刚”，违反正道，故《小象传》云：“六二之难，乘刚也。”又如巽卦(䷸)初六为阴，九二为阳；六四为阴，九五为阳，两组相邻之爻的关系都是“柔承刚”，《彖传》就说：“柔皆顺乎刚，是以小亨。”这是在中位原则不能解释卦爻辞时，对吉凶判断的一项补充原则，其出发点是，天（阳）在上地（阴）在下的正常物象顺序不能违逆。

（五）“四营十八变”的筮法

所谓“筮法”，就是具体占卦的工作步骤与方法。或者说，最后你占得一卦，此卦的六个爻，是怎样求得并按照先后次序排列出来的。《左传》僖公十五年云：“龟，象也；筮，数也。”如果说龟卜主要是依靠在龟甲牛骨上钻凿烧灼出一种“兆”纹来判断吉凶的话，筮占就是依靠数字运算来形成不同的卦爻形式，然后再通过卦辞和爻辞的判断来预测结果。《易传·系辞上》有一段话，被认为是目前保存最完整、最有权威性的古老筮法的记录，兹先转引如下，然后再加以说明：

> 天一，地二；天三，地四；天五，地六；天七，地八；天九，地十。天数五，地数五，五位相得而各有合。天数二十有五，地数三十，凡天地之数五十有五，此所以成变化而行鬼神也。
>
> 大衍之数五十，其用四十有九。分而为二以象两，挂一以象三，揲（shé）之以四以象四时，归奇于扐（lè）以象闰。五岁再闰，故再扐而后挂。
>
> 乾之策二百一十有六，坤之策百四十有四，凡三百有六十，当期（jī）之日。二篇之策，万有一千五百二十，当万物之数也。
>
> 是故四营而成易，十有八变而成卦。八卦而小成，引而伸之，触类而长之，天下之能事毕矣。

这段话一是谈“天地之数”，它是《周易》筮法的数学基础。所谓“天一地二”，《易经》以阳爻一画（⚊）象天，以阴爻二画（⚋）象地，故奇数一、三、五、七、九皆为天数，偶数二、四、六、八、十皆为地数。所谓“五位相得而各有合”，即五个天数相加（1＋3＋5＋7＋9）之和为25，五个地数相加（2＋4＋6＋8＋10）之和为30。相得，即“相加”。合，同“和”。总计“天地之数”为55。凡，一共，总计。

二是为何说“成变化而行鬼神”？即将这些天地之数进行推演，就可以确定阴阳的变化轨迹。如得九为老阳、得七为少阳、得六为老阴、得八为少阴，凭此就可以沟通鬼神，占断吉凶。成，定也。行，通也。这就是古人认为的所谓“数有神性”。

三是所谓“大衍之数五十”，有人认为这里的“五十”，是“五十五”的传抄之误，即推演筮卦所用的蓍草之数，应该符合天地之大数，于是25加30，故取55枚。衍，通“演”，推演。此见高亨《周易大传今注》引金景芳说。所谓“其用四十有九”，即实际推演时，去除6枚置旁不用，而只用49根。孔颖达《周易正义》引姚信、董遇本言：“天地之数五十有五，者（省）其六以象六爻之数，故减之而用四十九。”55减去6，凭此49枚蓍草，就可以进行所谓“四营十八变”的阴阳推演了。

但也有另一种看法，认为“天地之数”是五十五，“大衍之数”就是五十，两者原本不同。而言者说“五十”为“大衍之数”的根据，按《易纬·乾凿度》，就是十个天干（甲乙丙丁戊己庚辛壬癸），加上十二地支（子丑寅卯辰巳午未申酉戌亥），再加天上二十八星宿，即10＋12＋28等于50，故汉代人对此深信不疑。于是用50根蓍草在推演前，要先取出一根置旁始终不用，即“其用四十有九”。这一根蓍草象征天地未开化之前的“太极”。其实这里真正的原因是，只有用49作为基数运算，才可以最后得到六、七、八、九四个筮数，从而成卦，而用50或55则不能。至于“大衍之数”云云，不过是故作神秘而已。

用49根蓍草进行占卦的运算，每次要四个步骤，称为“四营”。一次“四营”的结果为“一变”，即“四营而成易”。经过三次“四营”

即三变，然后才能得出一个爻。一个别卦六个爻，共需要十八次“四营”运算，即所谓“十有八变而成卦”。具体步骤就是：

首先“分而为二以象两”，把49根蓍草随意分为两部分，象征天地两仪。左手一握象征天，右手一握象征地，两边或多或少，任凭自然，这是第一营。

其次“挂一以象三”，由右手中取出一根蓍草，挂于左手无名指与小指间，象征“人”，于是天、地、人三才备具。此为第二营。

再次“揲之以四以象四时”。揲，取而数之也，简称“揲四”。具体就是先放下右手的蓍草，用右手数左手中的蓍草，四个四个的掂出，剩下不够4根或最后正好4根就作为余数取出。再用左手数右手刚才放下的蓍草，也是四个四个地掂出，也是剩下不够4根或最后正好4根就作为余数取出。这种实质是分别除以4的筮数运算，象征四时，此为第三营。

最后“归奇于扐以象闰，五岁再闰，故再扐而后挂”。将四枚一组分剩下的蓍草，按左右分夹在两手的中指之间，象征闰月。奇，除不尽的余数。扐，手指之间。此种余数合起来必定是9或者5，原来的49根蓍草减去9则为40根，减去5则为44根，只能是这两种结果。此为第四营。

这种号称“分二”、“挂一”、“揲四”、“归奇”四步骤的“四营”构成了“一变”。“一变”之后，再将剩下的两堆蓍草合为一堆，或者是40根，或者是44根。按上边的方法再做一遍，即又一个“四营”之后的第二变，得出的余数必定是四或者八。上次剩余的40根或44根蓍草分别减去4或者8根蓍草之后，第二变之后的蓍草剩余必是40、36和32根三种结果。

然后是将新的蓍草数再进行“四营”操作的第三变，得出的余数或为4或为8。上次剩余的40、36、32根蓍草再分别减去4或8之后，必然会得出36、32、28、24根四种结果。于是4×9=36，纯数九为老阳之数，简称“重”；4×8＝32，纯数八为少阴之数，简称为“拆”；4×7＝28，纯数七为少阳之数，简称为“单”；4×6＝24，纯数六为老阴之数，简称为“交”。老阳之数九和少阳之数七都用阳爻(⚊)表示，老阴之数六和少阴之数八都用阴爻(⚋)表示，结果在以上三变(三次四营操作)之后，就得出一个爻，放在一个卦的最下面。于是该卦的初爻，或阴(初六)或阳(初九)就诞生了。

这里需要记住，老阳和少阳的区别是老阳为变爻，少阳为不变爻；老阴和少阴的区别也是“老变少不变”，老阴为变爻，少阴为不变爻。为什么？在古人看来，数的变化就是一个从量变到质变的过程。阳数以进为大，七为少阳，可进为九，其阳性不变，为不变爻；九乃阳之极，极而无可进必退为八，由阳变阴，故称变爻。阴数以退为大，八为少阴，可退而变为六，其阴性不变，为不变爻；六乃阴之极，极而无可退必进为七，由阴变阳，故也是变爻。所以在“四营十八变”的占筮过程中，不仅要记住最后得出的是阴爻还是阳爻，还要记清阴是老阴还是少阴，阳是老阳还是少阳，这在占断时很重要。

一个别卦六个爻，故需要六次“三变”才能得出完整的六个卦画，这就是“四营而成易，十有八变而成卦”。但需要注意的是，六次卦画的初、二、三、四、五、上的顺序，是由下而向上排列的。

四是所谓“乾之策二百一十有六”，是说乾卦(䷀)六个阳爻在推算过程中的总蓍草根数，是阳数九乘以四时再乘以该卦六爻的结果，即 9×4×6＝216。所谓“坤之策百四十有四”，是说坤卦(䷁)六个阴爻在推算过程中的总蓍草根数，是阴数六乘以四时再乘以六爻的结果，即 6×4×6＝144。所谓“凡三百有六十当期之日”，是说乾、坤两卦(象征天地)在推算过程中的蓍草根数之和，正好相当于一年日期总数的 360 天，即 216＋144＝360。所谓“二篇之策，万有一千五百二十，当万物之数也”，是说《周易古经》上下二篇共 64 卦 384 爻,其中阴爻 192,阳爻 192,分别乘以老阴之数的 24 和老阳之数的 36,即 192×24+192×36=4608+6912=11520,相当于天地万物的总数字。

五是所谓“八卦而小成,引而伸之,触类而长之,天下之能事毕矣”,是说八经卦每卦三爻仅能象征孤立的事象,而不能显现天地万物之间的复杂关系,故仅为小成。成,定也。还要两两重卦引申为六爻之别卦,别卦的 384 爻之间会更广泛地触类而推求,这方才为大成。于是天下可能遇到的万事万物都囊括尽净于《易经》之中了。

这是古代正式见于文献记载的规范的筮法,但因《易传》完成于战国,它是否属于《周易古经》真正使用的筮法,则很难说。对照《左传》《国语》中的筮例,关于古筮法的原貌,学术界也争论很大。到了后代,民间的术士则多有变通。他们以实用为宗旨,流行更加简便快捷的六爻卦筮法,而且不用蓍草。

一是“数签法”。即将 50 根竹签抽出一根不用,其余 49 根随意分握于左右手,再从右手中抽出一根,夹在左手的小指间。然后放下右手竹签,去数左手竹签,8 根一抽,数若正好尽时不留签。然后将 0 或不够 8 的余数加上小指间的一根,其和若是 1 就是乾卦(☰),2 就是兑卦(☱),3 就是离卦(☲),4 就是震卦(☳),5 就是巽卦(☴),6 就是坎卦(☵),7 就是艮卦(☶),8 就是坤卦(☷)。这是第一道工序,结果是产生重卦(别卦)的下卦部分。然后第二道工序,是再用 49 根竹签重复一次前边所做,结果是形成重卦上卦的卦象。最后的第三道工序是用 49 根竹签随意分握于左右手,从右手中取出一根夹在左手小指间,然后将左手的竹签六根一抽,数尽也不留签。或 0 或不够 6 的余数加上原放在小指间的一根,其和若是 1 就以初爻为变爻,依次若是 2 则以二爻、若是 3 则以三爻、若是 4 则以 4 爻、若是 5 则以五爻,若是 6 则以上爻作为变爻,然后以变爻的爻辞来占断。

二是“掷钱法”。这是不用竹签的筮法，见于唐朝孔颖达的《仪礼正义·士冠礼》。方法是用三个铜钱抛掷，落下若两个面（阴）一个背（阳）为“单”，是少阳；两个背（阳）一个面（阴）为“拆”，是少阴；三个皆背（阳）为“重”，是老阳；三个皆面（阴）为“交”，是老阴。这样经过六次，就可以自下而上排出一个卦象。六爻中若有一个变爻时，则占断看变爻辞；若有两个以上变爻时，占断则看卦辞。

三是“文王课”的筮法，与“掷钱法”类似，不过是将三枚铜钱放在有盖的竹筒里摇晃后依次倒出，每次成一爻，总共六次成卦。其两者论断吉凶的机理则是一样的。

（六）卦辞和爻辞

在六十四卦的符号之下撰系文辞，分别表明各卦和该卦各爻的含义，即是卦辞和爻辞。卦辞就是囊括全卦之宗旨的文辞，如《旅》卦卦辞为“旅，小亨，旅贞吉”（旅，小有亨通，行旅之事占问则吉），其中“旅”是卦名，“小亨，旅贞吉”就是卦辞。又如“乾”卦卦辞为“乾，元亨，利贞”（乾，开始便顺利通达，占问很有利），其中“乾”是卦名，“元亨，利贞”即为卦辞。

每卦自下而上六爻，每爻各有一段说明其寓意的文辞，即爻辞。如“乾”卦初爻的爻辞：“初九，潜龙勿用。”翻译就是：“初九，巨龙潜伏于水中，暂时不宜有所作为，不宜施展才用。”其中“初九”是爻题，表示该爻的位置（“初”）和性质（阳爻用“九”）；“潜龙勿用”就是爻辞。又如“泰”卦第三爻的爻辞：“九三，无平不陂，无往不复，艰贞无咎。勿恤其孚，于食有福。”翻译就是：“九三，平地无不倾斜，万物没有往而不返的，处艰难时唯有持正则无祸殃。不要担心自己太诚信，诚信自会带来衣食之福。”同样，“九三”是爻题，以下五句就是爻辞。

《周易》凡 64 卦共 384 爻，卦辞每卦一则，爻辞每爻一则，因此相应有 64 则卦辞和 384 则爻辞。但因为“乾”卦多出一则特有的“用九”之爻辞，“坤”卦多出一则特有的“用六”之爻辞，故《周易》爻辞总数是 386 则。

《易传·系辞传》云：“辞也者，各指其所之。”卦辞和爻辞的作用就是分别指明该卦和该爻的发展趋势。六十四卦的卦形是《周易》的符号系统，其所暗示的吉凶休咎，需要用文字系统表述出来，这就是卦辞和爻辞，卦的象和辞两者相辅为用。卦辞和爻辞均是为了解说六十四卦的卦形所蕴含的哲理而产生的，是为了配合卦形而阐明象旨，它的出现标志着《易经》独具体系的哲学思想已趋成熟。卦爻辞的意义，一是使《周易》成为卦形符号与语言文字有机结合的一部特殊的哲学著作，二是使易象从隐晦的符号暗示，发展为用文字表述的带有一定文学性的明朗形象。其方法是“假象喻意”，即拟取人们生活中习闻常见的物象，通过文辞的形象表达，使卦形、爻形内涵的象征旨趣，鲜活生动地显示出来。每一卦的卦辞及其六则爻辞，都透露了该卦所蕴含的事物运动、变化、发展的哲理。总体上，六十四卦之间亦相承相受，从 64 种不同角度，展示了外部世界不同环境条件下的事理特征及其变化规律。由此，《周易》形成了自己独特的哲学体系，并深刻影响了中国后世的文化和思想面貌。

《周易》的文字系统，多是从上古占筮的繇（zhòu）辞中筛选而来，还有一些属于民间歌谣和格言。卦辞断一卦之吉凶，爻辞断一爻之吉凶，包括取象之词语、叙事之词语和断占之词语等，均由不同部分所组成。《周易》的符号系统虽然有使思想图式化、系统化和规范化的作用，但其“空壳子”的局限性也是显然的，如果不辅以卦辞和爻辞的文字，则难以让人了解其所表述的“思想”。但这些卦辞和爻辞是在漫长的上古时期积累起来的临事占卜之记录，如

《周官·春官·占人》云:“凡卜筮,既事,则系币以比其命,岁终则记其占之中否。”郑玄注:“既卜筮,史必书其命龟之事及兆于策,系其礼神之币而合藏焉。”经过史官对原始占卜记录文辞的整理加工,撰成了卦辞和爻辞,并将它们与逐步定型的卦画系统搭配起来,汇集成书,于是一部兼具卦形和文辞两大要素的经典文献《周易古经》,得以流传数千年而至于今。这些记录有些还比较容易理解,如“利涉大川”、“师出以律”等;有些则因为今天对于当初求占事情的社会背景或具体物状已经难于了解,往往失去固定所指,因而颇费猜详。于是古往今来,由卦辞和爻辞所代表的文字系统,其古奥的词句往往也和符号系统一样,变成另一种“空壳子”,向无确诂,而富于极大的再诠释性和弹性。这样,《周易》的两个系统既相互启发也相互诱导,古往今来,演变成极为繁复、言人人殊的理解义。

从形式上分析卦辞和爻辞,可按照李镜池的《周易探源》,将其分为六种类型。

一是纯粹定吉凶的,如“乾”之卦辞:“元亨,利贞。”即“ 开始便顺利通达,占问很有利”。

二是纯粹叙事而不示吉凶的,如“坤”卦初六之爻辞:“履霜,坚冰至。”即“脚踏寒霜,寒霜发展的必然趋势是严寒隆冬将至”。

三是先叙事而后定吉凶,如“乾”卦九三爻辞:“君子终日乾乾,夕惕若,厉,无咎。”即“君子整日勤勉而不倦怠,直到晚间还时时刻刻提醒自己警惕慎行,这样即使面临危险,也不会酿成灾祸”。

四是先定吉凶而后叙事,如“小畜”之卦辞:“亨。密云不雨,自我西郊。”即“物事亨通。看我邑外西郊阴云密布,但不会下雨。喻所占之事尚在酝酿之中”。

五是先叙事,后定吉凶;再叙事,又定吉凶。如“讼”卦六三爻辞:“食旧德,贞厉,终吉。或从王事,无成。”即“享有自己旧有的俸禄德业，占筮结果凶险，但最终吉利。或者随从君王做事，但没有成功”。

六是叙事和占断混合，前后穿插。如“复”卦之卦辞：“亨。出入无疾，朋来无咎。反复其道，七日来复。利有攸往。”即“诸事亨通。离开家和回到家都无疾患，朋友来往也无危险。出行者往返于道路，七天就可以复归。有所前往则有利”。

《周易》的卦辞和爻辞为谁所作？孔颖达《周易正义》卷首有《论卦辞爻辞谁作》文，指出凡有两说。一说是司马迁、郑玄认为，卦辞和爻辞“并是文王所作”；一说是马融、陆绩认为，“卦辞文王，爻辞周公”，由其父子二人分别所作。作者究竟是谁，总之是已经搞不清楚了。平心而论，若认为这种文字系统靠一人之力可以闭门造车、独自完成，其实还是传统的“圣人情结”在作祟。我们不如将之视为“人更多手、时历多世”的集体撰成的作品，也许还更有历史合理性。

古人通过筮法“十有八变而成卦”之后，还有一个如何根据卦辞和爻辞进行推理，以占断事情吉凶的问题。但今天的《周易》文本对此并没有明确的答案，或许其古老的占法已经失传，后人更多是通过对《左传》和《国语》等文献所记载的筮占实例来得出一些占断的基本规则。如前所述，在占筮过程中，所得之爻画有变爻（老阳之九和老阴之六）和不变爻（少阳之七和少阴之八）之分，而《周易》正是通过“变占”之法来进行占断的。据朱熹的《周易本义》，所谓“变占”，大体可归纳为七条规则：

一是六个爻皆不遇老阴或老阳而成卦，因而不发生爻变，则应根据该卦的卦辞及该卦内卦（下之三爻卦）和外卦（上之三爻卦）之间的关系来论断吉凶。其中内卦代表问卦者一方，外卦代表问卦者现实生活的对手方。

二是六爻中只有一爻是老阴或者老阳，因而产生另外一个别卦，应该根据本卦的变爻之爻辞来占断吉凶。如乾卦(䷀)六爻，初爻筮数为九，其他五爻皆为七，于是初九为变爻，由阳变阴，成姤卦(䷫)。乾卦在这里称本卦、贞卦，变后的姤卦称之卦、变卦、悔卦。朱书认为，这里占断吉凶所凭借的应该是乾卦的初九爻的爻辞。

三是六爻中有两个爻为老阳或老阴，两次爻变后产生之卦。如乾卦变为之卦遁卦(䷠)，应该根据本卦即乾卦的两个变爻(初九、九二)之辞来占断，其中以上爻(九二)为主，下爻(初九)为辅。

四是六爻中有三爻变，变后产生之卦，应该根据本卦和之卦的两种卦辞来进行占断。其中初爻不变者以本卦卦辞为主，初爻变化者则以之卦卦辞为主。如乾卦之否(䷋)，初爻由阳变阴，则应该以之卦否卦的卦辞为主来占断。

五是六爻中有四爻变者，变后产生之卦，应该根据之卦的两个不变爻的爻辞进行占断。如乾卦之观(䷓)，观卦五、上两爻不变，那就以其九五、上九两爻之辞作为占断依据，其中以处于下位的不变爻(九五)的爻辞为主，以处于上位的不变爻(上九)的爻辞则为辅。

六是六爻中有五爻变者，之后产生之卦，应该根据之卦的那一个不变爻的爻辞进行占断。如乾卦之剥(䷖)，仅有的一个不变爻是上九，就将之卦的上九爻辞作为占断依据。

七是六爻皆为老阴或老阳，六爻皆变，之后产生之卦，如乾卦之坤(䷁)或者坤卦之乾(䷀)，这样便以乾卦的“用九”爻辞或者坤卦的“用六”爻辞作为占断依据。如果遇到其他诸卦，也以之卦卦辞来占断。

以上体例虽然涵盖了“变占”之法的全部种类，但是验证起来，有些规则可以在《左传》《国语》等文献中找到筮例，有些则从未遇见过，如二爻变、四爻变、六爻变的情况。人们推测，朱熹的总结有可能不仅是通过先秦古籍，同时还吸取了先秦以后人们的占筮经验和体会，然后再进行综合整理而成。

（七）《周易》断占的基本方法

《周易古经》是周朝的占卜书，尽管占卜在本质上是一种迷信，但又不能用后代的眼光，简单地以迷信或游戏视之。因为在上古三代，整个社会有着明显的神权特征，占统治地位的是神巫文化。占卜不是个人私下的小事情，而是庙堂决策所必须。它是一种严肃的、神圣的、与国家社会的命运紧密相关的事情，所以《周易》必然是被一代一代的文化精英们倾注了极高的智慧所着力打造而成。秦汉以下，占卜作为一项实践性很强的社会活动被逐渐淡化，人们对占卜的态度和理解也与上古大相径庭，基本上变成了人们私下的个体活动。但对《周易》而言，它依然被推崇有加，依然在人们心目中享有极高的威望，就是因为它对社会生活的方方面面仍然具有极高的认识价值。

占卜的目的是为了预测吉凶祸福，它是“天人之间”的通道，即为探测天意，提供一个当事人与答案之间的媒介，这个媒介就是体现在卦象和爻象上面的符号系统。但符号即“象”，近于象征，含混而抽象，要和具体物事产生对应关系，还需要占筮者进行解释和判断。这种判断用语言表达出来，就是记录在卦辞和爻辞之中，为《易经》专门所用“占断之辞”。如“利”，指办事情顺利，结果有利。“吉”，指吉祥、吉利，使人美好如意。“吝”指遇到艰难，或有悔恨、遗憾，即韩康伯注《系辞上传》所说，“失得之微者，足以致忧虞而已”。“厉”指危险、祸患。“悔”指悔恨、过失、小灾祸，如《易经·蛊》九二爻辞“小有悔，无大咎”之谓。“咎”指灾难、祸害、不幸之事，但比“凶”在程度上要稍轻，与“休”（美善喜庆）相对应。“凶”与“吉”相对，指祸殃、祸害、严重的灾难，有大不吉利之事。

《周易》占断，基本是类比推论，与西方传统上严谨的逻辑演绎有所区别，体现了中国古代思维模式的特点和风格。它表现在三种途径上：一是根据卦爻之象进行分析论断，可称之据象推理；二是根据卦爻辞进行分析论断，可称之据辞推理；三是将前两者结合在一起进行分析论断，可称之象辞结合推理。对此三者，我们都可以结合传统文献中的筮占之例来进行说明。

1. 据象推理

《周易》由阴爻和阳爻构建的六十四卦符号系统，是通过占卦取得的。在占筮的过程中，往往会遇到老阳或老阴而发生变爻，所以在本卦之外又产生之卦，这两个重卦之卦象就成为推断吉凶的凭据。如《左传·闵公二年》记载：

> 成季之将生也，桓公使卜楚丘之父卜之，曰："男也，其名曰友，在公之右，间于两社，为公室辅。季氏亡则鲁不昌。"又筮之，遇"大有"(䷍)之"乾"(䷀)，曰："同复于父，敬如君所。"及生，有文在其手曰"友"，遂以命之。

事情发生在公元前660年，鲁桓公之子季友将要出生时，鲁桓公让卜楚丘的父亲为之龟卜，说这是个男孩，名字为"友"，将来会在君王之右，在治朝之上进行辅佐。可是一旦季氏奔亡，则鲁国不再昌盛。桓公让他再用蓍草占卦，遇到《大有》卦。因该卦第五爻为老阴，变为阳爻，于是获得之卦为《乾》。占者分析论断说，本卦《大有》的内卦(下卦)为《乾》，乾象征父亲；外卦(上卦)为《离》，离象征儿子。离卦爻变后也变为《乾》，即子像父，这说明他将来会尊贵如同父亲("复"，行故道也)。他虽不是国君，但受国人之敬重，也如同处于君位("君所"，国君所处之所)一样。总之，这个卦象说明季友能够子承父业，为国家的社稷之臣。

如果遇到六爻皆不变的情况，没有之卦，那就只用一个本卦的上下卦象来分析论断。如《左传·僖公十五年》记载：

> 秦伯伐晋，卜徒父筮之，吉："涉河，侯车败。"诘之。对曰：

“乃大吉也。三败，必获晋君。其卦遇‘蛊’(䷑)，曰：‘千乘三去，三去之余，获其雄狐。’夫狐蛊，必其君也。蛊之贞，风也；其悔，山也；岁云秋也。我落其实而取其材，所以克也。实落材亡，不败，何待？”

公元前465年，秦穆公讨伐晋国，让卜徒父筮占，结果吉利，即“秦国军队渡过黄河，晋侯之战车组成的军队将被打败。”秦穆公要求再详细分析理由。卜官说：“此卦预示大吉呀。秦军会三败晋军，然后俘获晋国之君。这是因为占得《蛊》卦，其繇辞说：‘千乘之国的军队被三次驱赶，三次驱赶之后，必定擒获雄狐。’这里《蛊》卦之狐，必定是指晋君。看《蛊》卦之象，其贞卦（下边内卦）为《巽》(☴)为风；其悔卦（上边外卦）为《艮》(☶)为山；现今又适逢九月秋天。内卦代表占筮主体之秦国，其为巽为风；外卦代表敌国之晋，其为艮为山；秋天之风吹过山上，其上之果实被吹落，其材木资源被我取用，因而此卦象就预示着秦国克晋。”

这里虽然也涉及针对繇辞的分析，但卜官推理的主要凭据还是筮卦之象。

《左传》据象推理的“象”，不仅包括组成重卦的上下两个经卦的卦形，有时还包括内含的另外两个互体卦的卦形。所谓“互体”，指的是在一卦的六爻中，除了内卦（由初、二、三爻组成）与外卦（由四、五、上爻组成）外，另外有由二、三、四爻组成的一个经卦（下互）和由三、四、五爻组成的一个经卦（上互）。这种由内外两卦交互组成的新卦象，就被称为“互体”或“互卦”。如《屯》卦(䷂)，内《震》(☳)外《坎》(☵)，二、三、四爻又合成“下互”《坤》卦(☷)，三、四、五爻另合成“上互”《艮》卦(☶)。这样，一个重卦的六爻画，就可以生出四个卦象，它们均可以被介入断占。如《左传·庄公二十二年》记载：

（陈厉公）生敬仲，其少也。周史有以《周易》见陈侯者，陈侯使筮之，遇《观》(䷓)之《否》(䷋)。曰："是谓'观国之光，利用宾于王。'此其代陈有国乎？不在此，其在异国；非此其身，在其子孙。光，远而自他有耀者也。《坤》，土也；《巽》，风也；《乾》，天也。风为天于土上，山也。有山之材而照之以天光，于是乎居土上。故曰：'观国之光，利用宾于王。'庭实旅百，奉之以玉帛，天地之美具焉，故曰：'利用宾于王。'犹有观焉，故曰：'其在后乎。'风行而著于土，故曰：'其在异国乎。'若在异国，必姜姓也。姜，太岳之后也，山岳则配天。物莫能两大，陈衰，此其昌乎！"

这是《左传》中一则著名的政治预言。当年陈厉公有了少子陈完，正好周朝太史手拿《周易》来见，厉公就让他为儿子占筮，结果占得《观》卦。但由于观卦之六四阴爻是老阴，要变为九四阳爻，于是变卦为《否》，此即《观》之《否》。按照筮法，周史应以本卦(观卦)之变爻即六四爻的爻辞"观国之光，利用宾于王"来占断。其书面意思是一个人出聘于其他国家，并且考察一国之风土人情。但六四爻接近九五爻，九五为君位，故宜于用宾主之礼朝贡于王。周史对此解释和预测说："难道这个人要接掌陈国君位吗？但从卦象上分析，他当国不在这里，而在其他国家；当国也不是他本人，而是他的子孙。"为什么这样说呢？周史继续分析，一是本卦《观》(䷓)和之卦《否》(䷋)之内卦皆为《坤》(☷)，坤，土也；观之外卦为《巽》(☴)，巽，风也；否之外卦为《乾》(☰)，乾，天也。卦象显示，既有疆土可居其上，又受有天光照耀，这是配位诸侯的象征。但《观》卦下为坤为土，上为巽为风，"风行而著于土"，象征风吹树木果实，但落在别人的土地上，故其发迹"其在异国乎"？断定这是在其他诸侯国而非本土陈国。二是《否》卦的二、三、四爻合为互卦为《艮》(☶)，艮既可为门庭，又可为山。门庭可用来陈列朝贡之玉帛等"天地之美"。《否》卦上为《乾》为天光照耀，下为《坤》为土地，中为物产美材，故“利用宾于王”，是天造地设而成就一个好君位。另外《艮》为山，而春秋齐国之姜姓是太岳的后代，《否》卦上为天，下为土，中为山，故“若在异国，必姜姓也。姜，太岳之后也，山岳则配天”，这说明陈完将来发迹所得的君位是在姜姓的齐国。三是《观》卦之本义，是观察他人之所为而非在自己本身，有瞻望未来之义，故“其在后乎”？断占所指的是陈完的后代子孙而非其本人就能得志为王。

这样的预测果然在以后被应验，即陈完的后代终能“田氏代齐”。但这不是周史之筮占有怎样的神奇，而是后来的史家根据既成事实对古籍进行了增删加工。我们这里引用，只是认为其占断的方法是据象推理。

2. 据辞推理

遵守变占规则，根据所得之相应的卦辞和爻辞来推理决疑，也是《周易》筮占的基本方法。如《左传·成公十六年》记载：

> 晋楚遇于鄢陵……甲午晦，楚晨压晋军而陈……苗贲皇言于晋侯曰：“楚之良在其中军王族而已，请分良以击其左右，而三军萃于王卒，必大败之。”公筮之。史曰：“吉。其卦遇《复》(䷗)，曰：‘南国蹙，射其元王中厥目。’国蹙王伤，不败，何待！”公从之。

公元前575年，晋国伐郑，楚国救之，晋楚两大国之间发生著名的鄢陵之战。起初楚国来势汹汹，晋军有畏敌情绪。晋大夫苗贲皇提出了正确的战术，晋厉公决定通过占筮而决疑难。史官说：“大吉。得到了《复》卦(䷗)，其繇辞曰：‘南国之势局促萎缩，箭射其王，可射中其眼睛。’国势蹙迫，其王受伤，楚国若不被打败，还等待什么呢？”于是晋国坚定了取胜的信心。后来在对阵中，晋将潘锜果然一箭射伤楚共王的眼睛。结果楚国主将子反自杀，楚军大败。值得注意的是，这里所引用的《复》卦之繇辞，不见于今本《周易》，或是当时有其他不同的《周易》版本也在流行。

在《左传》《国语》中还有一些事例，由于对文辞的理解不同，往往断占的结论会不同。所以，卦爻辞有时也是一个"空壳子"，关键还在于当事者如何把握所面对的现实情势。如《左传·襄公九年》记载：

> 穆姜薨于东宫。始往而筮之，遇《艮》(䷳)之八。史曰："是谓《艮》之《随》(䷐)。随其出也，君必速出。"姜曰："亡。是于《周易》曰：'随，元亨，利贞，无咎。'元，体之长也；亨，嘉之会也；利，义之和也；贞，事之干也。体仁足以长人，嘉德足以合礼，利物足以和义，贞固足以干事。然，故不可诬也。是以虽《随》无咎，今我妇人而与于乱，固在下位而有不仁，不可谓元；不靖国家，不可谓亨；作而害身，不可谓利；弃位把姣，不可谓贞。有四德者，《随》而无咎；我皆无之，岂'随'也哉？我则取恶，能无咎乎？必死于此，弗得出矣。"

穆姜是鲁宣公的妻子，在宣公死后，与大夫叔孙侨如通奸。成公十六年(前575年)，她阴谋发动政变废儿子成公而立侨如，结果失败被软禁于别宫东宫。她刚入住时，想知道自己前途的吉凶，就用筮占的方法，得到《艮》(䷳)之八，即艮卦的三、上两爻以九变，初、四、五三爻以六变，唯有二爻得八不变，于是产生之卦《随》(䷐)。史官据辞分析说："这是《艮》之《随》。之卦《随》之名就有随人出去的意思，您一定能够很快脱险离开这里。"而且《随》之卦辞"元亨，利贞，无咎"，这也预示着一派吉祥。穆姜却不以为然。她从"四德"(元、亨、利、贞)的角度解说卦辞和自己的前途，说：

> "元"之本义是首，为身体的最高处；"亨"通享，是嘉礼中的主宾相会；"利"是道义上的协和；"贞"就是诚信，是处理事情之主干。只有体仁才能成为长者，只有美德才能协调礼仪，只有利他才能符合道义，只有坚固诚信才能办好事情。人首

先要具备体仁、嘉德、利物、贞固这样四种德行，才能蒙受上天的眷顾，而上天是不能被欺骗的。我作为一个妇人参与了叛乱，应该安居于男子之下却没有仁德，不可称为“元”；不能使国家安定，不可称为“亨”；自作自受而害及自身，不可称为“利”；背弃妻、母之地位而与人淫乱，不可称为“贞”。若具有“四德”的人占有《随》卦才可以没有灾祸，而我连其中的一德都不具有，怎么能从这里脱险而出呢？我自己选择了邪恶之路，上天不佑，必有祸殃。所以我一定会死在这里，不能出去了。

果然，如她自己所料，一直到鲁襄公九年（前 564 年），穆姜都没有被赦免，终老死于东宫。其实，“元亨利贞”的本意是“元亨”一读，元，开始，大；亨，顺利通达；整体犹称“大吉”。“利贞”另一读，利，有利；贞，占问；即对占卜者有利。《左传》作者有意曲解词义，将之归为“四德”，从道德论的角度出发，解释为有德之人遇《随》卦才“无咎”，否则必有祸殃。尽管这里的分析受到人们主观意志和心理因素的干扰，但它使用的占断方法却是据辞推理，这是不容怀疑的。

据辞推理还因为汉字表意的多样性，而使得人们在解释卦爻辞时，常常产生歧义。据《左传·昭公七年》记载，这年（前 535 年）的八月，卫国的国君襄公去世。他有两个儿子，一个是长兄名絷，腿脚有毛病，走路不便；一个是小弟名元。卫国大夫孔成子在立谁为嗣君的问题上犹豫不决，决定“以《周易》筮之”，并且率先口言命辞（向神请命之辞）曰：“元尚享卫国，主其社稷。”即小儿子元希望继承父亲的君位，请问上天是什么意见。结果遇上《屯》卦（䷂）。他又口念命辞曰：“余尚立絷，尚克嘉之。”即我希望立长子絷，上天是否能够嘉许？结果《屯》卦初爻由老阳变老阴，产生之卦《比》（䷇）。孔成子拿着占筮结果找另一大夫史朝商量，史朝很干脆地说:"《屯》卦的卦辞有'元亨'二字,'亨'即是'享',即天意让元为国君享有卫国,这还有什么可怀疑的呢?"孔成子则认为,"元亨"之"元",是"长子"的意思,应该立絷为卫君。一个"元"字,或认为指人名,或认为指长子,全凭主观意志。史朝又举出《屯》卦的卦辞和初九爻的爻辞都有的"利建侯"三字为证,说:"絷不是上天属意的那个人。他足跛非全人,不可为宗主,那就不是长子。再说为絷所占筮而得《屯》卦之《比》,依占法应该用《屯》卦之初九爻辞来占断,其言'磐桓利居',言'利建侯',所以絷因弱足而利于居家,却不是嗣位为君。还是应该让元主社稷而嗣侯。"尽管史朝的分析有些强词夺理,但孔成子最终还是同意让卫灵公元嗣位为君。

3. 象辞结合推理

前边我们说过,《周易》的符号系统,其"空壳子"的局限性是显然的,如果不辅以卦辞和爻辞的文字,则难以让人了解其所表述的"思想"。但这种文字系统,其古奥的词句和象意文字的多义性,往往在解释时使得人们各执一词,也和符号系统一样变成另一种"空壳子",不但向无确诂,而且还富于极大的再诠释性。于是大家在筮占实践中,更多的是把这两个系统结合起来,目的是使推理的依据更多样化,使占断之方法对复杂社会现象的适应性更强,从而使卜筮结论的可靠性也相应增加。如《国语·晋语四》就有筮例云:

> 公子亲筮之,曰:"尚有晋国。"得贞《屯》、悔《豫》,皆八也。筮、史占之,皆曰:"不吉。闭而不通,爻无为也。"

流亡中的晋国落难公子重耳亲自占筮,命辞曰"希望领有晋国"。结果是先得屯卦(䷂),然后变爻,初九、九五由阳变阴,六四由阴变阳,于是变屯卦为豫卦(䷏)。若用数字表示,屯卦是九八八六九八,豫卦是六八八九六八,都是不变的少阴八占优势。找来职业卜官占断,都说"不吉利"。因为少阴八不变,故"闭塞不通",因而没有前途。其中虽有可变之爻,但只能无所作为。而随行重耳的臼季却不这样认为，他以象辞结合的方法进行分析，说：

> 吉。是在《周易》，皆利建侯。不有晋国，以辅王室，安能建侯？筮告我曰“利建侯”，得国之务也，吉孰大焉！

他先是抓住《屯》卦的卦辞、初九变爻的爻辞和《豫》卦的卦辞中都有“利建侯”三个字这一点，说假若不是公子重耳将来领有晋国、辅佐王室，这里怎么能够对他的前途占断说“宜封建为诸侯”呢？特别是筮占之辞响应我们的命辞，明确告诉说是筮占者“利建侯”，这是我们将要得国的要务，没有比这更吉利的了。言至此，臼季意犹未尽，接着又利用《屯》、《豫》两卦的卦象进行分析，重点是本卦《屯》卦之象：

> 《震》车也，《坎》水也，《坤》土也，《屯》厚也，《豫》乐也。车班外内，顺以训之，泉原以资之，土厚而乐其实，不有晋国，何以当之？《震》，雷也车也。《坎》，劳也水也众也。主雷与车，而尚水与众。车有震，武也；众顺，文也。文武具，厚之至也，故曰《屯》。

这里的《震》卦(☳)象征车，《坎》卦(☵)象征水，《坤》卦(☷)象征土。《屯》卦(䷂)有土堆的意思，象征厚重。《豫》卦(䷏)象征欢乐。本卦《屯》的内卦是《震》，变卦《豫》的外卦也是《震》，所以说内外卦都有车。变卦《豫》卦的内卦是《坤》，坤，顺也，可以顺利地引导兵车行在地上。本卦《屯》的外卦是《坎》，坎为水，说明有源泉在上可以灌溉土地以生利。《屯》卦土层厚，可以让人安享它养育的果实。如果不是能够据有晋国，什么人还有资格如此享用呢？《震》卦为动为雷又为车，《坎》卦为劳为水又为众。《屯》卦以内卦《震》为主，也就以雷和车为主。同时外卦《坎》在上，也就象征着众人用水在上边灌溉劳动以获利。兵车行驶产生震动，这是武。众人顺从，这是文。文武具备，厚重达到了极点，这就是《屯》卦给我们的提示。臼季继续分析《屯》、《豫》两卦的卦辞道：

其繇曰："元亨，利贞，勿用有攸往，利建侯。"主震雷，长也，故曰元。众而顺，嘉也，故曰亨。内有震雷，故曰利贞。车上水下，必伯。小事不济，壅也，故曰"勿用有攸往"，一夫之行也。众顺而有武威，故曰"利建侯"。《坤》，母也。《震》，长男也。母老子强，故曰《豫》。其繇曰："利建侯行师。"居乐、出威之谓也。是二者，得国之卦也。

即《屯》卦卦辞说："开始时通达顺利，有利于占问。不宜外出，有利于封国建侯。"《屯》卦以震雷为主，这就是长幼之长，故称元；元，首也。人众而顺从，此为嘉德，故称亨；亨，会享也。内卦有震雷，故称利贞，即对占问者有利。兵车在上有军队，人民顺从像流水，必定成就霸业。小事不成功，是因为壅塞不通，所以不宜外出，这是说不宜一个人的单独行动。众人顺从而且威武雄壮，所以说有利于封国建侯。《豫》卦内卦为《坤》，象征母亲。外卦为《震》，象征长男。母亲老衰而儿子强壮，所以居家安乐，故称之为"豫"。《豫》卦的卦辞说："有利于封建诸侯，有利于用兵作战。"一边是居家安乐，一边是出师威武，这两者，正是预示公子得国之卦呀！

（八）善为《易》者不占

《周易》断占的基本方法不外乎以上三种，但由于对卦象分析的多元性，对卦辞爻辞解释的歧义性，以及受到种种主观因素的干扰，人们对于筮占的结果往往进行不同的分析，得出不同的结论，并不一定都能够起到指导人们行动的作用。其原因主要在于，在占筮之后所获得的卦，与人们所咨询的物事之间往往具有一种不对应性和非相关性。如要打仗并不能得到《师》卦的指导反而得到的是《讼》卦，而要打官司并不能得到《讼》卦的指导反而得到的是《师》卦。这样在断占时，正常的类比方法无法应用，而只能牵强附会地诡辩。因为《周易》六十四卦之象和辞，往往是对复杂的社会物事进行的一种粗略的类分，并对每一类事物的情况进行了规律性的抽绎和例举。如果人们根据具体求索的类目，去寻求相应的卦象及其卦爻辞，也许就可以得到一种更加合理的启示或指导，以帮助自己决疑解难。这样人们逐渐感到，占筮过程可能就是多余的，不如直接援引相关的卦象和占辞进行类比推理，于是就出现了“善为《易》者不占”这样的情况。如《左传·宣公六年》所载：

郑公子曼满与王子伯廖语，欲为卿。伯廖告人曰：“无德而贪，其在周易《丰》(䷶)之《离》(䷝)，弗过之矣。”间一岁，郑人杀之。

这是发生在公元前603年的事情。曼满和伯廖两人都是郑国大夫。伯廖论断曼满，并没有通过占筮，而是直接援引《周易》之某卦之象与爻辞，作为立论之根据。所谓《丰》之《离》，就是以《丰》卦之第六爻“上六”作为变爻由阴变阳，于是变为《离》卦。再按照变爻规则，用本卦“上六”之爻辞占断，即：“丰其屋，蔀其家，窥其户，阒(qù)其无人，三岁不觌(dì)，凶。”变成现代语就是：“张大其房屋，又在其前庭用草席搭棚遮盖。窥视其门户，空虚安静似无一人。多年不见人影，凶险。”按此景象，似为没落贵族遭遇凶祸而举家逃亡之后，对其门户外内情状的一种描述。因为曼满“无德而贪”，伯廖对其野心和发展趋势把握得极准，故直接引用《周易》的相关文辞来论定。结果没有超过三年而曼满果然被杀，伯廖的预言应验，但他并没有通过占筮的途径。

这种不占而论的做法，从春秋的中后期开始，越来越普遍，如《左传》昭公元年(前541年)有事例云：

晋侯求医于秦，秦伯使医和视之，曰：“疾不可为也，是谓近女，室疾如蛊。非鬼非食，惑以丧志。良臣将死，天命不佑。”……赵孟曰：“何谓蛊?”对曰：“淫溺惑乱之所生也。于文，‘皿’‘虫’为蛊，谷之飞亦为蛊。在《周易》，女惑男、风落山谓之《蛊》，皆同物也。”

这里是说，晋平公有病，向秦国求医，秦景公派名医和去给他诊治。这位名医诊断说：“病已经没有办法可治。这是因为亲近女子，而被蛊惑所致，得了房事过度之疾。这种病既非因为鬼神，也非由于饮食不当，而是迷惑于女色，以致丧失心志。良臣将要死去，上天也无法保佑。”医和走出晋宫，大臣赵武就问：“什么是蛊惑呢？”医和分析说：“这种病是因为精神沉迷惑乱而产生。从文字看，下面是‘皿’，上面为‘虫’，谷物放在器皿中，之后飞出的虫就是‘蛊’。从《周易》来说，《蛊》卦(䷑)下为《巽》(☴)为风为长女，上为《艮》(☶)为山为少男，既象征长女蛊惑少男，又象征风将山上的树叶吹落，这都是同类的物事呀。”

古代医巫同源。秦国的医和不仅医术高明，也熟稔《周易》。他一方面正确诊断晋平公之疾为过度贪恋女色所致之“房痨”，另一方面又不用占筮，直接引用“蛊”卦之象来类比于晋侯之疾的无可救药，可谓一语中的。同样，这种不经占筮，直接引证《周易》之卦象或者占辞以论事的实例还有许多。如《左传》宣公十二年(前597年)，楚国围困郑国，晋国出兵救之，晋军将领先縠(彘子)不听号令，率先渡河。主帅荀首(知庄子)论断说：

此师殆矣！《周易》有之，在《师》之《临》，曰：“师出以律，否臧，凶。”

面对部将不听从主帅指挥的被动局面，荀首自然就想到了《周易》中关于行军作战的《师》卦。《师》卦(䷆)坎下坤上，初爻为六，由阴变阳，于是变为《兑》下《坤》上的《临》卦(䷒)。依照规则，应该以本卦《师》卦的变爻即初六之爻辞占断之：“师出以律，否臧，凶。”即用师必先出师，故云“师出”。凡师出必以法度纪律整齐之，故云“师出以律”。“否臧”者，不善也。法度纪律不善，结果必然凶险而招祸。最后果然是晋国遭遇了“邲之战”的惨败。

事实上，根据具体情况寻找相近的卦象及其卦辞爻辞，来帮助人们解疑释难，完全可以得出一个合乎常理的判断。这样，筮占的程序就不仅是多余的，甚至还“成事不足，败事有余”。王充的《论衡·卜筮》就引用一则筮例云：

鲁将伐越，筮之，得《鼎》折足。子贡占之以为凶。何则？鼎而折足，行用足，故谓之凶。孔子占之以为吉，曰：“越人水居，行用舟不用足，故谓之吉。”鲁伐越，果克之。

所谓“得《鼎》折足”，是指卜筮得到《鼎》卦(䷱)，依例第四爻由老阳变阴，得《蛊》卦(䷑)。循一爻变之例，占断应该以本卦的变爻辞为据。看《鼎》卦之九四爻辞，曰：“鼎折足，覆公餗(sù)，其形渥，凶。”用今之语体文翻译，即“鼎足折断，鼎中为公侯准备的肉汤被倾覆地上，显得地上湿漉漉的一大片，预示着将有凶险之事发生”。

子贡按照常规，以此爻辞“直占”。他认为既然行军打仗要依赖“双足”，现在鼎足折断，以此类比，必然得出鲁国伐越结局“凶险”之论。而孔子的认识则相反。他说，“越人居住在多水的环境中，行军打仗用舟船而不用双足，因此鲁国讨伐越国必然吉利”。孔子的占断貌似“诡论”，但更符合具体情况具体分析的辩证原则，是对事物真相的更深刻的认识，比子贡墨守成规的据辞推理，要来得更准确。

正是在这种“不占而论”的文化背景和时代思潮的影响下，孔子对《周易》的兴趣几乎完全不在占筮而在其义理。孔子曾针对《周易》说过“不占而已矣”的话，见《论语·子路》：

子曰：“南人有言曰：‘人而无恒，不可以作巫医。’善夫！‘不恒其德，或承之羞。’”子曰：“不占而已矣。”

对这里孔子“不占”的所指，有两种不同的理解。一是朱熹《四书集注》的看法：“南人，南国之人。恒，常久也。巫所以交鬼神，医所以寄死生，故虽贱役，而犹不可以无常。孔子称其言而善之也。”

“此《易·恒卦》九三爻辞。承,进也。复加‘子曰’,以别《易》文也。其义未详。”

另外是朱注所弃而不用的郑玄注和皇侃疏。郑注:“言巫医不能治无常之人也”;“不可为卜筮,言卦兆不能见其情、定其吉凶也”。皇侃疏:“孔子引《易·恒卦》不恒之辞,正无恒之恶,言人若为德不恒,则必羞辱承之……言无恒之人非唯不可作巫医而已,亦不可以为卜筮。卜筮亦不能占无恒之人,故云不占而已矣。”

两种意见的分歧,关键在于“作巫医”的“作”怎样理解?清人毛奇龄的《四书剩言》说:“此言‘不可作巫医’以治此人,非谓此人不可作巫医也。作,立也。盖无恒之人,祷祀所不加,医药所不及,故云然……故‘不占而已矣’。郑氏亦谓无恒之人,《易》所不占,与巫医不治并同……则明明言卜筮不能及此,孔子自为注脚也。”所以,程树德就说:“此章之义,当从郑注,而皇疏尤明晰可从,《集注》失之。”①

以上可知,作为文化巨人的孔子,在充分肯定《周易》价值的同时,也怀疑卜筮手段的有效性,这和他一贯的“不语怪力乱神”和“敬鬼神而远之”的态度是一致的,这也和春秋时期“轻天重民”、“吉凶由人”文化思潮的勃兴有密切关系。所以,孔子在《论语·述而》中说:“加我数年,五十以学易,可以无大过矣。”此处所指,正是对《周易》义理的深刻钻研和透彻理解,而绝不是从枯骨灵草中去寻求现实社会和真实人生的问题答案。他的“韦编三绝”,也指的是对《周易》义理的揣摩探求,而绝不是对“推蓍蹈龟”等神道方法的模仿练习。马王堆汉墓帛书《周易》附有名为《要》的一篇文章,其引孔子曰:“非安其用,而乐其辞”;“我观其德义耳”。这正是孔

---

① 程树德:《论语集释》卷二十七《子路下》,北京:中华书局“新编诸子集成”本,1990 年版,第 1203～1205 页。

子治《易》路径的真实写照。

孔子之后，战国晚期的荀子更明确地高举起“善为《易》者不占”的大旗，认为不需要经过卜筮的程式，而可以直接通过援引《周易》之象和辞的方法来推论物事的吉凶祸福。因为社会和自然一样，都有其发展的规律，一旦掌握了它们，就能推知其产生和发展的前因后果，而无需祈求神灵。如《荀子·天论》云：

雩而雨，何也？曰：无何也，犹不雩而雨也。日月食而救之，天旱而雩，卜筮然后决大事，非以为得求也，以文之也。故君子以为文，而百姓以为神。以为文则吉，以为神则凶。①

下雨是自然现象，与求雨之祷没有关系。同样那些卜筮和祭拜的行为，都不能真正达到预期的目的，不过是为了顺民之情，将之作为行政的“文饰”之举而已。文饰无害，但假如真的以为淫祀可以求福，那就凶险无比了。同样，在社会领域，“神道设教”可以，但无须沉湎于“怪力乱神”之中而不能自拔。因为“以贤易不肖，不待卜而后知吉；以治伐乱，不待战而后知克”②。

孔子和荀子的“以德代占”，是对传统占筮迷信的否定，开创了儒家解《易》的新局面。《易》学由单纯的筮占作为被引导进入哲理领域，其推理系统也逐渐得以净化。最后，儒家以《易传》的形成为标志，使《周易》一书的性质，发生了由卜筮之书向义理之书的转变。

三 《易传》的结构和内容

儒家的经典，往往有“经”有“传”，传比经晚出，是对经文的最

---

① 王先谦：《荀子集解》卷十一《天论》，北京：中华书局“新编诸子集成”本，2013年版，第374页。

② 王先谦：《荀子集解》卷十九《大略》，第595页。

古老的注释。如据说《春秋》是圣人孔子就“鲁史”亲手整理而成，是为经；而《公羊传》《穀梁传》等是后人为解经而作，是为传。但久而久之，传的地位也上升为经，如后来的“十三经”就包括“春秋三传”。所以儒经有广义和狭义之分，《周易》也是这样。今天的《周易》就整体而言，从汉代以后就是“五经”之一的“易经”，这是广义之经，其中包含了《易经》和《易传》两部分的内容。同时《周易》自身又可以分为两大部分，即《易经》和《易传》。前者是狭义之经，往往被称为“周易古经”，由六十四卦和三百八十四爻组成的符号系统和由卦辞、爻辞组成的文字系统所构成，对此我们在前面已经进行了简单的陈述和分析。后者即《周易》中的《易传》，是对《易经》最古老的注解、说明和发挥，故名“传”。汉代人既称之为《易大传》，如司马谈的《论六家要旨》；也称之为“十翼”，如《易纬·乾凿度》，取其辅翼本经、如鸟之羽翼的意思。

《易传》是《周易》的重要组成部分，它使《周易古经》由卜筮之书转变为哲理之作，提出了一个包括天道、地道和人道在内的关于自然和社会普遍发展规律的哲学理论体系。其思想不仅与儒家、道家、阴阳家等诸子之学互为吸纳，也对后世易学的发展产生了深刻的影响。甚至它那种“天人一体”的宏观宇宙哲学，在世界文化史上也具有崇高的地位。

（一）《易传》各篇题解

“十翼”之名，最早见于《易纬·乾凿度》：“孔子占《易》，得《旅》，息志停读，五十究作十翼。”因为《易传》的内容包括《文言传》、《彖辞传》上下、《象辞传》上下、《系辞传》上下、《说卦传》、《序卦传》和《杂卦传》，共七种十篇，故称“十翼”。它们的出现，使《周易古经》的意旨得到比较可取的解释，也是后人研习易学不可或缺的途径。我们首先介绍其各篇内容的基本建构。

1.《彖(tuàn)辞传》

简称《彖传》《彖辞》或《彖》。它随《经》分上下两篇，也是64条，每条解释一个卦的卦名、卦义和卦辞，说明此卦的基本思想，但不解释爻辞。魏晋王弼《周易略例·明彖》云："夫彖者何也？统论一卦之体，明其所由之主者也。"唐李鼎祚《周易集解》云："《彖》者，断也。"孔颖达《周易正义·乾·彖》亦云："夫子所作《彖》辞，统论一卦之义，或说其卦之德，或说其卦之名……《彖》，断也，断定一卦之义，所以名为《彖》也。"

据说"彖"本是一种动物，能将铁质器物咬断，故借用在此，彖即为一卦之吉凶下断语。但在《系辞传》中，也有将属于《易经》之卦辞称为《彖》的，与此处明显矛盾。这证明"十翼"中的《彖传》与《系辞传》并非同一作者，故指称有异。《彖传》本独立成篇，汉代人将其分列于每卦的卦辞之后、爻辞之前，唯"乾"卦的《彖传》列于其卦所有卦辞、爻辞之后。本书今沿袭"乾"例，每卦之《彖》皆置于其卦辞、爻辞之后。

值得注意的是，《彖传》晚出，在思想体系上常与《易经》有不同的特征。

2.《象辞传》

简称《象传》《象辞》或《象》，也与《易经》一样分为上下两篇，共450条。其中64条分别解释六十四卦的卦名与卦义，但不解释卦辞，称为《大象传》。余下的386条分别解释386条爻辞，称为《小象传》。孔颖达《周易正义·乾·象》云："总象一卦，故谓之'大象'"；"释六爻之象辞，谓之'小象'"。《象传》作者认为，《周易》中的卦和爻都是一种"象"。"象"既指摹拟事物之形象，也指世界上客观万物的象征，故《系辞下传》云："象也者，像此者也。"

《象传》的宗旨，就在于分析每卦和各爻的象征意义。《大象传》基于每卦的上下相重之旨，推论出其切近人事的象征意义。如

《乾·大象传》:“天行健,君子以自强不息。”由其卦形上下皆为乾为天,以象征君子之刚健道德。《小象传》基于每爻在卦中居位的情况,由卦象与爻象的关系入手,分析人事的吉凶利弊。如《乾·小象传》初九爻:“潜龙勿用,阳在下也。”此指阳气尚微,不可急切行动。

《象辞传》原皆单独列篇,现将其分散插入各卦的经文之后,以减去读者前后翻检之劳,以便于观察比较《经》文和《传》文思想倾向的同异。

3.《文言传》

简称《文言》,为《易传》中专门解说乾、坤二卦内容的专篇,只有两章共七节。前六节释说《乾》卦,称“乾文言”;后一节针对《坤》卦而言,称“坤文言”。文,饰也。孔颖达《周易正义·乾·文言》云:“文谓文饰,以《乾》《坤》德大,故特文饰以为《文言》。”唐李鼎祚《周易集解》亦云:“《乾》《坤》为门户,文说《乾》《坤》,六十二卦皆放焉。”但学者对“文言”两字理解不同。李鼎祚《周易集解》说,“依文而言其理,故曰文言”。清朱骏声《六十四卦经解》说,“释文王之言,故曰文言”。今人高亨《周易大传今注》云,“然则文言者,谓用文字以记其言也”。即除象、辞外,还可以文字来解说易理,“文言”实则“言文”。

需要注意的是,因《文言传》后出,其解说乾、坤已经与《易经》卦辞、爻辞之原意有所差异。特别是其中“子曰”云云,并非孔子原话,而是作者假托之言。“乾文言”篇幅较大,主要阐述“知进退存亡而不失其正”的道理,提醒统治者谨防居高而位危。“坤文言”主要阐述“履霜,坚冰至”的法则,告诫当道者要时刻警惕那些不遵守“坤道柔顺”的下位者,要常居安思危。

4.《系辞传》

简称《系辞》《系传》,即系在《易经》之后的解说辞,汉人也将此称为《易大传》。此为《易传》中最重要的一篇，是对整部《易经》的通论和理论升华，是《易传》思想体系的主要代表作。“系”即系属连接的意思，“系辞”二字在《周易》中有两种不同的含义。孔颖达《周易正义·系辞上》云，“谓之‘系辞’者凡有二义”：一是“圣人系属此辞于爻、卦之下……则上下二篇《经》辞是也”，此实指“经”文中的卦、爻辞。二是“夫子本作‘十翼’，申说上下二篇经文，系辞条贯义理，别自为卷，总曰《系辞》”。后者指的才是本处的《系辞传》。

《系辞传》对《周易》筮、卦、爻、辞的产生过程、逻辑根据及其性质、意义都做出了深入的理论分析，发掘了《易经》蕴含在卜筮之中深刻的哲学意义，使之不仅止于占卜，更进而形成了一套完整的哲学范畴系统，奠定了中国古代哲学大厦的基石。同时它还选择了《易经》中的爻辞十九条进行解说，以示其内在意涵。《系辞传》也是“十翼”中篇幅最长的传文，因此分为上、下两篇。上篇明“无”，论《易经》之大理；下篇明“幾”，述《易经》之小理。有人认为，《系辞传》文字妙绝，含义深邃，可与《论语》和《老子》相媲美。

它认为“一阴一阳之谓道”，肯定自然界中阴阳、动静、刚柔等两种相对立的势力的“相摩”、“相荡”，是事物变化的普遍规律。它虽然提出“穷则变，变则通，通则久”的辩证法则，但在承认宇宙一切皆变的同时，又说“天尊地卑，乾坤定矣；卑高以陈，贵贱位矣”，以此来论证社会等级的永恒性、固定性，显示其辩证思维的不彻底。

总之，《系辞传》之宗旨在于发《易》理之深微，示读《易》之范例，值得重视。

5.《说卦传》

其内容是记述八经卦所象之事物，专论八卦象例，故名“说卦”，并非陈说六十四卦。

它分析《乾》《坤》《震》《巽》《坎》《离》《艮》《兑》所代表的各类事物及其原理、变化等，从人伦、人体、方位、器物、颜色、性质和动作等方面阐述八卦所象征之基本意义。如“乾为天，坤为地，震为雷，巽为风，坎为水，离为火，艮为山，兑为泽”之象例，如“乾健、坤顺、震动、巽入、坎陷、离丽、艮止、兑悦”等卦之象征意义，为我们认识《易》象的内涵及其推演提供了基本信息，有不可忽视的参考价值。这都体现了中国古代取象类比的思维方法。

但需要注意的是，《说卦传》所讲的八卦之象，与《左传》《国语》所讲，与《彖传》《象传》所讲，与汲冢竹书《卦下易经》所讲的卦象卦性，都有程度不同的差异。孰是易学通例？孰是一家私言？这都需要认真辨析。另，马王堆汉墓出土的帛书《系辞》中，亦有今本《说卦》的头三节内容，这也为研究《易传》的成书和传播提供了珍贵的资料。

6.《序卦传》

顾名思义，《序卦传》的主要内容是解释六十四卦的排列顺序，并阐述各卦前后相承的意义。除了其释《乾》《坤》《咸》《震》四卦以卦象为据外，其他则以卦名为据。其解说自成体系，具有朴素的辩证观点，但有些地方不合《易经》的原意，或不无牵强附会之处。

全《传》分上下两部分。上篇解说从《乾》至《离》前三十卦的次序，下篇则解说从《咸》至《未济》后三十四卦的次序。这种卦序当沿袭很久，最初为何人所编次则不可考论。马王堆汉墓帛书《周易》未见《序卦传》，其八经卦之顺序与六十四别卦之顺序皆与此《序卦传》的卦序不相同，可证《周易》在中国古代曾有不同的版本和传授体系的存在。

7.《杂卦传》

它解说六十四卦的卦义，却不按《易经》排列的次序，错杂而论述，因名“杂卦传”。韩康伯注《周易》曰：“《杂卦》者杂糅众卦，错综其义，或以同相类，或以异相明者也。”

其内容是把六十四卦分成32对，两卦一组，用极简明的语言概括说明其卦义。每一组的两卦或同相类，称为“旁通卦”或“错卦”；或异相明，称为“反卦”或“综卦”。它们往往在衬托或对比中，使卦义更鲜明更深刻。

以上就是《易传》所包含的七种十篇的内容提要。本来，“经”是“经”，“传”是“传”，它们皆是分列单行。后来《易传》遂被并入经文，《周易》变成经、传参合本。除《彖》《象》《文言》三种分拆插入六十四卦的相关经文之后，其他四种即《系辞》《说卦》《序卦》《杂卦》就次第列于整体经文之后。这种安排大概是基于学者诵读方便的原因。但这种并合发生在何时呢？一说出于西汉费直，见宋人《崇文总目》云：“凡以《彖》《象》《文言》杂入卦中者，自费氏始。”也见于宋晁公武《郡斋读书志》：“凡以《彖》《象》《文言》等参入卦中，皆祖费氏。东京荀、刘、马、郑皆传其学。王弼最后出，或用郑说，则弼亦本费氏也。”一说出于东汉郑玄，见《三国志·魏书·高贵乡公传》载《易经》博士淳于俊之言：“郑玄合《彖》《象》于经者，欲使学者寻省易了也。”

两说孰胜，迄无定论。但无论如何，经、传合编本《周易》，成为后代更普及的读本，单独的《周易古经》本遂逐渐消失。它的出现，无形中提高了《易传》的学术地位，有利于义理《易》学的发展和壮大。汉代之后，占筮已经被淡化为“神道设教”的形式，并将迷信的内容进行了科学剥离。

（二）《周易》的作者和著成时代

关于《周易》一书的由来，《汉书·艺文志》称为“人更三圣，世历三古”。韦昭注“三圣”曰：“伏羲、文王、孔子。”孟康注“三古”曰：

“伏羲为上古，文王为中古，孔子为下古。”师古曰：“更，经也。”①也就是说，首先由上古的伏羲画出八卦；其次由中古的周文王（或者还有周公）重卦并且系辞演变出六十四卦的《易经》；最后在近古由孔子阐发其中蕴含的义理，写成“十翼”，是为《易传》。这一个从酝酿到内容丰富完善再到最终全书定型的过程，按古人的想法，大约经历了数百年之久。

但这只是一种传统的假说，是传之久远的崇圣心态的产物，今天的绝大多数学者都不再完全相信。关于《周易》的作者和成书，因时代久远，无从取证，其具体的节点和过程，谁也无法弄清。只能说它绝非作于一人，也非成于一世，而且经历了一个复杂漫长的演进变化过程。

就《易经》而言，正如许多学者所论，它必然要经历阴阳概念的产生、八卦的创立、重复为六十四别卦、撰成卦辞爻辞等多个阶段，才能最终使之成型。

1. 关于“伏羲作八卦”

先看“阴阳”概念的形成。尽管“盈乎天地之间无非一阴一阳之理”，如古人在每天的生活环境中都要接触到的天地、男女、昼夜、上下、热冷、胜负等种种阴阳对立的现象，但要从具象综理为形而上的“阴阳”概念，这当然要涉及人类逻辑思维能力的发展，而其背后的关键还在于人脑先天结构的进化。如人的眼睛将外界“树”的现象转换成信息传到大脑，大脑作为处理器对视觉信息进行分析，由丘脑合成“树”的丘觉，然后传输大脑产生“树”的意识。因此丘脑是产生意识的核心器官，这也是人类之脑区别于动物之脑的关键所在，而人脑的这个进化过程又是难以想象的漫长。所以“阴阳”概念的形成绝不是倏忽之间的事情。

---

① 班固：《汉书・艺文志》，第1704～1705页。

有了阴阳的概念，然后再创造性地展现为象征性的符号，即阴爻"--"和阳爻"—"，这其间又需要花费多长的时间和多少人作出贡献，又是一个难以想象的长时程。有了阴爻和阳爻作为基本符号，古人再进一步创造出"八卦"的名称、形式和分别用于象征宇宙间的不同事物，这又需要多长的时间过程和多少人的智慧付出，还是令人难以想象的事情。但是在崇圣的儒者看来，这些问题对无所不能的圣人来说，只需一念之动就万事大吉了。《系辞下传》云：

古者包牺氏之王天下也，仰则观象于天，俯则观法于地，观鸟兽之文与地之宜，近取诸身，远取诸物，于是始作八卦，以通神明之德，以类万物之情。

多么简单呀！稍微有正常思维能力的人都可以看出，所谓的"伏羲氏"，只是一种文化符号和神话人物。其一人"始作八卦"云云，只是一种文化传说，根本不是历史的真实。

2. 关于"周文王推演六十四卦"

与伏羲有所不同，关于周文王推演六十四卦和作卦辞、爻辞的说法，既有一些史影作为根据，但各种史料矛盾重重，结论也难以完全坐实。

我们注意到，周文王"重《易》六爻"演成六十四卦和创制卦辞、爻辞的说法不见于先秦，据说作于战国时期的《系辞传》也仅说道：

《易》之兴也，其于中古乎？作《易》者其有忧患乎？

《易》之兴也，其当殷之末世、周之盛德邪？当文王与纣之事邪？

看来《周易》一书的兴起，确与殷、周之际的形势变化和周文王的"忧患"经历有一定的联系，但最早明确周文王为《易经》作者的却是西汉司马迁的《史记》。如《史记·日者列传》云："伏羲作八卦，周文王演三百八十四爻而天下治。"又如《史记·周本纪》云："西伯盖即位五十年，其囚羑里，盖益《易》之八卦为六十四卦。"接着班固跟进,如《汉书·艺文志》有"文王……重《易》六爻,作上下篇"的说法。《易经》的上下篇当然不仅包括符号系统的卦、爻之形,也包括其文字系统,即卦辞和爻辞。

但《周礼》明言:太卜"掌'三易'之法,一曰《连山》,二曰《归藏》,三曰《周易》。其经卦皆八,其别皆六十有四"。郑玄注:"夏曰《连山》,殷曰《归藏》,周曰《周易》。"既然夏、商已经产生了六十四别卦,周文王"重卦"之说就不攻自破。清人顾炎武依据《周礼》之说和《左传》所载的春秋筮例,认为"重卦""不始于文王",应该在周代以前很久。而周初的卦爻辞写定以后,才有了《周易》之名。① 上世纪考古学界对数字卦的探讨,也证明先秦时期以六爻形式进行占筮的活动至少应上推至商代,说周文王"重卦"为六十四卦并不准确。②

关于卦辞爻辞的作者,东汉马融和三国陆绩以爻辞中有"王用享于岐山"和"箕子之明夷"这样不类文王语言的现象,因而提出由周文王作卦辞、由周公作爻辞的看法。孔颖达撰《周易正义》,就说:

> 《易》历三代。伏羲既画八卦,即自重为六十四卦。文王作卦辞,周公作爻辞,孔子作《十翼》。所以只言三圣不数周公者,以父统子业故也。

这也是魏晋王弼的意见。其实要研究由何人所作卦爻辞,不如研究卦爻辞的性质及其形成过程。高亨就分析说:

> 古代卜与筮皆有记录……有人将举一事,筮人为之筮,遇某卦爻,论断其休咎。及事既举,休咎有验,筮人(或史官)记

---

① 参见顾炎武:《日知录》卷一《三易》、《重卦不始于文王》二篇。

② 张政烺:《试释周初青铜器铭文中的易卦》,《考古学报》1980 年第 4 期;张亚初、刘雨:《从商周八卦数字符号谈筮法的几个问题》,《考古》1981 年第 2 期。

录其所筮之事要与其筮时之论断与其事之结果，此即筮事之记录也。殷墟甲骨卜辞，即殷王朝之卜事记录……筮人将其筮事记录，选择其中之奇中或屡中者，分别移写于筮书六十四卦卦爻之下，以为来时之借鉴。逐渐积累，遂成《周易》卦爻辞之一部分矣……（后来）有人取筮人之旧本加以订补，将其对于事物之观察，对于涉世之经验，对于哲理之见解，纂入书中。其表达方法，或用直叙，或用比喻，或用历史故事。其目的在显示休咎之迹象，指出是非之标准，明确取舍之途径。《周易古经》经过此人之订补，始成完书矣……总之，周易古经，盖非作于一人，亦非著于一时也。①

此论允矣。与其说周文王是六十四卦卦辞爻辞的创作者，是《周易古经》的最后完成者，不如说他是经书的订补者之一。因为据顾颉刚研究，其中“箕子之明夷”、“康侯用锡马蕃庶”等卦爻辞所涉之史实，明显是在文王之后发生的。

3. 关于“孔子作《十翼》”

《易传》七种十篇，汉人始定为孔子所作，先秦无此说。如《史记·孔子世家》云：“孔子晚而喜《易》，序《彖》《系》《象》《说卦》《文言》。”又如《汉书·艺文志》云：“孔氏为之《彖》《象》《系辞》《文言》《序卦》之属十篇。”孔颖达在《周易正义·序》中也肯定说：“其《彖》、‘十翼’之辞，以为孔子所作，先儒更无异论。”

至北宋欧阳修作《易童子问》，明言“《易传》非孔子之作，亦不出于一人之手”。其主要理由是《文言》《系辞传》《说卦传》的内容有相互抵牾之处，而《系辞传》自身的前后文又有互相矛盾之处，因此绝非出自一人之手，更不可视为孔子之作。此后至晚近代，清人姚际恒作《易传通论》，康有为作《新学伪经考》，也认为《易传》非孔

① 高亨：《周易古经今注》，北京：中华书局，1984年版，第10～12页。

子作。

上世纪二三十年代有一个关于《周易》作者和时代问题的大讨论，形成的基本看法是，《易传》大多作于战国时代，是经过多时多人不断加工编纂而成。孔子在其中的贡献是，他不仅自己喜欢并且孜孜研究《易经》，“韦编三绝”，而且还设教授徒，在《诗》《书》《礼》《乐》之外，另外传授《易》学。据《史记·仲尼弟子列传》，孔子传《易》于鲁人商瞿，瞿传楚人馯臂子弘，弘传江东人矫疵。馯臂子弘在《汉书·儒林传》中作馯臂子弓，此“子弓”即在《荀子》的《非十二子》《儒效》《非相》等篇中被誉为“大儒”、“圣人”的子弓。据高亨考证，他可能就是《彖传》的作者，而《彖传》应是“十翼”中最早的一篇。而《象传》作于《彖传》之后，也在战国时代无疑，据高亨考证，其作者可能是孔子的三传弟子矫疵。①

根据高亨的研究，《文言》《系辞》《说卦》《序卦》和《杂卦》也都是完成于战国时代。虽也有人认为后三篇“乃西汉初期人所撰”，但尚无确证。大体可以确认，《易传》的作者都是孔门后学，不但其中保留的许多言论都冠以“子曰”的名义，而且这些内容也反映了浓烈的儒家思想倾向。若此，《易传》十篇虽非圣人孔子亲手所撰，但并不影响它们的重大思想价值和崇高学术地位。

（三）《易传》对《易经》的继承与开新

关于《易传》与《易经》的关系，其实包含两个问题。一是《易传》的成书年代及是否为孔子所著；二是《易传》的思想倾向是否与《易经》完全相符。前面对第一个问题已经进行了简单的分析，即孔子亲手撰作《易传》的说法不但缺乏有力的史学依据，而且从文献学的角度看，《易传》所使用的语词概念与春秋晚期人们的言说

---

① 高亨：《周易大传今注》，济南：齐鲁书社，1979年版，第6～7页。

习惯差异甚大，各篇之间的行文风格也并非整齐一律，因此全书不可能为春秋末期的某一个人所作。但其整体的成书年代，也不应放在战国以后，而被拖至秦汉之际甚至西汉中后期。因为其中被认为成书较晚的《系辞传》，已经在西汉之初的马王堆墓葬帛书中出现，如《彖》《象》《文言》等篇的成书年代甚或更早，它们都应是战国作品无疑。《说卦》《序卦》《杂卦》三篇曾被认定晚出，但其说法也缺少足够的文献学证据。

关于第二个问题，过去因受"孔子作十翼"观念的影响，人们从"前圣后圣，其揆一也"的先见出发，认为《经》《传》之间"圣心"相传，密合无间，其思想观点自然完全吻合。但今人也有另外一个极端的看法，即认为《易经》纯粹是卜筮之书，性质是巫术迷信；而《易传》则是哲理之作，不过是借《经》之名而"浇心中块垒"，两者在思想上没有任何本质联系。

首先，《易经》虽然是一部占筮之书，而且的确继承了原始的神巫文化传统，但它又适应了殷周之际宗教思想的变革，与当时"以德配天"的天命神学观念和卜筮行为相结合，构成了一个以天人整体观为思想基础的巫术操作系统。它扬弃了原始筮占那种单纯以卦象来定吉凶的低层次思维模式，而是增加了许多理性的成分，强调了人事的作用，在爻与卦的外壳下也培育出素朴的哲学思想，反映了当时人们企图通过占卜来寻求宇宙间因果联系和事物变化规律的初步努力。正因为这样，不管是儒家的孔子、道家的老子还是战国《易传》的作者们，才能通过参悟和继承《易经》中所体现出来的那种初步的辩证思维，而培育出自身理论体系的参天大树。所以《易传》和《易经》还是应该被视为一个整体，不能完全被割裂对待。

其次，《易传》又确实体现出一种两面性。一方面它依然多用象数来解释《易经》的卦名、卦义与卦辞、爻辞，继承和发展了原有的取象说、取义说，提出了多种形式的爻位说，以此来判断卦、爻之象辞的吉凶休咎，将《易经》的卜筮内容进行了一次逻辑化、系统化的整理。但从另一方面看，尽管它是一部阐发《易经》的注经之作，却同后者的思想有很大的历史性差异，甚至许多观念并非《易经》原来所固有，而是借其框架来发挥作者自己的世界观和价值论，从而将一部占筮之书，改造成一部理论色彩很强的哲学著作。

在《易传》的思想体系中，有些很重要的内容，在原来的经文中根本不见踪迹，完全属于新的理论创建。如《系辞上传》的"形而上者谓之道，形而下者谓之器"、"河出图，洛出书"、"易有太极，是生两仪"、"大衍之数五十"、"天地之数五十有五"以及"四营十八变"的占筮方法等等，这些内容均不见于经文。甚至《易经》虽有"--"爻和"—"爻，并且在实际上将之视为构建其符号系统的基本元素，而且在事实上"阴"和"阳"也被其视为表述天下万物普遍联系的重要范畴，但在其经文的卦辞、爻辞中却根本找不到并联在一起的"阴阳"两字。而正是在《易传》中，才标示此爻分别为"阴"和"阳"，并且将之作为两种相互对立和相互消长势力的一对范畴来使用，如《系辞上传》的"所谓一阴一阳之谓道"和"阴阳不测之谓神"的说法。孔颖达疏："天下万物皆由阴阳，或生或成，本其所由之理，不可测量之谓神也。"由此，才使得"阴阳"成为中国古代哲学最为基本的一对理论范畴。

另外，《易传》作者的解经，常常是为了自己立论的需要，而有意无意地歪曲或误解经文，反而使人感到迷惑。如全书开头的《乾》卦卦辞："乾：元亨。利贞。"我们若将《易经》的性质视为占筮书，自然应该从占问的角度来理解它的原始义，即："乾，卦名。元，始也；亨，顺利；利，有利；贞，占问。谓开始便通达顺利，占问会很有利。"高亨的《周易古经今注》也是由此角度解释《乾》卦辞的："乾，卦名也。元，大也。亨即享字。古人举行大享之祭，曾筮遇此卦，故记之曰元亨。利贞犹言利占也。筮遇此卦，举事有利，故曰利贞。”①这样理解显然方是正确的。但《易传》却从道德论出发，从“四德”的角度来点断此卦辞为“乾：元，亨，利，贞”。然后注曰：“乾，卦名，天也。元，善也。亨，美也。利，利物也。贞，正也。天有善、美、利物、贞正之德，故曰‘乾：元，亨，利，贞。’《文言》谓君子亦有此德。”②这种解释明显不符合其原始之经义。

《易传》解经，有些地方是严谨正确的，但类似这样旧瓶装新酒的地方也不少。抛开文献学的角度不谈，《易传》这种对经文的异解或者开新，固然有作者时代背景和社会身份不同的原因，但更重要的还在于其价值目标的不同，故要给以新的解释，这也需要我们给以同情的理解。我们不妨借用唐明邦在《周易评注》中的分析来明确这一点：

> 《易传》对《易经》的重大发展，在于它将一部占筮之书，改造成为理论性很强的哲学著作。如果没有这个改造和发展，《易经》在中国思想史、文化史上的地位和作用将会大为改观，远不会有后来这么高的学术价值。《易传》在哲学史上的价值，在于它营造了一个比较精致的客观唯心主义宇宙观，更可贵的是其中包含了相当丰富的朴素辩证法思想。③

具体来说，《易传》构建的理论体系可涵盖四个方面的主要内容：

一是天、地、人三位一体的“三才”统一原理，或者说天人一体的宏观宇宙哲学。《说卦传》云：“是以立天之道曰阴与阳，立地之道曰柔与刚，立人之道曰仁与义。兼三才而两之，故《易》六画而成

① 高亨：《周易古经今注》，北京：中华书局，1984 年版，第 161 页。
② 高亨：《周易大传今注》，济南：齐鲁书社，1979 年版，第 53 页。
③ 唐明邦主编：《周易评注》，北京：中华书局，1995 年版，第 5～6 页。

卦。”这个理论体系包含了宇宙演化、社会发展和人际关系的丰富内容，而且强调其统一性和互动性，体现了东方哲学的重要特点。这种思想在以后一脉相承，沉淀为特色鲜明的东方思维模式。如东汉王符在《潜夫论·本训》中所说：“是故天本诸阳，地本诸阴，人本中和。三才异务，相待而成。”

二是“变动不居”、“唯变所适”的社会进化观。《系辞下传》云：“天地絪缊，万物化醇。”絪缊就是天之阳气和地之阴气交融，天地万物因而就会不断的推移变化，人类文明也是在不断地发展进化中。《系辞下传》又云：“《易》之为书也不可远，为道也屡迁。变动不居，周流六虚，上下无常，刚柔相易，不可为典要，唯变所适。”这是说，《易经》所讲的都不远离人生，一阴一阳之道体现的变化运动会永不停止，周流于各卦的六个爻位之间。阳刚阴柔，互相变易，没有常法可遵循，人们只有适时而变。这里的“变动不居”即“变动不止”，被视为宇宙间的普遍规律。“唯变所适”，即人们的思想行为应该主动地与此种变动相适应。这种深刻的辩证法思想，在中国古代产生了深远的影响。

三是“刚柔相推而生变化”的变革内因论。万事万物都在不断的运动变化之中，这种变革的推手不是外在的神秘力量或者有意志的人格神，而是事物内在不同因素之间的既互相依存又矛盾冲突的性质。《系辞上传》说：“刚柔相摩，八卦相荡。”即阴阳两爻互相交感，使得八经卦两两相重，从而推移变动形成六十四别卦。摩，切摩，交感；荡，推移搭配。总之，正是因为事物内部具有的一阴一阳两种对立力量，它们“刚柔相推”，即互相作用，从而使得天下万物生生不已，大化“日新”。所谓“日新”，即日日增新，不断更善。

四是“穷上反下”、“革故鼎新”的矛盾转化观。《序卦传》曰：“物不可以终通，故受之以《否》”；“物不可以终尽《剥》，穷上反下，故受之以《复》”;“《损》而不已必益,故受之以《益》”。《周易》贯穿着这种“物极必反”的矛盾转化法则,认为天下万物没有变化不行,但变化超过了一定的限度,到了一定的节点,就会由量变转向质变,就会向相反的方向转化,带来意外的结果。《革·彖传》曰:“天地革而四时成,汤武革命,顺乎天而应乎人。”这是说,自然界既有一年“四季”热极则冷、冷极则热的转换,也有“日中则昃、月盈则食”的变化。引申到社会政治领域,就是“穷则变,变则通”,就是“汤武革命”。因此儒家、道家后来都有严肃的“戒满”的思想,要统治者从《坤》卦初六的爻辞“履霜,坚冰至”中多考虑居高位危、见微知著的道理,从而“知进退存亡而不失其正”,追求社会的稳定发展。易理强调,事物的转化不只是循环往复,而且有“革故鼎新”的跨步前进。无疑,《易传》的这种认识是很深刻的。

正因为有了《易传》对《易经》深邃象征哲学的这种推阐发挥,才最终形成了《周易》这样一部中国古代特殊形态的哲学著作。其特殊性在哪里?就是以占筮为表,以义理为里;或者说通过占筮的形式寻求其所内含的自然与社会发展规律。

四 《周易》的思维模式

人之所以区别于动物,就是具有能动的逻辑思维能力,这是一个民族和社会得以不断前进的根本动力和源泉。而这种能力的培养和传承,既有社会实践的不断刺激,也需要文化典籍的总结和引领。《汉书·艺文志》在论及“六艺”的作用时说:

> 六艺之文,《乐》以和神,仁之表也;《诗》以正言,义之用也;《礼》以明体,明者著见,故无训也;《书》以广听,知之术也;《春秋》以断事,信之符也。五者,盖五常之道,相须而备,而《易》为之原。故曰“《易》不可见,则乾坤或几乎息矣”,言与天

地为终始也。

颜注引苏林曰："不能见《易》意，则乾坤近乎灭息也。"我们理解这里所指，就是《周易》之所以不同于其他"五经"，在于《易》为大道之源，具有统御性、广谱性和恒常性；而他者"五经"，则"世有变改，犹五行之更用事焉"①，前者与后者有一个体与用的关系在里面。而《周易》之所以能在传统文化中发挥如此广泛和深远的影响，就在于其所蕴涵的那种思维模式和哲学思想。反过来，随着古代社会的演进和发展，各种新的知识体系也往往通过对《周易》经文的解释和阐发，进一步开拓这部卜筮之书中所内含的深刻哲理。这种《周易》与诸子之间双向的授受和扬弃，也就成为中国古代哲学不断发展的活水源头。

《周易》的思维模式，具有整体系统性、意象类比性、阴阳辩证性和软性思考的灵活性等四大特点，与西方源自古希腊的推理系统有很大的不同。有人说，中国古代属于经验型的"软性思维"，总是试图找出事物之间的相似处和联系性，但对经验事实很少作概念分析，形式上一般表现为隐喻、想象、模糊、不确定等，只给你一个"区域性"的思考。其好处是可以给人们更大的选择范围和更多的思考自由，从而激发人们的主观能动性和创造意识。而西方属于理性分析的"硬性思维"，它更注重事物间的差异性，要求思考得精准周到和确定不移，表现为严密的逻辑推论和定量分析，往往正确的答案显现为具体的"点状"，非黑即白，而非泛泛的片区。或者说，《周易》是一种动态的类比的思维过程，而西方则是一种静态的演绎的思维过程，二者各有其长短。

---

① 班固：《汉书・艺文志》，第1723页。

（一）整体系统的思维模式

整体而且系统化地看待世界万物，是中国传统思维模式的一个基本特征，它应该起源于《易经》。《易经》的筮法把天地万物都归结为数，天地之数（五十五）和大衍之数（五十）就代表了宇宙整体，由整体的世界再化生出万事万物。这类似于后来老子所说的“道生一，一生二，二生三，三生万物”，即先有整体，再产生系统化的万物。在这种整体系统的思维模式看来，世界、天地和人都在一个整体内，是一个自组织的有机系统。其构成物又区分成许多小系统，每个小系统也是由不同部分所构成。从大系统到分系统再到微支系统之间都有密切的联系，若要了解部分，就必须首先把握整体。

《易经》通过数的复杂推算，产生出六十四卦符号系统，这个系统也是由各个部分组成的一个整体，它可以将一切自然的、社会的、人事的物象都归纳其中，每个卦即是这个大系统中的一个分系统。一个卦由六个爻构成，每个爻又是这个分系统的支系统，也是整体中包含部分，代表事物发展过程中的一个个阶段。由整体到部分，由大系统到小系统，需要有宏观视野的关照，这就是整体系统的思维。到了《易传》时，作者就更加自觉地提出“易有太极，是生两仪，两仪生四象，四象生八卦”的整体观模式。其明确地将空间方位和四时运动联系起来，以“生生之谓易”、“天地之大德曰生”作为核心理念，形成一个有机联系的整体系统的思维模式。

这种思维模式对中国古代的哲学、天文、数学、伦理等方面都产生了深远影响，在医学方面尤其明显。“天人合一”的整体系统思维构成中医的理论基础，它认为“天气上，地气下，人气在其

间”①,故人与自然一理相通,人的身体和精神就是宇宙的微型复制品。《淮南子·精神训》这样言人体:

头之圆也象天,足之方也象地。天有四时、五行、九解、三百六十六日,人亦有四支、五藏、九窍、三百六十六节。天有风、雨、寒、暑,人亦有取、与、喜、怒。

董仲舒的《春秋繁露·人副天数》进一步将这种比拟神秘化:

天以终岁之数成人之身,故小节三百六十六,副日数也;大节十二分,副月数也;内有五藏,副五行数也;外有四肢,副四时数也;乍视乍瞑,副昼夜也;乍刚乍柔,副冬夏也;乍哀乍乐,副阴阳也。

所以中医治病,都要先从整体和系统入手,按照阴阳五行的原则辨证施治。如一个人骨折了,单单正骨糊药还不行,还要服药补肾。因为肾脏属水藏阴精,肾又主骨,所以不调理肾脏,骨头也不能好。当然,这里的“肾脏”不是今天西医解剖学上的概念,而是中医理论上的“脏象”概念,是用五行之象概括出来的脏器功能。

中国古代以太极和阴阳五行为框架的整体系统思维模式,其正式构建完成于汉代,而中医的基础理论也形成于汉代,这绝不是一种偶然的巧合。

(二)意象类比的思维模式

意象思维和类比推理,是《周易》思维模式的另一特点。它是一种从具体的形象符号中把握抽象意义的思维活动,即“立象以尽意”。《易传·系辞上》云:“圣人有以见天下之赜,而拟诸其形容,象其物宜,是故谓之象。”圣人看出天下事物的复杂,于是模拟其形态,通过卦画的形式,把其所象征的特定事物的意义表达出来,故

---

① 董仲舒:《春秋繁露·人副天数》。

名之曰“象”。《系辞下传》也说:“《易》者,象也;象也者,像也。”《易经》构建之本是卦象,卦象又是比照自然物制成的形象。这里的“象”兼有三重含义,即具象、形象和象征。《易经》把卦象的意义用卦辞或爻辞解释出来,此为“言”;象和言背后所蕴含的抽象意义是为“意”。《周易》说“圣人立象以尽意”,指的就是圣人创设了《易》的符号系统,用以反映语言所不能完全表达的思想,所谓“意在言外”、“言外之意”是也。《易传》专设两篇《象传》,其分别阐述一个卦象整体意义的文字为“大象传”,其分别阐述每一个爻象意义的文字为“小象传”,就是因为《易传》的作者顾及到《易经》符号系统的意象特点,而专门创制出来的。

所谓“意象思维”,是一种将感性形象和抽象意义结合起来进行的思维活动。它既不是仅止于感性的知觉表象,又不是完全靠概念演绎的理性逻辑思维,而是通过具体形象来表现抽象意义的符号性思维,其实质非是一种逻辑性而是一种自发的直觉思维。如《周易》通过阴阳、四象、八卦、六十四卦和三百八十四爻构成一个象数符号系统,这些符号被认为是信息载体,具有认识论和本体论的意义。然后其意象思维,从三个层次上展开。

首先是“**⚊**”和“**⚋**”这两个初始符号,它们虽然也经过抽象,但与西方符号系统中的初始符号不同。西方的初始符号是一种完全抽象的符号,可以被赋予任何内容(就如代数中的 X、Y、Z)。而《易》之“**⚊**”和“**⚋**”却不同。一是它们还带有形象性的特点,或者说分别代表数字“一”和“六”,或者说是生殖崇拜的产物,或者说象征结绳记事之“结”。二是其所表示的,最初在数字卦时,是奇数和偶数;后来又分别代表阳和阴、刚和柔、君子和小人等等无穷尽的物事内部的矛盾对立。这里有类的规定性,就决定了其分别被称为阳爻和阴爻,而不能相混。

其次是由三爻一组而成的八卦,成为构建世界八种基本物质的拟象，即乾☰为天，坤☷为地，震☳为雷，巽☴为风，坎☵为水，离☲为火，艮☶为山，兑☱为泽。它们也具有形象性的特点，如“☵”代表水，就是最初“水”的象形文字的符号化。但在《周易》的符号系统中，只要遵照类的规定，八卦所象征的事物又是可以被无限延展的。如在《说卦传》中，《坎》卦在象水的基础上，又可以被象征为“陷”，为“豕”，为“耳”，为“中男”，为“沟渎”，为“隐伏”，为“加忧”，为“心病”，为“血卦”，为“赤”，为“多眚”，为“月”，为“盗”等等。其他的经卦也是同样，都可以在基本卦象之外，产生出很多延伸卦象。这里的推理方法是模糊的区间性的类比，而不是精准的点状指定。

最后是各由六个爻画组成的六十四个重卦，也有明显的意象特征。我们在分析其意义时，不但要看每个爻在卦体中的位置，还要看一个重卦的上下两个经卦之间的关系。如《家人》卦䷤，巽上离下，巽为风为化，离为火为明，既象征风助火势，家道昌隆；也象征教化昌明，家风明正。尤其是其六二阴爻和九五阳爻，不但是阴爻居阴位，阳爻居阳位，而且它们还分别居于内卦和外卦的中位。这里既隐喻着其家女主人的妇德柔顺中正和男家长的作风刚健中正，也象征着二者水乳交融，使全家人的关系亲密和谐。又如《屯》卦䷂，坎上震下，坎为水为险，震为雷为动。它紧挨在《乾》《坤》二卦之后，既象征着春天来临、万物萌生，同时也象征着会遇到一些艰难险阻。再如《师》卦䷆，坤上坎下，坎为水为险，坤为地为顺。它象征着用兵作战之事，有“伏至险于大顺，藏不测于至静”之喻，其结果具有极大的不确定性。其卦辞曰：“师贞，丈人吉，无咎。”即占问作战之事，要任用老成稳健之人担任统帅，才能吉利无害。为什么这样呢？其“六四”爻辞云：“师左次，无咎。”左次即主动撤兵。当需要审时度势、知难而退时，唯老谋深算者才会屈伸自如，主动消除危险。

以上这三个层次之"象"互相配合，为《易经》中卦名的确定和卦爻辞的产生提供了最终的依据。我们再以《咸》卦䷞为例。其卦象兑上艮下，兑为泽为悦为少女，艮为山为止为少男，阴阳二气交相感应，象征少男谦卑地追求少女。又由于该卦每个爻都有阴阳对应关系，即初六与九四、六二与九五、九三与上六皆阴对阳，也隐喻着男女相悦、情深不移的境况。其卦名"咸"，为男女感应的"感"字去掉"心"。一说"咸"即是"感"的古字，义同感；一说寓有男女之间无需特别用心，就有纯出自然的阴阳感应之意。其卦辞"亨，利贞，取女吉"，更是起到了"明象"的作用，即"有天地然后有男女，有男女然后有夫妇"。至于其六条爻辞，从初六的"咸其拇"(感应其脚趾)，到六二的"咸其腓"(感应其小腿肚)，再到六三的"咸其股"(感应其大腿和臀部)和九五的"咸其脢"(感应其背部)，直至上六的"咸其辅、颊、舌"(感应其牙床、脸颊、舌头)，都系统展示了男女之间由浅入深、由粗至精的生理心理相互感悦的发展历程。

寓意于象，以言明象，又触类旁通，举一反三，达到望象生义的效果，这就是《周易》推理系统的特点，其性质必然是意象类比。它不同于西方"科学类比"的逻辑演绎，而是只讲究"万物一理"。此"理"并非一定是反映事物整体总规律之"理"，而是不管自然、植物、动物还是人类在性质上有多么不同，只要在事物状况的某一点上类同，便可进行由此及彼的类比推理。如《泰》卦䷊初九爻辞："拔茅茹，以其汇，征吉。"茅草根在地下紧紧缠绕在一起，君子若有为，也必须像这样和同道者紧密团结，出征敌国才能吉利。这种推理只是一种不同事物间的比喻而不是逻辑论证，故为类比。又如《小畜》卦䷈九三爻辞："舆说辐，夫妻反目。""说"借为"脱"字，以车身与车轴的脱离，来类比于夫妻反目，这当然不是哲学的逻辑推理而只是文学性比喻。

在中国古代，意象类比思维成为规范华夏民族的基本思维模式。王夫之说:“盈天下而皆象矣。《诗》之比兴,《书》之政事,《春秋》之名分,《礼》之仪,《乐》之律,莫非象也,而《周易》统会其理。”即华夏文明之本的“六经”,其实皆为因象明义之作,而《周易》是为这种意象类比思维进行方法论指导的,这样其大道之源的性质就至为明显了。

孔子老而喜《易》,认为读之可以“寡过”。他要求学生善于“举一反三”,并对“闻一知十”的颜回夸赞不已。战国时的惠施不仅善于譬喻,还对类比推理进行定义:“以其所知谕其所不知,而使人知之。”①墨家后学更是对类比推理的原则和容易出现的谬误进行分析,提出“以类取,以类与”、“异类不比”、“推类之难,说在类之大小特尽”等精论②。到了宋代理学家有了“格物致知”、“理一分殊”、“即物穷理”等提法,更是中国古代意象思维的集大成者,也是对《周易》思维模式的继承和发展。在中国甚至东方人的传统文化中,这种意象思维影响深远,如美学中的“意境说”、哲学中的“境界说”、中医学的“脏象说”以及道教中的内外“丹术”,其基本理论和方法,无不来源于《易》学的意象类比思维。

(三)阴阳辩证的思维模式

《老子》云:“万物负阴而抱阳。”(四十二章)意思是宇宙间的一切事物,都存在阴阳对应的两种势力,如天为阳,地为阴;日为阳,月为阴;暑为阳,寒为阴;昼为阳,夜为阴;君为阳,臣为阴;君子为阳,小人为阴等等。它们既互相排斥又互相依存,其间的矛盾法则,成为事物发展的根本动因。这种一阴一阳的对立统一,被概括为宇宙的普遍规律“道”,体现了中国古代人的辩证思维。而其源

---

① 刘向:《说苑》卷十一《善说》。

② 《墨子》卷十一《小取》;卷四十一《经下》。

头，正在《周易》，即通过自身的卦爻符号系统，展现出一种“阴阳相抱”之势。

无论是三个爻组成的八经卦还是六个爻组成的六十四别卦，除了乾、坤两卦为纯阳（为天为父）和纯阴（为地为母）外，其他的卦都包含有阴和阳两种爻画。这种阴爻和阳爻同处一体之“象”，就是老子所说的“负阴抱阳”。故《易传》说：“一阴一阳之谓道。”离开了阴阳对立和转化，就没有了《易》所标示的道。比如按其筮占之法，老阴和老阳要互变，然后通过考察变卦和变爻，才能占断吉凶。又比如在一卦中，要考察阴、阳两爻的相对位置和相互来往关系，然后才能知道事物的发展趋势。还如由阴爻和阳爻共同组成的卦体，可以按其爻画的总数是奇数还是偶数，划分为“阳卦”和“阴卦”两种，即《震》☳、《坎》☵、《艮》☶三卦为五画，成阳卦；《巽》☴、《离》☲、《兑》☱为四画，成阴卦。在阳卦中，不仅包括阴爻，而且阴爻的数量要超过阳爻，皆一阳而二阴。在阴卦中，不仅包括阳爻，而且阳爻的数量要超过阴爻，皆一阴而二阳。这样一个阳卦多阴和阴卦多阳的特点，正显示了古人对“阴阳相抱”朴素辩证法的卓越认识。

但这种“阴阳相抱”，并不简单就是一种静态的平衡，它们在《周易》的思想体系中，还显示了辩证的吉凶转化规律。

一是卦体本身的吉凶转化。如《屯》卦䷂的初九爻辞为“利居贞，利建侯”，即卜居有利，有利于封国建侯，基业草创，前途大有可为。但此后就开始从吉到凶的转变，如九五爻辞为“小贞吉，大贞凶”，占问小事吉利，占问大事凶险。到最后上六爻，就是“泣血涟如”，哭泣不止且泪中有血，凶险无比。因为该卦震下坎上，震象征春雷催生草芽萌发，而坎是冰冻未解之象，这说明新事物虽然前途光明，但创业的过程却充满了艰难险阻。

又如《大畜》卦䷙，下为乾为天而刚健，上为艮为山而厚实，有天藏于山中之象，故为大蓄积。但初九爻辞为“有厉，利已”，即开始就有危险，利于停止行动，应蓄养实力以待时机。到九二爻辞是“舆说輹”，即车厢与车轴脱离，喻示应继续蓄养力量，不要急于行动。再到九三爻辞“良马逐……利有攸往”，即可以驾车放任良马奔驰，有所前往必有利，从此出现转机。发展到六四爻之后，其占断辞皆为“吉”。特别是上九爻辞“何天之衢，亨”，即肩负着上天登顶之通途大道，诸事亨通。以往的艰苦努力终获报答。

二是就单个爻来说，由于其爻位及与上下爻之间关系，也存在着吉凶变化的动态因素。如《艮》卦䷳的六五爻，阴爻居阳位而不正，本应有后悔之事。但因其处在上卦之中位，喻示有中和之德，于是其爻辞云：“艮其辅，言有序，悔亡。”即控制其嘴巴而不乱说话（面颊停止不动。艮，止也），对人言辞恳切（说话有条理），因此后悔之事消失。

又如《需》卦䷄的上六爻，以阴爻居阴位，柔弱乏力，又处上卦坎陷之巅而无力自拔。但由于它与刚健的九三爻阴阳相应（分别为上卦和下卦的上爻），又以阴柔之姿态俯身顺从之，于是得到下卦乾卦三个阳爻的全力奥援，终于逢凶化吉。其爻辞云：“入于穴，有不速之客三人来。敬之，终吉。”即回到家，有三位不请自到的客人。待之以礼，终获吉利。

这两例皆由凶变吉，但也有由吉变凶之例。如《明夷》卦䷣的上六爻，其爻辞云：“不明，晦。初登于天，后入于地。”从字面上理解，是光明不见，一片黑暗。太阳最初升起到天空，后来它又入于地下。按此似在描述古代的日食现象，但若追寻其深层之寓意，丁寿昌《读易会通》引东汉应劭曰：“初登于天者，初为天子，言以善同于天也。后入于地者，伤贤害仁，佞恶在朝，必以恶终入于地也。”上六作为纯阴上卦的最高一爻，象征君主地位虽很高，但由于自身昏暗不明，终于发生了由吉到凶的转化，坠入地狱。

在《周易》的符号系统中，一是每个卦中都有阴爻与阳爻之间的矛盾对立；二是八卦之间是阴卦与阳卦两两相应，如乾与坤、震与巽、离与坎、艮与兑；三是六十四卦也可以分成三十二组，每组都是两两别卦呈对立形态，老阳与老阴之爻互变，本卦就变成之卦。这就是我们前面说过的“两两相耦，非覆即变”。《周易》的言辞系统进一步将天下所有的事物都概括为“一阴一阳之谓道”，如天与地、日与月、暑与寒、昼与夜、父与母、夫与妻、君与臣、君子与小人等等，从自然到社会再到家庭人伦，都是对立的统一关系。这种对立的两面，就像卦和爻的变易一样，也是处于不断转化的过程中，体现为日月有推移，寒暑有往复，穷通有转换，君子小人有消长等等，一切都是相对而不是绝对的。如《坎》卦䷜的九五爻辞：“坎不盈，祗既平，无咎。”字面意思是坑陷尚未填满，小丘已经被削平，没有祸殃。寓意是艰难正在过去，但成功尚未完全到来。又如《泰》卦䷊的九三爻辞：“无平不陂，无往不复。”平地无不倾斜，万物有往就有返。这既体现了古代人对事物相对性的认识，也体现了一切事物都向相反方向转化的辩证思想。再如《坤》卦䷁初六爻辞：“履霜，坚冰至。”脚踏着秋末的寒霜，其发展的必然趋势是严寒隆冬将至，比喻人事祸福皆由积渐而来。总之，离开了阴阳变易，就没有了《周易》的灵魂。

这种矛盾对立变化的根据在内因，就是内部双方的“相摩”、“相荡”和相互推移。《周易》有一种万物交感的观念，它由人类男女交感而产生子女的现象受到启发，凡是“吉卦”，必定是上下两卦具有交感的性质，而“凶卦”一般上下两卦不交感。如《泰》卦䷊，乾为天不在上而在下，使阳气能向上走；坤为地不在下而在上，使阴气能向下来。这样双方易位交感，故能对立统一、相反相成从而有发展前途，所以利好。反之《否》卦䷋，乾为天在上而阳气之性只能继续向上，坤为地在下而阴气之性只能继续下移。双方不易位不接触不交感，就没有变化，也就没有发展前途，故凶险。又如《既济》卦䷾，坎为水在上而润下，离为火在下而炎上，双方交感动荡，事物就会发展，因而成为吉卦。反之《未济》卦䷿，火在上而水在下，双方无接触不交感，就是没有发展前途的凶卦。同理，《革》卦䷰泽在上火在下，《丰》卦䷶雷在上火在下，《大畜》卦䷙山在上天在下，皆上下易位交感，就发生动荡变化，从而成为发展顺利的吉卦。相反，《睽》卦䷥火在上泽在下，《噬嗑》卦䷔火在上雷在下，《遁》卦䷠天在上山在下，上下不易位不交感，意味着事物停滞不变，没有前途，故是凶卦。特别是《咸》卦䷞，泽在上而山在下，刚柔变位，象征着夫妇之道的交感变化。《荀子·大略》就此论曰："《易》之《咸》，见夫妇，夫妇之道不可不正也，君臣父子之本。《咸》，感也，以高下下，以男下女，柔上而刚下，聘士之义，亲迎之道，重始也。"夫妇是人伦之始，而《周易》中的夫妇之道，正体现了阴阳对立统一的关系。

事物的发展离不开变化，发展变化又有一定的阶段性。但在发展的最高阶段，它超出了事物所能允许的极限，就会量变产生质变，就会向相反的方向转化，带来相反的预期效果。这就是《周易》的"物极必反"观念。如《乾》卦䷀的六爻，经过了"潜龙勿用"、"见龙在田"、"或跃在渊"、"飞龙在天"等发展阶段后，到上九爻就是"亢龙有悔"。亢，阳之极盛。此阳爻居上位，显示龙飞得过高，超过极限，物极必反。此爻喻大人在成功之后骄傲自满，脱离在下之臣民，故身处困境，故"有悔"。《小象传》也说："盈不可久也。"盈，满也。由此古人总结出一种深刻的"戒满"思想。战国时士人蔡泽游说秦国之相范睢，要求对方让位于他，就引经据典云："《易》曰'亢龙有悔'，此言上而不能下、伸而不能屈、往而不能自返者也。”①

《周易》作者观察自然，注意到天气热到了极点，就会向冷的方向转化；冷到了极限，也会向热的方向转化，从而认为社会也是同样。如《否》卦䷋是有名的凶卦，“否之匪人，不利君子贞，大往小来”，即此卦占筮不利君子而利小人。但到其顶端的上九爻，爻辞为“倾否，先否后喜”，即否运被倾覆，闭塞不通即将过去，喜庆阶段或将到来。这种“先倾后通，否极泰来”的占断，完全符合事物发展的“穷则变，变则通，通则久”的辩证规律。②

《周易》这种阴阳辩证的思维模式，对后来的思想家影响深远，最显著者当属《老子》一书，并逐渐形成具有中华文化特色的辩证思维体系，不过表现出来的形态是《周易》原始古朴，《老子》精巧圆熟。

一是辩证思维的一体性。《周易》以八卦模拟天地万物的生成，以六十四卦模拟天地万物的运动，显示客观世界的浑然一体。而老子以“道生一，一生二，二生三，三生万物，万物负阴而抱阳，冲气以成和”的语句而高度抽象概括之③。

二是辩证思维的对偶性。《周易》的符号系统及其含义，如八卦和六十四卦都是对偶性很强的范畴。受此影响，《老子》书中也有很多对偶性的词汇，如阴阳、有无、强弱、动静、刚柔、轻重、枉直、雌雄、利害、荣辱等等，成为对具体矛盾及其转化运动进行分析的理论工具。

三是辩证思维的渗透性。我们在前面已经揭示，《周易》认为卦爻变化的根据在于对立双方的“相摩”、“相荡”和“推移”，又称作

---

① 司马迁：《史记·范雎列传》。

② 《周易·系辞下传》。

③ 《老子》第四十二章。

“交感”，这就是渗透。老子也说：“有无相生，难易相成，长短相形，高下相倾，音声相和，前后相随。”①矛盾的双方不是绝然相分，而是相辅相成，你中有我，我中有你。

四是辩证思维的转化性。《周易》显现的不是静态的平衡，而是辩证的吉凶转化，这也启发了老子。他说：“祸兮福之所倚，福兮祸之所伏。”②即福祸是会转化的。但转化路线是逐渐的，由量变引起质变，最后“物极必反”。于是“曲则全，枉则直，洼则盈，敝则新”，于是“正复为奇，善复为妖”③。所以人们要防微杜渐，“为之于未有，治之于未乱”④。

其他诸子如惠施的“天与地卑，山与泽平”和“日方中方睨，物方生方死”等命题⑤，也从不同角度继承和发挥了《周易》的矛盾对立思想和辩证思维模式。

（四）软性灵活的思维模式

人们都有一种经验，孩童之人是幼稚和天真的，但却能提出许多异想天开的问题，其思考是高度自由的。这就像文明早期的人类，其整体思维虽然依靠直觉和灵感，是粗疏的神秘的，但也是自由的和放任的，包含有惊人的创新性预见性。而孩童一旦长大成人，其思维更加成熟，趋向严谨和明晰，却也丧失了诸多思考的自由度，随之其创新意识也受到许多框限。

因此可以将人类的思维模式划分为两大类型，一类是软性思维，一类是硬性思维。软性思维一般表现为利用隐喻，内容具有很

---

① 《老子》第二章。

② 《老子》第五十八章。

③ 《老子》第二十二、五十八章。

④ 《老子》第六十四章。

⑤ 郭象：《庄子注》卷十《天下》。

大的不确定性，其外延和内涵都比较模糊，在解释时可以有更大的选择范围，呈现出一种主观随意性或者灵活性。它更多地着眼于不同事物之间的相似处与关联性，可以有若干种“正确”答案供选择，其结果往往是“区间式”的。它从远古一直延续到今天，我们往往在思考问题的初期阶段来使用，它可以帮助人们从整体出发来开阔视野。由于有更多的思维自由和更大的选择范围，所以更能激发人们的主观能动性和创新意识。而硬性思维要求的是明确和精准，表现为严密的逻辑推论和定量分析。其结果往往是“点状式”的具体答案，只允许非黑即白的选择。它重点思考的是事物之间的差异性，其精神是高度理性的。人们往往是在思考问题的后期阶段，在需要具体决断并且制定实用的步骤和策略时，更适合于运用硬性思维。

这里需要破除一个误解，即软性思维专属东方，而西方的传统就是硬性思维。举一个著名的战例，即上古时期发生在希腊与波斯之间的萨拉米战役。公元前480年波斯国王薛西斯率领海陆大军进攻希腊，雅典岌岌可危。雅典城邦长老问计神灵，得到的神谕是“木墙将拯救你们与孩子”。这里的“木墙”是什么？长老们不能确定其准确含义。有人说是在原来的城墙上再加一圈木城，有人说是将雅典的木船排成密不透风的阵列阻挡敌人。经过讨论，大家认为后一种解释比较符合神意，因为他们将要面临的主要是海战而不是陆战。果然，在次年即公元前479年，希腊人计诱波斯海军于水面狭窄的萨拉米湾，用木船阵将对方几乎全歼，终于逆转了战局。可见，正是那个含糊其辞的神谕，促使雅典人进行软性思考，反复考虑战争发展形势的多种可能性，最终选择了最合理的破敌之策。这难道不是由软性思维到硬性思维的一个很好例证吗？

《易经》原本是一部占卜书。为什么要有占卜？因为人类社会的前进发展，既受基本规律的必然性所支配，也有大量的不确定的偶然因素发挥作用。正因为无法解释偶然，正因为人类通向未来的路径曲折难料，古人才相信冥冥之中有神灵的安排，同时也相信人事在一定程度上能改变天意。于是这才有《周易》及其实践活动的产生，才有占卜预测并祈求福佑的需要。但是这种预测往往模糊而有弹性，是区间性而不是点状性的。因为占卜越是精确，越容易失去对事物发展趋势的把握，越容易失准，就失去了其本来意义。因此，作为远古人类思维活动的一种独特记录，《周易》的思维模式就带有软性灵活的特色，这主要体现在它那种带有隐语色彩的卦辞和爻辞上。

这种意向性的隐语，内涵和外延都很模糊，其最大的好处就是充分调动人们思维的自由度，使之可以从不同的角度、方向和环境条件出发来进行理解和解释，从而激发出潜在的创造意识。如《大壮》卦䷡，其特点是阳刚主进，阴柔主退，"大壮"即阳刚强盛的意思。其象征物是羊，六条爻辞有四条都与羊的状态有关。

如该卦的九三爻辞："小人用壮，君子用罔。贞厉。羝羊触藩，羸其角。"即小人以蛮力逞强，君子以法网来控制。占问则有危险。公羊以角抵篱笆，羊角被篱笆碰伤。

九四爻辞："贞吉，悔亡。藩决不羸，壮于大舆之輹。"即占问之事吉利，可悔之事消失。篱笆被挑破，但羊角继之受伤于大车之辐条。

六五爻辞："丧羊于易，无悔。"即商之先王亥在有易国畜牧时曾失羊，但没有后悔之事发生。

上六爻辞："羝羊触藩，不能退，不能遂。无攸利，艰则吉。"即公羊抵触篱笆，不能退也不能进。无所利，艰困之后会吉利。

对于占筮者来说，《大壮》卦运用羊抵篱笆这个隐喻，给出了四种结果：一是九三爻，羊角被篱笆碰伤。喻出师不利。二是九四爻，篱笆被羊角挑破，但羊接着冲撞大车的辐条，羊角受伤。喻一味逞强，先胜后败。三是六五爻，因是阴爻居主爻尊位，采取放任无为的管理方式，放纵羊逃脱，反而事情顺利而"无悔"。四是羊撞篱笆，头角被卡住。喻事情陷入对峙的僵局状态，只有耐心等待才能解困。这四种不同的境遇和结果，就给了占筮者分析主观条件、面临境遇、合理对策和结局研判提供了充分的想象空间，这就是灵活自由的软性思维模式。但贯穿其间的深刻哲理则是：月满则损，水满则溢；即使强者也不能只讲进不讲退、只有攻没有守。如果不能正确把握强弱转化的节点，骄横往往会使自己陷入困境甚至招致灾难。

《周易》的软性思维不是仅仅有主观的意会而不需要推理，只是它的这种推理不能用西方传统的逻辑标尺来衡量。这里不仅指它没有推理结论的必然性和唯一性，而且也指其推理过程的形象性和模糊性，是一种对客观事物的拟象，可称为"卦象"，但其激发拓展思维场的创新效果则是突出的。如《乾》卦☰以"龙"这种神物的出现和变化作为道具，来说明世界上事情的变化也无不具有相应的阶段性，因此每个阶段的人事应该随着客观条件的变化而改变策略。如：

初九：潜龙勿用。

九二：见(xiàn)龙在田，利见大人。

九三：君子终日乾乾，夕惕若，厉，无咎。

九四：或跃在渊，无咎。

九五：飞龙在天，利见大人。

上九：亢龙有悔。

用九：见群龙无首，吉。

这里的龙一开始潜藏于水中，意味人在力量微弱时应该蓄养力量、持重待机。其次龙现于地面，隐喻人事应该抓住有利的出头时机，出潜离隐，施展抱负，启动事业。再次龙跃渊升空，象征人事的转守为攻，事业进入顺利发展期。再次龙飞腾于天际，说明人事的发展达到鼎盛期，预期目标实现。但是再进一步，就会出现“亢龙有悔”，指的是乾阳累积超越极限，于是人事走向下坡，必有过悔之事出现。最后是群龙出现于天空，龙头被云彩遮挡。隐喻人事也应该像群龙共存一样，众人和衷共济。这里指的是事物经过调整，进入一个较长的成熟稳定期。这里的因果推理当然不是西方那种严密的逻辑三段论，其结论也不具有必然性，而仅仅是一种可能，因此它为各种不同的类比甚至诡辩留有很大余地。但是我们也不能不承认，《周易》这种建立在经验基础之上的推理不但是有效的，也具有更加丰富多彩的启发性。对此我们再以《需》卦䷄的爻辞为例来进行说明。

初九爻辞：“需于郊，利用恒，无咎。”需，须也，等待，停驻。即停驻于郊野，利于恒久，但无祸殃。

九二爻辞：“需于沙，小有言，终吉。”即停驻于沙洲，有小的口舌之是非，但终能获致吉祥。

九三爻辞：“需于泥，致寇至。”即停驻于泥沼一类的险恶环境，故招致寇盗的侵扰。

六四爻辞：“需于血，出自穴。”即停驻于凶险的血泊之中，但终由地穴的墙洞侥幸逃出。

九五爻辞：“需于酒食，贞吉。”即停留于酒食之前，占问结果大吉大利。

这里的“郊”、“沙”、“泥”、“血”、“酒食”作为形象化的指代符号，借喻人类所能面对的种种不同环境，占筮者可以根据不同的现实情况，作出非常灵活自由的解释。如“郊”，字面意思是平坦广阔的郊野，泛指顺利的环境。如“沙”，字面是沙丘，可以理解为难行但最终可以走出的地形，引申指小有磨难或曲折。“泥”是沼泽，似指麻烦的纠结之地，可以引申为种种险恶的环境。“血”是指招致杀伤的凶险之地，惊心动魄，但最终有惊无险。“酒食”喻受到尊享招待，是人们希望的佳遇，指最优越的环境。我们理解，这里的环境就是一种软性推理之“因”，而其“果”则是相对应的“无咎”、“终吉”、“致寇至”、“出自穴”、“贞吉”等研判，占者可以根据具体情况做出灵活的解释。更值得注意的是，这里由“因”到“果”的推理性质，同样不是严谨明确的硬性逻辑思维，而是建立在经验基础之上的软性思维。比如“需于泥”，总指处于不利的环境，或军队的驻扎地不利，或政治斗争陷入对方圈套，或一个人陷于情感的多重矛盾与纠葛中。这种“因”之“果”是“致寇至”，它不具有逻辑上的必然性和唯一性，只是一种可能性。因为往往知道了自己环境的不利，人们在主观上可以主动地趋利避害，甚至积极地去适应和改变环境，就不会必然遇到这种恶果。所以《周易》的“因”、“果”之间不是用逻辑推演的，而是用经验进行类比的，它的属性就是软性思维。

《周易》六十四卦的卦辞和爻辞，充满了这种包含有丰富内涵的隐喻，为人们思考和把握未来提供了一种非常灵活同时也能激发创意的软性思维方式。古人或说医、“易”相通，或者以“易”演兵，都需要《周易》的这种思维模式，它对后代产生了普遍而深刻的影响。如《周易》中专门讨论军事问题的《师》卦䷆，其卦象是坎下坤上，坎为水为险，坤为地为顺。地中积水，为众聚之象，象征寓兵于农，集结众人以成军。以二卦之义来推论，又是内险外顺。这表明出师打仗的特点，就是“伏至险于大顺，藏不测于至静”，因此对将帅提出了很高的素质要求。其爻象，除“九二”为阳爻占据内卦主位外，其余皆为阴爻，显示一阳为将领，统帅五阴来作战。《周易》这种意象思维和软性思维，深深影响着后代兵家。如《孙子兵法》，一方面强调“兵者，国之大事，死生之地，存亡之道”，要求慎重对待面临的不测之险；同时又说“兵形象水，水之形避高而趋下，避实而击虚"①,即要求以谋略冷静对敌。这里不管是其战争观还是宏观的作战原则,都有"以《易》演兵"的影子,显示了孙子对《易经》的精通,以及对那种灵活自由的软性思维模式的继承开新。

五　《易经》对孔子与儒家思想的影响②

孔子创立了儒家学派,并且将《周易》作为儒学的主要经典。一个学派的创立,必然要体现出对文化传统的继承和发展。据传"夫子老而好《易》,居则在席,行则在橐"③。他自己也说:"加我数年,五十以学《易》,可以无大过矣。"④《周易》本是占筮书,孔子却要从中找出使人不犯错误的道理,这和他一贯轻鬼神重人文的态度是一致的。如子贡曾经就此向老师请教,孔子回答说,自己之所以喜欢《周易》,是因为其中保存有"古之遗言焉,予非安其用而乐其辞"。子贡又追问:"夫子亦信其筮乎?"孔子重申:"吾观其德义耳";"吾与史巫同途而殊归"⑤。儒家与史巫均看重《周易》,这是"同途";而目标不同,孔子则是"不占而已矣"。由于孔子注重的是开发《周易》中的哲理和智慧,所以在他构建儒学体系的过程中,必定受到此书的强烈影响。虽然证明此点的直接材料很少,但假如我们以《周易古经》的思想,对照《论语》等可靠典籍所记载的孔子言行,其契合之处,当然应该就是这种影响的体现。

---

① 《孙子兵法》之《计篇》《虚实篇》。

② 本节在观点上对《周易与华夏文明》(上海人民出版社 1998 年)第三章中《周易与儒家》一节多有参考借鉴,因限于本书性质未能一一注明,谨向原作者翟廷晋先生致以谢忱。

③ 《马王堆汉墓帛书·系辞传》卷后佚书《要》。

④ 《论语·述而》。

⑤ 《马王堆汉墓帛书·系辞传》卷后佚书《要》。

（一）《易》之“中行”与孔子之“中庸”

爻位是《易经》的重要概念，其中有“中位说”，即在六十四卦的每一卦的六爻中，二、五两爻处于重要的特殊地位。因为每一别卦由上下两卦组成，而二、五两爻分别处于下卦和上卦的中位。按照《周易》的象类思维，位置居中，就是体现了中道或中行。当《易经》通过卜筮对人的行为预测吉凶时，只要符合中道，就能做到避凶趋吉。所以后出的《系辞下传》就总结说：“二多誉”、“五多功”。

例如《乾》卦䷀之九二爻，阳爻居阴位为失位，本凶，爻辞却说“见龙在田，利见大人”，并无不吉。其九五爻，阳爻居阳位，既得位又居中，双重吉利，于是“飞龙在天，利见大人”，成功不可限量。又如《坤》卦䷁之六二爻，阴爻居阴位，又在下卦中位，最为纯粹中正。其爻辞“直方大，不习无不利”，即该爻代表大地“平直、方正、广大”的三种德性，一切出于自然，不学习也不会不利。其六五爻，以阴爻处阳位，虽失位不正，但因处中位，象征着奉行中道，故吉祥顺利。其爻辞为“黄裳，元吉”，即指明穿黄色的下衣而不是上衣，黄又是中和之色，象征臣妾之道的顺从中庸，故大吉。还如《噬嗑》卦䷔的六五爻，以阴卦居阳位，本不得位，但因居于上卦之中，仍得吉断。其爻辞云：“噬干肉，得黄金，贞厉，无咎。”结果是有险情但无灾祸。就此《彖辞》解释说，“柔得中而上行”，六五爻虽不当位，但因以柔承刚，而从六二位上升到六五尊位，故吉。一个别卦，其上卦的中位可称为尊位或者天位，若是阳爻所居，自然更是大吉大利。如《需》卦䷄的九五爻，其爻辞说“需于酒食，贞吉”，地位最优越，故吉利。其《彖辞》说其“位乎天位，以正中也”；其《象辞》说“酒食，贞吉，以中正也”，都把《周易》的这种“崇中”观念表达得淋漓尽致。

据统计，在全部六十四卦中，二、五两爻得吉断的比例最大。

在《易经》的卦爻辞中，也已经明确提出了“中行”概念。如《泰》卦䷊九二爻辞云：“包荒用冯河，不遐遗朋，[弗]亡，得尚于中行。”即用掏空的匏瓜来渡河，不抛弃朋友，结果与朋友皆未淹死，这是崇尚中行之道的结果。又如《复》卦䷗的六四爻辞云：“中行，独复。”该卦六四爻处于五个阴爻的中间之位，且与初九阳爻不但分别为外卦和内卦的初爻，而且阴、阳正应，故独自返归正道，得吉。还如《益》卦䷩的六三爻辞为“有孚中行”，即心存诚信，故中道而行。《益》卦的六四爻辞为“中行告公从”。字面的意思是持中而行，向王公提出此建议，得以信从。但朱熹的《周易本义》分析说：《益》卦之“三、四皆不得中，故皆以中行为戒。此言以益下为心而合于中行，则告公而见从矣”。意思是统治者能在利益方面损上益下，是符合中行的善举。再如《夬》卦䷪九五爻辞云：“苋陆夬夬，中行无咎。”字面意思是讲细角山羊决然疾行，但因居中行正而没有灾祸。按此九五以阳爻居阳位，又在上卦中间的尊位，虽然决心要清除象征小人的上六阴爻，但因秉持中正而不偏激，故没有殃咎。

《易经》屡屡宣扬的“中行”是什么？就是后来儒家非常强调的“中道”或“中庸之道”。中，居中；庸，用也。任何一件事情，叩问其两端，然后取中而用之。它不但是一种观察和处理问题的思维方式，而且还是一种待人接物的道德修养，又是一种政治上的态度。孔子说：“不得中行而与之，必也狂狷乎！狂者进取，狷者有所不为也。”①即真正合乎中道的人才难得，其次是狂者具有进取精神，狷者洁身自好，不做坏事，只要善于诱导培养，狂狷之士还是有望成为符合中庸之道的人才的。他观察自己的学生后评价说：“师也过，商也不及。”即按照礼的标准，子张（师）行事太过分，子夏（商）行事达不到要求。“然则师愈与？”那是否子张就更好一些呢？孔

① 《论语·子路》。

子回答说:“过犹不及。”①超过标准和不及标准是一样的不好,这就是中庸。所以孔子在培养学生时,就有针对性地因材施教:“求也退,故进之;由也兼人,故退之。”②即冉有遇事畏缩,我就促进他勇于上前;子路遇事逞强好胜,我就压抑让他退却。从立身处世和伦理道德来说,中庸是一个极高的准则,“中庸之为德也,其至矣乎!民鲜久矣”③。

“中庸”其实更是一种政治上正确把握“度”的方法,事关统治集团能否稳定。在《论语》中,孔子引用一段古之箴言说:“咨!尔舜!天之历数在尔躬,允执其中。四海困穷,天禄永终。”④即尧对接班人舜嘱托说,按照天命,你将要承担统治天下的重任,一定要真诚地履行中道。不然,天下人都陷入穷困无助之中,上天给你的禄位就到头了。“允执其中”,就是指“无过无不及”的中道,而且这是统治者治民立教的“至德”。

再如关于“文”和“质”的关系,孔子说:“质胜文则野,文胜质则史,文质彬彬然后君子。”⑤质指实在内容,表现为朴实无华;文指外表形式,表现为华丽绚烂。二者分别被孔子用来概括“仁”与“礼”之间的辩证关系。孔子认为在哪一方面偏颇都不好,只有二者兼取平衡才符合中庸之道。

在社会变革时机的把握上,孔子也强调既不能超前,也不能滞后,必须以中道之关键节点应之:“三分天下有其二,以服事殷。周之德,其可谓至德也已矣。”⑥即周文王时,其势力已经超越了商

① 《论语·先进》。
② 《论语·先进》。
③ 《论语·雍也》。
④ 《论语·尧曰》。
⑤ 《论语·雍也》。
⑥ 《论语·泰伯》。

纣，但却认为时机并不成熟，还在表面上敷衍对方。直到周武王时灭商的条件完全具备，周人才以最微小的伤亡代价，一举完成亿万民心所期盼的商、周鼎革大业。这种中庸“至德”，其核心还是统治者应该体恤民瘼。这与春秋时期那种烽火连天的“无义战”局面相比，确实“民鲜久矣”。

由于孔子重视中道，所以到儒家后学撰写《易传》时，又在此基础上衍生出“时中”（《蒙》卦《彖辞》）、“正中”（《乾》卦《文言》）、“大中”（《大有》卦《彖辞》）、“中正”（《乾》卦《文言》）、“刚中”（《师》卦《彖辞》）、“柔中”（《系辞下传》）等等概念，使“中庸”成为历代儒家观察和处理问题的基本方法，成为提倡普遍遵循的最高道德与政治原则。

（二）《易》之“损益”与孔子之“不患寡而患不均”

“损益”一词，字面上说的是减少与增加、亏损与盈余的意思。如《周易》的《损》卦《彖辞》说：“损刚益柔有时，损益盈虚，与时偕行。”即减损阳刚，增益阴柔，应该根据具体的时间条件，或损或益，或盈或虚，都以时机的变化为转移。它也可以引申为兴革，如孔子说：“殷因于夏礼，所损益可知也；周因于殷礼，所损益可知也。其或继周者，虽百世可知也。”①不管是自然还是社会，都不是一成不变，而其变化正是在损益的过程中实现的。损益思想是儒家理论体系的重要组成部分，而其来源，应该也在于《周易古经》。

《周易》六十四卦，《损》卦䷨和《益》卦䷩分别排列在第 41 和 42。它们的卦象颠而倒之，相反相成，事实上是一对哲学范畴。其作者，正是通过观察自然界和人类社会大量发生的“损”和“益”的现象，来研究其间的辩证关系，以为正确处理社会财富分配问题提

① 《论语·为政》。

供经验。

《损》卦䷨之象兑下艮上，兑为泽，艮为山，泽中水侵蚀山石，有“损下益上之义”①。表面是取下之土以增上之高，但若滥取，形成危若累卵之势，下危上亦危，下损上亦损。如山为泽所浸蚀，泽为山落之碎石所壅塞，二者皆有损失，故卦名曰“损”。应用到社会领域，该卦是“损兑泽之深，益艮山之高，损下益上，损内益外，剥民奉君之象，所以为损也”②。在等级社会中，王公大人需要民众的供养，这是天经地义的事情；但如果在上者贪得无厌，竭泽而渔，又会引起社会的大动荡，“殷鉴不远，在夏后之世”。如何调整好这种矛盾关系，《损》卦卦辞云：“有孚，元吉，无咎，可贞，利有攸往。曷之用？二簋可用享。”其字面的意思是：心有诚信，大吉，没有祸殃，占卜之事可行，有所行动则利。怎么来运用减损之道？两个盛饭之簋的祭品就可以体现出祭神的诚意。这里的核心问题是双方都要表现出诚意，让矛盾的双方表现出一种整体的动态平衡。即在下者尽力满足对上之供求，在上者也不要苛求无厌，对方即使拿出“二簋”这样微薄的祭品，同样是诚心诚意的体现，应该以此角度来尽量缓解双方的紧张关系。又如前面所引的《彖辞》所言，强调“损刚益柔有时”，要“与时偕行”，即所谓诚信要与“时”相联系。如丰年与灾年不同，战争与平时不同，损下必不可少，但不可滥损；益上也难以避免，但不可没有止境。《损》卦六爻皆阴阳相应，下三爻在下自损，上三爻居上受益，两两相对，但都强调“适时”损益。

《益》卦䷩与《损》卦䷨之精神正好相反，其卦象也与《损》卦互为颠倒，呈震下巽上之象。震为雷在下，巽为风在上，“风烈则雷迅，雷激则风怒，两相助益，所以为‘益’。此以为象言也”；“下厚则

---

① 孔颖达：《周易正义》。

② 朱熹：《周易本义》。

上安，故益下为《益》”①。《益》卦的中心思想就是“明损上益下之义”②，对上或有减损，主旨以助益下民，而不是《损》卦的“损下益上”。其卦辞云：“《益》，利有攸往，利涉大川。”即在上者如果能够将百姓益上之物拿出一部分为下面做好事，那就不仅能够渡过险阻，而且是处处得利。其下三爻虽处卑位，但却处处获益，均应有所作为，不能只求安逸。如初九爻辞“利用为大作，元吉，无咎”，如六三爻辞“益之用凶事无咎”，都是强调对天灾人祸尽力来补救。其九五爻辞云：“有孚惠心，勿问，元吉。有孚惠我德。”即在上者有诚意对下施以惠心，不需占问就必定大吉，而且在下者也必用诚意来报答我。无疑这是执政理民的一种正确的态度。而上九爻辞所指却是另外一种典型：“莫益之，或击之，立心勿恒，凶。”即在上者不对人施行帮助，反而予以打击。不以恒常之道树立威信，凶险必至。《易经》批评这种贪得无厌之人，断定其下场一定可悲。这就从正反两个方面说明了统治者恤民、益民的重要意义，从而正确地反映了《易经》作者在对社会上层和下层之间作用与反作用关系问题上的朴素认识。

《周易》这种原始民本主义思想的萌芽，对孔子和儒家的仁政理论产生了深远的影响。关于社会财富的分配和积累，孔子说：“有国有家者，不患寡而患不均，不患贫而患不安。”③即社会财富如果过度集中于社会少数人的手里，社会就会不安定，统治者的地位也不可能稳定。他说：“宽则得众”，“惠则足以使人”④。要缓和尖锐的社会矛盾，关键是社会上层对下层要尽量的施以宽容和恩惠，具体就是“使民以时”，即不要在农事繁忙时征发徭役；“使民如

---

① 程颐：《周易程氏传》。

② 孔颖达：《周易正义》。

③ 《论语·季氏》。

④ 《论语·阳货》。

承大祭”，征发赋役应该如祭祀一样慎重而不轻率。孔子学生冉有为季氏家宰，一心为主人搜刮民财，使季氏“富于周公”。孔子对之严厉抨击：“非吾徒也，小子鸣鼓而攻之可也。”①但孔子也并不是完全站在民众的立场上，而是要在富民与足君之间求得一个平衡，所谓：“百姓足，君孰与不足？百姓不足，君孰与足？”②其标准就是一个“义”字。如征发徭役，“择可劳而劳之，又谁怨”③。在不使民怨的前提下，不是不可以合理地使民。

到了孟子，进一步将孔子“仁”的学说发展为更加具体而可操作的仁政。他认为，只有统治者先讲仁义，与民同忧，使百姓能够有基本的生活保障，丰年衣食足，灾荒年不至于饿死，然后才能进一步施行教化，从而稳固自己的统治。当时有一个反面的例子：邹国与鲁国冲突，邹国一下死了 23 个官员，邹国民众看见“其长上之死而不救”，竟然无动于衷。邹国君主很生气，问孟子如何办？孟子借此批评邹国政治说：“凶年饥岁，君之民转乎沟壑，壮者散而之四方者，几千人矣。而君之仓廪实，府库充，有司莫以告，是上慢而残下也。”即邹国百姓饥寒交迫无人管，四处逃亡无人问，而君主的仓库却装满了用不完的粮食、物资，居高位者只知道残害人民，现今老百姓报复你们不是很正常吗？这就是曾子所说的“出乎尔者反乎尔者也”④，即你怎样对待别人，别人也怎样对待你！

除了孔孟，道家的老子也关心社会分配不公平的问题。他曾批评说：“天之道，损有余而补不足；人之道则不然，损不足以奉有余。”⑤这里的“补”和“奉”正是相对于《易》的“损”和“益”。大自然

① 《论语·先进》。
② 《论语·颜渊》。
③ 《论语·尧曰》。
④ 《孟子·梁惠王下》。
⑤ 《老子》第七十七章。

将高山的沙石冲刷下来以填充峡谷，即“高者下之，下者举之。有余者损之，不足者补之”。而人类却是损贫而益富，使贫富两极分化，造成社会的大动荡。同时期的墨家，也是反对统治者损贫以利富、损人以利己的不道德行径，膜拜“摩顶放踵利天下为之”的任侠之士，说：“任，士损己而益所为也。”①

总之，《易经》以卜筮形式阐发的社会损益思想，对中国古代人们在讨论社会财富分配不均问题时的价值指向，产生了长远而深刻的影响。

（三）儒家后学构建了《易传》思想之主旋律

现存《易传》十篇，除了《说卦传》中保存有部分更早期的资料外，其余均应完成于战国时的儒家后学之手。他们借用阐发《周易古经》的形式，并且吸收了当时道家、阴阳五行家、名家等学派的思想，进一步完善了儒家自身的世界观和方法论的思想体系，使得《易传》成为儒家学派的一部重要理论典籍。

尽管《周易》一书身份特殊，它既被儒家尊为“群经之首”，也被道家奉为“三玄之冠”，还对中国古代的道教、禅宗、文学、艺术、天文历法、医学等众多领域产生了重要的影响，但最突出的还是，它与儒家在思想上你中有我，我中有你，双方互为影响，存在着一种密切的双向授受关系。而从中华传统文化的后代发展而论，这种关系尤为重要。《易传》之主体思想，主要体现在以下几个方面。

1. 天人合一，自强不息

关于天道与人道的关系，孔子语焉不详，仅说“四时行焉，百物生焉，天何言哉”②，对传统的宗教思想持一种明智的怀疑态度。

---

① 《墨子·经上》。

② 《论语·阳货》。

其弟子也说："夫子之言性与天道，不可得而闻也。"①原因就是在春秋晚期，"天道"仍然指的是那种与人的吉凶祸福有密切关系的自然现象，而其背后则是人格神意志的体现。不愿意承认这种关系的人就不愿多谈此话题，正如子产所说的"天道远，人道迩"，其实孔子也是这种态度。道家的老子则说："人法地，地法天，天法道，道法自然。"②他完全摒弃了那种神秘化的天人关系，只理性地强调天道无为，人道也应该无为而顺应自然。战国中期孟子则说："诚者，天之道也；思诚者，人之道也。"③他认为是上天授给人诚善之性，人要善于体会和履行就好。这里还保留着古老天人关系中那种"天"的神秘成分。

而《易传》的作者则态度明确，即人道应该效仿天道，从而为儒家积极入世的有为政治寻求形而上的理论根据。《乾》卦䷀的卦象是天上有天，象征天道的阳刚雄健之气前进不已。《大象传》云，"天行健，君子以自强不息"。即君子应该像天道那样，自我勉励，终生进德修业，实现自身价值，追求理想人格，永不止息。但《小象传》的"用九"象辞又说："天德不可为首也。"用九即九之用，表明九可变六，六阳变六阴，《乾》卦则变《坤》卦。天德不可为首也，即天的美德是不居功，不自作聪明，一心遵从自然转化的规律，刚柔并济。孔颖达进一步解释说："天德刚健，当以柔和接待天下，不可更怀尊刚为物之首。"即君子虽刚健，但还要兼怀地之柔顺之道。

虽然天高地下，乾尊坤卑，但独阳不生，孤阴不长，必须要二者相辅相成才能成就万物。于是《坤》卦䷁的象辞就说："地势坤，君子以厚德载物。"因为《坤》卦之象是地下有地，象征地道和顺之气

① 《论语·公冶长》。
② 《老子》第二十五章。
③ 《孟子·离娄下》。

无所不容，因此君子也要效仿之，以仁厚的品德承载万物。或者说，君子只有厚德载物，兼顾刚柔，才能自强不息。

在《系辞上传》作者看来，《乾》《坤》二卦在整个六十四卦中地位特殊："乾坤，其《易》之缊耶，乾坤成列而《易》立乎其中矣，乾坤毁则无以见《易》。"《乾》《坤》两卦体现了《周易》所蕴含的精义，或者说，《易》之全部所有，不过是乾、坤、阴、阳的画卦成列及其运转变化而已。故《文言传》专为《乾》《坤》而作，其重点又在《乾文言》上，其云：

> 夫大人者，与天地合其德，与日月合其明，与四时合其序，与鬼神合其吉凶。先天而天弗违，后天而奉天时。天且弗违，而况于人乎？况于鬼神乎？

大人君子的美德同于天地，其恩泽明照四方，其政令顺应四时之序，其赏罚合于鬼神的扬善惩恶。大人掌握天道走在天象之前，则天不违背其判断；天象突然变化则大人依奉天时而顺天行事。上天尚且如此不愿违逆大人，更何况人和鬼神呢？这种作为最高原则的天道和人道的高度统一，正反映了面对新形势儒家思想的新变化。

2. 民惟邦本，振民育德

儒家为救世而生，面对春秋末期诸侯混战、社会动荡的局面，孔子提出德治和礼治的主张："道之以政，齐之以刑，民免而无耻；道之以德，齐之以礼，有耻且格。"①用行政命令引导人民，用法律刑罚整齐人们的行为，人民可以免于犯罪，但没有羞耻之心，不会有道德的自觉；只有用道德和礼教的治国方法，才能使人们对统治者真心归附，才能使其自觉抵御犯罪的念头。但孔子"复周礼"的目标虽好，却流于空洞的口号，缺乏具体的可操作方案，故不为时

---

① 《论语·为政》。

主所接受。到了孟子就前进了一大步，他的仁政方案从井田经界开始，包括制民之产、养老爱幼、救荒赈灾、通商税收、练兵打仗等等具体政策，但在统治者看来，还是“见以为迂远而阔于事情”，被敬而远之。原因很多，但要害一是他谈治国只要仁政而轻视刑罚，二是谈统一只要人心所向而抛开战争实力，以主观愿望代替客观的可操作性。孟子虽大谈人性之善，但他还来不及从思辨的高度，建立一个适合儒家学派政策路线的形而上理论体系。其原因，或许从《孟子》一书没有关于《周易》的任何记载这一点上，就可以让我们略窥一二。

到了《易传》作者所处的时代，天下依然动荡不已。《蛊》卦䷑《大象》辞说：“山下有风，蛊。君子以振民育德。”《蛊》卦上为艮为山，下为巽为风，其象山下有风，使草木凌乱，喻社会乱而无序。蛊，惑乱也。面对此，作为统治者的君子必须拯弊治乱，方法就是赈民育德，即赈济民困，以德教民。这体现了儒家一贯的富民、教民、保民的民本主义立场。在《大象传》的64条象辞中，与此类似内容的还很多。如《师》卦䷆象辞：“君子以容民畜众。”统治者平时蓄养人民，战时则兵强士众。《履》卦䷉象辞：“君子以辨上下，定民志。”即统治者应当通过制礼辨别上下名分，以引导民心，使之不敢有非分之志。《泰》卦䷊象辞：“后以财成天地之道，辅相天地之宜，以左右民。”即君王应掌握自然变化的规律，再借助天之雨露风雪和地之山川形势的有利条件，以使百姓的生活安泰。《临》卦䷒象辞：“君子以教思无穷，容保民无疆。”统治者教化民关心民以至于无穷无尽，包容和保护民众也没有止境。《观》卦䷓象辞：“先王以省方，观民设教。”先代君王利用巡视邦国，观察风俗民情而推行教化。《井》卦䷯象辞：“君子以劳民劝相。”即君子观井之象，效法井之德，以劝勉和督促民众协同劳作。从这些言辞中，我们可以提炼出来什么样的思想主旨呢？

首先是这些儒家后学继承和发展了西周以来的敬天、明德、保民思想，认识到“民惟邦本，本固邦宁”的深刻道理。统治者不但要保民、爱民、富民，还要以纲常礼仪教化民、培育民。这时还流传着据说是孔子“君者舟也，庶人者水也，水则载舟，水则覆舟”的名言①，即在君民关系中，君主的权力只是相对而不是绝对的，能否得到人民的拥护，才是一个政权成败的关键。

其次是这些儒家后学在《易传》中，并不像原教旨的孔、孟儒学那样一味地强调“德治”和礼乐，而完全漠视法律刑罚在社会生活中的必要作用。他们根据新形势的需要，在“振民育德”的同时，也强调要适度发挥“刑狱”在治国理政方面的正面作用。如《解》卦䷧象辞：“君子以赦过宥罪。”统治者应该赦免有过错者和宽恕犯罪者，以缓和社会矛盾。《丰》卦䷶象辞：“君子以折狱致刑。”即统治者也应该在必要时判决刑狱，执行刑罚。《旅》卦䷷象辞：“君子以明慎用刑而不留狱。”即统治者用刑应该明细慎重，决狱应该果断而不使案件长期滞留。《中孚》卦䷼象辞：“君子以议狱缓死。”统治者在断狱之前应该审议周详，即使判了死刑，也有必要缓死再查，以求务必信实。《噬嗑》卦䷔象辞：“先王以明罚敕法。”圣王总是修明刑罚，理顺律令，以惩治不良。《贲》卦䷕象辞：“君子以明庶政，无敢折狱。”统治者的主要任务是兴礼乐，以处理好各项行政事务，但不可根据文饰之辞胡乱判案断狱。由此可以看出，《易传》的法律思想在于明德慎罚，在于“刑，期于无刑”，与法家蛮横的“重刑主义”还是有本质的不同。他们这样看问题，也显得比孔孟先贤更切近社会实际。

最后，《易传》作者在创建儒家的世界本体论方面迈出了重要的一步。虽然孔子不一定同意“天”是创造世界的人格神，但也没

① 《荀子·王制》。

有明确提出过反对意见，甚至从没有正面论断过“天”的性质。孟子主要是论证人性善的问题，用《中庸》所说“天命之谓性，率性之谓道，修道之谓教”作为论证根据。他认为，人的善性是秉受天命而来，而仁、义、礼、智、信等后天的道德规范均为先天人性中所固有，人只要遵循内心之善性，言行就能臻于完美。这无疑给儒家构建道德形而上学造成了理论上的困难。

而儒家后学决心在此问题上改弦更张。《系辞上传》说：“一阴一阳之谓道，继之者善也，成之者性也。”即天地间阴阳的对立和转化就是道，这是客观的；天降人受，在天人相继之际，人道因为承继了天道而产生自然之善；人依照天道而成就自己的事业，这正是人的本性的体现。这种说法，与子思和孟子的性善论显然不同。而且《系辞上传》还说：“显诸仁，藏诸用，鼓万物而不与圣人同忧。”即作为本体的天地阴阳之道可以显现仁德，可以具有自身的道德属性，但同时其无思无为，按自然规律鼓动万物的生生不息，完全与圣人的忧民之心无关。这种天道就大大不同于先秦原始儒家那种带有人格色彩的“天”和“天命”，反而接近于老子那种“道法自然”之“道”。

《易传》这种关涉世界本体论的思想，既引道补儒，给儒家思想注入新的活力，也给后来的魏晋玄学和宋明理学对儒学的进一步发展，提供了有益的启迪。

六　《易经》对老子与道家思想的影响①

先秦另外一个重要学派道家的思想源头，也可以追溯到《易

---

①　本书在观点上对《周易与华夏文明》第三章中《周易与道家》一节多有参考借鉴，谨向原作者顾文炳先生致以谢忱。

经》。道家的开山祖师老子，曾为东周王室的柱下史，有机会接触到“王官之学”的大量文献，并且经过深入的研究和思考，提炼和锻造出博大精深的道家理论体系。这其中，当然不能缺少《周易》的作用。比如他就从《周易·大畜》的上九爻辞“何（荷）天之衢”的概念中，悟出了“道”这样的本体观念，从而在中国学术史上起到了承前启后、“六经责我开生面”（顾炎武语）的巨大作用。道家的《庄子》也曾明确提出“《易》以道阴阳”的著名论断，并且发展了那种体现在易理中的古朴的辩证思维和直觉思维。另外，《易传》的作者虽属儒家，但他们也很注意吸收道家思想的有益成分，使儒家的政教理论与道家的自然观进行有机结合，对后世的《易》学发展起到了挥旗定向的重要作用。

（一）《易》之“何天之衢”与《老子》之“道”

在中国传统文化中，老子最大的贡献就是提出了“道”这样一个哲学上的最高范畴，并将之作为世界的本体，也是道家理论体系的核心。“道”和商周神巫文化的“上帝”或“天”不同，它无意志，无目的，但又自然而然地拥有化育万物的巨大力量，人也无法违逆之。它不是宗教的而是哲学的，不是信仰的而是逻辑推演的产物。那么这个“道”的观念是如何产生的？其原型为何？有学者认为，“老子的‘道’，正是在《周易古经》原型的基础上根据时代的需要作了某些完善与发展”①。

“道”的本意是道路，其金文字形为“行”字中间夹了一个“首”字，象征一个人走在道路中间。后来才有了引申义，被抽象为规律或法则。这个过程，在《周易》中也有初步的体现。如《履》卦䷉九

① 翟廷晋主编：《周易与华夏文明》，上海：上海人民出版社，1998年版，第92页。

二爻辞："履道坦坦，幽人贞吉。"即走在平坦的大路上，囚犯（或释"隐士"）占此则吉。《复》卦䷗之卦辞："反复其道，七日来复。利有攸往。"即出行者往返于道路，七天就可以复归，有所前往则利。《小畜》卦䷈初九爻辞："复自道，何其咎？吉。"由来路返回，能有何祸？吉利。由此来看，在《周易古经》中的"道"字，还多是从道路这个具象意义上来使用的。

但在其《大畜》卦䷙中，一个与"道"字同义的"衢"字，却体现出了后来老子"道"的哲理意义。其上九爻辞云："何天之衢，亨。"即秉持着承载和包容天地的大道，亨通。"何"，通"荷"，有担当、包容、负荷诸义。天，可理解为自然之天。《大畜》卦下为乾为天，上为艮为山，有天在山中、所积蓄物至大至伟之象，故名"大畜"。衢，本义为四通八达的道路，但此道路既然可以包容承载天地，显然已经超出了具体道路的框限，有升华为抽象的"大道"的意蕴。亨，亨通，承担大道在肩之人，自然一切顺畅通达。

我们再看《大畜》卦䷙之上九爻的爻象。其居于六爻最高处，又是成卦的主爻，相当于六五爻即君主的帝师之位。其重要性在于肩负着指导天子通天的责任，这样的人必然是蓄养了大德的贤者，然后才能够完成涉渡大川的事业。果不其然，此爻一变就成为"地天通"的《泰》卦䷊，该卦即是已经进入平顺安泰之境，含义最为吉祥。但它是由《大畜》卦变过来的，其中上九爻就起到了关键作用，故其《小象辞》说："上九，'何天之衢'，道大行也。"即此爻意味着其道将大行于天下。这里的"道"，毫无疑问是抽象意义的本体之"道"。

其实《大畜》一卦的内容，讲的就是"积德"和"行道"的关系。《大象传》曰："天在山中，大畜。君子以多识前言往行，以畜其德。"讲的是君子应该不断增进和积累自己的道德修养。《大畜·彖传》也说："大畜，刚健笃实辉光，日新其德。刚上而尚贤……大正也……养贤也……应乎天也。”即《大畜》卦刚健而笃实，向外发出光辉，每日都增进其道德。居于六五之位的君王，应该尊重居其上的阳刚贤人（指上九爻），要推行“大正”之政，要不断养育贤才，这才是顺应天道。这里讲了两个方面的蓄积，一是统治者每日都要增进自身的道德；一是统治者每日都要蓄养贤才，以备来日为天下所用。积德和聚贤是一个渐进的过程，从初九到上九，此时才功德圆满，于是“道大行也”。积德是行道的具体体现，行道是积德的必然结果，“道”为一本，“德”为万殊，《老子》“道”、“德”观念的梗概或雏形，在这里已经初见端倪。

所以在《周易》古经的“何天之衢”中，“衢”代表的当然不是一般意义上的具体道路。其一，它能承载包容“天”，必然具有“大”的特点，无所不往，无处不在，如同《老子》所说的“大道泛兮其可左右”①。其二，“行道”为“畜德”之本，畜德包含内容极广，而且要根据形势不断进行规正与调理，才能臻于圆满。故“德”以“道”为本，“道”以“德”为用，道具有“本体”的特性。其三，它既然能包容和承载天地，从世界发生论的角度推论，只能是道生天地，而不能是天地生道，所以这里它还具有“本始”的意蕴。这样的东西既“大”既“本”既“始”，三位一体，“何天之衢”所象所指，已经初步具有哲学上世界本体的意蕴。

《周易古经》的“何天之衢”内含有这种“畜德”、“行道”的思想，绝不是一种偶然的巧合。如我们在前面曾举出《泰》卦九二、《复》卦六四、《益》卦六三和六四、《夬》卦九五等五例带有“中行”字样的爻辞，都可以解释为“按中道而行”。这种“道”与《老子》之“道”相比，还处于孕育阶段，尤其缺乏明确的概念界定和逻辑推演。

关于《老子》本体“道”的来源，魏源《老子本义》曾推论说：“老

① 《老子》第三十四章。

子道太古道，书太古书也……老氏书赅古今，通上下，上焉者羲皇、关尹治之以明道。”他这种认为老子“道”的思想来源于太古伏羲的看法，还是很有见地的，但伏羲画卦的“道”，不正是通过《周易古经》的中介，才能传递给春秋末期的老子的吗？

于是到了老子时，“道”作为哲学范畴已经具有了比较完备的形式。

首先，“道”的名谓与实际的内涵相比，很难恰当地予以界定。因此，“道，可道，非常道；名，可名，非常名。无名，天地之始；有名，万物之母”①。即能够用口描述的“道”，不是永恒的“道”；能够叫得出名称的“名”，不是永恒的“名”。“无名”是天地之本始；“有名”指万物之成形。“道”难以定名，“吾不知其名，字之曰道，强为之名曰大”②。我不知道它的名字，权将其称之为“道”，勉强给它命名为“大”。老子所称之“道”与《周易》所命之“衜”，似乎有一种潜在的关联在里面。

其次，老子的“道”，先天地而生，具有明显的宇宙本根的含义。如：“有物混成，先天地生。寂兮廖兮，独立而不改，周行而不殆，可以为天地母。”③即有一种混融一体的东西，它先于天地而存在。它无声、无形，独立长存而且永远不改变自己，它循环运行而永不止息，因此可以将它作为天地万物的本根。它的内涵如何？老子又说：“孔德之容，惟道是从。道之为物，惟恍惟惚。惚兮恍兮，其中有象；恍兮惚兮，其中有物。窈兮冥兮，其中有精，其精甚真，其中有信。自古及今，其名不去，以阅众甫。”④这里是说，大“德”完全依照“道”的旨意而显示作用。而创生万物之“道”，在恍恍惚惚

---

① 《老子》第一章。
② 《老子》第二十五章。
③ 《老子》第二十五章。
④ 《老子》第二十一章。

不确定的体状中,内含有形象和物质。在幽冥莫测之中,还含有精气,而精气是最纯真的实在。从现今追溯到远古,它的名谓一直不能废除,因为依据它才能观察万事万物的起源。显然,老子的“道”,就是在一片混沌之中创生了天地万物的宇宙本根。

最后,老子“道”的性状,在空间上表现为“大”。他说:“字之曰道,强为之名曰大,大曰逝,逝曰远,远曰反。”①因为天地万物都可包容,故道的另外一个名字可以叫做“大”。大道周行而不息,没有常处,故会离开万物很遥远。但至极点而后必返复,于是又重新回归原点。道的运动就是一个生生不息的循环过程。道在时间上又表现为“常”,前无初始,后无终极,故称之为“常道”。道又以自然为法则,“道之尊,德之贵,夫莫之命而常自然”②。万物都是道生之,德养之,故其地位非尊崇即高贵。但这些又都不是其有意为之,而是顺应自然的结果。

总之,老子之“道”虽源于《周易古经》,但比起后者,不但内涵更加丰富,而且在概念界定的周密严谨上,也更加趋于成熟。

另外,在中国古代,老子的朴素的辩证法思想是其哲学体系的精华,也对后代产生了深远的影响。但老子阴阳辩证思维的一些特点,如一体性、对偶性、渗透性、转化性等,都在《周易古经》中有初步的体现。这显示后者作为中华辩证思维的源头,已经开始规范着中国古代思维方式的走向。《易》、“道”之间的亲缘关系,其连接点就在于阴阳辩证思维的同条共贯和相承相通。关于这方面的内容,已经在前面《〈周易〉的思维模式》一节中的《阴阳辩证的思维模式》部分进行了分析,此处就不再赘述。

---

① 《老子》第二十五章。

② 《老子》第五十一章。

（二）《易》之“眇能视”与道家之直觉思维

所谓的“直觉”，指的是未经充分逻辑推理的感性认识。一般认为，它是不依靠实践、不依靠意识的逻辑活动的一种天赋的认识能力，它特别体现在对宇宙精神实质的宏观把握上。在中国古代，先秦道家认识论的突出贡献，在于对形象直觉思维的突破。道家论道，是一种宏观把握世界的手段，而老子的“玄览”、“静观”和庄子的“心斋”、“坐忘”，都是通过直觉思维，以达到对“道”的体认。“体道”是东方整体性思维范式中的重要一环，对后代产生了深远的影响，而它的源头，也正在《周易》古经中。一般认为，先秦道家“天人合德”的直觉意识，显然是受到《易经》卦、爻感通模式的启发而来的。

《咸》《艮》二卦之爻辞，显示了通过人体感应，可以做出吉凶判断的途径。如《咸》卦䷞的主旨是“感”即感应，其爻辞前后有“咸其拇”（感应于脚拇指）、“咸其腓，凶，居吉”（感应于小腿肚，凶险，暂停举动则吉）、“咸其股，执其随，往吝”（感应于大腿腰部，若执着跟随人，往前走则会有艰难）、“咸其脢，无悔”（感应于后背，双方无怨恨）、“咸其辅、颊、舌”（感应于牙床、脸颊、舌头等）。《艮》卦䷳主旨为“止”，则从相反的一面展开，如其前后爻辞有“艮其趾，无咎”（止其足而不妄行，没有灾祸）、“艮其身，无咎”（止其上身，没有祸殃）、“艮其辅，言有序，悔亡”（控制住嘴不乱说话，说话字斟句酌，就没有追悔之事）、“敦艮，吉”（敦厚而止，吉利）等。根据身体某一部位的动和静的感觉，人就可预测祸福，这当然是原始先民的一种迷信，但由此使得直觉感通思维脱胎而出。如今天民间还有“左眼跳福，右眼跳祸”的迷信说法，乃是过去人们直觉感通思维的一种遗存。

《易传》则提升了这种直觉感通思维的层次，如《咸》卦的《象辞》说："天地感而万物化生，圣人感人心而天下和平。观其所感，而天地万物之情可见矣。"即天地之间由于阴阳二气的感应，而使得万物化生，圣人以其德政感应人心而使得天下平和不乱。观察《咸》卦男女之情的相感相应，就可以了解天地万物是如何交相感应的。

"眇能视"为《易经》直觉思维的另一种典型表现。《归妹》卦䷵九二爻辞云："眇能视，利幽人之贞。"字面意思是，用一只眼睛来看，幽居之人占问有利。它显示的是原始时代巫师在眼睛半睁半闭情况下进行占断的情形，据说这样反而有助于省悟事物的本然，故能通"幽人之贞"。这正是一种直觉体悟思维的反映，并很可能由此启发了《老子》的"不出户，知天下；不窥牖，见天道"和《庄子》的"恃其不知而知之"认识论的产生。①

《周易》有互相对应的"损"和"益"一对范畴，老子将其引入认识论领域，提出"为学日益，为道日损"的命题。今天人们可以把它视为"反智"的主张，但也许还可以从直觉体悟的角度来理解。"为学"是要多读书，知识日积月累，感性认识才能提高，这是一个"增益"的阶段。"为道"则相反，是一种宏观把握、直觉感通的"体道"阶段，重要在于"悟"。因此应该采取"减损"的手段，先忘物，再忘己，逐渐摆脱对具体事物认识的局限，即"损之又损，以至于无为，无为而无不为"②，以达到准确把握"道"的目的。这有点类似于佛教的"渐悟"而不是"顿悟"，需要日日减损知识的负累。

老子直觉体悟的方法是"玄览"和"静观"。所谓"玄览"，《老子》云："涤除玄览，能无疵乎？"③即心居幽奥深远之处，应该经常

---

① 分见《老子》第四十七章、《庄子·徐无鬼》。

② 《老子》第四十八章。

③ 《老子》第十章。

拂拭它,使之空明光洁,物过而不留,然后才能对世界作深刻的观察和领悟。所谓“静观”,《老子》云:“致虚极,守静笃,万物并作,吾以观复。夫物芸芸,各复归其根。归根曰静,是曰复命。”①即得道之人欲使心灵清净虚极,然后再来观察万物,结果不见其枝叶茂盛,只见其枯落返归其本根。其根安静柔顺谦卑处下,不复死也,这就叫“静”。我所见到的不是现象而是本质,即物之性命。“静观”就是绕开万物之象而直窥其本然,这种逆向的思维方式,就是直觉思维。

老子的“为学日益,为道日损”,反映了人们认识事物的双向性和层次性,它在中国古代认识史上是一种突破,但《周易古经》中的《损》《益》诸卦,无疑对之发挥了重要的启发作用。

道家的直觉思维体现在庄子身上,更增加一些神秘成分。

“冥”的本义是昏暗,引申义为深沉、潜隐,今人有“苦思冥想”一词,即深沉地思索和想象。这种思维方法在《易经》中已经有所显现。如《升》卦䷭之上六爻辞:“冥升,利于不息之贞。”表面上说,黑暗中登高,日夜不止息地前进则吉利。但这里的“冥升”已有冥冥之中得到启示的意思,并将之与不停息地追求联系起来,即不止息的追求总会得到冥冥之中的启示。又如《豫》卦䷏之上六爻辞:“冥豫成,有渝无咎。”这里“豫”通“预”,“渝”通“余”,即事先进行有准备的冥测(深沉揣测),可以绰绰有余地防止灾祸。冥测就是一种直觉思维。

受此启发,庄子提出了名为“冥通”、“冥合”的直觉思维法则。他说:

> 夫体道者,天下之君子所系焉。今于道,秋豪之端万分未得处一焉,而犹知藏其狂言而死,又况夫体道者乎!视之无

① 《老子》第十六章。

形，听之无声，于人之论者，谓之冥冥，所以论道而非道也。①

此段语义为，今天所谓的“体道者”，是天下君子所依赖的人。但即使是神农的老师老龙吉那样的高人，对于道本身也连微小之处的万分之一还不能了解，只能藏其言说顺势而亡，况且这些所谓的“体道者”能力愈下，恐怕更不能够了。“道”是看不见听不着的，那些号称能用语言来论说它的，都是昏昏沉沉糊涂之极，所论皆非真道。所以真正的“体道”，都是只可意会不可言传，只能靠自己的心灵与“道”之间互相感应沟通，此即所谓的“冥通”。

所谓“冥合”应是“冥通”的同义词，即心灵与“道”之间的暗合。这个过程应该有法则可依，而不是随意漫求。庄子说：

> 视乎冥冥，听乎无声。冥冥之中，独见晓焉；无声之中，独闻和焉。故深之又深而能物焉，神之又神而能精焉。故其与万物接也，至无而供其求，时骋而要其宿，大小、长短、修远（各有其具）。②

此段语义为，“道”无形无声，但领悟了天道之人，却可以在昏暗之中独见光明，在无声之中独闻和谐的天籁之音。所以道虽然藏得极深但却能化育和支配万物，它虽然神秘莫测却能尽显其微妙之功。其实天道无时无刻不在与万物对接联通。虽然它虚无至极，但却能适应万物的需求；虽然它变动不居，但却能成为万物最靠得住的归宿之处。其可大可小，可长可短，可近可远，皆无不当。所以，道既是虚无的，又具有“能物”、“接物”的实在性。

那么如何达到与道“冥合”的境界呢？庄子的答案是“坐忘”和“心斋”。他说：“堕肢体，黜聪明，离形去知，同于大通，此谓坐

① 《庄子·知北游》。
② 《庄子·天地》。

忘。”①这是一种类似于老子“日损”的自忘的静功，从忘掉肢体到忘掉心智，冥冥之中达到与大道(大通)相切合的境界，这就是坐忘。与此相反的则是“作驰”。人因为破坏了胸中的纯白，神不守舍，躁动不已，故心不能与大道相冥合。所以，让心境宁静是关键，这就要能“心斋”。庄子说：

> 若一志，无听之以耳而听之以心，无听之以心而听之以气。听止于耳，心止于符。气也者，虚而待物者也。唯道集虚，虚者，心斋也。②

要坐忘，就得忘己；要忘己，就得心虚。庄子认为，既不能用耳也不能用心来控制自己的意念，要用气来控制。因为气是虚的，道本身也是虚的，由此才能得道，这就是所谓“心斋”。所以庄子的直觉思维，是一种性命双修，让心理上的体道和生理上的静功(气功)融合为一体。这种独特的认识方法，它在主观上是使人放弃一切成见，让精神进入轻松的自然状态；对认识对象来说，是要舍弃掉许多无关紧要的表象，直窥其内涵的本质。

这种直觉思维，对后代产生了很大影响。如《易传·系辞上》就说：“《易》无思也，无为也，寂然不动，感而遂通天下之故。非天下之至神，其孰能与于此?”即精通和把握《易》，不需要思维，不需要作为，唯有寂静而不需要行动。只要感应到占卜者之诚心，然后占卜者就能通晓天下万事万物变化之缘故。如果不是《易》具有天下最神奇最灵异的功能，怎么就能达到这个地步呢?《易传》作者在接受了《周易古经》和道家这种直觉感通的认识方法的同时，又使之沾染上些许神秘的成分。但这里的“至神”，已经不是宗教性的神灵，而是指人与自然沟通中的精神作用，属于道家的那种“神

① 《庄子·大宗师》。
② 《庄子·人间世》。

化”思想。

（三）《易传》对道家思想的吸纳

今天我们所看到的《易传》，其在基本层面上体现了儒家的世界观、方法论和伦理政治观，但这并不意味着它绝然排斥其他学派的思想和主张。在百家论难和融合并重的战国中后期文化大背景下，《易传》以儒家思想为基本盘，然后大量吸收道家、名家、阴阳家思想的有益成分，取长补短，完成了一部极富特色的中国古代哲理之作。这里最值得注意的当然是道家思想对它的影响。

在宇宙发生论上，《易传》吸纳并发展了道家《老子》的相关论述。老子说：“道生一，一生二，二生三，三生万物。”①即原初之道产生了混沌的元气“一”（“太一”），“一”分化为阴、阳二气，阴阳二气的交合产生“三”即“和气”（又称“冲气”），“三”即冲气直接起到了生育组合万物的作用，故“三生万物”。所谓“三生万物”，其实是“道生万物”。而《易传・系辞上》则云：“《易》有太极，是生两仪，两仪生四象，四象生八卦。”《易经》认为世界万物来源于“太极”。太极，指宇宙之本体，即万物皆由它产生，是看不见摸不着的精神本体。由太极而产生出天地（“两仪”）。由天地的阴阳离合交汇而衍生出春、夏、秋、冬四季（“四象”）。八卦由老阳、少阳、少阴、老阴四种爻象分别构成，而少阳象春，老阳象夏，少阴象秋，老阴象冬，故“四象生八卦”。这里《易传》与老子的说法稍有不同，即用的是二分衍生法。但《易传・系辞下》接下来又补充说：“乾，阳物也；坤，阴物也。阴阳合德而刚柔有体，以体天地之撰，以通神明之德。”这

---

① 《老子》第四十二章。

就又回到道家的“万物负阴而抱阳，冲气以为和”上来了。①

这里的“太极”、“阴”、“阳”、“道”、“德”、“精”、“神”等构成《易传》中最基本的概念范畴，但它们均来自于道家。如“太极”源于《庄子·大宗师》的“在太极之先而不为高”之语，指时空的无限性，与“道”同义，即宇宙的本体。“无极”源于《老子》“复归于无极”之语②，本是无穷极的意思，后来《易》学据之而产生了“无极而太极”之说，指太极动而生阳，动极而静，静而生阴，静极复动。一动一静，互为其根，循环不止。这种“阴阳互根”、“无极”才能“太极”的思想，既是“易学”的基本观念，也是道家的精义所在。

尽管在《易》卦爻辞中还不见“阴阳”作为一个词组来出现，但“阴阳”思想确实起源于《周易古经》。这种思想延伸至道家，除将“阴阳”作为一对最基本的哲学范畴外，还发展出了许多外延的概念以充实和完备其理论体系。如《老子》和《庄子》提出的动静、刚柔、有无、屈伸、清浊、盈虚、正负、雌雄等无数衍生范畴，都丰富了阴阳辩证思想的内容。而《系辞传》又在此基础上，不但明确提出“一阴一阳之谓道”的命题，将阴阳之间的变易作为宇宙间普遍性的法则，而且以“阴阳”作为主干范畴，进一步发展出刚柔、终始、体用、穷通、健顺、奇偶、幽显、道器、仁义、形而上形而下等分支范畴，几乎周遍于各个文化领域。在几千年的中华文化发展史上，“阴阳”始终居于传统思想的主干地位，发挥了深远的影响，与《周易》和道家这种相互接力式的思想传承与吸纳也不无关系。

“道”是老子提出的一个哲学上的最高范畴，不但作为世界的本体，也是道家理论体系的核心。而以“道”解《易》，把阴阳之间转

---

① (宋)程大昌:《易原》卷四《阴阳之合为三》，文渊阁四库全书本，台湾商务印书馆影印。

② 《老子》第二十八章。

换变通的规律和法则统称为“道”，也是《易传》的显著特点。《系辞下传》说：“《易》之为书也不可远。为道也屡迁，变动不居，周流六虚，上下无常。刚柔相易，不可为典要，唯变所适。”即《易经》的内容皆关涉人生实用，故需要常伴而不可疏远。其核心思想是事物的不断变易，阴阳在六爻位之间不停地运动，或在上位或在下位没有常规。阳刚和阴柔的互相转化，也并没有一贯之法则，唯有变化之偶然际遇，才能决定某爻变为某爻。《易传》把“易”解释为变动不居之道，在释“易”的同时，也确切地把握了道家思想之精义。

“德”是一个更加古老的概念，其源头可追溯到甲骨文、金文时代，据说周公率先提出了“明德”思想。《说文解字·心部》：“德，外得于人，内得于己也。从直从心。”落实在政治上就是统治者自我克制，实行德政，取得民之信任。《易传》在以“道”解“易”的同时，也常常以“德”释卦。如《系辞下传》云：

> 《履》，德之基也；《谦》，德之柄也；《复》，德之本也；《恒》，德之固也；《损》，德之修也；《益》，德之裕也；《困》，德之辨也；《井》，德之地也；《巽》，德之制也。

这里是说，《履》卦之义为礼，故为仁义忠信诸德的基础。《谦》卦之义为谦虚，故为讲求道德之抓手（手柄）。《复》卦之义为由不善返归善，故为道德之根本。《恒》卦之义为持德久而不衰，故为道德之不断培固。《损》卦之义为减损恶念与过行，故为道德之修养。《益》卦之义为增加善念与美行，故为道德之不断扩充。《困》卦之义为穷困而不屈其志，故为德行厚薄的试金石。《井》卦之义为井养不穷、博施众庶，故为德行的居守之地。《巽》卦之义为明察顺理，故可为德行之裁制。

关于“德”，儒家主要是指人们伦理上的德行、品德，如“慎终追远，民德归厚矣”①。而道家主要指道在具体事物上面的体现和应用，即事物的属性，如“孔德之容，惟道是从”②；如“彼民有常性，织而衣，耕而食，是谓同德”等③。而这里所显示的《易传》之“德”，则兼顾了儒、道两家的用义，体现了战国诸子学术上的渗透与融通。

与此相类似的是《易传》关于“道”和“器”的表述。《系辞上传》云：“形而上者谓之道，形而下者谓之器。化而裁之谓之变，推而行之谓之通，举而错之天下之民谓之事业。”即抽象而超乎形体之上者称之为“道”，具体而有形的东西称之为“器”。运用阴阳变化之道来裁制万物，称之为“变”。顺应变化，将《易》之道在实践中推广实行，称之为“通”。取道与器而施行于天下之民，称之为“事业”。这里采用了道家的“道器变通”思想，但附着在儒家倡导的民生日用事业上，不但给易学注入了新的内容，也给儒家过于务实的“治国富民”思想，赋予了难得的思辨色彩。

道家的始祖老子还创立了“精”与“神”的思想观念，也为《易传》所吸纳。老子最早在谈到“道”创生万物时说：“道之为物……窈兮冥兮，其中有精；其精甚真，其中有信。”④道虽无形，而精气却存在于其中，这是万物形成的基础。这种“精气”说是古代无神论的自然学说的重要概念，也为庄子所继承。如“形本生于精，而万物以形相生”⑤；如“至精无形，至大不可围”⑥。即精气虽无形，却是有形之物的肇始。

《系辞上传》也承接了道家“精气”之说：“原始反终，故知生死

---

① 《论语·学而》。

② 《老子》第二十一章。

③ 《庄子·马蹄》。

④ 《老子》第二十一章。

⑤ 《庄子·知北游》。

⑥ 《庄子·秋水》。

之说。精气为物，游魂为变，是故知鬼神之情状。”即追察源头探寻结果，所以才知道万物生死的道理。灵气附着于形体就是眼见的生物，灵气离开形体就变为游离之魂，所以鬼神的情况也不过是气之聚散而已。这里的“精气”，就是孔颖达所说的“阴阳精灵之气”，万物皆秉之而生。这里的“鬼神”，不是儒家“敬鬼神而远之”的“鬼神”，而是道家至精至微的“精气”。正如稷下黄老所言：“思之思之不得，鬼神教之；非鬼神之力也，其精气之极也。”①即人们思考而不通，求告于鬼神；这并不是鬼神告诉你结果，而是人反复思索后“精气”对心灵产生的感通功能所致。《易传》发展了道家的“精气”说，虽然在对卦、爻、蓍、数进行解释时仍保留着“神道设教”的外衣，但实际上还是在运用奇偶对立统一关系，来分析卦爻的变化，以探求自然和人类社会种种问题的答案，它其实并不神秘。

《易传》在“神”概念的使用上，也深受先秦道家思想的影响。《老子》说：“以道莅天下，其鬼不神。”②他认为客观自然的道是万物的根本，从而否定了宗教性神灵的创世说和主宰性。《庄子》谈到“神”的地方很多，但皆是指人与自然的沟通和人的精神作用。如“已而不知然谓之道，劳神明为一而不知其用也，谓之朝三”③。这里的“劳神明”就是费心劳神的意思。又如“臣以神遇而不以目视，官知止而神欲行”④。这里的“神”指心的作用，即精神，而“官”指耳目等器官。其他如“神交”、“神全”、“神动”、“体性抱神”、“神随天动”等用法皆与此同。

同样，《易传》中的“神”也不指人格神，或者指阴、阳沟通的纽带，或者指事物变化的潜在因素，往往代指“易”的作用。如《系辞

① 《管子·心术下》。
② 《老子》第六十章。
③ 《庄子·齐物论》。
④ 《庄子·养生主》。

上传》云:“阴阳不测之谓神。”即阴阳变化或有不可解释不可预测不见其形者,这就是神。这里“神”是神妙的意思。又如同篇所说的“神无方而《易》无体”,即造化的玄妙深不可测,没有固定的方式;《易》所反映的这种神妙之变,也没有固定的形式。这里“神”还是指的“阴阳不测”。其他如“知幾其神乎”、“穷神劳化”等等,皆是秉承了道家的“神化”论而来。

一部哲学著作的理论体系,皆是由其互相联系互相作用的概念范畴组合编织而成。由以上分析可知,《易传》的理性认知的内涵,除了从儒家接受了心性伦理思想外,也从道家吸纳了不少有益的成分,从而汇合成自己的哲理体系,为《周易》这部原本占筮之作的哲理化、人文化,迈出了非常关键的一步。

七　《周易》研究史略

《周易》一问世,即产生了“易学”,因而其学术史是漫长的,其学派和著述也繁杂众多。清代《四库全书总目提要》总结说:

> 《易》之为书,推天道以明人事者也。《左传》所记诸占,盖犹太卜之遗法。汉儒言象数,去古未远也;一变而为京、焦,入于禨祥;再变而为陈、邵,务穷造化,《易》遂不切于民用。王弼尽黜象数,说以老、庄,一变而胡瑗、程子,始阐明儒理;再变而李光、杨万里,又参证史事,《易》遂日启其论端。此两派六宗已互相攻驳。又《易》道广大,无所不包,旁及天文、地理、乐律、兵法、韵学、算术,以逮方外之炉火,皆可援《易》以为说。而好异者又援以入《易》,故《易》说愈繁。

这里所谓“两派”,即象数和义理。所谓“六宗”,即一汉儒卜筮,二京房、焦赣禨祥,三陈抟、邵雍图书,四王弼以“老庄”说《易》,五胡瑗、程颐以《易》阐明儒理,六李光、杨万里研《易》“参证史事”。

但此仅就《四库全书》编纂之前而论，而完整的易学史却一直可以延续到今天。故这里可按大的历史时期，将其粗略划分为先秦、两汉、晋唐、宋明、清代和现当代六大阶段，以明其演变脉络和各时段易学研究的长短得失。

（一）先秦易学

先秦易学，为最初的萌生和奠基阶段。所谓“三易”，即夏、商、周三代先后出现的《连山》《归藏》《周易》三部典籍，皆以占筮为务。它们是神巫时代社会需求的产物，也间接反映了当时的社会生活和思想观念，到春秋时期其影响犹存。后来完整的“三易”古占法实际上已经失传，人们只能通过《左传》《国语》所记载的占筮之例来倒推。对这些片断零碎的易占方法，自汉代开始即论说纷纭，真相难明。

据统计，《左传》言《易》者有 19 条，其中的 16 条与占筮有关，而《国语》记载的 3 条都涉及占筮。所以沿着占筮之路，最早对《周易》的筮法、占法、卦象进行诠释的“易学之作”，非《左传》《国语》莫属。这成为后代象数易学的滥觞。

先秦易学最突出的特征，是把《周易》由占筮之书变为哲理之作，这与诸子之学的勃兴有密切关系。孔子开创儒学，晚而喜《易》，但主要是“观其德义”，“不占而已矣”①，开辟了“以德代占”的义理易学的新路径。旧题有《子夏易传》一书，相传为孔门大弟子子夏（卜商）所作，为《四库全书》所著录。其书虽真伪莫辨，但其人或曾有过今已失传的说《易》之作，此论当距事实不远。

战国晚期，出现了《易传》七种十篇（“十翼”），其作者多援引孔子解《易》之言，以自我抬高身价，当为儒门后学无疑。《易传》被认

① 《论语·子路》。

为是先秦易学的集大成之作，它的原则是以义理来解《易》，同时也不放弃象数。其目的正如《系辞上传》所言，是“明于天之道而察于民之故”，由此建立了一个深邃广阔的理论体系，将《周易》从神巫迷信的泥沼中拔擢而出。

此时，儒、道、阴阳、名、纵横、兵等诸子思想不断被易学所吸收，帮助《周易》发生了一场本质性的转变，其标志则是《易传》的完成。同时，易理又对各家学说进行渗透，产生了《荀子》易、《庄子》易、《管子》易、《吕览》易、《国策》易等，使之成为社会普遍信从的价值观念，《周易》的影响也越来越大。

（二）两汉易学

两汉易学的最大特征，一是在“大一统”的帝国背景下，《周易》变成国家意识形态“经学”的一个有机组成部分；二是在阴阳五行、“天人感应”的文化思潮裹挟下，突出了“卦气说”并将之作为易学的核心和主流，从而开辟了《周易》象数学的传统。所谓象数易，“象”为卦象，“数”为奇偶筮数，以卦气解《易》，以《易》说阴阳灾异。

据《汉书·儒林传》，“自鲁商瞿子木受《易》于孔子”，六传而至齐地人田何。随之入汉，田何又传易学于周王孙、丁宽、服生、杨何等四人。汉武帝置五经博士，《易》有博士杨何。此后易学分为两途，杨何传司马谈，丁宽传田王孙。田王孙再传施雠、孟喜、梁丘贺，宣帝时施、孟、梁丘三派皆立于学官。孟喜则传焦延寿，焦又影响京房。元帝时京氏易也立于学官。以上四家皆为今文经学，有“章句”（对经书进行逐章逐句分析的讲义），为西汉官方易学的代表。

民间传《易》者有费直、高相两家，属古文经学，未立学官，没有章句，只是按照《易传》来解释《易经》，低调而不张扬。

从学术倾向上分析，西汉易学分三派。一是作为主流的孟、京等官方易学，创卦气、纳甲诸说，建立象数易体系。二是蛰伏民间的古文经费直易学，注重义理的阐发。三是以《淮南子》编著者、严君平、扬雄等为代表的诸子易学，将黄老道家与《周易》相结合，阐发阴阳变易说。严君平著《道德经指归》，其弟子扬雄著《太玄》，严格讲都是道家易学。

据《后汉书·儒林传》：东汉“建武中，范升传孟氏易，以授扬政。而陈元、郑众皆传费氏易，其后马融亦为其传。融授郑玄，玄作《易注》，荀爽又作《易传》。自此费氏兴，而京氏遂衰”。东汉至三国的易学派别，大致可分四派。一是马融、刘表、宋衷、王肃、董遇等，皆为民间的费氏易作章句，即整理和注释古文经学之《易》，使之门户大张。二是郑玄、荀爽等，先从今文治京氏易，后参治费氏易，兼通今、古文经学，当时影响最大。三是汉魏之际的虞翻，本治孟氏易，后杂用魏伯阳《周易参同契》的纳甲之数。四是东汉以后的陆绩，专治京氏易。

另外，随着东汉社会谶纬迷信思想的弥漫，也影响到《周易》。“六经”皆有“纬”，于是专以图谶和灾变来解《易》者则成《易纬》之书。《易纬》后多亡佚，清人多方辑佚，今有汉学堂丛书本《易纬八种》，为其残存。它通过对《周易》内容进行神秘荒诞的解释，直接干预政治，在当时影响也很大。

这里简单谈一下作为汉易主流的孟喜、京房的“卦气说”。所谓“卦气”，就是以《易》之六十四卦与四时、月令、气候等的相配之法，并以此来推断人事的吉凶。相传周文王以“四正卦”的《坎》《离》《震》《兑》来分别主冬、夏、春、秋四季，其二十四爻分主二十四节气。但周文王云云其实皆是伪托，其真正的理论基础则是汉代勃兴的阴阳五行学说，其源头正在孟喜、京房，具体可参阅清人庄存与所作的《卦气解》。

孟喜以“四正卦”的《坎》《离》《震》《兑》为四时卦，以“十二辟卦”的《复》《临》《泰》《大壮》《夬》《乾》《姤》《遁》《否》《观》《剥》《坤》配十二地支，分别来主从十一月到次年十月的一年12个月，每卦1个月，为十二月消息卦。又以去掉“四正卦”之后的60个卦来配一年的天数，每月配五卦，每卦主六日七分。此六十卦还主二十四节气，将每一节气分为3候(初候、次候和末候)，共72候，除每卦配一候外，另将“12候卦”补上去。

京房在孟喜的基础上又提出新的“卦气说”。其不同之处，一是将“四正卦”也纳入一年日数的分配之中，方法是将六十四卦的384爻配一年的天数365.25日，每爻所主天数并不相等；二是将“四正卦”加上《巽》《艮》合为“六子卦”，分主二十四节气，每卦按上、下半年分两次循环，或取初爻，为下卦之始；或取第四爻，为上卦之始。每卦一次主两个节气，同一卦取爻不同，表示节气不同。

这种“卦气说”，借助于当时的天文历法等自然知识，不论对易学自身还是更广义的文化传统，都产生了重要影响。前者如京房的《京氏易传·乾》有“建子起潜龙”之语，是用“卦气说”来解释《乾》卦初九“潜龙勿用”之爻辞。“建子”指的是冬至所在的十一月，“子”又为地支之首。东汉马融在解释该爻辞也说：“物莫大于龙，故借龙以喻天之阳气也。初九，建子之月，阳气动于黄泉，即未萌芽，犹是潜伏，故曰潜龙。”①由此可以看出孟、京二人对汉易系统的影响。

更重要的是其广义的文化影响。汉易以“卦气说”为中心，建立了一个宏伟的宇宙生成图式，视八卦为象征性的宇宙缩影，以其中阴阳二气的变化和五行的生克，来解释自然界和人类社会的推演进化。这种理论体系的形成，不仅在易学史上具有重要地位，而且对中国传统文化的方方面面，如哲学、宗教、文学、艺术、医学、建

---

① 李鼎祚：《周易集解》卷一《乾》，文渊阁四库全书本。

筑、天文历法等等，都产生了广泛而深入的影响。

但毋庸讳言，京氏易后来发展成为占候之术，其末流多陷入天人感应和谶纬迷信的泥潭。这不仅是对《周易》神巫占筮传统的响应和回潮，而且又穿凿附会出许多《周易》自身原不具有的新迷信，为后来种种形式的江湖术士提供了理论支撑。越到后来，它在内容和形式上越陷入烦琐而低俗、本失而流漫的尴尬境地，终于为有识之士所抛弃。于是拨乱反正，易学进入一个新的发展时期。

（三）晋唐易学

物极必反，一兴一衰。魏晋时期受玄学思想的影响，一反汉易烦琐象数之学风，以王弼易学为代表，扫象言理，使两汉四百年中不绝如缕的义理易学得以大行，虽郑玄之注也无以抗衡。进入隋唐，出现孔颖达的《周易正义》，取王弼、韩康伯注而疏通之，魏晋义理之易学几乎定于一尊。唯有李鼎祚撰《周易集解》，采摭汉至唐三十五家象数之说而集之，汉易余绪赖以仅存。

唐陆德明《经典释文・序录》言："永嘉之乱，施氏、梁氏之《易》亡，孟、京、费之《易》人无传者。惟郑康成、王辅嗣所注行于世，而王氏为世所重。"又据《隋书・经籍志》："至隋，王注盛行，郑学浸微，今殆绝矣。"

王弼，字辅嗣，魏山阳高平（今山东金乡）人，约公元226年至249年在世，是魏晋玄学的主要创始人之一。魏晋玄学是对两汉以来神学目的论统治思想的一种反动，是对神学目的论烦琐而荒诞迷信的经学形式的一种否定。两汉经学宣扬天人感应，附之以谶纬迷信，逐渐走向理论破产，于是以直捷简明地阐述义理的玄学就代之而起。从内容上说，前者是一种用阴阳五行神秘化了的儒家思想，而后者是一种把自然无为绝对化、抽象化，而以道家思想为主、调和儒道的思想。从形式上说，前者是一种宗教式的教条，而后者表现为思辨性的哲理。也正是在玄学思想的指导下，王弼展开了他的义理易学。

据《隋书·经籍志》，王弼的易学之作包括《周易注》十卷和《周易略例》一篇。另外《新唐书·经籍志》还著录有《周易大演论》一卷。一般认为，王弼的玄学易说，一方面是用玄学思想来解释卦辞爻辞，同时其易学也成为魏晋玄学的一个重要组成部分。

王弼的根本思想是“以无为本”、“举本统末”。他说：“天下之物，皆以有为生，有之所始，以无为本。将欲全有，必反于无也。”①天地万物都以有形有象为存在，但万物得以发生，是由于“无”这个根本。因此要保全有形有象之物，必须返回去守住其根本之“无”。王弼的这个思想与老子的“有生于无”有很大不同。老子是从天地万物的起源、生成角度论述，将“道”即“无”看作是一种在万物之上、之前，生出天地万物的至高无上的“精神实体”，而王弼是从“本末”、“体用”的角度看待“有无”的。王弼在《周易大衍议》中说：“夫无不可无明，必因于有，故常于有物之极，而必明其所由之宗也。”②即“无”与“有”之间不是老子所说“母生子”的关系，二者在时间上和空间上不可分割，“无”是天地万物及其运动变化的真正根本和共同的唯一原则：“万形万物，其归一也，何由致一，由于无也。”③所以中国哲学产生真正的“本体论”，正是从王弼开始的。所谓“本体”，就是万物所自出和万物所灭归的根本之处。

王弼的这种思想，在他的《周易注·复卦》中说得更清楚：“凡动息则静，静非对动者也；语息则默，默非对语者也。然则天地虽

---

① 王弼：《老子道德经注》第四十章。

② 韩康伯：《系辞注》引王弼《大衍议》。按一般认为，“衍”通“演”，《大衍议》即《大演论》。

③ 王弼：《老子道德经注》第十一章。

大，富有万物，雷动风行，运化万变，寂然至无，是其本矣。"①静与动、默与语，双方不是相对应的两种状态，而应该前者是后者的最终归宿。因此静和默分别是动和语的根本，动和语是静和默的表象。同样无论天地万象如何精彩纷呈，其根本是"寂然至无"。表象的特性和作用是有限的，只有"以本统末"，才能保全或发挥出万有的作用。在这种思想的指导下，王弼在易学领域提出了"得意忘象"的口号。

王弼根据《系辞上传》"书不尽言，言不尽意"、"圣人立象以尽意，设卦以尽情伪，系辞焉以尽其言"的说法，在《周易略例·明象》中说："夫象者，出意者也。言者，明象者也。尽意莫若象，尽象莫若言。"卦象是一种物象，是用来体现事情本质的。卦辞爻辞的语言，是用来说明卦象的。要想知道事物的本质，只有通过卦象。要想穷尽卦象的内涵，只有通过卦辞爻辞。可是王弼又说"象而忘言"，"得意而忘象"，因为"筌者所以在鱼"，这犹如"得鱼而忘筌也"。正如竹篓是捕鱼的工具，抓到鱼就忘掉竹篓一样，理解了卦象就要舍去卦辞爻辞（言），获得了事物的本质，就要再舍去卦象（象），研究《周易》的根本目的在"得意"，而搞象数的人是钻在"言"和"象"中跳不出来，将工具当目的，就不能获得《易》之真谛。这种提法的认识论意义在于，只有不执着于具体的物象和言辞，才能真正理解其中所包含的意义，而最终意义的"无"的获得才是最重要的。

王弼"忘象说"的背景在于，两汉神学目的论所谓的"天人感应"，还不能完全脱离具体天地万物的运动变化，而只是将其神秘化而已。王弼认为应该把那些具体物象及其运动仅仅当做一种工

① 王弼：《周易注·复》，见楼宇烈校释：《王弼集校释》，中华书局，1980年版。

具，而以揭示出其本质性的“寂静虚无”作为理论上的最终归宿。后来的程朱理学正是在继承王弼易学的基础上，剥离和抛弃了其中的老庄因素，但是仍然沿着追求义理的路径形成和发展起来的。

唐代孔颖达在奉诏编撰《周易正义》时，以王弼经典性的《周易注》为基础。因王注只有《易经》的上下篇和《易传》中的《文言》《彖辞》《象辞》诸篇，孔氏又将晋人韩康伯所注释的《系辞传》《说卦传》《序卦传》《杂卦传》等合并纳入，再加上一众饱学之士的阐释疏解，使《周易正义》成为唐代以后科举取士的标准用书。而且在易学史上，《周易正义》也是排在《易经》《易传》之后最重要的易学典籍。

（四）宋明易学

两宋文化繁荣，宋儒维护道统之心亦烈。《周易》被当作对抗佛、道二教的思想武器，也是程朱理学得以构建的重要理论依据。凡是当时著名的思想家，无不借《易》而立言，但在他们著述颇丰的同时，宋易派别亦颇林立。但宋易主流，是以阐明《易》之哲理为宗旨，与汉易的长于推演象数形成鲜明对比。明代主要是钦定了宋学的官方正统地位，其易学仅为宋易的沿袭和余波，可为“极衰时代”。比较值得注意的一是胡广等人所著《周易大全》，论说比较严谨完备；二是来知德所著《周易集注》，比较注意象、理、数三者的平衡，关注《易经》的基本结构公式。

宋代率先流行的是象数学派的“图书易学”，由道士陈抟开拓，周敦颐的《太极图说》、邵雍的《皇极经世》继之。他们将道教的“河图”、“洛书”引入易学，以图式解《易》，此为宋代象数易学的明显特征。但后来其说日益走向神秘化，使其末流日渐混同于江湖术士。

宋之“义理易学”亦分数支。程颐以儒学之理来解《易》，著《伊川易传》（今本或题名《周易程氏传》），力排老庄玄学，同时不信图书象数，侧重取义，形成“理学易”。张载著《横渠易说》，把气作为世界本原，以阴阳二气的变易来解《易》，侧重取象，形成“气学派”。陆九渊以心作为宇宙本原，提出“心即理”的命题，认为理学易的“天理”即是人心。他以人的道德意识来解《易》，形成以自我意识为核心的“心学易”。朱熹虽属义理易学，但兼收并蓄，成为有宋一代易学的集大成者，对后代影响深远，是主流学术中的主流，值得一论。

朱熹是南宋著名理学家，经过他的建设，使理学具备了学派规模和理论系统，影响中国古代一直到清朝末期，达六七百年。他著有《周易本义》一书，通过吸收融会各家所长，形成了自己的易学思想体系。明清两代，官方奉朱熹为理学正宗，科举考试《周易》皆一本朱说，较之王注孔疏的《周易正义》后来居上。说它为易学史上继《易传》和《正义》之后的又一座里程碑，并不为过。那么原因何在呢？

朱熹提出“《易》本是卜筮之书”的易学观，强调《易经》与《易传》之间的区别。他说前者的性质是占筮书，应该从这样的角度来理解“象”和“辞”；而后者是哲理之作，其解经往往道德化，不能正确反映原义，而《易》有义理是从孔子作《传》才开始出现的。比如在《易经》中，“阴”字仅在《中孚》卦之九二爻辞“鸣鹤在阴”一见，而且在这里它还可能是“荫”的假借。至于“阳”字，连一次都没有出现。那么怎能说从《易经》就开始有了阴阳观念，“《易》以道阴阳”呢？并且朱熹在《周易本义》的卷首，附有《河图》《洛书》《伏羲八卦次序》《伏羲八卦方位》《伏羲六十四卦次序》《伏羲六十四卦方位》《文王八卦次序》《文王八卦方位》《卦变图》等“九图”，被认为他是“以象数说《易》，形上性更强，将先天之学与后天之学结合在一起，打通天道与人道，开拓了广阔的解释空间，更能满足理论思维的需要。这是传统社会主流尊崇《周易本义》的内因”①。但随之争议亦起。

一方面，朱熹的易学观在近代得到呼应，人们不相信王弼、孔颖达和程颐关于“圣人作《易》专为说道理以教人”的说法，认为《周易》原是占筮书，与象数关系密切，不能拿后起的圣人之言来直接解释《易经》中的卦爻辞。这样通过顾颉刚、李镜池一直到高亨诸位学者的努力，形成以“疑古”为特征的新易学体系，他们都曾在自己的论著中借鉴了朱熹在《周易本义》中的相关论述。另一方面，朱熹《周易本义》所附的卷首“九图”，又被认为是该书的败笔之作。宋代象数以“图象”名世，华山道士陈抟谎称其作于伏羲、文王，后人得之于老子出关时的秘传。但明人杨慎和归有光皆认为其说难以为信，认为应该是出自陈抟和邵雍的一手伪造。至清初，经黄宗羲、毛奇龄、胡渭等人的缜密考证，朱子“易图”之不可信已成定谳，判定其皆《易》外别传。主流易学认为，朱熹以图书来解《易》，实不可取。

朱熹易学的另一观点，即“《易》只是个空底事物”，被认为是对义理派解《易》方法的高度概括。他认为，《易》这个空架子之所以能应用于万物，是因为卦象、卦辞、爻象、爻辞中已经潜伏着各种义理，所以“做甚事皆撞着他”。由此再推演，通过易变原则，还可以生发出许多新的义理。这样，“天下万事无不可该”，遇到的任何问题都可以在《周易》中找到合理的解释。这也告诉人们，读《易》解《易》，要重点从当初特殊环境下对具体事物的言说中，抽象出普遍的义理来。

朱熹的易学，一方面站在义理派的基本立场上，以程氏为宗，同时对他家亦批判性地兼收并蓄。如他说：“易有两义，一是变易，

---

① 廖明春点校：《周易本义·前言》，第 8 页，中华书局，2009 年版。

便是流行底;二是交易,便是对待底。”①这里“变易”指的是阴阳之间的流动转化关系,是义理派程颐的观点。“交易”指的是阴阳之间的对立对抗关系,是象数派邵雍的观点;而对两者,朱熹皆兼而收之。

朱熹还说:“总天地万物之理,便是太极。”②这种说法是对前人易理认识的集大成。二程只说到理而未提太极,周敦颐提出了太极,但没有像朱熹易学那样赋予太极以深刻的内涵。在朱熹这里,“太极”指的是根本的全体之理,既是万物的根源,又是万物之本体,还具有完美的道德属性。比起王弼玄学易神秘莫测的本体“无”,朱熹的“天理”或太极更具有客观性、可知性和规律性。它除包罗天地山川,还是社会政治、法律、思想、道德、文化等万事万物运行的总原则,宇宙间一切事物的动静生灭,都是太极作用的结果。黄宗羲《宋元学案》说朱熹的易学体系“致广大,尽精微,综罗百代”,殆不为过。

(五) 清代易学

明末清初,社会剧变,学风也随之转移,影响“易学”甚大。首先是顾炎武、黄宗羲、王夫之等人,指斥明末空谈心性的诸多弊害,主张学术要经世致用,并分别撰写了《日知录》、《明夷待访录》、《读通鉴论》等实学作品,为清朝学者开辟了门户。此后,若不以历史事实进行深入扎实的论证,便算不得学问。所以清代学术复归于汉代学术,主要方法便是考据,这又与周、张、程、朱的“宋学”相对立,故称“汉学”,又名朴学。雍正之后,统治者一方面大兴文字狱加强思想控制,一方面鼓动进行古典文献整理以转移文人的反清

① 朱鉴:《文公易说》卷一《太极》。

② 《朱子语类》卷九四。

情绪，虽然顾炎武等人所提倡的关注现实社会问题研究的精神遭到阉割，由“经世致用”变为“通经实证”，但还是推动了包括《周易》在内的中国古代原始典籍的整理和研究。

清代官方在独尊理学的同时，仍置程朱“宋易”于统治地位。康熙时李光地奉敕编纂《周易折中》，引用诸说达220余家，使“二千年易道渊源皆可览见”。其观点仍以朱熹的《周易本义》为主，而辅以《程传》，并参考各家《易》说，同时兼采汉、唐著作。乾隆时傅恒等撰《周易述义》，于汉易、宋易酌取其平，综理诸说而选其粹。《折中》标志汉易复兴之始，《述义》标志宋易独尊之终。

明末清初，王夫之有周易《内传》《外传》《稗疏》《考异》等易学著作，掀起宋明义理易研究的最后一次高潮，有继承亦有发展。王夫之将象数与义理结合，认为只有通过“道之成而可见者”的象数，才能穷理尽性，揭示其背后隐藏的规律。

黄宗羲则致力于对周易象数的整理批判。其《易学象数论》共六卷，前三卷论《河图》、《洛书》、“先天方位”、“纳甲”、“纳音”、“月建”、“卦气”、“卦变”、“互卦”、“筮法”、“占法”等，而附以所著《原象》，以辨“象学”之讹；后三卷论《太玄》《乾凿度》《元包》《潜虚》《洞极》《洪范数》《皇极数》以及《六壬》《太乙》《遁甲》等，以定“数学”之失。其持论皆有依据，使人洞晓其始末，而得其本来面貌。他认为，《河图》是古地图，《洛书》是古户籍册，宋以前从未有人将之等同于“天地之数”和“九宫之数”；宋人说法实出于道士陈抟之手，固非《周易》内容，更非儒家正宗。这就从根本上揭穿了“图书”所自来的荒诞不经，不仅对宋易的“图书派”如邵雍等人是致命一击，而且殃及朱熹，进而摧毁了整个宋易的学术基础。更值得注意的是，黄宗羲虽不是朴学家，但他这种穷本溯源、钩深索隐、考其流变的研究方法，却意外地成为清代“朴学易”的开端。

随着图书象数学的被批判，宋易逐渐被以考据学、训诂学为特征的汉易所代替。受汉学影响，清儒着重清理中断多年的汉易，力图恢复汉易传统。“新汉易”重视实据，通过考订文字，在对《周易》经传进行辑录、注释、校雠的过程中推动了易学的发展。然而由于他们在易理方面难以摆脱汉人窠臼，终于没有形成自己的哲学理论体系。

毛奇龄著《河图洛书原舛编》、《太极图说遗议》等，继续讨伐宋易。黄宗羲已指出“太极图”源于“先天太极图”，毛氏进一步揭示“先天太极图”源于道教典籍《无极尊经》，由陈抟传出，至周敦颐“遂纂道教于儒书之间”，然后在南宋时由朱震上呈皇帝。这样使以周敦颐为代表的理学家不能不蒙受“以道学变作宋学”的指责。

胡渭的代表作是《易图明辨》，集清初易图辨伪之大成。一是反驳《河图》是“天地之数”的宋人说法，考证其真正来源是刘向父子的《洪范五行传》，后又被郑玄的“大衍之注”所引用，陈抟据之而成说。二是认为陈抟的《洛书》实出自汉代的“明堂九宫图”，与《尚书·洪范》所说的“洛书”不是一回事。三是认为“揲蓍之序”与“画卦之序”不能混为一谈，而邵雍的“先天八卦次序图”完全不符合易理。又邵氏“先天八卦方位图”及“天地左旋右行”之说，分别出自《说卦传》“天地定位”一章和魏伯阳《周易参同契》，皆非《易》所固有。

前此清代朴学易的工作，皆以“破”为特征。继胡渭等人之后，终于有惠栋专心于“复汉”，使亡佚已久的汉代易学“至是而灿然复章矣”，终有资本与宋易分庭抗礼。惠栋撰《周易述》二十三卷，以荀爽、虞翻为主，而参以郑玄、宋咸、干宝诸家之说，自为注而疏之。他一切唯汉易是从，不敢有所立异与创新。虽为未完之作（缺卷七《周易下经》之《鼎》卦以下至《未济》卦内容），然使汉儒之学在中绝一千五百年后而复明，其在《易》学史上功莫大焉。他另撰《易例》二卷，乃镕铸汉儒旧说，以发明《易》之本例。惠栋复撰《易汉学》八卷，拾掇孟喜、京房、虞翻、郑玄、荀爽诸论，钩稽考证，使学者得以窥见汉易之门径。其末篇附以己意阐发汉易之理以辨证《河图》、《洛书》、“先天”、“太极”之学，使此书与《周易述》相为发明。但惠栋作为“朴学易”之领军人物，虽有存古之功，于易理却缺乏创新，格局不能不略嫌狭小。除惠栋外，在清代易学上能够卓然自成一家者，则非焦循而莫属。

焦循之作有《易通释》、《易章句》和《易略图》，是为其“易学三书”。其创新首先体现在方法上，即以宋元数学大家李治的代数方程“天元术”来解释《周易》卦爻的运动变化。如数学上“天元术”要求按题目给出的条件列出两个方程式，这对《易》来说就是两个卦成为一组。如“天元术”要求所列的两个多项式的数值相等，称为“比例”，焦循说“《易》之比例亦如是”。将之运用于《易》解中，如甲、乙两卦由于卦爻的交换得到戊卦，丙、丁两卦由于卦爻的交换也得到戊卦，那么甲乙和丙丁这两个卦组就建立了互为“比例”的关系，其间的种种变化就可以得到说明。除此他还大量运用音韵训诂学的假借和转注方法来整理经文，在卦象和卦辞爻辞之间创建联系。焦循根据他发明的方法和旁通、相错、时行等三项易例，对《周易》的卦象和卦辞爻辞做了全面的新解释，时人阮元、王引之等都给以“石破天惊”、“凿破混沌”的高度评价。但由于他过度强求卦爻的变化去符合自己主观确定的易例，从而使得某些结论也不无牵强偏颇之处，反而违背了《易经》文辞的原意。

道光之后，“朴学易”逐渐走向衰落，这与整个旧学不能适应社会发展的需要是同步的，正在崛起的西来新学，正在引领中国文化走向历史性的转型时刻。

（六）现当代易学

“五四”以后，在新的科学方法指引下，学人们打破汉代以来

"以传解经"的传统易学方法,力图恢复《经》《传》的本来面目,从而开创了《周易》研究的新局面。除了继承前人成果,在义理、象数两方面继续进行深入探讨外,更多的人注重于接受新的科学理论,从新的角度研究《周易》。杨鸿儒在《易经导读》一书中将二十世纪的易学研究划分为注释、考证、论述、创新四派①,兹依此先综述如下:

一是注释派,即以传统方法来注解《周易》。如黄焕剑的《周易辅注》三卷,以宋明理学融以王弼玄言,不信汉儒象数。张其淦的《邵村学易》二十卷,多征引王弼、邵雍之说以解《易》。此外还有沈竹礽的《周易易解》、杨树达的《周易古义》、陈树楷的《周易补注集解》、高亨的《周易古经今注》和《周易大传今注》等,都各有特色。如高亨注经有两大特点,一是离《传》释《经》;二是讲卦辞爻辞不谈象数,但在文字训诂上用力颇深。他继承了清代朴学传统而又能超脱象数、义理的束缚,在《周易》的辞语训诂上成绩不俗。

二是考证派,包括从文字学、历史学、哲学、考古学、文献学等各种角度进行《周易》研究。如于省吾的《双剑誃易经新证》,以厚重的古文字学的学养来考证《周易》,一向为学界所推重。闻一多的《周易义证类纂》,目的是"钩稽古代社会史料",颇多新鲜之解。此外还有郭沫若的《周易的社会背景与精神生活》、顾颉刚的《周易卦爻辞中的故事》和《易系辞传中观象制器的故事》、余永梁的《易卦爻辞的时代及其作者》、胡朴安的《周易古史观》、白寿彝的《周易本义考》、李镜池的《周易探源》和《周易通义》等。其中,李镜池的《周易通义》一书,尤其值得注意。这是作者晚年的一部能从"新角度"突破旧解的易学专著。他说以往"由于不明《周易》的组织体例,所以往往未能统观全书、从整体上加以解说,而普遍存在寻章

---

① 杨鸿儒:《易经导读》,北京:华文出版社,2001年版。

摘句、孤立零星地进行注释分析的毛病”。他提出《周易》的每一卦都有一个“主题”，而且六爻的内容也是“按先后层次排列的”。特别是其卦爻辞不只是“占筮”，还内涵有思想哲学。因此他认为，《周易》是专门的一位作者，运用叙事层次技巧，叙事主题集中，形式、内容兼备，体现了作者的思想主张，或可视为一部文学创作，展现了文学与思想的结合。① 这是李镜池自己长期探索的成果，并自认为还原了《周易》经文的“本来面目”，颠覆了它“只供占筮，是占卜经验之杂凑”的老说法，是现代易学家迈向正确认识《周易》性质与体例的一大步。该书也深受专家的重视和读者的欢迎。

三是论述派，其成员也是很有影响的易学研究专家。如作有《易数偶得》《学易笔谈初集》《学易笔谈二集》《易楔》《读易杂识》《愚一斋易说订》《改正揲蓍法》等七种专著的杭辛斋。他主要通过贯通旧学新知，集儒、道、释、耶教为一体，形成一整套自己的易学认识体系。又如黄寿祺、张善文合著的《周易译注》，是 20 世纪下半期首部全面对《周易》经传文本进行注释和翻译，并对相关易理进行系统阐释的一部专著，既周密严谨，颇具学术价值；又雅俗共赏，深受读者欢迎。此外还有黄元炳的《易学探源》，周善培的《周易杂卦证解》，沈瓞民的《汉魏费氏易学考》，苏渊雷的《易学会通》，金景芳的《学易四种》和《周易讲座》，朱伯崑的《易学哲学史》，宋祚胤的《周易译注与考辨》，尚秉和的《焦氏易诂》、《焦氏易林注》和《周易尚氏学》等。

这里特别值得重视的是前清进士尚秉和，他主于贯通旧学新知，其基本观点是“易辞从象生”、“象为易之本”。他经过二十多年的潜心研究，积疑生悟，发现了久已失传的《周易》有关内外卦象、互象、对象、正反象、半象、大象等凡百余条关于“象”的应用规律，

---

① 李镜池：《周易通义 · 前言》，第 6～10 页，中华书局，2008 年版。

“验之于《左传》《国语》的占象而合，验之于《逸周书·时训》的准象而合，验之于《周易》卦象也都基本上相合”①，解决了易学史上诸多悬而未决的问题。其对“易象学”的贡献在20世纪无人可以比肩。

四是创新派，或者又称为“科学易”。在20世纪的三四十年代，有不少自然科学工作者(包括数学、物理、化学、天文历法、医学、生物遗传等领域)也加入到易学研究的队伍中，形成异军突起的“科学易”学派。如薛学潜著有《易与物质波量子力学》及《超相对论》，按《易》卦方阵演变之定律，推而列之，再引爱因斯坦的相对论、狄拉克的方阵算学、希鲁汀格的方程式，证明凡是物质波量子力学诸定律，皆能与《易》的方阵定律相契合。沈仲涛著《易卦与科学》《易卦与代数之定律》《易经之符号》诸书，向读者介绍了易卦在物理、逻辑和天文学上的应用，如通过卦阵可以观察天气与潮汐之间的有机联系。此外还有丁超五的《科学的易》、周永暮的《孔子数理哲学初稿》、潘雨廷的《科学易》、王弼卿的《周易与现代数学》、黎凯旋的《易数浅说》、沈宜甲的《科学无玄的周易》等。特别是刘子华，他于1939年在法国完成其巴黎大学博士论文《八卦宇宙论与现代天文——日月之胎地位》，以易理推算，认为太阳系还存在一颗未发现的新行星，并且自己命名其为“木王星”。此一发现在当时未受重视，但到80年代却被美国海军天文台的科学家所证实，从而震惊了世界。

其实除此四派之外，还有20世纪下半期出现的“考古易”，其学术价值和长远影响也不可低估。如上世纪70年代湖南长沙马王堆汉墓出土的《帛书周易》，其内容包括六十四卦经文、《系辞传》

① 尚秉和：《周易尚氏学·序》，中华书局，1980年版。

残卷和《卷后佚书》三大部分。① 由于这部抄写于西汉初的地下文献在很多方面与今天的通行本《周易》不尽相同，于是引起了学术界在六十四卦的卦序问题、卦爻辞和系辞传的文字异同问题、《佚书》的性质问题等各方面的热烈讨论，其余波至今尚存。

关于八卦的起源和筮数与卦象的关系问题，1980 年张政烺提出一种假说，即八卦是由古代数卜的记录符号演变而来，或被称为“数字卦”的问题。他提取了陕西岐山周原卜甲、安徽阜阳双古堆汉墓出土的《周易》残简和湖北江陵天星观出土的战国楚墓卜筮残简等上面的大量奇异数字，据分析认为，这都是当时占筮所记录下来的符号。它们先是有“一、五、六、七、八、九”等数字，后逐渐精简为“一、六、七、八”四个数字，再省简为“一、六”两个数字为一奇一偶相对，最后演变为以阳爻(⚊)代替奇数“一”，以阴爻(⚋)代替偶数“六”，于是八卦产生。② 此说引起学术界很大轰动，有赞成者，也有人认为并非完全稳妥。因为目前我们所见到年代最早的卦体符号为八个数字的史例，为江苏海安青墩新石器文化遗址所出土的骨角和鹿角上所刻。如果古人的易占从此时一直到西汉初的马王堆和双古堆的汉墓时代才完成由数字卦到爻画卦的转变，那么商末周初铜器和东周玺印上的卦画符号，以及《左传》《国语》中的卦画符号又该如何解释呢？这也确实是个问题。

2004 年初由上海古籍出版社发行的《上海博物馆藏楚竹书(三)》，公布了目前所能见到的年代最早的《周易》文本，共 58 支简，1806 个字，涉及 34 个卦的内容，年代为战国晚期，碳十四测定为公元前 255±65 年。学术界在其文字考释、文本解读和卦序等

① 于豪亮：《帛书周易》，《文物》1984 年第 3 期。

② 张政烺：《试释周初青铜器铭文中的易卦》，《考古学报》1980 年第 4 期。

诸多方面展开争论，进一步推动了易学研究的发展。它与今本最大的不同是以数字“八”而不是以“--”表示阴爻，这一点与马王堆帛书本和双古堆汉简本的《周易》相同。另外，它的卦序也可能与今本不同，它只有《易经》而没有《易传》。总之，因为新资料的发现而引起易学研究新一波热潮的展开，这已经成为20世纪传统学术向前推进的新常态。

又一个新例证是1993年出土于湖北江陵王家台的15号秦墓竹简，其中有一种类似卦画符号的“易占”残简。到2000年发表《王家台秦墓竹简概述》，公布了五十三个卦的卦名、卦义以及卦辞的释文。整理者根据其与现存辑佚本的《归藏》内容有一种学术上的对应关系，判断此秦简的性质当为殷易《归藏》。对于其原成书年代，有人认为是战国作品，也有人认为它应与《周易》年代相近，渊源久远，或直接本于“商易”。早在王家台秦简公布前，饶宗颐就指出，马王堆帛书《周易》的卦名、卦序与传本《归藏》之间，似有一种密切的关系，古书记载的“三易并占”，可能确为历史的真实存在。关于《周易》和易学史，确实有太多的问题需要继续深入研究。

对于新时代的《周易》研究，没有材料的不断出现，人们会感觉到无法向前推进；有了新材料但它还不能充分说明问题时，又会产生无数新的问题，引发人们进行更多的争论。总之，我们既要尊重前人的研究成果，又要努力开掘新材料，唯此才能使我们这种既有历史性，又有现代性、未来性和世界性的中国传统文化，得到前无古人的光大昌明。

八 《周易》的阅读

《周易》自来号称难读，往往被一般人视为畏途，这与其特殊的形成背景和不寻常的面貌有关。

首先它原是一部卜筮之书，为了应对不同对象所占问的不同事类，就有意将那些解释卦象、爻象的卦爻辞搞得句语简奥，含义幽晦，似乎有指又没有确指。正因为其表达的不详尽不明朗，才便于古人在释卦时能够多角度、多侧面地进行引申。而这些“象”，既有实象，又有假象，都是“以想象体示概念”。正如朱熹所说：“《易》难看，不比他书。《易》说一个物，非真是一个物，如说‘龙’非真龙。”①于是以少示多、以简示繁、以辞释象、以象喻理就成为其文本最大的特点。

其次它的成书和流传，不但经过漫长岁月的积累，而且又衍生于不同时代的众人之手，在其所反映出的结构和逻辑上，不可能没有一定程度的矛盾和混乱；在其所体现的思想内涵上，不可能既严密又系统。对《易》的理解，往往不经过读者自我的一番体悟，拨云开雾，就很难一窥其“庐山真面目”。所以正确的态度，还是如朱熹所说：“问《易》如何读？曰只要虚其心，以求其义，不要执己见。”②

具体对初学者来说，主要是寻找《周易》之入门路径，不外乎一读书，二体悟，都应该有一个由浅入深、循序渐进的过程。

一是先读初学入门书。要物色那些既严谨平实有功力、又深入浅出有注释有译文可资对照原文、由名家撰写的最好版本的《周易》，逐章逐节逐句，认真诵读。这样使自己先对《周易》的基本内容有一个初步的了解，既产生了学习兴趣，又奠定了进一步深造的基础。这种书籍的选择，港台人所著者有孙振声的《易经入门》（原名《白话易经》）和南怀瑾、徐芹庭的《周易今注今译》等，大陆人所著者有金景芳、吕绍纲的《周易全解》，黄寿祺、张善文的《周易译注》（上、下），杨鸿儒的《易经导读》等。

---

① 黎靖德编：《朱子语类》卷六十七《读易之法》。

② 黎靖德编：《朱子语类》卷六十七《读易之法》。

二是在读入门书的时候，要有意识地掌握一些基本概念，如“阴阳”、“象数”、“易经”、“易传”、“八经卦”、“六十四别卦”等，还应当知道《易》之初用虽在占筮，但其本质内涵则在义理，而《周易》义理的特殊表现方式在于“象征”，故“象”与“理”不可截然割裂。同时，还要注意《易经》与《易传》因原初性质不同和形成的时代背景不同，在阐释文辞的含义时，会有很大的差异，不可混同不辨。如“贞”，在《经》中是“占筮”之义，而在《传》中则解为“纯正”；“亨”在《经》中是“享”即“祭祀”，而在《传》中则是“通达”。特别是对《周易》的卦名、卦序和符号系统等基本常识，古人曾编成口诀，这些不仅要读，而且要背诵，当然是在理解基础上的记忆。

三是在熟悉《周易》内容的基础上，就可以进一步研读易学的基本典籍。这样的典籍最权威的有两部，一部是唐朝孔颖达的《周易正义》，一部是宋朝朱熹的《周易本义》。它们都是中国古代具有集成性质的官方定本，既吸收了众多古人的研究成果，内容丰富；又代表了一定时期的主流观点，影响深远。读的时候，也要讲究方法。一是强干弱枝。首先应该关注的是《易》之象数、义理，其他如涉及到的天文、地理、乐律、兵法、术数等方面的知识内容，则为枝附，可暂不理会。二是由源溯流。要先熟悉《经》《传》文本，多读深思。然后考明《左传》《国语》所载筮例，接着研读汉魏古注，继之以晋唐义疏，再参考宋元以来的诸家经说，使一部易学史了然于胸。三是带着问题意识。对于诸多有争议的问题，要用证据分析，独立判断。既不可先入为主，盲从一家之说，要多比较，深思考；也不可一味标新立异，漠视前辈的诸多工作和成果，哗众取宠；更不能堕落为江湖小数之流，欺世盗名，骗取实利，虚无学术，妄下臆断。

四是在基本书籍之外，还要了解易学书目，目录也是治《易》的重要抓手。现代学者程启榘有《历代易学存目》和《现存易学书目》可为参考。《四库全书总目》之“经部”，首先是“易类”六卷和“易类存目”四卷，对《四库全书》所收的历代易学著作进行了简明扼要的“提要”，包括其作者、卷数、流传情况、版本优劣和内容评价，有非常重要的文献价值，值得一读，上海古籍出版社已经将《四库》所收的《易》类著作陆续刊出。台湾学者在易学资料的整理方面也功不可没，他们曾出版共195册的《易经集成》和共20册的《大易类聚初集》，还有反映清朝学者研究《周易》著作成果的《皇清经解易类汇编》、《续皇清经解易类汇编》和《清儒易经汇编》等专题丛书，并且在《中国历代艺文总汇（经部）》和《经学研究论著目录》中，将古今各种易学资料完整刊出。以上这些都有非常重要的参考价值。

五是学《易》研《易》，不可故步自封，要有与时俱进的正确态度。首先是要结合考古学界不断发现的有关《周易》的地下文献，如前面提到的商周铜器和东周玺印上的卦画符号和周原卜骨、战国楚竹书、王家台秦简、马王堆帛书、双古堆汉简等大量第一手的《周易》资料。这些资料尽管不无零碎之弊，但其对传世文献来说，不仅能起到巨大的证史补史作用，更突出的是其背景的真实性，使得人们在细密辨析《周易》的本来面目之余，更能起到开阔视野和启迪思路的重要作用，从而推动易学研究的不断进步。其次是关注域外汉学家，如日本的铃木由次郎、户田丰三郎、真田高治，德国的卫礼贤、卫德明父子，前苏联的舒茨基等，他们往往具有《周易》翻译者和研究者的双重身份，其易学成果也有许多可取之处以供我们借鉴。

六是作为一名易学者，应当重视多学科、多课题之间的相互贯通。学《易》者一旦奠定了坚实的学术基础，有了自己兴趣所在的课题，就算入门了，其后的造诣就要看每个人的悟性或修行程度了。这时就要“知己知彼”，特别是要知道自己在学术研修方面的长与短，然后选择与自己兴趣相合的论著来全面阅读以开阔视野。人说“诗无达诂”，其实《周易》又何尝不是如此。《周易》之初虽然主要是占筮之书和哲理之书，但其旁及的内容亦相当丰富，如哲学、宗教、天文历法、文学、史学、美学、兵学、医学、文字音韵学、音乐、建筑、科技，甚至政治、伦理道德、经济等许多领域。《周易》之学，外可以与西方的古代哲学进行比较研究，内可以结合儒家的《中庸》、道家的《老子》《庄子》进行对比判读，很有助于发明易理。最重要的是，易学的真正属性是学术性研究，不可剑走偏锋，一味神秘化，谓之“一切尽在不言中”，堕入玄学的迷雾而不能自拔。

关于《周易》，著名学者、美国夏威夷大学的成中英教授曾在1987年的“济南国际《易经》学术讨论会”上说：“《易经》代表了一种哲学思想，是中国文化的源头，是中国文化的正统，是整个文化综合而成的结晶。占筮不能仅从浅层迷信方面去理解，卜筮现象背后有其一套合理的逻辑、理论，有其现代意义”；“在《易》的发展过程中，早期的单向预测学说，到《易传》则发展为一种宇宙科学智慧。《易经》成为一种创造性与灵活性相统一的学说，它所追求的既是整体又是开放运动的思想体系，既是发展又是最平稳的人类社会，具有历史性、现代性和未来性，有其世界性意义。”①壮哉斯言！

九　校注说明

1.《周易》版本众多，本书以阮刻《十三经注疏》本《周易正义》为底本，如有校改之处则出注说明。

2. 本书主要内容及编排顺序是：①《周易》通说，②《易经》（含《彖传》和大、小《象传》）原文及注释，③《易传·系辞上传》原文及注释，④《易传·系辞下传》原文及注释，⑤《易传·说卦传》原文及

① 毕群圣主编：《大易论集摘要》，山东友谊书社，1990年版，第18页。

注释，⑥《易传·序卦传》原文及注释，⑦《易传·杂卦传》原文及注释，⑧附录：主要参考文献。至于内容特殊的《易传·文言传》原文及注释，则分别置于《乾》、《坤》两卦的《象传》之后。

3. 具体到64卦每一个重卦部分的内容及编排顺序是：①卦名，②卦序排次，③卦形（象），④《经》文（卦辞、爻辞）原文及注释，⑤《彖传》原文及注释，⑥《象传》原文及注释。

4. 文字由繁体变成简化字，由竖排变成横排，加现代标点符号。以国家颁布的《文字使用规范条例》和《简化字总表》为基准，未尽之处，以古籍整理通例处理。如通假字，除含义相当确定者之外，一般保留繁体原貌。有些难读或有多音的文字，尽量附上拼音，以便读者。

5. 考虑到本书的教材性质，注释文字以现代语体文撰写，在不违背原义的同时，力求通畅明白，不过多进行学术分析。在注释时，参考了许多学者的研究成果。或独立判断用著者个人看法，或对前贤旧说择善而从，限于体裁框限，未能一一注明出处，敬请见谅。

6. 正文之前有"《周易》通说"一文，概述作者对《周易》经、传及其涉及到的许多问题的看法，立论未必悉当，文责自负，敬请批评。其间也参考或者摭撷了一些学者的观点和看法，都尽可能地出注说明，以示不敢掠美。本书所曾参考的文献资料，则详见书末所附《主要参考文献》。

7. 限于本人学术思想水平不高，再加上闻见有限，本书定有不少错误或疏漏之处，有些看法也不尽成熟，敬请读者赐正。

《周易》简注

《易经》校注
（含《彖传》、大小《象传》、《文言传》）

乾卦第一

䷀（乾上乾下）乾为天

【经文】

乾：元亨。利贞。①

初九：潜龙，勿用。②

九二：见（xiàn）龙在田，利见大人。③

九三：君子终日乾乾，夕惕若，厉，无咎。④

九四：或跃在渊，无咎。⑤

九五：飞龙在天，利见大人。⑥

上九：亢龙有悔。⑦

用九：见(xiàn)群龙无首，吉。⑧

[注释]①乾：卦名。其象乾下乾上，由六个阳爻组成。乾，天也。其义为“健”。元亨：开始便顺利通达。元，始也；亨，顺利。利贞：占问很有利。利，有利；贞，占问。　②初九：爻题，即阳爻居六爻的初位。潜龙：比喻事物正积聚力量，待时而兴，如飞龙正处于潜伏时期。勿用：断占之辞，谓不宜有所作为。　③九二：九为爻象，二为爻位，即阳爻居六爻的二位。龙见在田：龙现地上，比喻事物进一步发展。见，显现；田，田野，地上。利见大人：比喻有大人物在民间活动，人见之则有利。　④九三：阳爻居六爻的三位。终日乾乾：整日勤勉不倦怠。夕惕若：每天夜晚都告诫自己警惕慎行。夕，夜晚。惕，警惕；惕若，谨慎小心的样子。厉：危险。无咎，断占之辞，无灾祸。⑤九四：阳爻居六爻的四位。或跃在渊：按此处似省一“龙”字。指龙上不在天，下不在田，进退无常。或跃，似跃而未跃。渊，潜藏的深水。无咎：无灾祸。喻人仍可待机而不莽撞，故无咎。　⑥九五：阳爻居六爻的五位。五于“三才”为天道，飞之象也。飞龙在天：龙高飞在天上，喻人事业顺利发展，渐趋极盛，得意自在。利见大人：断占之辞，大人居高贵之位，人见之则有利。⑦上九：爻题，即阳爻居上位。亢龙有悔：龙飞腾至极，终将有悔恨之事。亢，过度，极也；超过极限，物极必反。喻大人骄傲自满，脱离在下之臣民，身处困境，故“有悔”。　⑧用九：乾卦特有之爻题。古筮法，本卦为乾，若六爻皆七，则以卦辞断事；若六爻皆九，占断则以“用九”之辞判之。见群龙无首：天空显现出群龙无首的景象。见，显现。群龙无首，群龙出现于天空，龙头皆被云所遮挡。喻众人俱得志而飞腾，自为吉(高亨说)。

【彖(tuàn)传】①

大哉乾元，万物资始，乃统天。② 云行雨施，品物流形。③ 大明终始，六位时成，时乘六龙以御天。④ 乾道变化，各正性命。⑤ 保合太和，乃利贞。⑥ 首出庶物，万国咸宁。⑦

[**注释**]①《象传》上下:是《易传》中的两篇,着重解释卦名和卦辞,说明各卦的基本思想。象,断也,宗旨为断一卦之吉凶。本独立成篇,汉代人将其分列于每卦的卦爻辞之后。《象传》晚出,在思想体系上常与《易经》有不同的特征。　②大哉乾元:伟大呀万物之本原。乾,阳也。元,指最初之元气。易学认为,“乾元”与“坤元”构成对立统一的宇宙本原。万物资始:万物赖之而有始。资,依凭。乃统天:万物皆统属于天。阳为主,阴为从,故乾元“统天”,而坤元“顺承天”。统,属也。　③云行雨施:乾元的变化如云行于天,化雨施于地,万物受到滋养。品物流形:万物各具不同的形态。品物,各品类之物。流形,变动而成形,即运动形体于宇宙之中。　④大明终始:太阳的出没终而复始。大明,指太阳。终始:日之出没。六位时成:于是天地上下和四方之六位确定。时乘六龙以御天:上古神话,日行于天,六龙驾车,太阳其母羲和御之。一说指乾卦六爻,如龙之潜、见、惕、跃、飞、亢的升降,按时节驾御天道变化。时,按时。　⑤乾道变化:天道的运行变化。乾道,天道。各正性命:万物皆受天道变化的支配,各得其属性之正,如鸟飞、鱼游等;万物还各得其寿命之正,或长或短。正,定也。性,天生之质;命,贵贱夭寿。　⑥保合太和:保持阴阳二气的协调和谐。保,保持;合,成也。太和,天地间阴阳会合之冲和之气,即太和元气。乃利贞:于是普利万物,乃为天之正道。贞,正也。按《易经》之“贞”多指“占问”,与《传》释“正”不同。　⑦首出庶物:天始生万物。首,始也;出,生也;庶,众也。万国咸宁:因为人类有了生存之物,万方才能稳定安宁。咸,全,都。

【象传】①

乾:天行健,君子以自强不息。②

初九:“潜龙勿用”,阳在下也。③

九二:“见龙在田”,德施普也。④

九三:“终日乾乾”,反复道也。⑤

九四:“或跃在渊”,进无咎也。⑥

九五:“飞龙在天”,大人造也。⑦

上九:“亢龙有悔”,盈不可久也。⑧

用九:用九,天德不可为首也。⑨

[**注释**]①象传:《易传》十篇,包括《象传》上下篇,或称为《大象》和《小象》。《大象》是对卦名、卦义的解释,即如何按照卦义来行动;《小象》是对爻辞的解释。二者原皆单独列篇,现将其分散插入各卦的经文之后,以便于读者观察比较经文和传文思想倾向的同异。　②天行健:此言乾卦卦象,乾上乾下,乾为天,乾性刚,故天体运行刚健有力,永无止息。君子以自强不息:君子应该效仿天性,努力自强,永不止息。君子,品德高尚之人。以,因此。③阳在下也:(初九爻辞说“潜龙勿用”),因为初九阳气初生,位卑力弱,虽有阳德,但宜于蓄养潜藏。喻君子在形势不许可的情况下,应该行藏,像潜龙一样无所作为(“勿用”)。　④德施普也:(九二爻辞说“见龙在田”),因此阳气的生养之德普遍施及万物。按九二阳刚之气渐增,崭露头角,可以普施德泽于天下,为世人造福。其象是龙现于地面,故大德之人可以走出潜藏。李鼎祚《周易集解》引郑玄注:“二于‘三才’为地道,地上即田,故称田也。”　⑤反复道也:(九三爻辞说君子“整日勤勉自强不懈怠”),是指君子虽处危境,但反复行道而决不舍弃。按九三处下体之极,居上体之下,在不中之位,履重刚之险,只有奋发才能突围。《周易集解》引郑玄注:“三于‘三才’为人道,有乾德而在人道,君子之象。”　⑥进无咎也:(九四爻辞说巨龙“或腾跃上进,或退处在渊”),说明它进退自如,审时度势而发展,可无灾祸。按九四处上卦之下,阳气续增,虽有实力奋进,但仍需稳妥处置。《系辞下传》总结“三多凶”、“四多惧”的规律,在本卦已有鲜明体现。　⑦大人造也:(九五爻辞说“巨龙高飞于天”),是指的大人兴起,雄图大展。大人,指有道德并居高位之人。造,有作为也。按五居上卦之中,尊为“君位”,每每为一卦最吉之爻,也象征事物发展的最完美阶段。《周易集解》引郑玄注:“五于‘三才’为天道,天者清明无形而龙在焉,飞之象也。”此喻大人经过潜藏、奋斗等阶段,已经德才兼备,居于高贵之位,可以大有作为。　⑧盈不可久也:(上九爻辞说“龙飞腾至极,终将有悔恨之事”),因为物极必反、盛极必衰、盈满必溢,这都不可持久。盈,满

也。按上九爻居一卦之终，知进不知退，阳进亢极，必有挫折到来。　⑨用九：即九之用，表明九可变六，六阳可变六阴，乾卦可变坤卦，体现了易学阴阳循环发展的思想。天德不可为首也：天的美德是不居功，不为首，遵从自然转化的规律，刚去柔来。孔颖达《周易正义》："天德刚健，当以柔和接待天下，不可更怀尊刚为物之首。"物，众人。

【文言】(第一节)

《文言》曰①：元者，善之长(zhǎng)也；亨者，嘉之会也；利者，义之和也；贞者，事之干也。②君子体仁，足以长(zhǎng)人；嘉会，足以合礼；利物，足以和义；贞固，足以干事。③君子行此四德者④，故曰："乾：元，亨，利，贞。"

［注释］①《文言》：即《文言传》，为"十翼"之一。文，饰也。专门解说乾、坤二卦的卦辞和爻辞，但与《易经》卦辞、爻辞之原意已经有所不同。其中"子曰"云云，当非孔子原话，是作者假托之言，需注意。共七节，前六节释说乾卦，后一节针对坤卦而言。《文言》原独立成篇，现在分别插在乾卦和坤卦的相关内容中。　②善之长：(元是万物化生之始)，故即众善之尊长。嘉之会：(亨为万物发展壮大之通)，故即嘉美之会合。义之和：(利指万物的成熟收获)，故即万物各得其宜而互相应和。义，宜也。事之干：(贞是万物皆得纯正)，这是各种事情的主干。干，树木之主体。　③体仁：实行仁。体，履也，践也。长人：为人之尊长。合礼：(嘉美会合)，其所作所为皆合礼仪。和义：(君子利人利物)，所行无不适宜。贞固：坚持正道。固，坚也。干事：主持事情。干，主也。　④四德：即仁、礼、义、正(贞)。一说为仁、礼、义、信。

【文言】(第二节)

初九曰："潜龙勿用。"何谓也？子曰："龙德而隐者也。①不易乎世，不成乎名；遁世无闷，不见是而无闷；②乐则行之，忧则违之；确乎其不可拔，潜龙也。”③

九二曰：“见龙在田，利见大人。”何谓也？子曰：“龙德而正中者也。④庸言之信，庸行之谨，闲邪存其诚，善世而不伐，德博而化。⑤《易》曰：‘见龙在田，利见大人。’君德也。”⑥

［注释］①子曰：孔子说。子，孔子。旧说《文言》为孔子所作。龙德而隐者：潜龙指有才德而深隐不露之人。 ②不易乎世：不因环境之转变而改变节操。易，转移。不成乎名：不追求虚名。遁世无闷：甘心隐居而心不烦闷。遁，隐也。不见是而无闷：言行不被人理解也不烦闷。是，以为正确。 ③乐则行之，忧则违之：以自己的标准来独立判断，当行则行，当避则避。违，回避。确乎其不可拔：信念坚定而意志不可动摇。确，坚定。拔，改变。潜龙：喻指隐居的君子。 ④龙德而正中者：（在田之龙）指有才德而行中正之道的人。按九二为阳爻，又居下卦之中位，故云。 ⑤庸言之信：平常说话很诚信。庸，平常。之，是。庸行之谨：平时行为很谨慎。闲邪存其诚：防止邪恶而保持诚信。闲，防也。善世而不伐：引导世人归于善而不自夸。伐，夸耀，自称其能。德博而化：德行广博而感化众人。 ⑥君德：君主之品德。按“在田”指大人尚在民间，虽不在君位，但已经具备中正、信诚、善世、化人等君德。

【文言】（第二节）

九三曰：“君子终日乾乾，夕惕若，厉，无咎。”何谓也？子曰：“君子进德修业。忠信，所以进德也。修辞立其诚，所以居业也。①知至至之，可与幾也。知终终之，可与存义也。②是故，居上位而不骄，在下位而不忧。故乾乾，因其时而惕，虽危无咎矣。”③

九四曰：“或跃在渊，无咎。”何谓也？子曰：“上下无常，非为邪也。进退无恒，非离群也。君子进德修业，欲及时也，故无咎。”④

［注释］①进德修业：增进道德，发展功业，即所谓“德业双修”。忠信所以进德也：增进道德的主要表现是内积忠信。忠信，为人忠诚守信。修辞立其诚：诚在言行上的表现就是表里如一。修辞，修省言辞。所以居业也：这样才能保守功业。　②知至至之：预知事业发展的阶段性从而努力去做。知至，认识到了。至之，行动也到了，即“知行合一”。可与幾也：这样就可达到出神入化的地步。幾，微妙，吉凶之先见者也。知终终之：认识到时机已经消失从而终止行动。可与存义也：这样就会动静皆合宜。存，保持。义，宜也。　③居上位而不骄：在高位而不骄横。按指九三爻居下卦之上位。在下位而不忧：在下位则不忧戚。按指九三爻居上卦之下方。因其时而惕：根据环境条件的变化而戒惧不已。虽危无咎：虽有危难但不至于带来灾祸。　④非为邪也：（不论在上或在下）都不为邪恶之事。按九四爻处于可上可下之位。非离群也：（不论进身或退隐）都不脱离社会群众。欲及时也：都是想要准确把握时机。无咎：（不妄动）故无祸殃。

【文言】（第二节）

九五曰：“飞龙在天，利见大人。”何谓也？子曰：“同声相应，同气相求；水流湿，火就燥；云从龙，风从虎，圣人作而万物睹。①本乎天者亲上，本乎地者亲下，则各从其类也。”②

上九曰：“亢龙有悔。”何谓也？子曰：“贵而无位，高而无民，贤人在下位而无辅，是以动而有悔也。”③

［注释］①同声相应：相同的声调会产生共鸣。应，和鸣。同气相求：气味相同会互相投合。求，寻求。水流湿：水向潮湿低洼处流淌。火就燥：火向干燥处蔓延。云从龙：龙从云中出没。风从虎：虎伴风而行。圣人作而万物睹：圣人出现就会有万民景仰。作，兴起。万物，万民。睹，观望。　②本乎天者亲上：以天为根本者必然亲近上天，如星辰禽鸟。本乎地者亲下：以大地

为根本者必然亲近下土，如草木走兽。各从其类：万物各随从其同属性之类。

③贵而无位：身份尊贵而不能守其高位。按指上九爻所处上位亢阳，物极必反，终失其位。高而无民：高傲而失其民众。按指上九爻下无阴爻支撑，阴爻象征臣民。贤人在下位而无辅：九三与上九两阳爻无应，喻朝中无贤能之臣辅佐君主。动而有悔：妄动而有所悔恨。

【文言】(第三节)

"潜龙勿用"，下也。"见龙在田"，时舍也。"终日乾乾"，行事也。"或跃在渊"，自试也。①"飞龙在天"，上治也。"亢龙有悔"，穷之灾也。乾元"用九"，天下治也。②

[**注释**]①下：处下位，喻隐居而不为当时所用也。时舍也：喻时势对大人的安排。舍，居也。行事也：喻君子正在艰难创业。自试也：喻君子跃跃欲试，展示才能。 ②上治也：喻大人在上位治国理民。穷之灾也：喻统治者治理不当、困穷无路而造成灾祸。乾元"用九"：喻诸侯分国而治(用九爻辞"见群龙无首吉")，各秉乾元。乾元，天之元德(善德)。天下治也：无天子也能治理好天下。

【文言】(第四节)

"潜龙勿用"，阳气潜藏。"见龙在田"，天下文明。"终日乾乾"，与时偕行。"或跃在渊"，乾道乃革。①"飞龙在天"，乃位(lì)乎天德。"亢龙有悔"，与时偕极。②乾元"用九"，乃见(xiàn)天则。③

[**注释**]①阳气潜藏：初九阳爻在下，象征阳气深藏地下。龙之动配合阳气升降，应潜入水中不发挥作用，故"潜龙勿用"。天下文明：九二象征阳气上出于地面，草木萌生，世界一片光辉灿烂，龙则现身于田野，故"见龙在田"。与时偕行：九三象征阳气再上一位，则君子与畅茂之草木皆奋发而不息，人事

与天时并进，故“终日乾乾”。乾道乃革：九四象征阳气更盛，表明天道在变革，由暖向热转化，龙则入渊以避热气，故“或跃在渊”。乾道，天道。革，改变。　②乃位乎天德：九五象征阳气鼎盛，草木生成，龙则升腾至天空，标志天德之功已成，故“飞龙在天”。位，通“立”，成也。天德，乾阳成就万物之功德。与时偕极：上九为一卦之最高，象征阳气登极，草木盛极，物极必反，龙亦由“亢”而“悔”，这些皆与时节一同达于转折点。偕，俱也。　③乾元“用九”：天之元德使六爻由阳变阴，故“用九”。乾元，天之变化。用九，六个阳爻循位上升又盛极而衰。乃见天则：这体现了天之法则。

【文言】(第五节)

乾元[亨]者，始而亨者也。利贞者，性情也。乾始能以美利利天下，不言所利，大矣哉！①大哉乾乎，刚健中正，纯粹精也。六爻发挥，旁通情也。②时乘六龙，以御天也。云行雨施，天下平也。③

[注释]①乾元[亨]者：按王念孙《读书杂志》以为“元”字下脱一“亨”字，原本应作“乾，元亨”，才与下文之“利贞”相应，可从。始而亨者也：乾卦卦辞说“元亨”，即天既有“元德”始生万物，又有“亨德”使万物发育繁盛。利贞者性情也：卦辞说“利贞”，即指天之性情，是既有利于万物，而又有德行之正。贞，正也。乾始能以美利利天下：乾阳能够以大美之利，以利于天下万物。乾始，即乾元，指天。不言所利：天不张扬自己利他利物的作为。大矣哉：至伟至大呀。　②刚健中正：乾卦六爻皆阳，代表天德刚健；九二、九五居中位，九一、九三、九五皆阳爻居阳位而得正，是为中正之德。纯粹精也：喻天德达到纯粹而精的地步。按不杂为纯，不变曰粹，至细为精。六爻发挥：乾卦之六爻发起变化。挥，动也。旁通情也：可广泛会通于万物之情理。旁，广也。③时乘六龙以御天也：太阳乘六龙以行于天空。按乾卦《彖传》言“大明……时乘六龙以御天”，大明，日也。六龙，即指乾卦六爻以潜、见、惕、跃、飞、亢形式体现的乾阳形态。云行雨施天下平也：自然法则就如行云降雨一样平等地

施惠泽于万物。

【文言】(第六节)

君子以成德为行,日可见(xiàn)之行也。“潜”之为言也,隐而未见(xiàn),行而未成,是以君子弗用也。①

君子学以聚之,问以辩之,宽以居之,仁以行之。《易》曰:“见龙在田,利见大人。”君德也。②

九三,重刚而不中,上不在天,下不在田。故“乾乾”,因其时而“惕”,虽危“无咎”矣。③

[**注释**]①以成德为行:(君子)以自我的道德完善为行为准则。日可见之行也:其一言一行都在别人的视野之内,每天都可体现。见,通“现”,显现,体现。潜之为言也:就“潜龙勿用”而言。隐而未见行而未成:因为归隐而未完成善行,众人不见其德。君子弗用:所以君子不能有所作为。 ②学以聚之:学习然后积聚知识。问以辩之:多问以辨别是非真伪。辩,借为“辨”。宽以居之:宽厚在心以处世。居,安居。仁以行之:以仁爱的态度来行事。君德:(这是)君子的美德。 ③重刚:九三接续九二皆为阳爻,即重刚。不中:九三不在二、五之位,故不中。上不在天下不在田:按六爻中上卦二爻即五为天位,下卦二爻为地位,九三介乎天、田之间。虽危无咎:九三易于遭祸,但奋斗不息又高度警戒,虽危无殃也。咎,祸殃。

【文言】(第六节)

九四,重刚而不中,上不在天,下不在田,中不在人,故“或”之。“或”之者,疑之也,故“无咎”。①

夫“大人”者,与天地合其德,与日月合其明,与四时合其序,与鬼神合其吉凶。②先天而天弗违,后天而奉天时。天且弗违,而况于人乎?况于鬼神乎?③

“亢”之为言也，知进而不知退，知存而不知亡，知得而不知丧。④其唯圣人乎。知进退存亡，而不失其正者，其唯圣人乎！⑤

[**注释**]①中不在人：按《易传》“三才”说，上、五爻为“天”，四、三爻为“人”，二、初爻为“地”，但九四阳爻居阴位，非人位之正，故云。故“或”之：(爻辞说“或跃在渊”)，即迷惑未定的意思。无咎：疑而后小心谨慎，故无祸殃。②与天地合其德：九五象征大人，其美德同于天地，使百姓皆得生养。合，应和。合其明：(大人恩泽)明照四方，如日月。合其序：(大人政令)顺应四时之序。合其吉凶：(大人的赏罚)合于鬼神的吉善凶恶之报。　③先天而天弗违：(大人掌握规律)走在天象之前，则天不违背其判断。后天而奉天时：天象突然变化，(大人)则依奉天时而行事。天且弗违：上天尚且不违逆(大人，何况人和鬼神)。　④“亢”之为言：“亢”所指的是。知进而不知退：(骄横自满)只知道进取而不知道谦退。知存而不知亡：只知道永远存在而不知道终有消亡。知得而不知丧：只知道贪得无厌而不知道自我减损。丧，失也。　⑤知进退存亡而不失其正者：清醒全面地看问题，在进退、存亡、得失上不违背中正的原则。其唯圣人乎：只有圣人(才能做得到吧)。

坤卦第二

䷁(坤上坤下)坤为地

【经文】

坤：元亨。利牝马之贞。①君子有攸往，先迷后得主，利。西南得朋，东北丧朋。安贞，吉。②

初六：履霜，坚冰至。③

六二：直方大，不习，无不利。④

六三：含章可贞。或从王事，无成，有终。⑤

六四：括囊，无咎，无誉。⑥

六五：黄裳元吉。⑦

上六：龙战于野，其血玄黄。⑧

用六：利永贞。⑨

[注释]①坤：卦名。其象坤下坤上，由六个阴爻组成。坤，地也。其义为“顺”。元亨：开始即顺利，大亨通。利牝马之贞：有利于占问雌马之事。按坤卦六阴爻，指阴气，故以阴类雌马为象征物，就如乾卦以龙。　②君子有攸往：君子有所前往（某处）。先迷：先是迷失方向。后得主：后来受到主人的招待。西南得朋：往西南去则得到朋友。朋，朋友、同类。一说指朋贝，贝一串十枚为朋，泛指钱财。东北丧朋：往东北方向则丧失朋友。安贞吉：占问平安与否则吉。　③初六：爻题，即阴爻居六爻的初位。初指爻位，六指爻性，阴爻在《易》中概称六。履霜：脚方踏寒霜。坚冰至：（寒霜发展的必然趋势是）严寒隆冬（坚冰）将至。喻人事祸福皆由积渐而来。　④直方大：指坤德所象征的大地有平直、方正、广大的特性。不习无不利：一个人若具备大地的美德，即使不专门修习也不会不利。　⑤含章：大地蕴含文采。章，花纹，引申为文采。喻人之德性秀美可爱。可贞：占问会有好结果。或从王事：跟从王者参与大事。无成有终：即使没有大的成功，也会善终。　⑥括囊：结扎紧囊口。括，结也，闭也。囊，有底的口袋。喻人沉默无言。无咎：没有灾祸。无誉：没有美誉。　⑦黄裳：穿黄色的下衣。黄为大地之色，裳为下体裙裤。喻人谦下的品性。元吉：大吉大利。　⑧上六：上指爻位，六指爻性，阴爻故称六。龙战于野：龙在大地原野上相斗。阴盛至极而反阳，阳来而与阴冲突，龙喻阳刚，原野喻坤阴，战谓接战。其血玄黄：流出的血的颜色又青又黄。天青地黄，阴阳混合，喻两败俱伤。　⑨用六：坤卦特有的爻题，其义与乾卦之“用九”相对应，由九之用变为六之用。若占筮得六爻皆为“六”时，即以“用六”爻辞为占断。朱熹《周易本义》：“用六，言凡筮得阴爻者，皆用六而不用八，亦通例也。以此卦纯阴而居首，故发之。遇此卦而六爻俱变者，其占如此辞。”利永贞：占问长期的事情有利。永，长久。

【彖传】

至哉坤元，万物资生，乃顺承天。① 坤厚载物，德合无疆。② 含弘光大，品物咸亨。③ 牝马地类，行地无疆，柔顺利贞。④ 君子攸行，先迷失道，后顺得常。⑤ 西南得朋，乃与类行。⑥ 东北丧朋，乃终有庆。⑦ 安贞之吉，应地无疆。⑧

［**注释**］①至哉坤元：美德至极呀构成大地的坤元。至，极也。坤元，阴气，与乾元并为宇宙本原。万物资生：万物赖之以成形生长。乃顺承天：大地顺从天道之变化以生养万物。顺承，顺从承接。　②坤厚载物：大地厚重以载育万物。德合无疆：大地之德施及万物而广阔无边。德合，德性广合。疆，边界。　③含弘光大：地体广大含容弘远。含，包含，容纳。弘，大也。光，广也。品物咸亨：大地能生养万物，能顺承天道，使万物顺利成长。品物，各类事物。咸，皆也。亨，亨通，顺利。　④牝马地类：雌马阴性，而与大地属于同类。行地无疆：奔驰在无边的大地上。柔顺利贞：雌马的柔顺品性利于贞问之人。　⑤君子攸行：君子有所前往。攸，所也。行，出行。先迷失道：先是迷惑而失掉路径。后顺得常：后来才找到正路。常，常道，即正路。一说常道即坤道，即不能先于阳而动，故迷失；要后于阳而守顺从之德，故得常道。⑥西南得朋：往西南方向则寻得同类之朋。按八卦方位，坤居西南，故“乃与类行”。类，朋类。　⑦东北丧朋：往东北方向则丧失朋类。按东北为艮，艮为阳卦，与坤阴不合，故“丧朋”。乃终有庆：但最终仍有吉庆的结局。　⑧安贞之吉：安于正道则吉。贞，正也。应地无疆：不管是东北还是西南，秉承正道则可以适应任何地域。

【象传】

坤：地势坤，君子以厚德载物。①

初六：“履霜坚冰”，阴始凝也。驯致其道，至“坚冰”也。②

六二：六二之动，直以方也。“不习无不利”，地道光也。③

六三：“含章可贞”，以时发也。“或从王事”，知光大也。④

六四：“括囊无咎”，慎不害也。⑤

六五：“黄裳元吉”，文在中也。⑥

上六：“龙战于野”，其道穷也。⑦

用六：用六“永贞”，以大终也。⑧

［**注释**］①地势坤：大地的气势仁厚坤顺。按坤之象为地，六爻纯阴，故主柔静顺从。厚德载物：纯厚的品德，能承载重物。喻君子修养德性，应取法大地，柔顺居下，承担重任。 ②阴始凝：（初六爻辞说“脚踏寒霜，接着会有坚冰出现”），这说明阴气已经开始凝结膨胀。驯致其道：顺从天地变化的规律。驯，顺也。至坚冰也：以致发展为“坚冰”的出现。按初六为阴气始生，力量尚薄弱，仅凝霜；但随着阴爻叠压，必将增力成冰。 ③六二之动：六二的变动，代表阴气的运行之道。直以方也：坤德具有正直端方的品性。地道光也：（六二爻辞说：“人们不专门修习也不会不利”），这是发扬光大了大地的柔顺之德。按六二阴居阴位，又在下卦之中，是坤卦的主爻，秉承坤德最纯粹，故有“直方大”的品性。孔颖达《周易正义》：“生物不邪谓之直也，地体安静是其方也，无物不载是其大也。” ④以时发也：（六三爻辞说“像大地一样蕴含文采，同时可以坚守正道”），说明要按照时令的变化，以渐次呈现出其美质。知光大也：（六三爻辞说“人们跟从王者参与大事”），也要把握时机将自己的智慧发扬光大。按六三阴居阳位，好比以阴包阳，喻内含阳美（“含章”）而择时发露。但又在下卦上位，也不能守晦而永远不动，需要以臣之身而效力王事，方为“知光大”。 ⑤慎不害也：（六四爻辞说“结扎紧囊口，即人沉默，可以无祸殃”），说的是为人做事要内敛谨慎（括囊），才不会有害处。按六四爻以阴居阴，虽然得正，但处位不中，不利施用，有慎之又慎、谦退收敛之象，故“括囊无咎”。 ⑥文在中也：（六五爻辞说“穿黄色的裙裤大吉”），指把有文

采的衣物放在里面。喻甘于低调、温顺谦和的处世态度。按六五阴居阳位，不正；但处上卦之中，有中道在身。朱熹《周易本义》云，“黄是中之色，裳是下之饰。坤是臣道，五居君位，是臣之极贵者也”，能以温文之态奉职，故“元吉”。 ⑦其道穷也：（上六爻辞说“龙在大地原野上相接战”），说明坤阴之道已到穷途末路。按坤为纯阴，上六又到最上位，属“坚冰”之拟，有阴极反阳之象。阴阳二者不能不争，争则俱伤，故“其血玄黄”。 ⑧以大终也：（用六爻辞说“占问长期的事情有利”），表明阴、阳之间的相互转化，虽要经过一个长期的过程才能显示出来，但它是终极永恒的法则。按“大”，指阳德；阴德发展也要顺从“易变”之法则，必然转阴为阳，故“以大终”。

【文言】（第七节）

坤至柔而动也刚，至静而德方。①“后得主”而有常，含万物而化光。坤道其顺乎？承天而时行。②

积善之家必有馀庆，积不善之家必有馀殃。臣弑其君，子弑其父，非一朝一夕之故，其所由来者渐矣，由辩之不早辩也。易曰：“履霜坚冰至。”盖言顺也。③

[**注释**]①坤至柔而动也刚：大地的本性顺承天，是极柔；但地顺天而动，养育万物孜孜不倦，又极为刚强。至静而德方：相对天的斗转星移而时刻运动，大地的山岭原野又是“至静”而固定，但其内涵的美德却是方正不佞。 ②“后得主”：天先有春夏秋冬，地后有暖热寒凉，然后草木有生长成老之变化。坤是随天而动，故“后得主”。后，在后；得主，有人作主。有常：（这一切）都有永恒的规律。常，常道。含万物而化光：天地阳施阴受而含养万物，并且使之化育光大。含，包容。化，化育。坤道其顺乎：坤阴之道以柔顺为常态吗？承天而时行：地道承顺天道而按四时之变化来运行。 ③积善之家必有馀庆：积善的家族必有福庆遗留给子孙。庆，福也。积不善之家必有馀殃：恶行累积的家族必然给子孙留下祸殃。殃：灾祸。臣弑其君：大臣杀掉君主。子弑其父：儿子杀掉父亲。弑：以下杀上，违背纲常。其所由来者渐矣：大恶

的爆发绝非偶然，是日积月累的结果。渐：逐步发展。由辩之不早辩也：由于未能早日防范的原因。辩：借为“辨”，察觉。盖言顺也：(初六爻辞说“履霜坚冰至”)，这说的是一种必然趋势。顺，循也，循理而动。

【文言】(第七节)

直其正也，方其义也。君子敬以直内，义以方外，敬义立而德不孤。“直方大，不习，无不利”；则不疑其所行也。①

阴虽有美，含之。以从王事弗敢成也，地道也，妻道也，臣道也。地道无成而代有终也。②

天地变化草木蕃，天地闭贤人隐。《易》曰：“括囊；无咎，无誉。”盖言谨也。③

[**注释**]①直其正也：直是内心正直。方其义也：方是外在行为恰当。义，宜也。君子敬以直内：君子保持内心的正直以存“敬”。义以方外：君子外方就是行事以义。敬义立而德不孤：一个人既敬又义，其德性就会不孤陋而广泛传布。孤，陋也。则不疑其所行也：(君子之所以能“正直，端方，宏大，不学习也无所不利”)，是因为人们不会对君子的言行产生怀疑，就会帮助他，使之无不利。　②阴虽有美：六三阴爻(指臣下)，虽外有文章之美才和内有贞正之德。含之：但是含蓄而不张扬。以从王事弗敢成也：努力于君王之事而不敢居功。成，成功，功劳。地道无成而代有终也：按地道卑柔，六三阴爻象妻和臣下，应该奉行地道，即自己无成功可居，只能代替乾阳(天、君、夫等)终其事而归功于彼。代，更代，代替。　③天地变化草木蕃：阴阳运转变化则草木繁盛。喻君和臣和谐戮力则国势隆盛。天地闭贤人隐：天地阴阳(喻君与臣)闭塞不通则贤臣隐退。闭，乖离，隔塞。盖言谨也：(六四爻辞言“括囊；无咎，无誉”)，说的是贤人身居乱世时所应秉持的谨言慎行态度。

【文言】(第七节)

君子黄中通理,正位居体,美在其中而畅于四支,发于事业,美之至也。①

阴疑(nì)于阳必战,为其嫌于无阳也,故称龙焉。犹未离其类也,故称血焉。②夫玄黄者,天地之杂也,天玄而地黄。③

[**注释**]①黄中通理:黄为地之正色,中乃地之正位。象征君子体念坤道而通达事理。正位居体:六五爻居上卦之中位,喻君子以正道居其位。居体,即居礼,虽是在尊位仍遵臣道。美在其中而畅于四支:美德在于心中而畅达于四肢之行动。“支”通“肢”。发于事业:美德发之于外,体现出事业成功。美之至也:这是达于极致之美。　②阴疑于阳必战:上六爻为阴之极盛,若自视甚高比之于阳,二者必战。疑,通“拟”,比拟。为其嫌于无阳也故称龙焉:交战双方为盛阴和已消之阳,为解除坤卦无阳之困惑,所以称为“龙”战。嫌,疑也。龙,乾阳的象征。犹未离其类也故称血焉:(单说龙战怕误会无阴),其实坤卦并未离开阴类,故称“其血玄黄”。按血属阴类,气属阳类。　③夫玄黄者天地之杂也:玄、黄分别是天、地的正色,这里以“玄黄”通说是指龙血为天色、地色相混合之色。杂,五色相配也。天玄而地黄:天是玄青色,地是黄色。

屯卦第三

䷂(坎上震下)水雷屯(zhūn)

【经文】

屯:元亨。利贞。勿用有攸往,利建侯。①

初九:盘桓,利居贞,利建侯。②

六二：屯如邅（zhān）如，乘马班如，匪寇，婚媾。女子贞，不字，十年乃字。③

六三：即鹿无虞，惟入于林中，君子幾不如舍，往吝。④

六四：乘马班如，求婚媾，往吉，无不利。⑤

九五：屯其膏，小贞吉，大贞凶。⑥

上六：乘马班如，泣血涟如。⑦

[注释]①屯：卦名。其象坎上震下。坎，水也；震，雷也。雷雨并作，有艰难之义。《说文》："屯，难也，象草木之初生，屯然而难。"元亨：开始时通达顺利。利贞：有利于占问。勿用有攸往：不宜外出。用，以。攸，所。利建侯：有利于封国建侯。　②盘桓：以大石为柱，居处安稳。盘：大石。桓：木柱也。喻有诸侯藩屏天子。利居贞：卜居有利。利建侯：有利于封国建侯。　③屯如邅如：众人聚集不进的样子。屯：聚也。邅：打转也。如，动词词尾，……的样子。乘马班如：许多骑马的人回旋彷徨欲进不进的样子。乘马，骑马。班，同"般"，回旋也。匪寇：不是寇盗。匪，《周易》例同"非"，不是后代"匪盗"之义。寇，盗寇。婚媾：（不是寇盗）是为求婚而来。女子贞：女子占问（许嫁事）。不字：女子不宜出嫁。字，女子许嫁。十年乃字：断占辞，（女子）十年后才出嫁。　④即鹿无虞：君子追逐群鹿而无虞人帮助。即鹿，狩猎逐鹿。无虞，没有虞人帮助。虞人，掌管山泽禽兽之官。惟入于林中：独自进入林中。惟，独也。君子幾不如舍：君子预见事理则不如舍鹿而弃之。幾，事理之微，隐微。舍，舍弃。往吝：继续追下去很艰难。吝，悔恨，遗憾。　⑤乘马班如：骑马人前后盘旋的样子。求婚媾：想要求婚。往吉：前去吉祥。无不利：没有什么不利的地方。　⑥屯其膏：囤积油脂不以施人。膏，油脂，喻恩义。小贞吉：断占辞，占问小事则此爻吉利。大贞凶：占问大事则凶险。喻大事无人辅佐必败。　⑦乘马班如：骑马人前后盘旋而不进。泣血涟如：泪流满面的样子，喻人悲伤不已。泣血，流泪。郑注《礼记·檀弓上》"泣血三年"云："言泣无声，如血出。"

【彖传】

屯,刚柔始交而难生。① 动乎险中,大亨“贞”。② 雷雨之动满盈,天造草昧。③ 宜“建侯”而不(pī)宁。④

[**注释**]①刚柔始交而难生:屯卦下为震为雷,上为坎为雨,阴阳二气于此开始交接,致雷雨并作,艰难大现。 ②动乎险中:屯卦六爻,两阳爻或受阴爻之迫(下震),或孤立无援(上坎),均处于不利地位,动而遇险,故“动乎险中”。大亨“贞”:即元亨利贞。雷雨又有贞正之德,有助于万物生长,故险难中有美好前景。 ③雷雨之动满盈:雷雨之动的成果满盈于天下。天造草昧:天借雷雨而创造草木,以利于人与野兽。草昧,即“草木”之借。 ④宜“建侯”而不宁:适宜建立诸侯以求大安宁。高亨云,“而”为“能”为“安”,“不”通假“丕”,“而不宁”即能够大安宁。

【象传】

屯:云雷,屯。君子以经纶。①

初九:虽“盘桓”,志行正也。以贵下贱,大得民也。②

六二:“六二”之难,乘刚也。“十年乃字”,反常也。③

六三:“即鹿无虞”,以从禽也。“君子舍”之,“往吝”穷也。④

六四:“求”而“往”,明也。⑤

九五:“屯其膏”,施未光也。⑥

上六:“泣血涟如”,何可长也?⑦

[**注释**]①云雷屯:屯卦上坎下震,坎为水,在天为云;震为雷,故屯有云雷之象。君子以经纶:君子观此象则努力治理国家。按织布帛为经,编丝成绳为纶,经纶引申为创业维艰,待君子来治理国家。 ②志行正也:虽然“盘桓”(徘徊难进),但君子的志向和行为端正。按传文此处解“盘桓”与经文意异。以贵下贱:尊贵者对卑贱者谦下。大得民也:这样可以大得民心。按初

九阳爻处阳位为正，但在三阴之下，又处屯卦之始，必须谨慎谦下而不可冒进。　③六二之难：六二爻之所以难行不进。乘刚也：是由于阴柔凌驾于阳刚之上。乘，凌驾也。按六二阴柔在上，初九阳刚在下，是谓“乘刚”，因此成此爻之难行不进。反常也：（六二爻辞说“十年后才出嫁”），指女子无柔顺之德，违背了男尊女卑之常道。　④以从禽也：（六三爻辞说“君子追逐群鹿而无虞人帮助”），因此人跟随禽兽而进入迷途。从，跟从，追逐。禽，指野鹿。“往吝”穷也：（六三爻辞说“君子舍弃群鹿而不追”），因为继续追逐必然困穷无路。按六三处下卦之上，失正不中，有冒进之象，故应“识幾”而退。⑤“求”而“往”：（六四）有求于下而积极前往。明也：这是明智的。按六四居上卦之始，柔正得位，又下应初九，阴阳相合。虽有二、三之阻，但以上礼下，取刚济柔，这是明智之举，必能打破“屯难”。　⑥施未光也：（九五爻辞说“囤积油脂不以施人”），这是指在上者一心囤聚钱财而对下民施恩未广。光，通“广”。按九五阳刚中正，居本卦尊位，又下应六二，应广施恩泽。但因国无贤臣辅佐，施恩未广，故有“贞凶”之难。　⑦何可长也：（上六爻辞说“艰难危亡，使人流泪涟涟”），这种局面不可能维持长久。按上六居本卦之极，艰难将过，但秉性阴柔，又与六三同性无应，无力跨进新的发展阶段，徒自伤悲。但“通”的前景已经明朗，“泣血”必不久长。

蒙卦第四

䷃（艮上坎下）山水蒙

【经文】

蒙：亨。匪我求童蒙，童蒙求我。初筮告，再三渎，渎则不告。利贞。①

初六：发蒙，利用刑人，用说（tūo）桎梏。以往吝。②

九二：包蒙吉，纳妇吉，子克家。③

六三：勿用取女，见金夫不有躬，无攸利。④

六四：困蒙，吝。⑤

六五：童蒙，吉。⑥

上九：击蒙，不利为寇，利御寇。⑦

[注释]①蒙：卦名。坎下艮上，流水遇山而止，莫知何往，象征蒙昧之义。亨：亨通。虽蒙稚之人，经合理启发，仍可通达。匪我求童蒙：并非我有求于幼童。匪：同“非”。童蒙，幼稚未开化之人。童蒙求我：筮人之辞，即童蒙求我为之占卦。初筮告：第一次占卜已经告诉了他（吉凶）。再三渎：多次占问，侮神不敬。渎，乱也。渎则不告：亵渎神灵则不再为之占筮也。利贞：占问有利。 ②发蒙：启发蒙昧幼稚。发，启发。利用刑人：利于犯罪受刑之人。用，以也。即使是罪人，也可以启蒙教化。用说桎梏：刑人脱去刑具。说，同“脱”。桎梏，刑具。以往吝：筮遇此爻，不宜远行，否则会有遗憾之事。吝：忧患，憾惜。 ③包蒙吉：包容各种各样的蒙昧者吉利。包，包容，包含；一说环绕，蒙师被学子环绕。纳妇吉：为子娶妻吉利。子克家：子辈都能善治家。克，能也。 ④勿用取女：不要娶此女为妻。“取”同“娶”。见金夫不有躬：她见了有钱的男人，就不能保有其身（而失身）。金夫，多金之男。躬，身体。无攸利：（娶这样的妻子）无有所利。攸，所也。 ⑤困蒙吝：处于困境之中的蒙昧之人，会很艰难。困，走投无路为困。吝，难也。 ⑥童蒙吉：童子虽年幼蒙昧，但虚心受教，前途会很吉利。 ⑦击蒙：击打蒙昧之国或蒙昧群体。击，攻击。不利为寇：我主动进攻不利。寇，越过边界的进攻，入侵为寇。利御寇：我自卫抵抗有利。御，抵御。

【彖传】

蒙，山下有险，险而止，蒙。①“蒙，亨”，以亨行时中也。②“匪我求童蒙，童蒙求我”，志应也。③“初筮告”，以刚中也。④“再三渎，渎则不告”，渎蒙也。⑤蒙以养正，圣功也。⑥

[**注释**]①山下有险:《蒙》之形上艮下坎,艮为山,坎为险,故有此说。险而止:艮又为止,故遇险而止。蒙:不敢轻进,蒙稚需要启发,故有蒙卦。②以亨行时中也:(卦辞说"蒙昧又亨通"),是因为能正确把握时机和事物之度,如遇险而止,故亨通。时,得时,适时。中,正也。　③志应:(卦辞说"并非我有求于幼童,而是童蒙求我为之占卦"),这说明双方的志向相应合。"童蒙求我",因我精通占术,故与"童蒙"热切求筮之心正相吻合。志,心志。④初筮告:第一次占筮而将结果告诉了他。以刚中也:是因为占问者刚健中正的态度(高亨说)。按此卦九二阳爻,为刚;又据下卦之中位,象人有刚中之德。　⑤渎蒙也:(卦辞说"占问者多次占问,则不再为之占筮"),这是因为占问者既亵渎轻侮神灵,又违背了启蒙的主旨。　⑥蒙以养正:对蒙昧之人,教养以贞正之德。圣功也:这是神圣的功业。一说这是圣人的修养功夫,亦通。

【象传】

蒙:山下出泉,蒙。君子以果行育德。①

初六:"利用刑人",以正法也。②

九二:"子克家",刚柔接也。③

六三:"勿用取女",行不顺也。④

六四:"困蒙"之"吝",独远实也。⑤

六五:"童蒙"之吉,顺以巽也。⑥

上九:"利用御寇",上下顺也。⑦

[**注释**]①山下出泉:蒙卦上艮为山,下坎为水,象山下出泉。君子以果行育德:君子观此象,当悟人应该像山泉一样培育自己有冲破山之蒙盖、果决不回、终成渊河的美德。朱熹《周易本义》:"泉,水之始出者,必行而有渐也。"②以正法也:(初六爻辞说"利于犯罪受刑之人"),这是要端正法度。即对刑人也要"发蒙"教化,有改悔则解脱刑具,这才是恢复圣人的法典。按初六以阴爻处本卦之下,蒙昧最甚,深陷罪辟,即此圣人亦有信心发蒙以教。③刚柔接:(九二爻辞说"子辈善于治家"),这是由于刚柔相接、男女相配的缘

故。按九二阳刚与六五阴柔相应合，并据中位，是为刚柔相接、阴阳相感，故吉。《程传》："以家言之，五，父也；二，子也。二能主《蒙》之功，乃人子克治其家也。" ④行不顺也：（六三爻辞说"不要娶此女为妻"），这是因为女子之行为悖逆不顺。按六三以阴居阳位而失正，又与上九（"金夫"）相应合，乘凌在下之九二阳爻，是为以柔乘刚、以女逆男之象，其行不合礼仪，故不可取（娶）。⑤独远实也：（六四爻辞说"处于困境中的蒙昧之人会很艰难"），是因为他的视野远离客观现实。实，实际。一说阳为实，阴为虚，本卦初六、六三、六五皆近阳，独六四远离九二和上九两个阳爻，孤立无主，故"独远实"，犹远离蒙师，亦通。实，喻阳刚，指贤明之人。 ⑥顺以巽也：（六五爻辞说"童子年幼蒙昧但前途吉利"），是因为柔顺而服从蒙师的教化。以，而也。巽，通"逊"，"伏也"；伏而服从为巽。按六五以阴柔居尊，谦下应二以养其正，上与上九为比，象虚心承教于师，故吉。 ⑦上下顺也：（上九爻辞说"利于抵御寇盗"），这是因为御寇是自卫的正义之战，上之臣、下之庶民皆支持，故上下和顺，必有利。按上九刚极不中，对"蒙"采取"击"的方法，治之以猛，以"御寇"而喻启蒙。《程传》："上不为过暴，下得击去其蒙，'御寇'之义也。"

需卦第五

䷄（坎上乾下）水天需

【经文】

需：有孚，光亨，贞吉。利涉大川。①

初九：需于郊，利用恒，无咎。②

九二：需于沙，小有言，终吉。③

九三：需于泥，致寇至。④

六四：需于血，出自穴。⑤

九五：需于酒食，贞吉。⑥

上六:入于穴,有不速之客三人来。敬之,终吉。⑦

[**注释**]①需:卦名。乾下坎上,乾之刚健遇坎之险难而未能进,有等待之义,需,须也,等待。有孚:有诚信。孚,信也。光亨:光明而亨通。贞吉:占问大吉。利涉大川:利于外出渡河涉川。 ②需于郊:停驻于郊野。需,停驻。利用恒:利于恒久。用,于也。无咎:无祸殃。 ③需于沙:停驻于沙洲。沙,喻难行但可以走出之地形。小有言:有小的口舌之是非。言,谴责。终吉:终获吉祥。 ④需于泥:停驻于泥沼一类的险恶环境。致寇至:会招致寇盗的侵扰。 ⑤需于血:停驻于血泊之中。血,喻九死一生之地。出自穴:终由地穴墙洞侥幸逃出。 ⑥需于酒食:停留于酒食之前。喻人居尊位宴安酒食。贞吉:占问大吉。 ⑦入于穴:回到家。穴,山洞,喻古人穴居之室。有不速之客三人来:有三位不请自到的客人。按以此喻下乾卦之三阳爻,终跨越坎险,上应上六之阴爻。敬之:待之以礼敬。终吉:终有吉惠。

【彖传】

"需",须也。①险在前也,刚健而不陷,其义不困穷矣。②需,"有孚、光亨、贞吉",位乎天位,以正中也。③"利涉大川",往有功也。④

[**注释**]①需须也:"需"卦之义是须。须,待也,须待时机也。 ②险在前也:"需"之前卦(上卦)是坎;坎,险也,故云。刚健而不陷:"需"之后卦(下卦)是乾,乾喻人有刚健之德,刚健就能不陷于坎险。其义不困穷:其宜于不冒险而等待时机。义,宜也。困穷,受困而走投无路。 ③位乎天位:("需"卦辞说"有诚信,光明而亨通,占问大吉"),是因为其主爻九五位于最尊贵的王位。前一"位"字是动词,"处于"之义。天位,君王之位。以正中也:九五居上卦之中位,又在乾卦之上,象人既处王位,又有正中之德。 ④往有功也:("需"卦辞说"利于外出渡河涉川"),说明九五乾刚而又能耐心等待,出行做事必获成功。

【象传】

需:云上于天,需。君子以饮食宴乐。①

初九:"需于郊",不犯难行也。"利用恒,无咎",未失常也。②

九二:"需于沙",衍在中也。虽"小有言",以终吉也。③

九三:"需于泥",灾在外也。自我"致寇",敬慎不败也。④

六四:"需于血",顺以听也。⑤

九五:"酒食贞吉",以中正也。⑥

上六:"不速之客来","敬之,终吉"。虽不当位,未大失也。⑦

[**注释**]①云上于天:需卦坎上乾下,坎为水,在天为云;乾为天,故云"云上于天"。需:云在天上,待时而为雨,故名"需"。需,等待也。君子以饮食宴乐:君子得此卦,饮食宴乐宜待时而动,不能操之过急。　②不犯难行也:(初九爻辞说"停驻于郊外"),这是不犯难险以行动,不冒险也。未失常也:(初九爻辞说"适合于有恒心,终无祸殃"),这是因为考虑问题还能不违背常理常规。按初九处本卦之始,位卑体刚,且远离坎险,尚能得正,故恒心待时,故无咎害。　③衍在中也:(九二爻辞说"停驻在沙洲"),虽近险境,但内心宽衍不燥,事情还可补救。衍,宽绰也。虽小有言:虽然受到小的责难。以终吉也:只要耐心等待最终会归于吉祥。按九二处下卦之中位,离上卦坎险又进一步,等待于近水的沙洲,但以刚居柔位,性宽得中,虽近险而不为害。　④灾在外也:(九三爻辞说"停驻于泥沼"),虽处险境,但灾祸尚在身外。泥沼,喻险境。自我致寇:自我言行不慎就会招致寇盗侵扰。寇盗,害也。敬慎不败也:但只要谨慎防御,还可以不遭失败。按九三阳居阳位,过刚不中,逼近上坎,有刚亢躁进之象,容易自我招致寇盗。只有倍加审慎相时而动,才能摆脱

危败局面。　⑤顺以听也：(六四爻辞说“停驻于血泊之中”)，只有顺从而听命于时机的转换，才能遇凶险而幸免。血泊，杀伤之地，喻罹患凶险。按六四居坎险之下，喻在险中，但阴居阴位而得正，待时有方，故最终能跳出险境。　⑥以中正也：(九五爻辞说“等待于酒食之前，占问大吉”)，因为其有中正之德，故而得赐福。按九五以阳刚居上卦之中位，喻有中正之德，以恩泽(“酒食”)施惠于臣民，故有贞吉。　⑦虽不当位，未大失也：(上六爻辞说“有不请自到的客人来家，待之以礼敬，终有吉惠”)，意思是上六虽处位不当，但其应对却没有大的失误。按上六处阴之极盛，且不当上卦中位，不宜为主，只能待人来助。其对突然而来的客人(下卦三阳爻)能敬待之，得到九三正应之助，终赖之出险，故“未大失也”。

讼卦第六

䷅(乾上坎下)天水讼

【经文】

讼：有孚，窒，惕。中吉。终凶。利见大人，不利涉大川。①

初六：不永所事，小有言，终吉。②

九二：不克讼，归而逋(bū)其邑人三百户，无眚(shěng)。③

六三：食旧德，贞厉，终吉。或从王事，无成。④

九四：不克讼，复即命，渝，安贞，吉。⑤

九五：讼，元吉。⑥

上九：或锡(cì)之鞶(pán)带，终朝(zhāo)三褫(chǐ)之。⑦

[**注释**]①讼:卦名。乾上坎下,有二者运行背逆之象,其义为争讼。讼,本义争论、争辩,引申为诉讼。有孚:心有诚信。窒:但受阻闭塞而不通。惕:因而感到恐惧以争讼。惕,戒惧,警惕。中吉:争讼的中期吉利。终凶:最后必有凶险。不利涉大川:出行占此卦则不宜渡大河。 ②不永所事:不要持久地去争讼。小有言:将受到别人的小责难。言,责备。终吉:最终吉利。③不克讼:争讼不能得胜。归而逋其邑人三百户:归来发现其属下三百民户逃亡。逋,逃亡。无眚:没有其他灾祸。眚,灾祸。 ④食旧德:享有自己旧有的俸禄。德,德业,指俸禄。贞厉:占筮结果凶险。终吉:最终吉利。或从王事:或者随从君王之事。无成:没有成功。 ⑤不克讼:争讼不能得胜。复即命:返回家中服从君主之命。复,返也。即,就也,从也。渝:变也,改变初衷。安贞:安于正道。吉:吉利。 ⑥讼:争讼之事。元吉:大吉。元,大也。⑦或锡之鞶带:或许因争讼得胜而被赐任官职。鞶带,显示官级身份的腰带。终朝三褫之:一天之内官职三次任命,又三次被下令夺去。终朝,一整天。褫,剥夺。

【彖传】

讼,上刚下险,险而健,讼。①讼,"有孚,窒,惕,中吉",刚来而得中也。②"终凶",讼不可成也。③"利见大人",尚中正也。④"不利涉大川",入于渊也。⑤

[**注释**]①讼:卦名,上乾下坎。上刚下险:乾在上,故上刚;坎在下,故下险。险而健:坎险之人(阴险)与乾健之人(阳刚)相遇。讼:双方必然争执不休。 ②刚来而得中也:(讼卦辞说"心有诚信,但受阻闭塞,感到恐惧以争讼,争讼的中期很吉利"),这是因其人刚健又能得正中之道。按本卦九二为阳爻且居于下卦之中位,处两阴之间,是为"刚来而得中",象阳刚前来于异类中,处险而保持中和之道。 ③讼不可成也:(卦辞说"争讼的纷攘不息最后必有凶险"),是由于争讼双方无所谓胜负,这件事根本不可取。按此句指上九"争讼"穷极难成,故"终凶"。 ④尚中正也:(卦辞说"利见大人"),是因为

决讼需要有人主持公道，处中而正。按九五以阳处阳位，是为正；处上卦之中位，是为中；象崇尚中正之道。　⑤入于渊：（卦辞说“不宜涉渡江河大川”），说明争讼就像恃刚乘险，有坠入深渊之虞。按讼卦卦象坎在下为渊，乾在上为刚健，上下卦有乾刚乘坎险之象，若恃刚涉川必遇险不利。

【象传】

讼：天与水违行，讼。君子以作事谋始。①

初六：“不永所事”，讼不可长（cháng）也。虽“小有言”，其辩明也。②

九二：“不克讼”，“归，逋”，窜也。自下讼上，患至掇（duō）也。③

六三：“食旧德”，从上吉也。④

九四：“复即命，渝，安贞”，不失也⑤。

九五：“讼，元吉”，以中正也。⑥

上九：以讼受服，亦不足敬也。⑦

［注释］①天与水违行：讼卦之象上乾下坎。乾为天行于上，西转；坎为水流于下，东注；二者相背而行（违行）。人与人若相背而行，则争辩之事起，故卦名为“讼”。君子以作事谋始：君子观此，当于谋事之初始，就预先策划，以避免争讼纠葛的出现。　②讼不可长也：（初六爻辞说“不要持久地去争讼”），讼事累人，故诉讼不可持续久长。其辩明也：（初六爻辞说“虽受到别人的小责难”），但是非已经辨明。辩，通“辨”。按初六以阴柔居卦之初，有退而不争之象。孔颖达《周易正义》：“初六应于九四，然九四刚阳，先来非理犯己。初六阴柔，见犯乃讼，是不获已而讼也。”　③归逋窜也：（九二爻辞说“争讼不能得胜”），归来发现其属下三百民户逃亡流窜了。窜，躲藏。自下讼上：以低下等级而与尊上等级的人进行争讼。按指九二与九五因两阳而不能正应，九二处下不利，故“不克讼”。患至掇也：祸害是自己召来的。掇，拾取。　④从上吉也：（六三爻辞说“安享自己旧有的德业”），服从尊上则吉利。按六三以

阴爻居下卦之上，只能以柔德上承九四阳刚，非能争讼，故安分守己以保禄获吉。　⑤不失也：（九四爻辞说“返回家中服从君主之命，改变初衷，安于正道”），这样自己就不会再有损失。按九四以阳爻居阴位，有健讼能退之象。九四下应初六，先是相犯而争讼，后初六“辩明”而九二“不克讼”，双方化讼为和，于是“安贞”“不失”。　⑥以中正也：（九五爻辞说“争讼之事大吉”），这是因为九五据上卦之中位，象人守中正之道。按九五阳刚中正，为讼卦之主，有君子居大人之位、明决争讼、公断曲直之象。　⑦以讼受服：因为争讼取胜而受赐鞶带之服。亦不足敬也：也不是特别值得尊敬的事情。按上九以阳刚居讼卦之极，强讼不止，即或得胜，荣禄难长保，故讼事不可极。

师卦第七

䷆（坤上坎下）地水师

【经文】

师：贞，丈人吉，无咎。①

初六：师出以律，否臧，凶。②

九二：在师中，吉，无咎，王三锡（cì）命。③

六三：师或舆尸，凶。④

六四：师左次，无咎。⑤

六五：田有禽，利执言，无咎。长子帅师，弟子舆尸，贞凶。⑥

上六：大君有命，开国承家，小人勿用。⑦

[注释]①师：卦名。坤上坎下，地下积水，象征集民众为军。师，众也。以爻象论，一阳而为众阴之主，为将领统帅众军，故卦名“师”。贞：占问。丈人吉：军队统帅安吉。丈人，《子夏传》作“大人”，指任将帅的贵族。无咎：（军

队)无灾祸。 ②师出以律:军队出征应严守纪律。律,法也。否臧:若不善,即不以律出军。否,不也。臧,善也。凶:凶败。 ③在师中:在军旅中。吉:吉祥。无咎:没有祸殃。王三锡命:王多次颁赐以奖赏之命。三,泛指多次。锡,通“赐”。 ④师或舆尸:兵众时而载尸体而归。舆尸,以车载尸。凶:(筮遇此爻)凶险。 ⑤师左次:军队驻扎在左方。次,舍也。一说六四爻居上卦之下位,“左次”象征军队后撤。无咎:没有祸殃。 ⑥田有禽:田猎场所有禽兽。利执言:有利于抓获禽兽。执言,抓住。长子帅师:大儿子率师作战,即为主将。弟子舆尸:次子战败,其尸以车载归。弟子,次子。贞凶:占问凶险。 ⑦大君有命:天子有封赏之命令。大君,天子。开国承家:被封为诸侯者开国,被封为大夫者承家。小人勿用:不要任用小人。小人,指庶民。用,任用。

【彖传】

“师”,众也。①“贞”,正也。能以众正,可以王矣。②刚中而应,行险而顺,③以此毒天下,而民从之,“吉”又何“咎”矣。④

[注释]①众也:士卒。军队(“师”)由众多士卒组成。 ②正也:(卦辞所说的“贞”),就是守正不邪的意思。能以众正:能使军中的众人都坚守正道。以,使也。可以王矣:可以成就王业。王,动词,使为王。 ③刚中而应:九二阳爻为刚,据下卦之中位,是为“刚中”;六五以阴爻据上卦之中为阴柔,与之遥相呼应。行险而顺:师卦下卦为坎而险,上卦为坤而顺,故有行险而顺之象。 ④以此毒天下:凭借这样的军队来攻伐纠治天下。毒天下,即治天下。毒,督也。俞樾:“毒读为督,治也。” 而民从之:天下民众服从王者。吉又何咎:这是吉利之象,又何来的祸殃呢?

【象传】

师:地中有水,师。君子以容民畜众。①

初六:“师出以律”,失律凶也。②

九二："在师中吉"，承天宠也。"王三锡命"，怀万邦也。③

六三："师或舆尸"，大无功也。④

六四："左次无咎"，未失常也。⑤

六五："长子帅师"，以中行也。"弟子舆尸"，使不当也。⑥

上六："大君有命"，以正功也。"小人勿用"，必乱邦也。⑦

[注释]①地中有水：师卦上坤下坎，坤为地，坎为水，故"地中有水"。师：众也。李鼎祚《周易集解》引陆绩言："坤中众者，莫过于水。"君子以容民畜众：君子观此，应该知道容纳民众蓄养众生的道理。畜，通"蓄"。按水之众多，象征芸芸众生，此即养兵千日，用兵一时也。　②失律凶也：(初六爻辞说"军队出征一定要强调纪律")，因为一旦军队失去纪律的约束就很凶险。按初六在师卦之始，有兵众开拔之象，故出师之道，在谨慎其始。　③承天宠也：(九二爻辞说"身在军旅中吉祥")，这是由于承受了天之宠爱而被保佑。承，受也。宠，爱也。怀万邦也：(九二爻辞说"天子多次赏赐臣下")，是出于怀柔万国的战略考虑。怀，招来也。按九二阳刚居中而与六五柔中相应，象征臣与君的关系。将帅立功而得天子之宠；天子信任和不断赏赐，又使将帅"在师中吉"。　④大无功也：(六三爻辞说"兵众时而载尸体而归")，这指的是将帅在战场惨败而无功。按六三阴居阳位而失正，上没有阳爻应和，下又以柔乘刚而退无所守，"以此用师，宜获'舆尸'之凶"(王弼《注》)。　⑤未失常也：(六四爻辞说"军队驻扎在左方而无祸殃")，这种用兵方法尚属正常。按六四以阴爻居阴位，柔顺得正，虽无下应，无助不可以行，但可后退待机，"故左次之而无咎也"(王弼《注》)。　⑥以中行也：(六五爻辞说"大儿子为主将而率师作战")，说明其行为符合中正之道。使不当也：(六五爻辞说"次子战败，其尸以车载归")，这是用人不当造成的恶果。按九二以阳刚居下卦之中位，象长子能行中道。六五为阴爻而居阳位，又处上卦之中，象"弟子"无才

而帅军，其父用之不当，故“舆尸”而归（高亨说）。　⑦以正功也：（天子有封赏之命令），这是评定臣下的军功大小而封赏之。正，动词，使正，论定。必乱邦也：（上六爻辞说“小人不可任用”），因为若任用必然危乱国家。邦，国也。按上六处师卦之终，正值班师报捷、论功封赏之时，强调不可任用无爵封的小人（庶民）。强调君子小人的地位之别，这是西周贵族政治下旧观念的遗存。

比卦第八

䷇（坎上坤下）水地比

【经文】

比：吉。原筮，元永贞，无咎。不宁方来，后夫凶。①

初六：有孚比之，无咎。有孚盈缶（fǒu），终来有它，吉。②

六二：比之自内，贞吉。③

六三：比之匪人。④

六四：外比之，贞吉。⑤

九五：显比，王用三驱，失前禽。邑人不诫，吉。⑥

上六：比之无首，凶。⑦

[注释]①比：卦名。坎上坤下，象征地上有水，水、地二者亲近交合，故为比。比，亲密也。吉：“比”象征人与人之间的依附和亲密，故吉利。原筮：再次占筮。原，再次。一说“原”，原本，即当初的占筮。元永贞：当初占问长期事情之吉凶。元，始也。永，长也。贞，占问。一说“元”后当有“亨”字，应“原筮元亨”（高亨以《左传·昭公七年》所引为证），即“再次占筮，大顺通”。不宁方来：不安宁之国亲附来朝。方，邦也。后夫凶：后至之人有凶险。②有孚比之：抱着诚信的态度与邻人亲比。孚，诚信。有孚盈缶：内心有诚信

就好像缶内有美物充盈一样。缶，没有纹饰的大肚小口的缸体。终来有它：倒装句，应“终有它来”，最终还是有人来与我亲比。吉：吉祥。　③比之自内：发自内心的亲比是正常的。比，亲近。内，与外体相对应的内心。一说，“内”指朝内，群臣亲近君主，亦通。贞吉：占问吉祥。　④比之匪人：所要亲附之人不贤能。匪，通“非”。据高亨言，《经典释文》引王肃本句末有“凶”字，今本缺。以情理论，亦当有“凶”字。　⑤外比之：在对外交往中亲附贤人。一说“外”指朝堂之外，即臣在朝外辅佐其君。贞吉：占问吉利。　⑥显比：持光明之道的贤君广获亲比。显，明也。王用三驱：田猎时王从三面驱赶禽兽，而网开一面。失前禽：没有抓到前面惊飞的禽鸟。邑人不诫：因此老百姓都亲近而不惧怕王。诫，借为“骇”，害怕。吉：吉祥。　⑦比之无首：臣下应该亲附其君却人头落地，故“凶”。首，人头也。一说“首”为首领，即亲附君王却不为首领。凶：凶险。

【彖传】

比，吉也。比，辅也，下顺从也。①“原筮，元永贞，无咎”，以刚中也。②“不宁方来”，上下应也。③“后夫凶”，其道穷也。④

[**注释**]①比吉也：亲近比附则必获吉祥。比辅也：比卦之义就是臣下辅佐其君。下顺从也：昭示着在下者，都应该顺从其上之人。　②以刚中也：（卦辞说“再次占筮，占问长期事情，没有祸殃”），因为群臣所辅佐的人君刚健而具有中正之德。按此指比卦九五爻之爻象、爻位，为阳刚而居上卦之中。　③上下应也：（卦辞说“不安宁之国亲附来朝”），说明下边的诸侯都要来应和其上之王。按此指比卦独九五爻为阳爻，为王；其余初、二、三、四皆阴爻，为诸侯。此象征上下君臣阴阳应和。　④其道穷也：（卦辞说“后至之人有凶险”），说明其所作所为使亲比之道陷于困顿。按此指上六以阴柔逆礼乘阳，有轻慢天子之象，当诛。

【象传】

比：地上有水，比。先王以建万国，亲诸侯。①

初六：比之初六，有它吉也。②

六二："比之自内"，不自失也。③

六三："比之匪人"，不亦伤乎！④

六四："外比"于贤，以从上也。⑤

九五："显比"之吉，位正中也。舍逆取顺，"失前禽"也。"邑人不诫"，上使中也。⑥

上六："比之无首"，无所终也。⑦

［**注释**］①地上有水：《比》卦上为坎（"水"），下为坤（"地"），其卦象是"地上有水"。先王以建万国亲诸侯：先王观此卦象，故分封诸侯，建立万国，并且使之亲近比附。　②比之初六有它吉也：比卦的初六以阴爻居阳位，最远九五，本有失位之虞。但九五能广施下比之德，使"荒外"之国亦得光泽。按指初六通过六四，得以上比于九五，故有"他方"之吉。马其昶《重定费氏学》引潘相曰："二、四比五不难，难在比之初六，至下极远，梯航以来，上必亲之。"③不自失也：（六二爻辞说"发自内心的亲比可获吉祥"），这首先是使臣下自己不失贞正之道。按指六二阴居阴位，居内卦之中，有中正之德，以此应和外卦之九五，故获吉祥。　④不亦伤乎：（六三爻辞说"所亲附之人不贤能"），自己也将要受到伤害。按六三以阴居阳而失位，又与上六不能正应，而且所上下比者为二、四之阴，未得阳刚之主，有"比之匪人"之象，其占断凶咎是必然的。　⑤"外比"于贤：在对外交往中亲附贤人。以从上也：用这种态度去顺从在上的君主。按此指六四阴居阴位，柔顺得正。身处外卦，在下象臣，上比于九五阳爻，后者象君。此为臣下尊主比辅之象，即下从上也，故吉。⑥"显比"之吉：持光明之道的贤君，广获亲比，终获吉祥。位正中也：这是因为其居位刚正适中。舍逆取顺：舍弃不情愿亲附之人，而只纳取服从顺上的臣民。故"失前禽"：所以九五爻辞说"没有捕获前面惊飞的禽鸟"。上使中也：（九五爻辞说"老百姓之所以都亲近而不惧怕王"），这是因为君王的统治

奉行中正之道。按九五爻居正中之位，“一阳居尊，刚健中正，卦之群阴，皆来比己，显其比而无私”(朱熹《周易本义》)。显，光明。　⑦无所终也：(上六爻辞说“臣下应该亲附其君却人头落地”)，是指其未能善终。按上六柔居卦终，欲比于人却迟迟未来(“后夫”)，为阴极之象，故凶。终，特指善终；无终即未能善终。

小畜卦第九

䷈(巽上乾下)风天小畜

【经文】

小畜：亨。密云不雨，自我西郊。①

初九：复自道，何其咎？吉。②

九二：牵复，吉。③

九三：舆说(tuō)辐，夫妻反目。④

六四：有孚，血(xù)去，惕出，无咎。⑤

九五：有孚挛(luán)如，富以其邻。⑥

上九：既雨既处，尚德载，妇贞厉。月几望，君子征，凶。⑦

[**注释**]①小畜：卦名。巽上乾下，象“风行天上”，可吹拂万物。畜，蓄养也，有蓄积也。亨，通也。但此卦象为一阴止五阳，力有不足，故称“小畜”(相对“大畜”)。密云不雨，自我西郊：看西郊阴云密布，但暂时还不会下雨，喻所占之事尚在酝酿之中。西郊，西邑之郊。　②复自道：即“自复其道”，指由来路重新返回。复，返也。道，路也。何其咎：能有何祸？咎，灾祸。吉：吉祥。　③牵复：被别人牵手一起而归。牵，引也。吉：吉祥。　④舆说辐：车身与车轴脱离。舆，车身。说，借为“脱”，离也。辐，借为“輹”；“輹，车下缚也”，捆

缚车身与车轴的绳子。夫妻反目：夫妻互相抱怨失和。反目，面目相背离而不相视，喻互憎。　⑤有孚：人有诚信。血去：解除忧患。血，借为“恤”，忧患。惕出：恐惧免去。惕，戒备，惊惧。按六四爻为此卦卦主，以一阴止五阳，力有不足，故全凭心诚待人。　⑥有孚挛如：以诚信联系周围之人。孚，诚信。挛如，互相牵连的样子。《说文》：“挛，牵系也。”富以其邻：以财富资助邻居而共同致富。以，及也。邻，此指六四为卦主，九五以诚信联系下三阳，共增强富实之力于六四。　⑦既雨既处：大雨已然停止。既，已经。雨，动词，下雨。处，止也。尚德载：（路难行），但车子尚可以载人载物。德，通“得”。妇贞厉：妇人占筮则凶险，（不宜出行）。月几望：月已圆但行将月亏。几，通“既”，指既望，夏历每月的十六日。君子征凶：君子出征将遇凶险。此喻“盈满招损”之义。

【彖传】

小畜：柔得位而上下应之，曰“小畜”。① 健而巽，刚中而志行，乃“亨”。② “密云不雨”，尚往也。“自我西郊”，施未行也。③

[注释]①柔得位而上下应之：“小畜”的卦象，六四以阴爻居阴位，故“柔得位”。其余五个阳爻分居其上下，故“上下应之”。曰“小畜”：一柔而养五刚，难有大的作为，故名“小畜”。畜，通“蓄”，养也。　②健而巽：“小畜”下为乾，有刚健义。上为巽，有谦虚义。故“健而巽”，合称君子之德。刚中而志行：九二阳爻居下卦之中位，九五阳爻居上卦之中位，象“刚中”。志行，君子其志向得以实行。乃亨：因此大获亨通。　③尚往也：（小畜卦辞说“阴云密布但不会下雨”），指云只是从头顶上经过。尚，通“上”。往，经过。施未行也：（卦辞说“西郊阴云密布”），但只是经过而没有下雨。施，布也。行，行雨。

【象传】

小畜：风行天上，小畜。君子以懿文德。①

初九:“复自道”,其义吉也。②

九二:“牵复”在中,亦不自失也。③

九三:“夫妻反目”,不能正室也。④

六四:“有孚惕出”,上合志也。⑤

九五:“有孚挛如”,不独富也。⑥

上九:“既雨既处”,德积载也。“君子征凶”,有所疑也。⑦

[**注释**]①风行天上:上为巽为风,下为乾为天,故“小畜”之象为风行天上。君子以懿文德:君子观此象,当辅佐朝廷完善道德教化。懿,美也,完善。文,文饰,喻文教。按此卦之象,风,喻道德教化;天,喻朝廷之命。风行天上,指朝令尚未下行,故仅小畜养德。 ②其义吉也:(初九爻辞说“由来路重新返回”),宜有吉祥之结果。义,通“宜”。按初九以阳居卦之始,上应六四,有被畜养之象。但本质尚弱,很明智地退而不进,自畜阳德,故无咎而获吉。③“牵复”在中:(九二爻辞说“被别人牵系而一起归复阳刚之道”),因为九二在下卦居守中位。亦不自失也:自己也不能失去阳刚之道。按九二以阳爻居阴位,本欲上行以畜于六四,但初九得正,牵系得中的九二复阳,两者当“小畜”之时有中正之德,故皆复阳获吉。 ④不能正室也:(九三爻辞说“夫妻反目而离异”),是因为不能整顿好家庭正常秩序。正,动词,使归于正道。室,家室,妻室。按九三居下卦之终,比近六四,为其所畜养。但四对三是以阴乘刚,象丈夫受制于妻子,被畜必危,故有“说辐”、“反目”之灾。 ⑤上合志也:(六四爻辞说“人有诚信因而免去恐惧”),是因为双方志向投合。上,指上承。按六四阴居阴位,以柔正之德上承九五之阳;九五刚中有诚信,使六四以阴遇阳得类,为“小畜”之美。 ⑥不独富也:(九五爻辞说“以诚信之心联接牵系周围之人”),可以不独享富实之福,而是与邻居分享。按此指九五爻将下三阳爻团结在一起,共同尊奉卦主六四,阳皆喜阴,九五不独享也。 ⑦德积载也:(上九爻辞说“大雨已然停止”),就可以把车中的积物载回。德,通“得”。有所疑也:(上九爻辞说“君子出征将遇凶险”),是因为对敌情犹疑不决。但

《传》说“疑”通“凝”，指阳刚将为阴气凝结，难有作为，故“征凶”。征，进也。按上九阳居《小畜》之终，六四蓄养之道至此穷尽而止，故致凶厉。

履卦第十

䷉(乾上兑下)天泽履

【经文】

履：履虎尾，不咥(dié)人，亨。①

初九：素履，往，无咎。②

九二：履道坦坦，幽人贞吉。③

六三：眇能视，跛能履，履虎尾，咥人，凶。武人为于大君。④

九四：履虎尾，愬(sù)愬，终吉。⑤

九五：夬(guài)履，贞厉。⑥

上九：视履考祥，其旋元吉。⑦

[注释]①履：卦名。乾上兑下，即上天下泽，一尊一卑，严如执礼，故名。礼，履也，践也，行也。履虎尾：踩在老虎尾巴上。不咥人：(老虎)没有吃人。咥，噬也，吞噬。亨：(遇暴未凶)，故此卦亨通。按“履”象为唯一之阴爻六三，以柔行于乾卦之下，有小心行走故危而无害之义。孔颖达《周易正义》：“履卦之义，以六三为主。”　②素履往：穿白色而无花纹的鞋子走路。素，不染色之绢。往，前往。无咎：无咎害。喻行事朴实坦荡，故无咎。　③履道坦坦：走在平坦的大路上。幽人贞吉：囚犯占此则吉。幽人，囚犯。一说为幽静之人。贞，占问，《传》则释为品行“贞正”。　④眇能视：一只目盲而勉强去视，喻眼光不远大。眇，偏盲。能，通“而”。跛能履：一只足跛而去走路，喻人不健于行。履虎尾：踩在老虎尾巴上。咥人：(因走在虎尾的后面造成老虎)吃人。

凶：有凶险。武人为于大君：武人代为国君。于，代也。大君，国君；一说大国之君。此谓武人治国，就像眼盲和足跛之人，无其才而任其事，足以招致祸殃。　⑤履虎尾：小心地行走在虎尾的后面。愬愬：恐惧和谨慎的样子。终吉：最终还算平安吉祥。　⑥夬履：脚穿裂口之鞋走路，喻人能力不足。夬，通“决”，破裂也。贞厉：占筮结果是行事有危险。厉，危害。　⑦视履考祥：周详地考虑所行之路。视，看；履，行；考，察；祥，通“详”。其旋元吉：往返均为大吉。旋，转身，返也。

【彖传】

履，柔履刚也。①说（yuè）而应乎乾，②是以“履虎尾，不咥人，亨”。刚中正，履帝位而不疚，光明也。③

［**注释**］①柔履刚：本卦唯一的阴爻六三，其下初九、九二皆为阳爻，故曰“柔履（踏践）刚”，即阴柔触犯阳刚。　②说而应乎乾：以和悦的态度应付刚强，（故踩虎尾而不被虎吃，亨通）。说，通“悦”。乾，阳刚。按六三作为兑卦之上爻，以“悦”应和上面的乾卦。兑，悦也。　③刚中正：九五爻据上卦之中位，阳刚且中正。履帝位而不疚：九五处帝王之位而没有灾难。帝位，君位，指九五。疚，病也，此指灾难。光明也：（原因是）品行纯正，德行光明磊落。

【象传】

履：上天下泽，履。君子以辩上下，定民志。①

初九：“素履之往”，独行愿也。②

九二：“幽人贞吉”，中不自乱也。③

六三：“眇能视”，不足以有明也。“跛能履”，不足以与行也。“咥人之凶”，位不当也。“武人为于大君”，志刚也。④

九四：“愬愬终吉”，志行也。⑤

九五："夬履贞厉"，位正当也。⑥

上九："元吉"在上，大有庆也。⑦

[注释]①上天下泽：履卦之象上为乾为天，下为兑为泽。君子以辩上下：君子观此，知道上为君，下为臣民，当辨别清楚君臣尊卑上下的名分。辩，通"辨"，区分也。定民志：(通过制礼)以限定民心，使之不敢有非分之念。定，限定。 ②独行愿也：(初九言辞说"让人行事都朴实坦荡")，就可以使人们专行其意愿。独，专也。按初九处履道之初始，能朴实无华，专心循礼，故无咎。此突出"素"，即履礼以"质"为本。 ③中不自乱也：(九二爻辞说"即使囚犯也有吉祥之占")，是因为礼教使其内心坚守中道而不自乱。按九二以刚居柔，处下卦之中，得中正之道，喻人安静恬淡而心不乱，故吉。 ④不足以有明：(六三爻辞说"一只眼偏盲而勉强去看")，就不能辨物明晰。不足以与行也：(六三爻辞说"一只足跛而走路")，就会不便于行。与，有也。位不当也：(六三爻辞说"踩虎尾而被虎咬")，是因为其能力与其所处地位不相当。志刚也：(六三爻辞说"武人代为国君")，是由于其心志刚愎而逞强。按指六三以阴居阳，以柔乘刚，有盲动妄为之象，故有凶险。 ⑤志行也：(九四爻辞说"恐惧警惕而最终吉祥")，是因为谨慎而使自己的志愿得行。按九四居上卦之始，以阳居阴，不当位而近君，虽有"履虎尾"之险，但又有谦柔之象，小心循礼，故"终吉"。 ⑥位正当也：(九五爻辞说"人虽然能力不足以行事，占筮有危险")，但因为能够坚守中正之道，而不会招来祸殃。按九五阳居阳位，是为位当；又居上卦之中位，是为位正；故言"位正当"。 ⑦"元吉"在上：人居于上位而大有吉祥。大有庆也：上下皆有吉庆。按上九以阳居阴位，刚而返柔，冷静小心；又尊居乾极，履道大成。李鼎祚《周易集解》引卢氏言："王者履礼于上，则万方有庆于下。"庆，赏也，福也。

泰卦第十一

䷊(坤上乾下)地天泰

【经文】

泰:小往大来,吉,亨。①

初九:拔茅茹以其汇,征吉。②

九二:包荒,用冯(píng)河,不遐遗朋,[弗]亡,得尚于中行。③

九三:无平不陂,无往不复,艰贞无咎。勿恤其孚,于食有福。④

六四:翩翩不富,以其邻不戒以孚。⑤

六五:帝乙归妹,以祉。元吉。⑥

上六:城复于隍,勿用师。自邑告命,贞吝。⑦

[注释]①泰:卦名。上坤下乾,其义为阴阳交合,化生万物,万物通泰。小往大来:坤阴衰而离去,乾阳盛而到来。阴为小,阳为大,故云。本卦又称"消息卦","三阳开泰",象征新一年的开始。　②拔茅茹以其汇:拔掉茅草根连带其同类。茹,茅根。汇,类也。征吉:占筮遇此卦爻(就像拔扯茅根一样),则出征敌国吉祥。征,征战,前进。　③包荒:掏空的匏瓜。包,借为"匏"。荒,空虚。用冯河:以之来渡河。用,以。冯,借为"凭",凭借。不遐遗朋:(渡河)不远弃朋友。遐,远;遗,抛弃。[弗]亡:(与朋友皆)未淹死。按汉帛书本《周易》此处比通行本多一"弗"字,甚是,见高亨《周易大传今注》卷一《泰》,据改。得尚于中行:得以体现对中行之道的崇尚。尚,王弼《注》释为"配",配合。　④无平不陂:平地无不倾斜。陂,倾也。这体现了古代对事物相对性的认识。无往不复:万物没有往而不返的。这体现了一切事物向相反

方向转化的辩证思想。艰贞无咎：处艰难时唯持正则无祸殃。贞，正也。勿恤其孚：不要忧虑自己不能取信于人。恤，忧心。孚，诚信。于食有福：（诚信）自会带来衣食之福。食，享用俸禄。　⑤翩翩不富：轻浮之人不能保有其财富。翩翩，鸟飞貌，形容轻佻浮荡之人。以其邻不戒以孚：因为其邻居没有劝诫他要以诚信来待人接物。以，因为。　⑥帝乙归妹：殷商帝乙（纣之父）嫁女于周文王。归，嫁也。妹，少女之统称。以祉：因而得福。祉，福也。元吉：大吉。　⑦城复于隍：城墙倾覆于护城沟中。复，通“覆”。隍，城池，有水曰池，无水曰隍。勿用师：不可再继续用兵作战。自邑告命：自城中来人请命。告，请也。贞吝：占筮的结果是前景艰难。吝，困难。

【彖传】

“泰，小往大来，吉，亨。”则是天地交而万物通也，上下交而其志同也。① 内阳而外阴，内健而外顺，内君子而外小人。② 君子道长，小人道消也。③

［**注释**］①天地交而万物通：“泰”之卦象是天之阳气上升，地之阴气下降，二气交感，天地相交，则万物在其中各遂其生长。泰，通也。上下交而其志同：乾又为君上，坤又为臣下，上下之意相交合，则同心同意治理国家。志，心志，志向。　②内阳而外阴：“泰”之内卦为乾属阳，外卦为坤属阴。内健而外顺：乾卦刚健，故内健；坤卦顺从，故外顺。人若内有刚健，外抱柔顺，则可得志。内君子而外小人：“泰”之卦象君子（乾阳）在朝内，象小人（坤阴）在朝外。　③君子道长：“泰”之卦象预示阳息而升，喻君子之道日渐兴盛。小人道消：“泰”卦也象征阴消而降，喻小人之道日渐消亡。

【象传】

泰：天地交，泰。后以财成天地之道，辅相天地之宜，以左右民。①

初九：“拔茅征吉”，志在外也。②

九二："包荒"、"得尚于中行"，以光大也。③

九三："无往不复"，天地际也。④

六四："翩翩不富"，皆失实也。"不戒以孚"，中心愿也。⑤

六五："以祉元吉"，中以行愿也。⑥

上六："城复于隍"，其命乱也。⑦

[注释]①天地交："泰"之卦象上坤下乾，天之阳气上升，地之阴气下降，二气交感，天地相交合。泰：通也，万物通泰。后：君也。以财成天地之道：(君主)因之裁度以成天地之道，即掌握和利用自然规律。财，借为"裁"，裁度，把握。辅相天地之宜：借助天之雨露风雪和地之山川形势之所宜出。辅相，辅助促进。以左右民：以指导百姓的生产生活。左右，即佐佑，保佑；一说为"支配"，亦通。　②志在外：(初九爻辞说"像拔扯茅根一样出征敌国，可获吉祥")，这是因为其志向在征服境外之地。外，外卦，喻国境之外。按初九阳居阳位，当"泰"之时，与九二、九三皆有外应而志在上行。其以"拔茅"之象并进而必得，故"征吉"。　③以光大也：(九二爻辞说"用掏空的匏瓜渡河"、"以体现对中行之道的崇尚")，因为这是可以光大的无私作为。按九二阳刚居中，上应六五柔中，犹治世之臣，胸襟宽阔，大公无私，有通泰之德。　④天地际也：(九三爻辞说"万物没有往而不返的")，这体现了天地交接的法则。际，边际，贯穿于天地之间的意思。按九三在卦中处于下卦的乾极，所应和的上六处于上卦的坤极，象征天地之际。　⑤皆失实也：(六四爻辞说"轻浮之人不能保有其财富")，是因为其待人不诚实。中心愿也：(六四爻辞说"邻居没有劝诫他以诚信待人")，是因为他们都内心狡猾。愿，通"傆"，黠也(高亨说)。按六四以阴居阴位，居上卦之初。阴者虚也，《易》以阴虚为不富，既象征财富丧失，又喻未能心怀诚信。　⑥中以行愿也：(六五爻辞说"因而得福大吉")，是因为双方都以中道来实现自己的意愿。按六五以阴柔居上卦之中位，有中德在身，居尊下交，主动来"归"，以应和九二阳刚，有阴阳交泰至美之象，故获福大吉。　⑦其命乱也：(上六爻辞说"城墙倾覆于护城沟中")，是由于天命要发生改变。按上六居泰卦之极，物极必反，泰道将灭，上下不交，将

面临“否闭”之世，天地自然之命，无可避免。

否卦第十二

䷋(乾上坤下)天地否(pǐ)

【经文】

否：否之匪人，不利君子贞，大往小来。①

初六：拔茅茹以其汇，贞吉，亨。②

六二：包承。小人吉，大人否，亨。③

六三：包羞。④

九四：有命，无咎。畴离祉。⑤

九五：休否，大人吉。“其亡其亡”，系于苞桑。⑥

上九：倾否，先否后喜。⑦

[注释]①否：卦名。乾上坤下，阳升不降，阴降不升，二者背离，不相交合，故名“否”。否，闭也，塞也，不通之义。否之匪人：否之卦利在小人，所用非其人也。匪，通“非”。不利君子贞：占筮而不利于君子。贞，占问。大往小来：乾阳为大离去，坤阴为小到来。喻大人去而小人来。　②拔茅茹以其汇：(治田者)拔去茅草根及其同类。茹，茅根。汇，类也，同类。贞吉：占筮吉利。亨：通也，顺也。　③包承：接受别人的奉承。包，包容，接受。承，奉承。小人吉：对小人吉祥。大人否：对高位才德之士则是坏事，应拒绝之。否，不也，否定。亨：然后则亨通。　④包羞：心怀羞辱而包容，即承羞。包，抱也，内心怀有。羞，羞耻。按此喻小人气焰正盛，妄作非为，而不惧蒙羞。　⑤有命：奉行天命(而扭转否道)。无咎：没有祸害。畴离祉：众人归附天道皆有福祉。畴，同“俦”，平辈之人。离，同“罹”，遇也。祉，福也。　⑥休否：停止否运(以开通闭塞)。休，停止。大人吉：才德君子占问吉祥。“其亡其亡”：(我的心经常这样告诫自己)，“将要灭亡呀将要灭亡”。系于苞桑：才能使家国像系结于

从生的茂桑一样坚不可破、安然无恙。苞桑，茂盛的丛桑。　⑦倾否：否运被倾覆。倾，倒塌。先否后喜：闭塞不通即将过去，通泰的喜庆阶段即将到来。

【彖传】

“否之匪人，不利君子贞。大往小来。”则是天地不交而万物不通也；① 上下不交而天下无邦也。② 内阴而外阳，内柔而外刚，内小人而外君子。③ 小人道长，君子道消也。④

［**注释**］①天地不交而万物不通：（卦辞说“否之卦利在小人，占筮而不利于君子，乾阳为大而离去，坤阴为小而到来”），这是因为否卦之象为乾阳上升，坤阴下降，互相朝背离的方向运动，故不交。天地不相交，则万物不能遂其生。因为天地阴阳二气交感相通才能使万物生长变化，故“万物不通”。②上下不交而天下无邦：《周易》乾阳与坤阴分别象征君与臣，君臣之间无沟通，则国将不国，故“天下无邦”。　③内阴而外阳：本卦坤阴在下为内，乾阳在上为外。内，内卦。外，外卦。内柔而外刚：阴性柔居内，阳性刚居外，故外强中干。内小人而外君子：阴卦象征无才德之小人，在朝内；阳卦象征有才德之君子，在朝外。　④小人道长：小人居内（下卦）故气势增长。君子道消：君子居外（上卦）故道消。喻朝廷若小人在内当政，君子在外下野，将致国家危亡，故否为凶卦。

【象传】

否：天地不交，否。君子以俭德辟难，不可荣以禄。①

初六：“拔茅贞吉”，志在君也。②

六二：“大人否，亨”，不乱群也。③

六三：“包羞”，位不当也。④

九四：“有命，无咎”，志行也。⑤

九五:"大人之吉",位正当也。⑥

上九:否终则"倾",何可长(cháng)也?⑦

[注释]①天地不交:否卦象上为乾阳上升,下为坤阴下降,互相朝背离的方向运动,故不交。交,交感,交通。否:(天地不交)故闭塞不通。否,闭也。君子以俭德辟难:君子观此,当收敛才德,以避祸难。俭,收敛。辟,通"避"。不可荣以禄:不可追求荣华禄位。一说"荣"读为"营",诱惑也。②志在君也:(初六爻辞说"拔起茅草根,占问吉利"),比喻清除君侧奸人,志在崇卫君上。按三阴在下,当否之时,虽有小人连类而进之象,但初六之恶未形,若能以君为念,则可变为君子,故占问有吉。　③不乱群也:(六二爻辞说"才德之士拒绝小人的奉承然后亨通"),是君子不愿意与小人同流合污。乱,淆乱。群,群小。按六二阴居阴位,又处内卦之中,虽属小人而有中正之德,故能包容承顺君子,故小人吉。但九五作为大人不可应和六二,故"否"而后"亨"。　④位不当也:(六三爻辞说"心怀羞辱而被包容"),是由于其地位与才德不相称。按六三以阴柔处阳刚之位而不中正,故"位不当"。但其仗恃上九之包容而妄为,正应"小人道长"之时。　⑤志行也:(九四爻辞说"奉行天命扭转否道而没有祸害"),所以其志向可以顺利实行。按九四处上卦之初,有扭转否道之象,其奉行九五之"尊命",其志向名正言顺而得行。　⑥位正当也:(九五爻辞说"才德之士占问吉祥"),是由于其居位正而得当。按九五阳处阳位,又居上卦之中,以中正之德而居"君位",故大志可遂。　⑦否终则"倾":否卦发展到终极,就会倾覆否道而使形势发生变化。何可长也:否极泰来,物极必反,闭塞不通的局面怎么会长久不变呢?按上九处否道穷极之时,靠三阳刚之健,一举而"倾"否。

同人卦第十三

☰☲(乾上离下)天火同人

【经文】

同人:同人于野,亨。利涉大川,利君子贞。①

初九:同人于门,无咎。②

六二:同人于宗,吝。③

九三:伏戎于莽,升其高陵,三岁不兴。④

九四:乘其墉,弗克攻,吉。⑤

九五:同人先号啕而后笑,大师克,相遇。⑥

上九:同人于郊,无悔。⑦

[注释]①同人:卦名。乾上离下,天在上,火亦炎上,是同;二者皆有气而无形,又同;乾以太阳光耀天下,火亦以光亮照物,再同。似两人齐心协力,故名“同人”。同,和同。同人于野:聚众于野。野地广阔,聚集的人数众多。同,聚也。亨:(举事)顺利。利涉大川:利于渡过大河。利君子贞:君子占问则有利。　②同人于门:聚众于城门外,(人数也不少)。无咎:没有祸殃。③同人于宗:聚众于宗庙,(人数有限)。宗,宗族,宗庙。吝:(形势)艰难。④伏戎于莽:伏兵于草丛中。戎,兵戎。莽,密生的草,草莽。升其高陵:敌人却登上高陵。三岁不兴:失败后多年不能振兴。　⑤乘其墉:登上敌人城墙。墉,城墙。弗克攻:没有能完成进攻。克,能。吉:(主动撤退)吉利。　⑥同人先号啕而后笑:聚集的众人,先是(看形势不好)嚎啕大哭,又(转败为胜)欣喜欢笑。号啕,同“嚎啕”,大声痛哭。大师克:大军克敌。大师,大军。克,战胜。相遇:各路人马会师。　⑦同人于郊:聚众于荒远之郊。无悔:行事不会后悔。《周易》王弼注:“郊者,外之极也。处同人之时,最在于外,不获同志,而远于内争。故虽无悔吝,亦未得其志。”

【彖传】

同人：柔得位得中，而应乎乾，曰“同人”。① 同人曰：“同人于野，亨。利涉大川”，乾行也。② 文明以健，中正而应，“君子”正也。③ 唯君子为能通天下之志。④

[注释]①同人：和同于人。柔得位得中：六二阴爻，为柔，居阴位，又居下卦之中位，故云。而应乎乾：九五阳爻居阳位，又居上卦乾之中位，与六二刚柔呼应。曰“同人”：象征人与人之间的和谐相处，故名“同人”。　②乾行也：（爻辞说“聚众于野，举事顺利，利于渡过大河”），这是阳刚乾道运行的结果。不但六二能以柔顺上应刚健，其上刚健也能下应阴柔，故有“同人”之效。　③文明以健：同人卦乾卦上为刚健，离卦下为文明，兼有二德，故“文明以健”。中正而应：九五爻居上卦之中位，六二爻居下卦之中位，象君与臣民以“中正之道”相呼应。“君子”正也：这是君子的纯正之德。　④唯君子为能通天下之志：只有君子才能了解和统一天下人的和同之志。通，通达。

【象传】

同人：天与火，同人；君子以类族辨物。①

初九：出门同人，又谁咎也？②

六二：同人于宗，吝道也。③

九三：“伏戎于莽”，敌刚也。“三岁不兴”，安行也？④

九四：“乘其墉”，义弗克也。其“吉”，则困而反则也。⑤

九五：同人之“先”，以中直也。大师相遇，言相克也。⑥

上九：“同人于郊”，志未得也。⑦

[注释]①天与火：同人卦象，乾上为天，离下为火，即天与火的组合。

与，和，同；一说释“亲”，亲和。君子以类族辨物：君子观此象，当认识到万物虽异，但各有类族，分门别类，方易辨别。朱熹《周易本义》：“类族（指人）辨物（指物），所以审异而致同也。”　②出门同人：一出门即能和同众人，互相协作。又谁咎也：又有谁能再归咎祸害他呢？按由于成书时代先后的关系，“同人”之义在《经》和《传》中有不同的强调，前者“聚集众人”，后者“同和众人”。辨析见高亨《周易大传今注》卷二“同人”。按初九以阳居初，处“同人”之始，有出门便与人同和之象，而无应于上之九四。　③同人于宗：仅和同于同宗族之人，范围甚窄。吝道也：这是自取艰难遗憾之道。按六二与九五相应，有仅与亲近者和同之象，视野未能弘阔。尚秉和《周易尚氏学》：“卦五阳皆同于二，今二独亲五，则三、四忌之，致吝之道。”　④敌刚也：（九三爻辞说“伏兵于草莽之中”），是其敌人太强大了。安行也：（九三爻辞说“失败后多年而不能振兴”），怎么才能扭转局面有所作为呢？按九三以阳刚居阳位，刚亢不中，比二强“同”，有与九五相争之象，故“伏兵于莽”。又因九五刚健，九三力弱而不敢交争，故“三岁不兴”。　⑤义弗克也：（九四爻辞说“登上敌人城墙”），这不合道义，故不能克城。其“吉”，则困而反则也：最后结局之所以吉利，是因为在困局之下主动撤退。反则，返回到正确的原则立场。按虽九四无应，但阳居阴位，有改过能退之象，故吉。朱熹《周易本义》：“刚不中正，又无应与，亦欲同于六二，而为三所隔，故为乘墉以攻之象。然以刚居柔，故有自反而不克攻之象。占者如是，则是能改过而得吉也。”　⑥同人之“先”：先是（看形势不好）而聚集众人嚎啕大哭。以中直也：（九五）是因为出于内心的正直。中直，中正。大师相遇：大军出战，与此军相会合。遇，合也。言相克也：是说乃两方协同战胜敌人，而不是一方孤军奋战的结果。按九五阳刚中正，与六二同心应和，但为三、四所阻隔不能和同，故同人“先号咷”。九五居中处尊，战必胜，与六二相遇，故“后笑”。　⑦同人于郊：和同众人于荒远之郊，（而不是聚合更多之人众）。志未得也：说明上九与人广泛和同的志向未能实现。按上九处卦之终极，独居荒远，“同人”之道穷。程颐《周易程氏传》云：“虽无悔，非善处也。”

大有卦第十四

䷍(离上乾下)火天大有

【经文】

大有:元亨。①

初九:无交害,匪咎,艰则无咎。②

九二:大车以载,有攸往,无咎。③

九三:公用亨(xiǎng)于天子,小人弗克。④

九四:匪其彭,无咎。⑤

六五:厥孚交如威如,吉。⑥

上九:自天佑之,吉,无不利。⑦

[注释]①大有:卦名。上为离为火为日,下为乾为天,日在天上,无处不照,万物繁茂,“物必归焉”。大富有,象征伟大事业的成功,故名“大有”。元亨:大亨通,一开始就亨通。 ②无交害:彼此不相残害,无交往之害。交,交往,交接。匪咎:(就)不是祸殃。匪,同“非”。艰则无咎:遇有艰险,(互相帮助),仍可无灾害。 ③大车以载:用大车运载物品,喻财富众多。有攸往:有所前往。无咎:必无灾祸。 ④公用亨于天子:公侯朝献后被天子宴享。公,公侯,诸侯。亨,通“享”,即宴飨。小人弗克:庶民则没有资格。克,能也。⑤匪其彭:为人做事不邪曲。匪,同“非”。彭,借为“尪”(wāng),邪恶不正直。按李鼎祚《周易集解》引虞翻注,“彭”正为“尪”。无咎:没有祸殃。⑥厥孚交如威如:统治者诚信、明察又能立威,(则吉利)。厥,其也。孚,诚信。交,通“皎”,明如月。威如:威然的样子。 ⑦自天佑之:自上天降下福佑。佑,助也。吉无不利:吉祥而无往不利。

【彖传】

大有:柔得尊位,大中而上下应之,曰大有。① 其德刚健而文明,应乎天而时行,是以元亨。②

[注释]①大有:卦名。大得所有。柔得尊位:此卦六五为阴柔,居上卦之中位,又在乾卦之上,故“柔得尊位”。大中而上下应之:六五持守中道而得上下五阳爻之应和。王弼《注》:“柔处尊位,居中以大,体无二阴,以分其应,上下应之,靡所不纳,大有之义也。”曰大有:是为盛大而多有。 ②其德刚健而文明:大有卦乾下离上,乾为刚健,离为文明,故云。应乎天而时行:乾为天,离为明察;人若明察于天道,合时而行。是以元亨:则其事业顺美亨通。元亨,大顺通。

【象传】

大有:火在天上,大有。君子以遏恶扬善,顺天休命。①

初九:大有“初九”,“无交”害也。②

九二:“大车以载”,积中不败也。③

九三:“公用亨于天子”,小人害也。④

九四:“匪其彭,无咎”,明辩晳(zhé)也。⑤

六五:“厥孚交如”,信(shēn)以发志也。“威如”之“吉”,易而无备也。⑥

上九:《大有》上吉,自天佑也。⑦

[注释]①火在天上:“大有”之卦象,上为离为火,下为乾为天,故火在天上。大有:火在天上,照见万物众多,大获所有,故名大有。君子以遏恶扬善:君子观此象,应该遏制恶人坏事,褒扬善人好事。按离卦喻明察,乾卦比君主,君若明察,则可任贤黜奸。顺天休命:顺应上天嘉美之命。休,休美。

②大有"初九"：大有卦的初九爻。无交害也：彼此不相残害，无交往之害。按初九处"大有"之初始，以阳居下，与九四无应，一是有不与人滥交之象，慎守谨慎；二是虽"大有"而不忘艰难之旧，不生骄纵之心，故无咎。　③积中不败也：（九二爻辞说"用大车运载物品"），可以安全保存货物于车中而不败坏。按九二阳处阴位，居下卦之中，上应六五，有得信任于君而身负重任、谨慎任事之象，故"无咎"，前景光明。　④小人害也：（九三爻辞说"公侯朝献后被天子宴享"），若庶民也这样做，就损害了等级秩序。小人，非贵族的庶人。按九三居下卦之上位，刚健得正，为公侯所处。上有六五之君，有"享于天子"之象。　⑤明辩晳也：（九四爻辞说"为人做事不邪曲，自然无灾祸"），是因为对人的考察，要辨别得非常明确。辩，通"辨"，辨别。晳，明智。喻九四近君处危，宜有知人之明。按九四以阳刚处上卦，居大有之时，有过盛之虞；但以阳处阴位，又有谦恭顺承六五之象，故明晳保身而无咎。　⑥信以发志也：（六五爻辞说"统治者诚信而且明察"），其目的是伸大义以明大志。信，伸也。以，义也。发，明也。志，志向。易而无备也：（六五爻辞说"统治者在诚信明察之上的立威可带来吉祥"），是因为能使众人平安而不困乏疲惫。易，平也。备，借为"惫"，疲惫。按六五以柔居尊，又处中位，上有诚信大义，对下不严而威，刚柔兼济，大中而上下应之，故吉而自来。　⑦《大有》上吉：《大有》是居上位之人得到吉祥。上，指高居上位之人。自天佑也：是自上天降下福佑。佑，助也。按上九以阳刚居卦之终，顺天谦下，安然享受《大有》"盛世明治"之余荫，而获休命。

谦卦第十五

䷎（坤上艮下）地山谦

【经文】

谦：亨，君子有终。①

初六：谦谦君子，用涉大川，吉。②

六二：鸣谦，贞吉。③

九三：劳谦君子，有终，吉。④

六四：无不利，㧑(huī)谦。⑤

六五：不富以其邻，利用侵伐，无不利。⑥

上六：鸣谦，利用行师，征邑国。⑦

[注释]①谦：卦名。上为坤为地，下为艮为山，山高而屈止地下，有而不居，谦之象也。亨：亨通。君子有终：君子秉承谦德会有好结果。终，善终，好结果。 ②谦谦君子：谦而又谦，唯有君子。用涉大川吉：以这种态度能渡过大河之险，吉祥。用，以也。涉，渡过（大河），喻涉险。 ③鸣谦：名高而不自誉者。鸣谦，有名而谦。鸣，名也，名声外闻。贞吉：占筮则吉。 ④劳谦：君子功高而不自居者。劳，功劳。劳谦，有功劳而谦。有终：有好结果。吉：占问吉祥。 ⑤无不利：无有不利，皆有利。㧑谦：普遍施行德惠于人，而仍谦虚者。㧑，普施也。《说文》"㧑，裂也"。《段注》："㧑谦者，溥散其谦，无所往而不用谦，'裂'义之引申也。" ⑥不富以其邻：自身不富，是因为邻国的侵扰掠夺。以，因也。利用侵伐：我因为邻国的不义而对之侵伐。用，以也。无不利：我方之行为则无不有利。 ⑦鸣谦：有名而仍然谦虚。利用行师：有利于出兵作战。行师，运兵。征邑国：征讨大夫之邑或诸侯之国。邑国，封邑和封国。

【彖传】

谦，亨。①天道下济而光明，地道卑而上行。②天道亏盈而益谦，地道变盈而流谦，③鬼神害盈而福谦，人道恶(wù)盈而好(hào)谦。④谦，尊而光，卑而不可逾，君子之终也。⑤

[注释]①谦亨：谦虚则无不亨通。也指谦卦象征谦虚，占问亨通。②天道下济而光明：天道下达则光明普照大地万物。天道，如日月星之运行。

下，向下。济，周济（万物）。光明，三光垂耀而显明。地道卑而上行：地道卑微处下，则阴气源源不断地上扬，交通于天则生育万物。 ③天道亏盈而益谦：天之道有亏有盈，盈满则亏之（如日中则下，月满则亏），谦虚则益之（如日出则上，月虚则实）。亏，使减少。益，使增加。地道变盈而流谦：地之道有盈有谦，盈则从上向下以水冲刷高地使之削，谦则以泥沙填充低洼处使之平。变，毁也；流，益也。 ④鬼神害盈而福谦：鬼神加害于骄盈之行而赐福于谦下之人。人道恶盈而好谦：人之常情是厌恶骄横者而喜好谦虚者。这里害、福、恶、好皆动词用法。 ⑤谦：人若能谦恭待人。尊而光：尊位者则光显荣耀。卑而不可逾：卑下者则不会被人凌越。逾，越也。君子之终也：这就是君子们的好结果。终，终获谦福。

【象传】

谦：地中有山，谦。君子以裒（póu）多益寡，称物平施。①

初六："谦谦君子"，卑以自牧也。②

六二："鸣谦贞吉"，中心得也。③

九三："劳谦君子"，万民服也。④

六四：无不利"㧑谦"，不违则也。⑤

六五："利用侵伐"，征不服也。⑥

上六："鸣谦"，志未得也。可"用行师"，征邑国也。⑦

［注释］①地中有山：谦卦坤上为地，艮下为山，故象地中有山。谦：大地含有高山，内高外卑，喻才高不露，功高不居，位高不傲，故名"谦"。君子以裒多益寡：君子观其象，当取其多者以补给少者。裒，同"掊"，减少。益，增加。称物平施：称量财货，公平施授，即损过而益不及，使天下财物的分配公正合理。 ②卑以自牧也：（初六爻辞说"君子谦而又谦"），是说君子能以谦卑的态度约束自己。牧，守也，约束也。按初六以阴柔处下卦之下，地位卑微，又有"克己"的自觉性，成谦虚之象，所往必吉。 ③中心得也：（六二爻辞说"名

声很高而仍然谦虚的人，则占问吉祥”），这是由于其内心秉持着中正之道。按六二以阴柔得位，又处下卦之中，喻人心中积有中正美德。　④万民服也：（九三爻辞说“君子有功劳而表现得更谦虚”），对这样的人万民自然归服。按九三为卦中唯一阳爻，居下卦高位，以阳刚应和于上，下接初、二双阴，有劳谦服众之象，故有“终吉”。　⑤不违则也：（六四爻辞说“施行德惠于人而仍态度谦虚，这样的人无往而不利”），因为这不违背谦慎法则。按六四处九三功劳大臣之上、六五君主之下，柔顺得正，对上和对下均行谦德，故无不利。⑥征不服也：（六五爻辞说“我讨伐骄横的恶邻而无不利”），因为所征讨的对象是不服王制之人。按六五柔中居尊，对顺从者施之以谦，而对骄横者则出兵“侵伐”，也是谦德应有之义。何楷《古周易订诂》云：“侵伐非黩武。以其不服，不得已而征之，正以释征伐用谦之义。”　⑦志未得也：（上六爻辞说“有名而仍然谦虚”），一味谦顺还是未能得志遂愿。征邑国也：（上六爻辞说“可以用武力解决问题”），因此而征讨悖逆的邦国。按上六位高谦极，仍不足以感化所有人，对骄狂蛮横者尚须以“行师”待之。

豫卦第十六

䷏（震上坤下）雷地豫

【经文】

豫：利建侯、行师。①

初六：鸣豫，凶。②

六二：介于石，不终日，贞吉。③

六三：盱（xū）豫，悔；迟，有悔。④

九四：由豫，大有得，勿疑，朋盍簪。⑤

六五：贞疾，恒不死。⑥

上六：冥豫，成；有渝，无咎。⑦

[**注释**]①豫:卦名。上为震为雷,下为坤为地,雷震地动,万物舒畅,故名“豫”。豫,《尔雅·释诂》“乐也”,和乐貌。利建侯:对封侯建国者有利。(利)行师:对出兵作战者(有利)。　②鸣豫:沉湎于享乐,声闻于外。鸣,发出声响,喻过度的淫乐。凶:有凶险。　③介于石:坚刚如石。介,同“砎”,坚也。于,同也。不终日:一天之内就转而为柔。贞吉:占问则吉祥。　④盱豫:用奉承谄媚上峰的手段得到享乐。盱,张目仰视。李鼎祚《周易集解》引向秀曰:“睢盱,小人喜悦佞媚之貌也。”悔:悔恨,小不幸。迟有悔:迟迟不改,悔事更至。　⑤由豫:出于内心自然的欢乐。由,从也,由衷也。大有得:大有收获。得,获得。勿疑:不要有疑虑。朋盍簪:朋友何不赞助?盍,通“何”。簪,通“赞”。　⑥贞疾:占问疾病。恒不死:寿长久而病情无大碍。恒,久也。⑦冥豫:昏天黑地、醉生梦死地去享乐。成:成为习性。有渝:有改变。渝,变也。无咎:(然后)则无祸害。

【彖传】

豫:刚应而志行,顺以动,豫。①豫顺以动,故天地如之,而况“建侯行师”乎?②天地以顺动,故日月不过,而四时不忒(tè)。③圣人以顺动,则刑罚清而民服。④豫之时义大矣哉!⑤

[**注释**]①刚应而志行:(豫卦之象)五阴应一阳,刚动而阴柔顺应之,则刚之心志得实行。李鼎祚《周易集解》引侯果曰:“四为卦主,五阴应之,刚志大行。”顺以动:下卦为坤为顺,上卦为震为动,下坤顺从上震以动,故“顺以动”。豫:卦名,有欢乐之义。　②豫顺以动:豫之卦象是下坤与上震的和顺以动,象征天地万事万物都要和顺以动,才能导致祥和欢乐。故天地如之:那么天地尚且如此顺以动(而成四时)。如,随从也。而况“建侯行师”乎:何况封立诸侯、出征打仗这样的事情呢?　③天地以顺动:天和地顺从自然法则而动。故日月不过:所以日和月的运行不会有过误。而四时不忒:从而四季的变化也不会有差错。忒,差错。　④圣人以顺动:圣人顺从天地法则应和

民心而动。则刑罚清而民服：就会刑罚清简，而且人民对之心悦诚服。⑤豫之时义大矣哉：豫卦讲顺时而动、乐在其时，其意义大得很呀！这种“大矣哉”的句法，被孔颖达《周易正义》称为“叹卦”，计《彖传》共涉12卦，“凡言不尽意者，不可烦文其说，且叹之以示情，使后生思其余蕴，得意而忘言也”。

【象传】

豫：雷出地奋，豫。先王以作乐崇德，殷荐之上帝，以配祖考。①

初六：初六“鸣豫”，志穷“凶”也。②

六二：“不终日，贞吉”；以中正也。③

六三：“盱豫有悔”，位不当也。④

九四：“由豫大有得”，志大行也。⑤

六五：六五“贞疾”，乘刚也。“恒不死”，中未亡也。⑥

上六：“冥豫”在“上”，何可长(cháng)也？⑦

［**注释**］①雷出地奋：本卦上震为雷，下坤为地，雷在地上，故雷出地奋。奋，动也。豫：春时伴雷，万物萌动，众皆欢乐，即“豫”，和乐也。先王以作乐崇德：先王因而表演歌舞，颂扬功德。崇，充也，各充其德。殷荐之上帝：以盛大的典礼进之于上帝。殷，盛也。荐，进奉。上帝，天帝。以配祖考：同时配祭祖先。配，共飨也。　②志穷“凶”也：（初六爻辞说“过度沉湎于享乐且声闻于外”），显示其丧失意志穷困至极，故其结局必“凶”。按初六阴居阳位，以失正之体上应九四，有“豫”而“鸣”致“凶”之象。王弼《注》云：“处豫之初，而特得志于上，乐过则淫，志穷则凶，豫何可鸣！”　③以中正也：（六二爻辞说“一天之内就由坚强如石转而为柔，了解欢乐要守中不偏的道理，占问则吉祥”），是凭借了自身能奉持中正之道。按六二阴居阴位，又居下卦之中，故必以“中正”获吉。　④位不当也：（六三爻辞说“用奉承谄媚上峰的手段得到享乐，必致悔恨”），是因为六三居位不正。按六三阴柔失正，仰视九四，有媚上求乐之象，故“位不当”而有悔。　⑤志大行也：（九四爻辞说“出于内心自然

而致的欢乐，必然大有收获”），显示了其志向大得施展。按九四为本卦唯一阳爻，上承柔君，当天下大任，又得上下众阴所宗而获“豫”，为豫卦之主，故“志大行也”。　⑥六五“贞疾”：六五持正而遇灾难。贞，正也。按《传》与《经》对“贞”理解不同。疾，灾害。乘刚也：因为其人以阴柔乘凌阳刚也。乘，欺凌也。中未亡也：（六五爻辞说“虽有灾难而长寿不死”），是由于其人尚未丧失中正之道。中，正也。亡，丧失。按六五以阴爻而居九四之上，是为以柔乘刚。六五居上卦之中位，又象人能守正中之道。　⑦“冥豫”在“上”：居上位的人昏天黑地、醉生梦死地去享乐。何可长也：这种情况怎么能够持续长久呢？按上六以阴居《豫》之极，有“昏冥纵乐”之象，但爻辞又暗示其能改过从善（“有渝”），故无咎。

随卦第十七

䷐（兑上震下）泽雷随

【经文】

随：元亨，利贞，无咎。①

初九：官有渝，贞吉。出门交有功。②

六二：系小子，失丈夫。③

六三：系丈夫，失小子。随有求，得。利居贞。④

九四：随有获，贞凶。有孚在道，以明，何咎？⑤

九五：孚于嘉，吉。⑥

上六：拘系之，乃从维之，王用亨于西山。⑦

[注释]①随：卦名。上卦为兑为泽，下卦为震为雷，其象泽中有雷。古人认为春雷出于地上，秋雷出于泽中，冬雷潜藏地下，雷会随时而动，故名“随”。元亨：一开始就通达。利贞：占问吉利。无咎：无祸殃。　②官有渝：馆舍有毁坏。官，古“馆”字。渝，变也，败也。贞吉：占问吉祥。出门交有功：

出门与人交往就有功劳。　③系小子：随从柔顺的小人。系，本义以绳拴着，引为系属，联系。小子，小人。失丈夫：就会失去大丈夫。丈夫，大人君子。喻以小失大。　④系丈夫：随从阳刚君子。失小子：就会失去小人。随有求得：随此会有求必得。利居贞：占问住宅则吉利。居，居处。贞，占筮。⑤随有获：被人追随会有收获。贞凶：占问会有凶险。有孚在道：心奉诚信而守正道。孚，诚信。以明：处事光明。以，用也。何咎：有何祸殃？　⑥孚于嘉：以诚信对待美善者。嘉，美善。吉：吉祥。　⑦拘系之：将（周文王）囚禁起来。拘系，束缚，指关押。乃从维之：于是又释放他。从，通“纵”。维，系也。王用亨于西山：文王在岐山祭祀天神。亨，通“享”，祭祀。西山，指岐山；在镐京以西，故称。

【彖传】

随，刚来而下柔，动而说（yuè），随。① 大亨贞，无咎，② 而天下随时。随时之义大矣哉！③

［**注释**］①刚来而下柔：随卦之象是阳刚（震）谦居于阴柔（兑）下，故云。动而说：震义为动，兑义为悦，故动而喜悦。说，借为“悦”。喻君下礼于臣民，君动而臣民皆喜悦。随：物皆随从之。　②大亨贞：君有元大、亨通之贞问。无咎：（断而）无殃咎。　③天下随时：天下万物皆等待合宜的时机而随之。时，时机。随时之义大矣哉：（天下事）准确把握时机而随从的意义大得很呀！

【象传】

随：泽中有雷，随。君子以嚮晦入宴息。①

初九：“官有渝”，从正“吉”也。“出门交，有功”，不失也。②

六二：“系小子”，弗兼与也。③

六三：“系丈夫”，志舍下也。④

九四："随有获"，其义"凶"也。"有孚在道"，"明"功也。⑤

九五："孚于嘉，吉"，位正中也。⑥

上六："拘系之"，上穷也。⑦

[注释]①泽中有雷：随卦之象是上为兑为泽，下为震为雷，故泽中有雷。按雷入泽中即秋雷。君子以嚮晦入宴息：君子观象，应该在向晚之时进入内室安息。嚮，通"向"。晦，暮也。宴，安也。　②从正"吉"也：（初九爻辞说"馆舍有毁坏"），顺从正道而行则吉利。不失也：（初九爻辞说"出门与人交往就有功劳"），这是由于其行为没有过失。按初九刚居柔下，无所应和，当随之时。但又以一阳居初，得位为正，能见善则随，故不失而有功。　③弗兼与也：（六二爻辞说"随从柔顺的小人"），是由于其不能兼获小人与君子的亲好。按六二阴居下卦，本可与九五应和，但因优柔寡断，就近系属于初九。故其只能"系小子"而"失丈夫"，因小失大。　④志舍下也：（六三爻辞说"随从阳刚君子"），是因为其心志是舍弃在下的小人而追随在上之"丈夫"。按六三阴居阳位，又与上无应，故决心近承九四（丈夫）而舍弃初九（小子）。这还因为六二已经就近选择了初九，六三除"系丈夫"外别无选择。　⑤其义"凶"也：（九四爻辞说"追随之中虽有收获"），但因其道不正，宜于遇到凶咎。义，宜也。明功也：（九四爻辞说"心奉诚信而守正道"），这样就是光明正大地追求事功。按九四阳居阴位，近君而让六三随从自己，有"违正"之象，故宜凶。但心有诚信，以明其功，又转为"无咎"。　⑥位正中也：（九五爻辞说"以诚信对待美善者则吉祥"），这是因为其位置正中不偏。按九五阳刚居尊，位上卦之中，下应六二，有中正诚信、从善如流之象。　⑦上穷也：（上六爻辞说"文王被强迫拘系"），是由于统治者身处困穷之境地。按上六以阴居随卦之极，极则反，显随道途穷之象。王弼注曰："随之为体，阴顺阳者也。最处上极，不从者也。随道已成，而特不从，故拘系之乃从也。"

蛊卦第十八

䷑(艮上巽下)山风蛊(gǔ)

【经文】

蛊:元亨。利涉大川,先甲三日,后甲三日。①

初六:干父之蛊,有子,考无咎。厉,终吉。②

九二:干母之蛊,不可贞。③

九三:干父之蛊,小有悔,无大咎。④

六四:裕父之蛊,往见吝。⑤

六五:干父之蛊,用誉。⑥

上九:不事王侯,高尚其事。⑦

[**注释**]①蛊:卦名。上为艮为山,下为巽为风,其象为山下有风。风为山所阻,因败坏草木,故为蛊。蛊,毒虫,败坏。元亨:大亨通。利涉大川:利于穿越大河。先甲三日:古代干支记日,每旬以十天干(甲、乙、丙、丁、戊、己、庚、辛、壬、癸)为序,"终而复始",甲为数之首。先甲三日为辛日,后甲三日为丁日,此二日涉川最为有利。　②干父之蛊:除去危害父亲的蛊虫。干,除掉,匡除。蛊,本义毒虫,喻败坏事业之人和事。有子:有这样的儿子。考无咎:父亲无灾祸。考,父。厉:即使有疾患。终吉:但最终吉利。　③干母之蛊:除去危害母亲的蛊虫。不可贞:此种事情不可占问。　④干父之蛊:除去危害父亲的蛊虫。小有悔:有小的不顺。悔,引起悔恨之事。无大咎:但无大灾难。　⑤裕父之蛊:宽容危害父亲的蛊虫。裕,宽缓。往见吝:往前去将会遇见艰难之事。吝,难也。　⑥干父之蛊:除去危害父亲的蛊虫。用誉:将会得到声誉。用,因而。誉,获得称誉。　⑦不事王侯:拒绝作王侯的臣民。事,动词,从事,服事,即臣属之。高尚其事:是品行高尚的行为。事,名词,行为。

【彖传】

蛊，刚上而柔下，巽而止，蛊。① 蛊，“元亨”而天下治也。②“利涉大川”，往有事也。③“先甲三日，后甲三日”，终则有始，天行也。④

[注释]①刚上而柔下：蛊卦上为艮为阳刚之卦，下为巽为阴柔之卦，故刚上而柔下。巽而止：巽为谦逊，艮为止，喻君臣上下各居其位，谦逊而不凌越。蛊：所以卦名为“蛊”。《序卦传》：“蛊，事也。”止乱，即指拯弊救乱之事。②蛊“元亨”而天下治：蛊卦的卦辞说“大亨通”，因此而使天下得到治理。王弼注：“有为而大亨，非天下治而何也？” ③往有事也：（卦辞说“利于穿越大河”），指勇于克服困难，努力就可以办好治国之事。有事，有作为。 ④终则有始天行也：（卦辞说“先甲三日，后甲三日”），指社会的治乱也像天道的运行那样，“始于一而复于七，终则又始，往复循环”（高亨说）。有，又也。程颐《周易程氏传》：“夫有始则必有终，既终则必有始，天之道也。”

【象传】

蛊：山下有风，蛊。君子以振民育德。①

初六：“干父之蛊”，意承考也。②

九二：“干母之蛊”，得中道也。③

九三：“干父之蛊”，终“无咎”也。④

六四：“裕父之蛊”，往未得也。⑤

六五：“干父用誉”；承以德也。⑥

上九：“不事王侯”，志可则也。⑦

[注释]①山下有风：蛊卦上为艮为山，下为巽为风，其象为山下有风。君子以振民育德：君子观此卦象，于是以德教振动万民，培育美德。振，动也。按《象传》以山比贤人，以风比德教，指贤人由上而下宣德教于民。 ②意承考也：（初六爻辞说“除去危害父亲的蛊虫”），言儿子的志向在继承其父也。

考，父也。按初六以阴柔处卑位，当治蛊害之时，上承二、三之阳，有子承父德之象。　③得中道也：（九二爻辞说“除去危害母亲的蛊虫”），方法要符合中正之道。按九二阳处阴位，又居下卦之中位，有刚而能柔的中道之德，故事不可为而不强为。　④终“无咎”也：（九三爻辞说“除去危害父亲的蛊虫”），虽有小碍，但最终没有大的灾祸。按九三阳刚居正，可惜无上应，为拯弊而行直道，虽有“悔”但最终“无咎”，宜其有为。　⑤往未得也：（六四爻辞说“宽容危害父亲的蛊虫”），这样发展下去将一无所得。喻指统治者不能严厉整治父辈遗留的弊端，长此以往将承累不振，后果严重。按六四阴居阴位，又无下应，有懦弱苟且之象，无能为也。　⑥承以德也：（六五爻辞说“除去危害父亲的蛊虫而得到声誉”），是因为能以美德来继承先辈之德业。承以德，倒装，即“以德承”。按六五柔居尊位，应二承上，有实力去除弊害，故承德获誉。⑦志可则也：（上九爻辞说“拒绝作王侯的臣民”），这种因时况不佳而退隐守志的做法可以为后辈所效仿。则，效法。按上九居《蛊》卦之终极，“治蛊”道穷乏力，故不以王侯之事为累，而高洁自守。

临卦第十九

䷒（坤上兑下）地泽临

【经文】

临：元亨，利贞。至于八月，有凶。①

初九：咸临，贞吉。②

九二：咸临，吉，无不利。③

六三：甘临，无攸利。既忧之，无咎。④

六四：至临，无咎。⑤

六五：知临，大君之宜，吉。⑥

上六：敦临，吉，无咎。⑦

[注释]①临：卦名。上为坤为地，下为兑为泽，泽上有地，泽卑而地高，有高下相临之象，故名。“临”又有“监临”、“君临”等义，特指“统治”。元亨：大亨通。利贞：占问有利。至于八月有凶：到了八月会有凶险。按临卦虽主十二月，“阳气方长”，但预为之戒，八月阳气日衰，肃杀之气渐盛，人道也会由吉转凶。　②咸临：以感化之道临民。咸，通“感”。临民，治民。贞吉：占筮吉祥。　③咸临：以感化之道临民。吉无不利：吉而没有什么事情不利。按此九二爻辞与初九大体重复，高亨疑九二爻之“咸”，因形近应为“威”字之误，即威临，以刑威临民。见《周易大传今注》卷二。此说很有道理。　④甘临：以甜言蜜语虚心假意来临民。无攸利：无所利。既忧之：若能预先有忧患之心以纠正。无咎：终无灾祸。　⑤至临：统治者亲至以临民。至，到，指亲力亲为。无咎：无灾祸。　⑥知临：统治者以智慧临民。知，通“智”，明智。喻指任用贤臣治国。大君之宜：大国之君应该这样做。吉：吉祥。　⑦敦临：以敦厚之心临民。敦，厚也。吉无咎：大吉而无祸殃。

【彖传】

临，刚浸而长(zhǎng)，说(yuè)而顺，刚中而应。①大亨以正，天之道也。②至于八月“有凶”，消不久也。③

[注释]①临：卦名。刚浸而长：指初九、九二两爻有阳刚渐长之象。浸，渐也。按临卦主十二月，天象有显示，故云。说而顺：态度和悦而行事即顺利。本卦下为兑为悦，上为坤为顺。说，通“悦”。刚中而应：刚健者居中而上下相应。按九二为阳为刚，居下卦之中位。六五为阴为柔，居上卦之中位。两同位爻相应和，即“刚中而应”。　②大亨以正：卦辞“元亨利贞”，义为临民大亨而守正道。元亨，大亨通。贞，正也。按《经》与《传》对“贞”字的解释不同。天之道也：这是顺应天的法则。　③至于八月“有凶”：到了八月将会有凶险。消不久也：因为阳气渐衰，不能维持长久。按本卦九二以上全为阴柔，象征八月之后阳气消衰。

【象传】

临:泽上有地,临。君子以教思无穷,容保民无疆。①

初九:"咸临贞吉",志行正也。②

九二:"咸临,吉,无不利",未顺命也。③

六三:"甘临",位不当也。"既忧之",咎不长(cháng)也。④

六四:"至临无咎",位当也。⑤

六五:"大君之宜",行中之谓也。⑥

上六:"敦临之吉",志在内也。⑦

[**注释**]①泽上有地:临卦下为兑为泽,上为坤为地,故其象泽上有地。临:按此象以泽比民,以土地包容民众,而君临治之,故名"临"。君子以教思无穷:君子因此花费无穷的思虑来教化民众。思,思考。容保民无疆:君子包容和保护民众无有止境。容,含容。疆,边界。 ②志行正也:(初九爻辞说"以感化之道临民则吉祥"),是因为心志和行事都坚守正道。按初九虽卑居临卦之始,但以阳处阳,得位而正,上应六四,说明其能以端正之态取信于上,故吉。 ③未顺命也:(九二爻辞说"以感化之道临民则吉而无不利"),是因为民众尚未顺从君命也。关于"未顺命"的解释,前人多歧义。或解释为"须斟酌事宜"、"未可尽顺五命"(孔颖达);或"不委顺于命"(李光地);朱熹则以"未详待考"处之。按九二处下卦之中,上应六五之君,信任而得行其志,故吉而无不利。 ④位不当也:(六三爻辞说"以甜言蜜语虚心假意临民"),是因为其临民之位和临民之方法不相称。当,适当。咎不长也:(六三爻辞说"但预先能有忧患之心以纠正之"),则灾祸不会长久。按六三以阴居阳位,失正;下乘九二阳刚,上又无阳应,象人处于极端不利的境地,必须自己主动改弦易辙。 ⑤位当也:(六四爻辞说"统治者亲至以临民则无咎"),是其职责与职位皆正相称。按六四以阴居阴位,得位而正;处上卦之下,与初九相应和;又与下卦最比近,有亲近所临民众之象,故位当而无咎。 ⑥行中之谓也:(六五爻辞说"统治者应该任用贤臣以明智之态临民"),这是能行中道的表现。

按六五居临卦之尊位，以柔处中，象人行事得正中之道；下应九二，象任用刚健有为之臣以君临天下。朱熹《周易本义》云："（六五）以柔居中，下应九二，不自用而任人，乃知（智）之事，而大君之宜，吉之道也。" ⑦志在内也：（上六爻辞说"以敦厚之心临民而吉祥"），是因为其心志始终以邦国天下为念。按上六处临卦之极，盛极必危。但以阴居阴，象性柔而敦厚。朱熹《周易本义》云："（上六）居卦之上，处临之终，敦厚于临，吉而无咎之道也。"

观卦第二十

䷓（巽上坤下）风地观

【经文】

观：盥（guàn）而不荐，有孚颙（yóng）若。①

初六：童观，小人无咎，君子吝。②

六二：窥观，利女贞。③

六三：观我生，进退。④

六四：观国之光，利用宾于王。⑤

九五：观我生，君子无咎。⑥

上九：观其生，君子无咎。⑦

[注释]①观：卦名。上为巽为风，下为坤为地，其象风行地上，吹拂万物，便于观瞻，故名。盥而不荐：只祭酒而不献牲。盥，通"灌"，以酒灌地而迎神。荐，献牺牲于神。有孚颙若：心存诚信，外貌恭敬严肃。孚，诚信。颙若：仰望的样子。 ②童观：像幼童一样肤浅幼稚地观察。小人无咎：对庶民而言无祸害。小人，指庶人。君子吝：君子则会有艰难之遇。君子，指大小贵族。吝，难也，卑吝也。普通人幼稚地观察，可以不负主观责任，而对于有教化责任的君子，则会遇到"鄙吝"之讥。 ③窥观：从门缝向外窥测，暗中窃视；如此则视野有限，不能大观。利女贞：女子占问则吉利。《传》中则解释为

女子守身贞正则吉利。因形成时代不同,二者解释亦不同。 ④观我生:观察我治下民众的情况。生,指生民。进退:(了解了民生状况),君主会根据治绩对所任用的官员有进有退。 ⑤观国之光:考察国家的盛治及反映出的风光民情。光,盛治之光辉。利用宾于王:诸侯贵族以宾客身份朝见天子则吉利。用,以也。宾,客也。 ⑥观我生:君子省察自己的所作所为。观,自观。我,自己。生,动作施为。君子无咎:坚守正道的君子则无祸殃。 ⑦观其生:观察其他国家治下民众的情况。君子无咎:坚守正道的君子则无祸殃。

【彖传】

大观在上,顺而巽,中正以观天下。① 观,"盥而不荐,有孚颙若",下观而化也。② 观天之神道,而四时不忒(tè)。③ 圣人以神道设教,而天下服矣。④

[**注释**]①大观在上:高高在上的君主应该以宽阔的视野遍观天下。大观,遍观,弘远之观察。在上,君主在上位。按本卦,九五为阳爻居上卦之中位,为一卦之最尊,即君位;其下四阴爻为众臣民,是君主"在上"而为臣民所仰观。顺而巽:(臣民)柔顺而谦逊。按下卦为坤为顺,上卦为巽,巽即谦逊,故顺而巽。巽,逊也。中正以观天下:九五君主执中正之道,六二臣僚也守正中之道,让天下人观瞻。 ②下观而化也:(卦辞说"君主祭酒而不献牲,并且心存诚信,外貌恭敬严肃"),在下的臣民观此,因而被感化之。下观,以下而观上。化,教化,感化。 ③观天之神道:之所以祭神,就是因为通过观察而知道天有神道。而四时不忒:(其体现就是)大自然的运行变化如四季的转换,每年都没有丝毫差错。忒,差错。《易传》作者以此让人相信这是神道的作用。 ④圣人以神道设教:圣人以神能赏善罚恶之道以教化人民。而天下服矣:天下之人因而不敢越礼作乱,从而恭顺服从君王。朱熹《周易本义》云,"四时不忒,天之所以为观也;神道设教,圣人之所以为观也",充分说明本卦体现的"观之道"。

【象传】

观：风行地上，观。先王以省(xǐng)方，观民设教。①

初六：初六“童观”，“小人”道也。②

六二：“窥观，女贞”，亦可丑也。③

六三：“观我生，进退”，未失道也。④

六四：“观国之光”，尚宾也。⑤

九五：“观我生”，观民也。⑥

上九：“观其生”，志未平也。⑦

[**注释**]①风行地上：观卦上为巽为风，下为坤为地，其象风行地上。观：风吹拂之，万物可观可感，人也应该遍观天下。此以风喻人。先王以省方：先代君王因此巡视邦国。省，视察。方，邦也。观民设教：观察风俗民情而推行布置教化。　②初六“童观”：初六“像幼童一样肤浅幼稚地观察”。“小人”道也：那是庶民认识事物的方法。按初六处观卦之始，阴柔在下，距离九五阳刚之“君”太过遥远，虽见识浅短，但可不去咎责。　③亦可丑也：(六二爻辞说“从门缝暗中向外窥测，不妨碍女子有守身贞正之节”)，如果男子也这样做，就要有蒙羞之丑了。按六二阴居阴位，虽处下闻见有限，不能尽观大美之物，但持正守中，上应九五，犹得利好而无大碍。　④未失道也：(六三爻辞说“观察我治下民众的情况，君主会根据治绩对所任用的官员有进有退”)，这种作法还未失正道。按六三虽阴柔失正，但处“观”之时，与上九有应，渐近九五之君，较之初、二之童观、窥观，已能善处其观，渐向阳刚中正之德靠近，故“未失道”。　⑤尚宾也：(六四爻辞说“考察国家的盛治及反映出的风光民情”)，这说的是诸侯贵臣上朝来做王的上宾。尚，上也。按六四阴柔得正，亲比九五君位，有贤臣观光于朝为王之座上宾之象。　⑥观民也：(九五爻辞说“君子省察自己的所作所为”)，关键是要观察庶民生存的情况。按九五阳刚中正，为观卦之主，居君主尊位，在为万民所瞻仰的同时，也应该自我省察内心，才能动无咎害。程颐《周易程氏传》：“我生，出于己者。人君欲观己之施为善否，当观于民。民俗善，则政化善也。王弼‘观民以察己之道’是也。”　⑦志

未平也：（上九爻辞说“观察其他国家治下民众的情况以为借鉴”），是因为治国安民之志未能松懈。平，平息，无所作为。按上九阳刚居观卦之终，又处九五尊位之上，虽属虚高，不当事任，亦须有君子之德。

噬嗑卦第二十一

䷔（离上震下）火雷噬（shì）嗑（hé）

【经文】

噬嗑：亨。利用狱。①

初九：屦（jù）校（jiào）灭趾，无咎。②

六二：噬肤灭鼻，无咎。③

六三：噬腊（xī）肉遇毒；小吝，无咎。④

九四：噬干胏（zǐ），得金矢，利艰贞，吉。⑤

六五：噬干肉，得黄金，贞厉，无咎。⑥

上九：何校灭耳，凶。⑦

[注释]①噬嗑：卦名。其上为离为火，其下为震为雷，火雷交加，声光威厉，比喻治狱。以齿咬物为噬，合口咀嚼为嗑，喻刑狱的威明之性。亨：亨通。利用狱：利于行讼狱之事。用，于也。狱，讼也。　②屦校灭趾：木质的刑具加在脚上而割去足趾。屦，鞋子。校，木质刑具。屦校，以刑具代替鞋子。灭，割去。无咎：（对犯人以轻刑惩戒其大过），故不再有大的灾祸。　③噬肤灭鼻：罪犯偷吃肉而遭割鼻之刑。噬，牙咬。肤，肉也。灭，割去。无咎：不会有更大的灾祸。　④噬腊肉遇毒：吃腊肉而中毒。腊肉，古代指风干的肉而不是今天腌制的腊（là）肉。应注意古代腊（xī）、腊（là）是两个音、义皆不同的字，后者应写为“臘”，今统一简化为“腊”。小吝：有小的艰难。无咎：但无祸殃。　⑤噬干胏：吃带骨的干肉。胏，连着骨头的肉。得金矢：得到一个铜箭头。利艰贞：占问艰难之事有利。吉：吉祥。　⑥噬干肉：吃干肉。得黄金：

吃到一粒黄金。贞厉：占卜凶险。无咎：但最终无灾祸。　⑦何校灭耳：罪犯肩扛木枷而被割去耳朵。何，同“荷”，负荷。校，木质刑具，在颈为枷。凶：前途凶险。

【彖传】

颐中有物，曰噬嗑。① 噬嗑而“亨”，刚柔分，动而明，雷电合而章。② 柔得中而上行，虽不当位，“利用狱”也。③

［**注释**］①颐中有物：口中咀嚼食物。颐，脸颊的腮帮，指口。物，食物。此释卦名。朱熹《周易本义》分析本卦卦形说：“为卦上下两阳而中虚，颐口之象；九四一阳间于其中，必啮之而后合，故为噬嗑。”　②噬嗑而“亨”：经过咀嚼，食物通过食道。亨，通也。刚柔分：本卦六爻，三阴（柔）三阳（刚），故刚柔平分。喻人之齿刚而舌柔，在咀嚼时分别发挥作用。动而明：上卦离为火为明，下卦震为雷为动，喻人明察而后行动。雷电合而章：本卦下为震为雷，上为离为电，二者结合，喻刑狱既威又明，效果更加彰显。章，通“彰”。　③柔得中而上行：本卦的六二、六五均以阴柔而居中位，是“柔得中”。六二、六三、六五的爻位渐次上升，为阴柔“上行”。不当位：六三、六五均以阴居阳位，为不当正位。“利用狱”：（刚柔并济）正好利于行讼狱之事。用，以也。

【象传】

噬嗑；电雷，噬嗑。先王以明罚敕法。①

初九：“履校灭趾”，不行也。②

六二：“噬肤灭鼻”，乘刚也。③

六三：“遇毒”，位不当也。④

九四：“利艰贞吉”，未光也。⑤

六五：“贞厉无咎”，得当也。⑥

上九：“何校灭耳”，聪不明也。⑦

[**注释**]①电雷：今通行本作“雷电”，高亨《周易大传今注》卷二认为应作“电雷”，因据蔡邕汉《石经》本而改。确然，今从之。上为离为电，下为震为雷，噬嗑之卦象为电雷并作，喻刑罚应该既威猛又明察。先王以明罚敕法：因而先王修明刑罚，整理法律。以，因此。敕，整理。　②不行也：（初九爻辞说“木质的刑具加在脚上而割去足趾”），是使犯人受到惩戒而不能再犯罪。按初九处卦之始，阳刚得正，比之初次犯法，其过尚微，给以薄惩，因能大戒而改过自新。　③乘刚也：（六二爻辞说“罪犯偷吃肉而遭割鼻之刑”），是因为其以下犯上，以柔凌刚。乘，欺凌也。按六二以阴柔居初九阳刚之上，即乘刚，故用刑深重，方可无咎。　④位不当也：（六三爻辞说“吃腊肉而中毒”），是因为非其人而居其位，居位不当。按六三阴居阳位，喻人行事不符合其身份地位。但又顺承九四之阳，下不乘刚，喻其刑未施加于正顺之人，故仅因差误而“小吝”，不至于带来祸殃。　⑤未光也：（九四爻辞说“占问艰难之事有利而吉祥”），是由于仍未进入大放光明的境遇。按九四以阳刚居阴柔之位，失正不中，喻仍需战胜艰困方可进入明光之境。王弼《周易注》：“未足以尽通理之道也。”　⑥得当也：（六五爻辞说“占卜有凶险但最终无灾祸”），是由于得正当之道而行事也。按六五以阴处阳，以柔乘刚，有“贞厉”之险；但既居上卦之中的尊高之位，又得中和不偏的气质，故用狱得当而“无咎”。　⑦聪不明也：（上九爻辞说“罪犯肩扛木枷而被割去耳朵”），是由于不听正言的劝告。聪，听也。聪不明，闻言不信。按上九以穷亢之阳居噬嗑之极，象征积恶不改。《系辞下传》引孔子言：“（小人）以小恶为无伤而弗去也，故恶积而不可掩，罪大而不可解。《易》曰：‘何校灭耳，凶。’”

贲卦第二十二

䷕（艮上离下）山火贲（bì）

【经文】

贲：亨。小利有攸往。①

初九：贲其趾，舍车而徒。②

六二：贲其须。③

九三：贲如濡(rú)如，永贞吉。④

六四：贲如皤(pó)如，白马翰如，匪寇，婚媾(gòu)。⑤

六五：贲于丘园，束帛戋(jiān)戋。吝，终吉。⑥

上九：白贲，无咎。⑦

[**注释**]①贲：卦名。上为艮为山，下为离为火，其象山下有火。山有草木斑斓之貌，火为阳光照射而五彩缤纷，借为文饰之义。故贲者，饰也，杂色也。亨：亨通。小利有攸往：有所前往则得小利。　②贲其趾：修饰其脚趾。贲，涂饰。趾，脚趾。舍车而徒：弃车不乘而步行。徒，徒步，步行。　③贲其须：修饰老年人的胡须。贲，修饰，又借为有杂色成纹之义，指老年的黄、白须色。须，面毛也，胡须。　④贲如濡如：精心修饰外貌、性格又柔和的样子。贲，修饰。如，然也，……的样子。濡，润泽，柔顺，借指性格温柔。永贞吉：占问长期的事情吉祥。永，长久。贞，占筮。　⑤贲如皤如：修饰得白净可爱的样子。皤，白色。白马翰如：骑着白马像飞鸟一样疾驰。翰，鸟羽，借指鸟飞。匪寇：不是强盗。匪，同“非”。婚媾：乃是求婚之人。婚媾，婚姻。　⑥贲于丘园：女方精心装饰住所。丘园，乡村人家所居。束帛戋戋：男方聘礼所用束帛的数量很多。戋戋，众多的样子。吝：女家对来客进行刁难。终吉：最终婚姻大吉。　⑦白贲：在白色的素帛上修饰以彩色纹饰。按此以“白”喻人内在的品德，以“贲”喻外在的文采。无咎：没有灾祸。

【彖传】

“贲，亨”。柔来而文刚，故亨。① 分，刚上而文柔，故“小利有攸往”。②［刚柔交错］，天文也；文明以止，人文也。③ 观乎天文，以察时变；观乎人文，以化成天下。④

[**注释**]①“贲亨”：卦辞说贲卦象征着通达顺利。柔来而文刚：以阴柔而

来文饰阳刚。此指下卦的离卦，其形一阴爻文饰二阳爻，这样的卦象是以柔来文饰刚，以刚为主。故亨：以此行事则顺通。　②分：刚柔相分也。刚上而文柔：阳刚居上而文饰阴柔。此指上卦的艮卦，其形一刚在上而文饰二阴柔，这样的卦象是以柔为主而以刚为副，故仅能“有所前往得小利”。　③[刚柔交错]，天文也：阳阴昼夜日月交错迭运，这是天象的文采。按今本无“刚柔交错”四字，而王弼《注》和孔颖达《正义》之原本皆有，高亨《周易大传今注》据以增补。确然，今从之。文明以止：文明的实质，是使人对自身的行为有所约束有所底止。止，止于礼仪。按贲卦下为离为文明，上为艮为止，故“文明以止”。人文也：这是人类社会的文饰。即建立了社会制度和文化道德。④观乎天文：观察自然现象。以察时变：来了解阴阳四季的时序变化。观乎人文：考察人类社会的伦理纲常。以化成天下：用它来完成对天下人类的教化。

【象传】

贲：山下有火，贲。君子以明庶政，无敢折狱。①

初九：“舍车而徒”，义弗乘也。②

六二：“贲其须”，与上兴也。③

九三：“永贞”之吉，终莫之陵也。④

六四：六四当位，疑也。“匪寇婚媾”，终无尤也。⑤

六五：六五之“吉”，有喜也。⑥

上九：“白贲无咎”，上得志也。⑦

[**注释**]①山下有火：贲卦上为艮为山，下为离为火，卦象为山下有火。贲：(贲之卦形)象征“文饰”。《说文》：“贲，饰也。”陆德明《经典释文》：“傅氏云，贲，古斑字，文章貌。”君子以明庶政：君子观此象，应该明察各项政事。庶，众多也。无敢折狱：不可轻据文饰之词以胡乱断狱。折狱，断狱，判决狱讼。　②义弗乘也：(初九爻辞说“弃车不乘而步行”)，是为了遵守“贲不失礼”的原则而不宜乘车。义，宜也。按初九以阳处阳，得位为正。但当贲卦之始，位卑处下，不敢逾越礼制追求华美之饰，仅最低限度地修饰一下脚趾，并

且目的是为了更好地安步舍车。　③与上兴也：(六二爻辞说“修饰老年人的胡须”)，指的是让老臣辅佐君主使国家兴旺。与，助也。上，国君。兴，兴起。按六二处下卦之中，与九三均得位而无上应，故两相亲比，六二专意奉承九三。六二阴爻象臣，九三阳爻象君，二者有贤臣辅助其君之象。　④终莫之陵也：(九三爻辞说“永远坚守正道可得吉祥”)，是指终无人敢侵犯凌越之。陵，同“凌”。爻辞“贞”义为“占问”，这里释为“贞正”，则显示《经》与《传》因属性改变而释义多有不同。按九三下比六二，刚柔惠泽相施，故“永贞吉”。⑤六四当位：按六四阴居阴位，当位得正，即处于有利地位。疑也：但遇事仍不免产生疑虑。“匪寇婚媾”：就是要弄清对方不是盗寇而是来求婚。终无尤也：最终还是没有祸殃。尤，通“咎”。按六四居上卦之初，下应初九，因“四多惧”而迟疑，实宜以上求下，速往相应互贲。　⑥六五之吉：六五终将大吉。有喜也：在于有婚姻之喜。按六五柔中而居贲卦尊位，亲比于上九之贤，相互合志。六五虽无下应而“吝”，却得上承阳而“终吉”。　⑦上得志也：(上九爻辞说“在白色的素帛上修饰以彩色纹饰”，即内有洁白之德外有文饰之美的人没有咎害)，这里说的是在上位之人得遂心志也。按上九居贲卦之极，象上位之人。其与六五亲比，大得“白贲”之志。

剥卦第二十三

䷖(艮上坤下)山地剥

【经文】

剥：不利有攸往。①

初六：剥床以足，蔑(mèng)贞，凶。②

六二：剥床以辨，蔑(mèng)贞，凶。③

六三：剥之，无咎。④

六四：剥床以肤，凶。⑤

六五:贯鱼以宫人宠,无不利。⑥

上九:硕果不食,君子得舆,小人剥庐。⑦

[**注释**]①剥:卦名。上为艮为山,下为坤为地,其象山附于地,山必逐渐被侵蚀而剥落,故名。陆德明《经典释文》:"剥,落也。"李鼎祚《周易集解》引郑玄曰:"阴气侵阳,上至于五,万物零落,故谓之剥也。"不利有攸往:筮遇此卦,有所前往则不利。攸,所也。　②剥床以足:想让床剥落就先去掉床腿。蔑贞:对以上梦中景象进行占问。蔑,通"梦"。凶:凶险。一说"蔑"通"灭",即"蚀灭",谓由床足之渐蚀引起大床之剥落。　③剥床以辨:想让床剥落就先抽掉床板。辨,通"牑",床板(高亨说)。一说"辨"即"端",床首,床头。蔑贞:对梦象进行占问。凶:凶险。　④剥之:虽被剥弃。无咎:没有祸殃。按《经典释文》此句为"剥,无咎"而无"之"字,认为"之"字是从《象辞》而衍。这样其他诸阴皆剥害上九之阳,独此爻应合上九,变为被"剥"的对象,故应无"之"字。　⑤剥床以肤:剥床之席面,危及人的身体。"肤",原意皮肤,但床之皮肤,似指床席。李鼎祚《周易集解》引崔憬云:"床之肤谓荐席,若兽之有皮毛也。"凶:凶险。　⑥贯鱼以宫人宠:君王对后宫众嫔妃的宠幸要像穿鱼一样既按顺序又均平,不能前后逾越。贯,穿也。宠,当夕,伴寝。无不利:无所不利,对谁都没有不利。　⑦硕果不食:种植硕果的人不得摘食。硕,大也。食,吃也。君子得舆:上层的君子(有吃有穿)还有车子坐。小人剥庐:庶民一无所有,连房子也被剥夺了。庐,房舍。

【彖传】

剥,剥也,柔变刚也。① 不利有攸往,小人长(zhǎng)也。② 顺而止之,观象也。③ 君子尚消息盈虚,天行也。④

[**注释**]①剥:名词。卦名,指剥卦。剥也:剥卦之义是剥落、剥夺、衰落。剥,动词。柔变刚也:剥卦在下五个阴爻为柔,仅一阳爻为刚在上,阴盛阳衰,阴气上行,故以柔变刚。　②不利有攸往:阴气压倒阳气则万物剥落,故有所前往则不利。攸,所也。小人长也:小人势力逐渐增长。小人,以卦中阴爻借

指。 ③顺而止之：君子观此可以顺而不进，(以因应小人势盛的形势)。止，止步。观象也：这是观察卦象得出的判断。按剥卦之象，坤在下为顺，艮在上为止，故顺势而止。 ④君子尚消息盈虚：君子尊重消长盈虚的转化规律，如社会上君子和小人之势的涨落变化。尚，贵也，尊重也。消息，减少和增长。消，减灭；息，增生。盈虚，盈盛和亏虚。天行也：这和天的运行规律是一样的。按指昼夜、日月、四季等的交替变迁。

【象传】

剥：山附于地，剥。上以厚下安宅。①

初六："剥床以足"，以灭下也。②

六二："剥床以辨"，未有与也。③

六三："剥之无咎"，失上下也。④

六四："剥床以肤"，切近灾也。⑤

六五："以宫人宠"，终无尤也。⑥

上九："君子得舆"，民所载也。"小人剥庐"，终不可用也。⑦

[注释]①山附于地：剥卦上为艮为山，下为坤为地，象山体被剥落附着于地。剥：卦名，象征山必然逐渐被侵蚀剥落，故名剥。上以厚下安宅：因此在上位者要厚待下民，才能使自己安居，(防止社会分崩)。上，指居位在上者。厚，加厚。下，本义房屋基础，借指下民。安，安固。 ②以灭下也：(初九爻辞说"想让床剥落就先去掉床腿")，是要先消蚀掉脚下的根基。下，喻民众对君主的拥护。按初六以阴处剥卦最下，居坤之始，李鼎祚《周易集解》引卢氏曰："坤所以载物，床所以安人，在下故称足，先从下剥，渐及于上，则君政崩灭，故曰'以灭下也'。" ③未有与也：(六二爻辞说"想让床剥落就先抽掉床板")，是要让床没有辅助之物。与，助也，指辅佐君主的贤臣。按六二阴居下坤之中，好比夹在床腿和床架之间的床板，初"足"已灭，再及床板。六二与六五无应，象臣无阳刚之与，故被剥而"贞凶"。 ④失上下也：(六三爻辞说

“虽被剥弃但没有祸殃”），是因为其已经离开了上下诸阴之群。失，失落。上下，指六四和六二。按六三阴居阳位，独与上九应和，潜含阳质，不党于上下二阴，故处“剥”而无咎。 ⑤切近灾也：（六四爻辞说“剥床之席面，危及人的身体”），说明灾祸已经迫近于身，毁灭之势已成。按六四阴处上卦之初，喻床之席面已经剥灭，床体毁坏殆尽，故灾祸迫近。 ⑥终无尤也：（六五爻辞说“引领众宫女承宠爱于君王”），最终没有怨尤。尤，咎也，咎害。按六五阴居尊位，在众阴爻之上，当“剥”极将“复”之时，志在承上九之阳，就如同率领众妃，使大家均沾君王雨露，故无不利。 ⑦民所载也：（上九爻辞说“上层的君子有车子坐”），这是因为受到下层民众的拥戴。载，负荷，引申为信任，拥戴。终不可用也：（上九爻辞说“庶民一无所有，连房子也被剥夺了”），这样小人将不为君子所用。按上九居剥卦之终，其有阳刚之德，故为众阴所“载”，济世有为。但若害民“剥庐”，行小人之举，则民将不为所用。此从正反两面设喻，警戒统治者。

复卦第二十四

䷗（坤上震下）地雷复

【经文】

复：亨。出入无疾，朋来无咎。反复其道，七日来复，利有攸往。①

初九：不远复，无祇（zhǐ）悔，元吉。②

六二：休复，吉。③

六三：频复，厉，无咎。④

六四：中行（háng），独复。⑤

六五：敦复，无悔。⑥

上六：迷复，凶，有灾眚（shěng）。用行师，终有大败；

以其国，君凶；至于十年不克征。⑦

[注释]①复：卦名。上为坤为地，下为震为雷，有“雷在地中”之象。此卦五阴爻在上，一阳爻在下，阳气初生，一阳来复，故名。复，回复。亨：（筮遇此卦）亨通。出入无疾：离家和回家都无疾患。朋来无咎：朋友来往也无怨尤悔恨。反复其道：出行者往返于道路。反，同“返”，回也。七日来复：七天就可以复归。按古代以月亮盈亏为准，将每月分为四期，即“初吉”、“既生霸”、“既望”、“既死霸”，每期约七天，类似现代的星期。此喻指一卦六爻之后的阴阳转化。利有攸往：有所前往则利。　②不远复：行不远而即返回。无祇悔：就不会造成大的悔恨。祇，大也。元吉：（还会）大吉大利。　③休复：辞官而退休返回。休，致仕，辞官。吉：吉利。　④频复：太过频繁地来去返回。频，频繁，多次。厉：有危险。无咎：但尚无咎害。　⑤中行：与他人同行至中途。中行，中道，中途。行，道路。独复：独自返回。复，回归。　⑥敦复：受人敦促而返回。敦，敦促。无悔：不会有后悔之事。　⑦迷复：迷路而返回。凶：凶险。有灾眚：有灾祸。眚，灾也。用行师：用于行军作战。终有大败：最终会被打得大败。以其国：用于治国。君凶：则其君主有凶险。十年不克征：以至于十年间再也不能征伐。克，能也。

【彖传】

复，亨。刚反，动而以顺行，是以“出入无疾，朋来无咎”。①“反复其道，七日来复”，天行也。②“利有攸往”，刚长（zhǎng）也。③复，其见天地之心乎？④

[注释]①复：复卦。亨：其主旨是亨通顺利。刚反：阳刚复苏返回。按复之内卦为震为阳为刚，外卦为坤为阴为柔，其卦象是阳刚由剥卦之剥落殆尽而复返于内卦。反，返也。动而以顺行：复卦内震外坤，一阳返于内，五阴皆顺从，其卦象是阳动而以坤顺行之。是以“出入无疾，朋来无咎”：因此卦辞说“离家和回家都无疾患，朋友来往也无怨尤悔恨”。是以，所以。　②天行也：（卦辞说“出行者往返于道路，七天就可以复归”），这体现了天道运行的规

律。如正月阴气始退，到七个月后的八月来复；八月阳气始退，至正月而复；故“七”是天道循环之数。　③刚长也：（卦辞说“有所前往则利”），这是因为阳刚之气渐长。按本卦上五卦皆为阴爻，只有初爻为阳爻，这是阳刚萌生发展之象，前景良好。　④复：有往必有复，循环不止。其见天地之心乎：这可以显现天地化育万物的核心规律吧。天地之心，犹“天地生物之心”，指运化机理。

【象传】

复：雷在地中，复。先王以至日闭关，商旅不行，后不省方。①

初九：“不远”之复，以修身也。②

六二：“休复”之“吉”，以下仁也。③

六三：“频复”之“厉”，义“无咎”也。④

六四：“中行独复”，以从道也。⑤

六五：“敦复无悔”，中以自考也。⑥

上六：“迷复”之“凶”，反君道也。⑦

［**注释**］①雷在地中：复卦下为震为雷，上为坤为地，其象雷在地中。复：一阳在下，五阴在上，呈一阳来复之象，故名“复”。先王以至日闭关：先王因为阳气方生，需呵护静养，人不宜外出，故在冬至日关闭城门。至日，冬至之日。商旅不行：禁止商旅通行。后不省方：君主停止视察四边方国。后，君王。省，省视。方，邦国。　②以修身也：（初九爻辞说“出行不远而即返回”），是因为自感力量才德不足，返回再修身也。按初九以一阳居群阴之下，力量太弱，需要养护储备，故“不远”而“复”。王弼《周易注》：“不远而复，幾悔而反，以此修身，患难远矣。”　③以下仁也：（六二爻辞说“辞官而退休返回则吉利”），是因为让职位给予仁人。下，自居于下。按六二当阳复之时，柔中居正，下比初九而附顺之，亲仁下贤，故获吉。　④义无咎也：（六三爻辞说“太过频繁地来去返回有危险”），但若能及时调整，则宜于无有咎害。义，宜也。

按六三居下卦之上，失正无应，承乘皆阴，立场多变。但终有复善之义，故无咎。程颐《周易传》："虽为危厉，然复善之义则无咎也。" ⑤以从道也：（六四爻辞说"与他人同行至中途而独自返回"），这是要追随道义。按六四处五阴之"中"，其位得正，又独得应和初阳。复卦之"复"，全仗初九，六四于五阴中独对之专心信向，故宜其从道。 ⑥中以自考也：（六五爻辞说"受人敦促返回而不后悔"），这是因为其从中正之道的角度进行了考虑。中，正也。自，自我。考，省察也。按六五柔居尊位，处上卦之中，象人守正中之道。虽失位无应而远阳，但借六四之"敦"而自反，成复善之道，故"无悔"。 ⑦反君道也：（上六爻辞说"迷路而返回"遭遇"凶险"），这是因为违反了君主应有的阳刚之道。按上六以阴爻穷居卦极，不应初阳，上无所承，背离回复之道，有"迷复"之象。阴为臣，阳为君，阴不从阳即"反君道也"。

无妄卦第二十五

䷘（乾上震下）天雷无妄

【经文】

无妄：元亨，利贞。其匪正有眚（shēng），不利有攸往。①

初九：无妄往，吉。②

六二：不耕获，不菑（zī）畬（yú），则利有攸往。③

六三：无妄之灾，或系之牛，行人之得，邑人之灾。④

九四：可贞，无咎。⑤

九五：无妄之疾，勿药有喜。⑥

上九：无妄，行有眚，无攸利。⑦

［注释］①无妄：卦名。上为乾为天，下为震为雷，其象天下雷行。在它

们面前，万物而不敢妄动。有为为妄，无妄则是自然而顺应天时，不妄为。元亨：大亨通。利贞：利于占问。其匪正有眚：人所行非正则有灾。匪，同“非”。眚，灾也。不利有攸往：有所前往则不利。 ②无妄往：谦卑而不胡乱前往。妄，胡乱，悖逆。吉：吉祥。此喻为人应谨慎谦恭。 ③不耕获：不耕而有收获。不菑畬：不开垦荒地而得良田。菑，开垦荒地。畬，治理熟田。则利有攸往：则有利于所前往。按此言不妄为垦耕，喻行事不贪而一心守成。 ④无妄之灾：无妄行却仍然遭灾。或系之牛：有人系其牛于某处。或，有人。行人之得：（牛脱缰而走），被路上的行人所得到。邑人之灾：对丢牛的邑人来说就是无妄之灾。 ⑤可贞：占筮则可行。贞，筮占。无咎：行之则无灾害。 ⑥无妄之疾：无妄行而偶患病疾。勿药有喜：不用服药将自然病愈。有喜，古语即指“病愈”，因为此为可喜之事。 ⑦无妄：不虚妄而为。行有眚：但有行动就会遇灾祸。无攸利：此行则无利可图。

【彖传】

无妄，刚自外来而为主于内，动而健，刚中而应。① 大“亨”以正，天之命也。②“其匪正有眚，不利有攸往”，无妄之往，何之矣？③ 天命不佑，行矣哉！④

[注释]①无妄：卦名。刚自外来而为主于内：无妄之外卦为乾为刚，三个阳爻；内卦为震，初亦阳爻，乃来自于外卦（一阳来下），故“刚自外来”，即内卦之刚乃自外卦而来。又震为阳卦，以初九为主爻（《易》卦通例，阳卦以阳为主爻，阴卦以阴为主爻），是“为主于内”。动而健：震为动，乾为健，它们组成无妄卦的卦象，即“动而健”。刚中而应：九五为刚而居上卦中位，是“刚中”；六二阴爻与九五同位以柔应和阳刚，是“刚中而应”。 ②大“亨”以正：君子行正而无妄，必然大亨通。天之命也：这是天命的体现，使之事业昌盛。 ③“其匪正有眚”：卦辞说“所行非正则有灾”。“不利有攸往”：卦辞说“有所前往则不利”。无妄之往何之矣：众人皆不妄为，若坚持无妄之行，又能走到哪里去呢？之，到……去。 ④天命不佑：没有天命的保佑。行矣哉：怎么还可以行得通呢！

【象传】

无妄:天下雷行,物与,无妄。先王以茂对时育万物。①

初九:“无妄”之往,得志也。②

六二:“不耕获”,未富也。③

六三:“行人”得牛,“邑人灾”也。④

九四:“可贞无咎”,固有之也。⑤

九五:无妄之“药”,不可试也。⑥

上九:无妄之“行”,穷之灾也。⑦

[**注释**]①天下雷行:无妄卦上为乾为天,下为震为雷,故其象天下雷行。物与:(春雷震响),万物应声而生发。与,伴生,参与。无妄:(自然规律)从不虚妄。先王以茂对时育万物:先王观象,以奋勉的态度顺应时令以养育万物。茂,通“懋”,勉也,努力。对,应也。时,时令。　②无妄之往:不胡乱作为而前往。得志也:(不妄行)就可以遂其志愿。按初九以阳居初得正,又处阴柔之下,行动必然谦卑而谨慎,故遂意而获吉。　③未富也:(六二爻辞说“不耕而有收获”),其不谋求创业,故也不会富有。按六二当无妄之时,柔正居中,上应九五,不敢开创而安守“臣道”,故“利有攸往”。　④“行人”得牛:走路的人白白得到一头牛。“邑人灾”也:而丢牛的“邑人”却因粗心召来“无妄”之灾。按六三以阴居下卦之终,不中不正而躁动,虽非主观故意,也可能引来无妄之灾。无妄,运数适然也。　⑤固有之也:(九四爻辞说“坚守正道而行之无灾”),这是因为其人的固有品德而得到的结果。按此处“贞”字,在《经》释为“占问”,在《传》为“品德贞正”,义有所不同。又按九四阳居阴位,本有咎害;但比近九五至尊,谦顺奉之,守正不妄,故无咎。　⑥无妄之“药”:无妄行而患病的治疗方法。药,泛指“治疗”之方。不可试也:不用服药就可痊愈。试,用也,即用药。按九五当“无妄”之时,阳刚中正,居尊善治,故“勿药有喜”。王弼《周易注》:“药攻有妄者也,而反攻无妄,故不可试也。”　⑦无妄之行:虽不妄为而有行,即行动是必要的但时机不对。穷之灾也:(一意孤行)会

导致走投无路的困穷之灾。穷，不通也。按上九处无妄之极，时穷难行，动则有灾，宜于静保其身。朱熹《周易本义》："上九非有妄也，但以其穷极而不可行耳。"

大畜卦第二十六

䷙（艮上乾下）山天大畜（xù）

【经文】

大畜：利贞，不家食吉。利涉大川。①

初九：有厉，利已。②

九二：舆说（tuō）輹（fù）。③

九三：良马逐，利艰贞。曰闲舆卫，利有攸往。④

六四：童牛之牿（gù），元吉。⑤

六五：豮（fēn）豕之牙，吉。⑥

上九：何天之衢（qú），亨。⑦

[注释]①大畜：卦名。上为艮为山，下为乾为天，其象天在山中（"洞天"），其所蓄积至大，故名。畜，同"蓄"。利贞：利于占问。不家食吉：不在家中吃饭（而是外出谋官食禄）者吉利。利涉大川：利于穿越大河巨流。　②有厉：有危险。利已：利于停止行动。已，停止。　③舆说輹：车厢与车轴脱离。舆，车身。说，通"脱"。輹，联系车身与车轴的绳子。一说为"伏兔"，舆下夹轴之木。喻车不能前行。　④良马逐：驾车任由良马奔驰。逐，追赶，竞争。利艰贞：占问艰难之事有利。曰闲舆卫：经过训练精于车战。曰，语气词。闲，通"娴"，娴熟，习练。舆卫，车战。一说曰为"四"字之误，即"驷马"之"驷"。一说曰为"日"字之误。分见程颐《传》和朱熹《本义》。利有攸往：有所前往必吉利。　⑤童牛之牿：小牛的角上加有横木（以防止其触人或自伤）。童牛，幼小之牛。之，有也。牿，通"梏"，安在牛角上的横木。元吉：大吉。

⑥豮豕之牙：阉割过的公猪性情温和，有牙也不伤人。豮，豕去势也。豕，大猪。吉：吉利。　⑦何天之衢：承载创生万物重任的天之通道。何，通“荷”，担当，负荷。衢，四通八达的通途，大道也。按爻辞“何”字，诸家训释不同。一为孔颖达《周易正义》说“何”为语气词，犹言“更何所畜”。二为李鼎祚《周易集解》引虞翻注，训“何”为担当、负荷，“何”与“荷”通。三为胡瑗《周易口义》判“何”为衍字，爻辞当作“天之衢，亨”。此取虞翻之说。亨：亨通。

【彖传】

大畜，刚健笃实，辉光日新。① 其德刚上而尚贤，能止健，大正也。②“不家食，吉”，养贤也。③“利涉大川”，应乎天也。④

［**注释**］①大畜：卦名。刚健笃实：大畜卦下为乾为天而刚健，上为艮为山而厚实，故其德“刚健笃实”。笃，厚也。辉光日新：又乾为日，日在山下，天光山色，日新月异，即“辉光日新”。　②其德刚上而尚贤：上九爻为刚，居六五尊位之上，象征君主尊重贤人。尚，崇尚。能止健：乾为健，艮为止，大畜之德是刚健而能规止，不妄行。大正也：这些都是大而且正的美德。　③养贤也：（卦辞说“君子不在家吃饭则吉祥”），这是因为朝廷尚贤养贤的缘故。王弼《周易注》云：“有大畜之实，以之养贤，令贤者不家食，乃吉也。”　④应乎天也：（卦辞说“利于穿越大河巨流”），是因为人能适应天道，故不忧艰险。应，应和。天，指天道，即自然规律。

【象传】

大畜：天在山中，大畜。君子以多识（zhì）前言往行，以畜其德。①

初九：“有厉利已”，不犯灾也。②

九二：“舆说輹”，中无尤也。③

九三："利有攸往"，上合志也。④

六四："六四元吉"，有喜也。⑤

六五："六五之吉"，有庆也。⑥

上九："何天之衢"，道大行也。⑦

［**注释**］①天在山中：大畜卦上为乾为天，下为艮为山，其象"天在山中"。大畜：因空间足够大，故能大蓄积物。畜，通"蓄"。君子以多识前言往行：君子观此，应该虚怀若谷，多借鉴前人的见解和作为。识，记住，记在心中。以畜其德：目的是为了积累和养护自己的好品德。　②不犯灾也：（初九爻辞说"有危险则利于停止行动"），这样可免于遭受灾难。犯，冒犯。按初九处"大畜"之时，阳德卑微，不可急于求进，乃被六四所畜止，使其自畜待时，故可免灾获利。　③中无尤也：（九二爻辞说"车厢和车轴脱离则车不可行"），但只要谨奉中道，仍可无祸害。中，正也。此喻人得正中之道。按九二当"大畜"之时，以阳居下处中，被六五"畜止"规正，则止而不躁进，故无咎。　④上合志也：（九三爻辞说"有所前往必得利"），是因为下面之臣民与上面的大人志向相合。上，上位。合志，心志相合。按九三与上九两阳相峙，本不相应，但却因阳德并盛而有"合志"之象。程颐《周易程氏注》："三以刚健之才，而在上者与合志而进，其进如良马之驰逐，言其速也。"　⑤六四元吉：六四爻之大吉。有喜也：是因为其有可喜之事。按六四位艮卦之始。艮，止也，能止刚健之初九。柔以止刚，刚不敢犯，为止健有方，值得欢喜。　⑥六五之吉：六五爻之所以吉利。有庆也：是因为其位下应九二，象征人君蓄止规正能臣，故为福庆。庆，福也。按六五居尊畜二，成功止其躁猛，值得欢庆。　⑦道大行也：（上九爻辞说"承载创生万物重任的天之通道"），则其畜德之法则可大行于天下。按前一"道"（衢）是为大路的实指，后一"道"则为抽象意义，指规律法则。又按上九处"大畜"上卦之极，有畜德至盛之象，是本卦最为理想之爻，非天德不足以当之。朱熹《周易本义》云："畜极而通，豁达无碍。"

颐卦第二十七

䷚(艮上震下)山雷颐

【经文】

颐:贞吉。观颐,自求口实。①

初九:舍尔灵龟,观我朵颐,凶。②

六二:颠(tián)颐,拂经于丘颐。征凶。③

六三:拂颐,贞凶。十年勿用,无攸利。④

六四:颠颐,吉。虎视眈眈,其欲逐逐,无咎。⑤

六五:拂经,居贞吉,不可涉大川。⑥

上九:由颐,厉吉。利涉大川。⑦

[注释]①颐:卦名。上为艮为山,下为震为雷,其象山下有雷。其卦形两阳爻中间夹含四阴爻,有口中含齿之象,故名“颐”。颐,养也。贞吉:所占问事会吉利。观颐:观察颐养之道。颐,口颊。口颊最大的功能,就是食饮。自求口实:要明白每人需要自己求得口中之食物。口实,口腹所需要的食品。 ②舍尔灵龟:舍弃你的灵龟而不占卜。观我朵颐:看着我隆起的腮帮在咀嚼食物。朵,花朵。朵颐,两腮隆鼓如花朵,喻贪食的样子。凶:人不自重求己,而贪羡于别人,凶险。 ③颠颐:填充食物于口。颠,通“填”,充也。喻统治者奢靡浪费。拂经于丘颐:违反常理,对普通民众则横征暴敛,夺其口养。拂,违也。经,常理。丘,众民也。颐,养也。征凶:出兵征伐则凶。 ④拂颐:违反了颐养之道。贞凶:占筮则凶。十年勿用:十年不可轻举妄动。无攸利:动而无所利。 ⑤颠颐:有食物填充于口。吉:吉利。虎视眈眈:似老虎瞪眼那样的凶狠之貌。眈眈,专一注视的样子。其欲逐逐:为满足欲望对猎物紧追不舍。逐逐,连续而不绝。无咎:无祸殃。 ⑥拂经:违反了颐养之常理。居贞吉:占问家居之事则吉。不可涉大川:但不能出门渡大河巨川。

⑦由颐：辅助别人解决口腹之养。由，来由，依赖。厉吉：有风险但最终吉利。利涉大川：出门渡大河巨川则有利。

【彖传】

颐，“贞吉”，养正则吉也。①“观颐”，观其所养也。②“自求口实”，观其自养也。③天地养万物，圣人养贤以及万民。颐之时大矣哉！④

[**注释**]①颐：卦名。“贞吉”：卦辞“贞吉”是何义？养正则吉也：指用正道来养生才能得到吉祥。按此传释“贞”为“持正道”，与经文辞释“贞”为“占问”义有所不同。　②观其所养也：（卦辞所说的“观颐”），就是观察其人所养者为何人，观察人们是怎样获得养育的，观其正否以断吉凶。　③观其自养也：（卦辞说“要明白每人需要自己求得口中之食物”），即考察其人如何自我颐养的，也要观其正否以断吉凶。　④天地养万物：所谓颐养之正道，就是由天地生养万物。圣人养贤以及万民：所谓颐养之正道，还有就是圣人要颐养贤人和万民百姓。颐之时大矣哉：无论何养，都必须应其时，失时则必伤之，故注意颐养之“应时”的意义大得很呀！时，应时，时机。

【象传】

颐：山下有雷，颐。君子以慎言语，节饮食。①

初九：“观我朵颐”，亦不足贵也。②

六二：“六二征凶”，行失类也。③

六三：“十年勿用”，道大悖也。④

六四：“颠颐”之“吉”，上施光也。⑤

六五：“居贞”之“吉”，顺以从上也。⑥

上九：“由颐厉吉”，大有庆也。⑦

[注释]①山下有雷:颐卦上为艮为山,下为震为雷,其象山下有雷,即山下有震雷响动。有雷则天气温暖,恰是万物生发育养之时,故名“颐”。君子以慎言语节饮食:颐卦为口颊之象形,君子因此一要慎重言语以防口祸(养德);二要节制饮食以防伤身(养生)。　②亦不足贵也:(初九爻辞说“看着我隆起的腮帮在咀嚼食物”),这种行为也太不足以自重了。贵,尊重。按初九上应六四,初九以阳刚美质反而求养于六四阴柔,“养”不得其道,故初九“不足贵”。朱熹《周易本义》:“初九阳刚在下,足以不食;乃上应六四之阴,而动于欲,凶之道也。”　③行失类也:(六二爻辞说“征伐则凶”),是因为这种做法不符合(圣人养万民的)普遍法则。类,法则。按六二本有“中正”之体,但与六五无应。若求下比初九,则违背“奉上”之常理;若找上九,既非应爻又非比爻,属过度追求。其他上行皆阴,有“失类”之象。上行“失类”,则喻示征伐有凶。　④道大悖也:(六三爻辞说“十年而不可轻举妄动”),是因为它悖逆了颐养之大道。按六三阴居阳位,不中不正,倚仗有应于上九而求养不已,有背于颐养之道,故“凶”,要求其“十年勿用”。　⑤上施光也:(六四爻辞说“有食物填充于众人之口则吉利”),是因为君王施与臣民之颐养十分广泛,恩泽普降。上,君主。施,给与。光,借为“广”。按六四阴居上卦,得正应初,有从上向下求养再用来养下之象,这符合“取之于民”又“用之于民”之义。　⑥顺以从上也:(六五爻辞说“静居守正则吉祥”),是要求顺从在上位的贤者。按六五虽处君主尊位,但失正无应,阴柔无实,才不足以养天下。而上有阳刚之贤者,应该顺从上九,赖其养以济天下,方能“居贞吉”。　⑦大有庆也:(上九爻辞说“辅助别人解决口腹之养,先有风险但最终吉利”),说明因其善举必有天之福佑。庆,赏也,福也。按上九以阳刚之健处颐卦之极,有臣贤于君,君倚仗大贤德之人以养天下之象。朱熹《周易本义》:“六五赖上九之养以养人,是物由上九以养也。位高任重故厉而吉,阳刚在上故‘利涉大川’。”

大过卦第二十八

䷛(兑上巽下)泽风大过

【经文】

大过:栋桡(náo),利有攸往,亨。①

初六:藉(jiè)用白茅,无咎。②

九二:枯杨生稊(tí),老夫得其女妻,无不利。③

九三:栋桡,凶。④

九四:栋隆,吉;有它,吝。⑤

九五:枯杨生华,老妇得其士夫,无咎无誉。⑥

上六:过涉灭顶,凶,无咎。⑦

[**注释**]①大过:卦名。上为兑为泽,下为巽为木,有泽灭木(船)之象。舟覆人亡,是为"大过"。阳刚称大,本卦四阳居中过盛,故名"大过"。利有攸往:逃避危房,有所前往则利。亨:顺通也。　②藉用白茅:用洁白柔软的白茅草铺垫祭品。藉,在物之下,即草垫。白茅,洁白之茅草。无咎:无祸殃。　③枯杨生稊:枯老的杨树发出嫩芽。稊:草木初芽。老夫得其女妻:老男人娶得少女为娇妻。无不利:没有不利之处。　④栋桡:房屋的栋梁弯曲。栋,屋脊之主梁。桡,弯曲。凶:居住者有凶险。　⑤栋隆:房屋的栋梁高耸。隆,隆起,高也。吉:吉利。有它:有意外之害(与初六应和)发生。它,古语谓意外之事。吝:会有艰难。吝,难也。　⑥枯杨生华:枯老的杨树开了花。华,通"花"。老妇得士夫:老妇人嫁了未曾婚娶过的士夫。妇,曾有过婚姻的女子。士,未曾娶妻之男子。无咎无誉:没有灾祸也没有好名声。誉,名誉。　⑦过涉灭顶:误判而渡河,结果因水深而遭到没顶之灾。过,过误。灭,淹没。凶无咎:有凶险但最终无祸殃。

【彖传】

大过，大者过也。①"栋桡"，本末弱也。②刚过而中，巽而说(yùe)，行。"利有攸往"，乃亨。③"大过"之时大矣哉！④

[注释]①大过：卦名。大者过也：刚大者之过盛过甚也，故卦名曰《大过》。按此卦阳爻为大，有四；阴爻为小，有二，故"大者过也"。而对比"小过"卦，则阴爻四阳爻二，为"小者过也"。过，过错。　②本末弱也：(卦辞之所以说"栋桡"者)，因本卦之中部坚刚(四阳爻)，而本(初六爻)和末(上六爻)阴柔而弱。以象屋栋，则造屋者以柔弱之木材为栋梁，故桡曲而房屋将坏。喻君主以庸才为将相，则犯了大错误，国将亡也。　③刚过而中：大过卦四阳有"刚过"之象，但九二、九五皆得中位，是"刚过而中"，可以中正之道进行修补调适。巽而说：其卦下为巽为逊，上为兑为悦，谓人谦逊而和悦。巽，驯顺，谦逊。说，通"悦"，和悦。行：可以出行。"利有攸往"：有所前往则利。乃亨：于是诸事亨通。　④"大过"之时大矣哉："大过"强调要有正确时机的掌握，它关系到事情的成败，其意义大得很呀！时，(把握)时机。王弼《周易注》："是君子有为之时也。"

【象传】

大过：泽灭木，大过。君子以独立不惧，遁世无闷。①

初六："藉用白茅"，柔在下也。②

九二："老夫女妻"，过以相与也。③

九三："栋桡"之"凶"，不可以有辅也。④

九四："栋隆"之"吉"，不桡乎下也。⑤

九五："枯杨生华"，何可久也！"老妇士夫"，亦可丑也。⑥

上六：过涉之"凶"，不可咎也。⑦

[注释]①泽灭木：大过卦上为兑为泽，下为巽为木，有“泽灭木(舟)”之象。灭，淹没。大过：这是一种大过错，如船毁人亡，如王朝覆灭。君子以独立不惧：君子观此有两种态度，一是见危不惧，力挽狂澜，知其不可为而为之，显示出不混世的独立品格。独立，独自挺立。不惧，无所畏惧。遁世无闷：二是守节不屈，隐居不仕，举世不见知而不悔，待时而起。遁世，逃避隐居。遁，逃隐。无闷，无所苦闷。　②柔在下也：(初六爻辞说“用洁白柔软的白茅草铺垫祭品”)，这是阴柔在下的合理做法。按初六当“大过”之时，以阴柔处一卦最下，宜谨慎奉承上之阳刚，方能以刚济柔，避害无咎。其处境以白茅承物奉上为喻。　③过以相与也：(九二爻辞说“老男人娶得少女为娇妻”)，让两人相搭配而处是一种过失。过，过失。相与，相匹配。按九二阳居阴位，上而无应，有阳刚“过甚”之象。无奈只得下比初六，但初六上应九四，故象征“老男人”的九二不能匹配象征少女的初六。　④不可以有辅也：(九三爻辞说“栋梁弯曲导致有凶险”)，这是不可以再有辅助的。辅，助也。按九三当“大过”之时，以阳居下卦之极，刚亢过度，若再应和于上六，刚势更烈。相对于本末之弱，有局面失控、倾塌室屋的危险(“栋桡”)。故九三不可再应和于上六，即“不可以有辅”。李鼎祚《周易集解》引虞翻曰：“阳以阴为辅也。”　⑤不桡乎下也：(九四爻辞说“房屋栋梁高耸隆起”的“吉祥”)，是因为它不再向下弯曲，(梁柱终能承受更大压力)。桡，弯曲也。按九四处上卦之始，阳居阴位，能自损过刚之质，以挽救本末之“挠曲”，使全局刚柔适中，故获“吉”。　⑥何可久也：(九五爻辞说“枯老的杨树开出新花”)，其势如何能够持久呢？亦可丑也：(九五爻辞说“老妇嫁给年轻的士夫”)，这也是让人感到羞丑的事情。按九五在四个阳爻的最上方，阳刚过度，下而无应，只有以刚健之阳(“士夫”)与衰极之阴的上六(“老妇”)亲比和合，故有“生华”之象。但终究为不伦之配，故无誉有丑。　⑦不可“咎”也：(上六爻辞说“误判渡河遭遇到没顶之凶险”)，归咎亦无益，故不可太过责难。咎，责难。按上六为极阴而处本卦之终，虽下比九五以取助，但终因力弱而“亡身”。结局虽凶，却有“杀身成仁”之义，无可责难。朱熹《周易本义》：“处过极之地，才弱不足以济，然于义为无咎矣，盖杀身成仁之事。”

坎卦第二十九

䷜(坎上坎下)坎为水

【经文】

坎:习坎,有孚,维心,亨。行有尚(shǎng)。①

初六:习坎,入于坎窞(dàn),凶。②

九二:坎有险,求小得。③

六三:来之坎坎,险且枕(chén),入于坎窞,勿用。④

六四:樽酒,簋(guǐ)贰,用缶(fǒu),纳约自牖(yǒu),终无咎。⑤

九五:坎不盈,祇(dǐ)既平,无咎。⑥

上六:系用徽纆(mò),置于丛棘,三岁不得,凶。⑦

[**注释**]①习坎:按一般卦辞格式,此处"习"应为衍字,朱熹《周易本义》释为"重习",即"重重坎陷"。坎,卦名。其卦象二坎相重,坎为水,一水未平,一水又至,重险也。坎,险也,陷也。故本卦主题是阐述如何处险的道理。有孚:有诚信。维心:唯有用心。维,通"惟"。亨:这样会顺利亨通。行有尚:行动就会有嘉赏。尚,同"赏"。 ②习坎:重坎,坎中有坎。习,借"袭",重也。入于坎窞:掉入了坑陷。坎,坑也。凶:凶险。 ③坎有险:坎中有凶险。求小得:人祈求神只能小有收获。一说阴柔为小,喻从小处着手可得脱险。④来之坎坎:来去都处于坎陷之中,即在二坎中间,进退失据。之,去也。险且枕:凶险而且深沉。枕,同"沉",深也。入于坎窞:陷入坎险深处。窞,陷也。勿用:不可轻举妄动。 ⑤樽酒:有一壶酒。樽,盛酒器。簋贰:有两筐饭。簋,盛饭器。用缶:使用瓦器(装酒饭)。缶,陶器。纳约自牖:从(牢狱)的窗口送进取出。纳,送入;约,取出。自,从也。牖,窗。终无咎:(囚人)最

终会将祸殃化解。 ⑥坎不盈:坑陷尚未填满。盈,满也。祗既平:小丘已经被削平。祗,通“坻”,山坡。无咎:没有祸殃。 ⑦系用徽纆:(囚犯)被用黑色绳索捆绑。徽,三股拧成的绳。纆,黑色绳索。置于丛棘:投入监狱。按监狱墙上墙外均有带刺之荆棘,代指监狱。三岁不得:三年而不见释放。得,直也,平也,指平复。凶:有凶险。

【彖传】

“习坎”,重险也,水流而不盈。①行险而不失其信,“维心亨”,乃以刚中也。②“行有尚”,往有功也。③天险不可升也,地险山川丘陵也。④王公设险以守其国,险之时用大矣哉!⑤

[**注释**]①重险也:(卦辞所说的“习坎”),就是指重重之坎陷。按坎卦上下两卦皆坎,象征多重险境。习,重也。朱熹《周易本义》:“习,重习也。坎,险陷也。其象为水,阳陷阴中,外虚而中实也。”水流而不盈:坎为水,前后重接而流入,还是不满其坎。 ②行险而不失其信:居险之中而不失诚信。乃以刚中也:(卦辞说“唯有用心才会使事情顺利亨通”),因为九二、九五都具有刚健(阳爻)正中(分居上下卦之中位)之德,有中正之德则心亨。 ③往有功也:(卦辞说“努力前进就会有嘉赏”),表明唯前行能够立功而受赏。程颐《周易程氏传》:“以其刚中之才而往,则有功,故可嘉尚。若止而不行,则常在险中矣。” ④天险不可升也:天之险既高且远使人不可向上攀升。地险山川丘陵也:地之险山川丘陵使人不可跨越。陵,岭也。此指艰难险阻对人不利的一面。 ⑤王公设险以守其国:但王公大人有意设险(城郭沟池一类),可以守卫邦国使其不受外敌侵犯。此指人为设险是追求对我有利的一面。险之时用大矣哉:注意坎险在不同条件下的利害区分,这里的意义大得很呀!

【象传】

坎:水洊(jiàn)至,习坎。君子以常德行,习教事。①

初六："习坎入坎"，失道，凶也。②

九二："求小得"，未出中也。③

六三："来之坎坎"，终无功也。④

六四："樽酒簋贰"，刚柔际也。⑤

九五："坎不盈"，中未大也。⑥

上六：上六失道，凶"三岁"也。⑦

[注释]①水洊至：坎卦之象为二水相推而至，即"水洊至"。洊，再也，前后相续。习坎：因此卦名为坎。按此处"习"似为衍文(高亨说)。君子以常德行习教事：君子观象，应该为崇尚德行、推行教化而不懈努力。常，通"尚"，崇尚。行，德行。习，学习。教，教化。按《大象传》以坎卦卦象的水连续而至，引申为君子不断完善人之美德，以日积月累。　②失道凶也：(初六爻辞说"重重坎险而入于坑陷")，这是指行人走错了道路才导致大凶险。按初六阴居阳位，不中不正，身处重坎之下，其上又无应援，深陷难拔，故凶。　③未出中也：(九二爻辞说"人求神还能小有收获")，是因为其尚未离开中正之道。按九二处下坎之中，失正遇险，但以阳爻居于下卦之中，取信于近比之初六和六三，故可"求小得"，以谋渐脱险境。出，离去。中，中道。　④终无功也：(六三爻辞说"来去都处于坎陷之中")，最终也不能脱险而功成也。按六三阴居阳位，又处两坎之间，前后皆险，动处皆徒劳，故云"勿用"。　⑤刚柔际也：(六四爻辞说"送出一壶酒和两筐饭")，是因为不同等级的人(刚与柔)在此产生了交结。刚，阳刚。柔，阴柔。际，交界，边缘。按六四处险之时，居上卦之下，前后皆为坎险，下而无应。但柔顺得正，上承九五阳刚之助，下乘阴柔之六三，处"刚柔"之边际，故"终无咎"。此喻官贵(九五)与囚犯(六三)之间通过亲属建立联系，允许给犯人送饭。　⑥中未大也：(九五爻辞说"坑陷尚未被填满")，是因为中正之德尚未被发扬光大。按九五处险之时，阳刚中正，下比六四，有居尊而履险得法之象。虽坎尚未满，但土丘已铲平，假以时日，必脱险境。故需要光大中道，方"无咎"。大，宏大。阮元在《校勘记》中据《周易正义》认为"大"字之前应有一"光"字，甚是。　⑦上六失道：上六以阴爻而乘九五之阳刚，失去履险正道。凶"三岁"也：必致凶险再延续三年。程颐《周易

程氏传》:"以阴柔而自居险之极,其陷之深者也。以其陷之深,取牢狱为喻……至于三岁之久,不得免也,其凶可知。"

离卦第三十

䷝(离上离下)离为火

【经文】

离:利贞,亨。畜牝牛,吉。①

初九:履错然,敬之,无咎。②

六二:黄离,元吉。③

九三:日昃(zè)之离,不鼓缶而歌,则大耋(dié)之嗟,凶。④

九四:突如其来如,焚如,死如,弃如。⑤

六五:出涕沱若,戚嗟若,吉。⑥

上九:王用出征,有嘉折首,获匪其丑,无咎。⑦

[**注释**]①离:卦名。卦象二离相重,为八纯卦之一。离为火为日,火焰需要依附于燃料而起,故其义为附丽。陆德明《经典释文》:"离,丽也;丽,着也。八纯卦,象日,象火。"利贞:利于占问。畜牝牛吉:蓄养母牛吉利。畜,养也。牝牛,雌性牛。以其性柔,能附丽于人。　②履错然:听到杂乱的脚步声。履,鞋子,借指脚步。错然,杂乱的样子。敬之无咎:警惕戒备可以避免灾祸。敬,借为"警"。　③黄离:黄色附着于物(如黄金、黄裳等)。离,附丽。元吉:大吉。黄为吉祥之色,故吉。　④日昃之离:太阳偏西时天空出现虹霓。昃,侧也。离,借为"螭"(chī),无角龙也,即龙形的云气,古人认为是不祥之兆。不鼓缶而歌:如若不是敲击瓦缶的同时也唱歌。缶,作乐器的瓦器。则大耋之嗟:就会引来老年人的叹息。耋,九十岁的老人。嗟,叹也。凶:凶

险。按古人认为若出现灾异，必须“鼓缶而歌”方可禳除。 ⑤突如其来如：突然而至的灾难。如，语气副词。焚如：居住地被烧。死如：人员被杀死。弃如：被抛弃的物品撒满地。 ⑥出涕沱若：泪如雨下。若，犹“然”。涕，眼泪。沱若，像大雨。戚嗟若：悲戚和忧叹的样子。吉：（反思教训然后奋发图强），就会吉祥。 ⑦王用出征：王兴兵出征。用，以也。有嘉折首：有斩杀敌人之首的喜讯。嘉，喜也。获匪其丑：俘获敌人甚众。匪，读为“彼”。指敌方。丑，类也，众也。无咎：没有灾祸。

【彖传】

离，丽也。日月丽乎天，百谷草木丽乎土，重明以丽乎正，乃化成天下。① 柔丽乎中正，故“亨”。② 是以“畜牝牛吉”也。③

[注释]①离，丽也：离卦之义是附丽，附丽即附着。日月丽乎天：日月依附于天。百谷草木丽乎土：庄稼和树木花草依附于土地。一说此处“土”应为“地”字，见《说文》引。重明以丽乎正：离为日为明，本卦上下二离，故曰重明。喻上下君臣皆能附着于正道。乃化成天下：这样就可以完成教化天下的任务。 ②柔丽乎中正：本卦六二和六五皆以阴爻（为柔）分居下卦和上卦的中位，象人有阴柔之德，附丽于正道，（所以会万事亨通）。 ③是以“畜牝牛吉”也：所以卦辞说“蓄养母牛吉利”。按母牛阴柔，又附丽于人，不失其正，故云。

【象传】

离：明两作，离。大人以继明照于四方。①

初九：“履错”之“敬”，以辟咎也。②

六二：“黄离元吉”，得中道也。③

九三：“日昃之离”，何可久也。④

九四：“突如其来如”，无所容也。⑤

六五：六五之“吉”，离王公也。⑥

上九：“王用出征”，以正邦也。“获匪其丑”，大有功也。⑦

［**注释**］①明两作：离卦之象为二离相重，离为日为明，象征太阳连续不断地升起，即“明两作”。两，接连。作，升起。大人以继明照于四方：统治者(大人)观此象，也应当以连续不断的明德普照四方人民。孔颖达《周易正义》：“继续其明，乃照四方；若明不继续，则不得久为照临。”明，明德。　②以辟咎也：(初九爻辞说“听到杂乱的脚步声而警惕戒备”)，为的是避免咎害发生。辟，同“避”。按初九阳刚处下，如事临之初，只有审慎警惕，才能进至其盛。李鼎祚《周易集解》引王弼曰：“处离之始，将进其盛，故宜慎所履，以敬为务，辟其咎也。”　③得中道也：(六二爻辞说“象征居中的黄色附丽于物体则大吉祥”)，是因为它符合正中之道。按六二以阴居阴，又处于下卦之中，象征着掌握了正中之道。李光地《周易折中》引刘牧曰：“离为火之象，焰猛而易烬，九四是也；过盛则有衰竭之凶，九三是也；惟二得中，离之元吉也。”　④何可久也：(九三爻辞说“太阳偏西时天空出现虹霓”)，这样怎么能使光明维持长久呢？按九三处下离之终，阳极将衰，难以长久附丽于物，使人有日暮途穷之叹，故“凶”。李鼎祚《周易集解》引荀爽曰：“初为日出，二为日中，三为日昃。”其象确然。　⑤无所容也：(九四爻辞说“突然而至的灾难”)，使人们失去容身之所。按九四阳刚失正，处于上下两个离卦之间，急欲附丽于六五，反而不能遂愿而招致灾难，故有“无所容”之叹。　⑥六五之“吉”：六五爻辞所说的“吉利”。离王公也：是因为人们(在流泪和悲叹之余)依附了王公大人尊位的缘故。离，附丽也。按六五阴居阳位，受九四强势压制，遂致悲伤流泪。但因柔顺居中而附丽尊位，又得众臣鼎力帮助，终获吉利。　⑦以正邦也：(上九爻辞说“王兴兵出师征伐”)，是为了安定邦国。正，定也。大有功也：(上九爻辞说“俘获敌人甚众”)，是因为战胜敌人而立了大功。按今本无后“获匪其丑，大有功也”二句，陆德明《经典释文》所引王肃本则有，当是，据补。亦见高亨《周易大传今注》卷二 。按上九以阳居离卦之极，“附丽”之道已成，亲附者众。有不亲附者，则以非类除之。按《汉书・艺文志》称汉人《易》注为

“二篇”，即以上、下经分篇。自《乾》至《离》三十卦，称“上经”；《咸》至《未济》三十四卦，称“下经”。

咸卦第三十一

䷞（兑上艮下）泽山咸

【经文】

咸：亨，利贞。取女，吉。①

初六：咸其拇。②

六二：咸其腓（fēi），凶。居，吉。③

九三：咸其股，执其随，往吝。④

九四：贞吉，悔亡。憧（tóng）憧往来，朋从尔思。⑤

九五：咸其脢（méi），无悔。⑥

上六：咸其辅、颊、舌。⑦

［**注释**］①咸：卦名。上为兑为泽，下为艮为山，故其象山顶有泽。泽水下润，山气上凝，上下交感，故名咸。咸，感也。孔颖达《周易正义》：“此卦明人伦之始、夫妇之义，必须男女共相感应，方成夫妇。”亨：亨通，顺利。利贞：占问有利。取女：家中娶媳妇。吉：吉祥。　②咸其拇：男触感于女之脚拇指。喻情感初动。咸，感也。拇，足大指。　③咸其腓：男触感于女之小腿肚。喻情感进一步发展。腓，胫后肉也。凶：（不宜躁进），故有凶险。居吉：暂停举动则吉祥。居，停止不动。　④咸其股：男触感于女之大腿。股，大腿。喻情感继续深入。执其随：执着并且尾追对方。随，跟随。往吝：往前走会有艰难。吝，难也。　⑤贞吉：占问吉祥。悔亡：对方的怨恨消亡。悔，悔恨。憧憧往来：两人眉目传情。憧，同“瞳”，眼珠。朋从尔思：恋人之间心心相印。朋，朋友，此指恋人。从，随从。尔，你。思，所想。　⑥咸其脢：男触感于女之后背，即双方互相拥抱。脢，背肉也，其位“心之上，口之下”。无悔：

双方没有悔恨。　⑦咸其辅、颊、舌：男触感于女之嘴唇、脸颊、舌头，即双方接吻。喻情感至深。辅，指上牙床。颊，脸颊。

【彖传】

咸，感也。柔上而刚下，二气感应以相与。① 止而说（yuè），男下女，是以“亨，利贞；取女，吉”也。② 天地感而万物化生，圣人感人心而天下和平。③ 观其所感，而天地万物之情可见矣！④

[**注释**]①咸：卦名。感也：咸就是刚柔相感的意思。柔上而刚下：上卦为兑为阴为柔，下卦为艮为阳为刚，故柔上而刚下。二气感应以相与：阴气升而在上，阳气降而在下，二气互相交感相应，亲和共处。与，亲也。相与，相处。　②止而说：艮，止也；兑，悦也。喻男女交感既能自我克制又心情欢悦，即以礼节情。说，通“悦”。男下女：咸之卦象是女（兑）上而男（艮）下。下，动词，自下于。是以“亨，利贞；取女吉”也：按一般的社会通则，虽是男尊女卑，但在举行婚礼时却要有“男下女”之仪式（如男亲迎至女家、男揖女入家门等），所以才会“家道亨通，男女相感利在正道；娶妇大吉”。　③天地感而万物化生：天地之阴阳二气相感应，而万物化育产生。圣人感人心而天下和平：圣人（统治者）以其德政感应人心而天下平和不乱。　④观其所感：观察咸卦异物相感相应的原理。而天地万物之情可见矣：就可以了解天地万物相感相应的一般情况了。情，情况。

【象传】

咸：山上有泽，咸。君子以虚受人。①

初六：“咸其拇”，志在外也。②

六二：虽“凶居吉”，顺不害也。③

九三：“咸其股”，亦不处也。志在随人，所执下也。④

九四:"贞吉悔亡",未感害也。"憧憧往来",未光大也。⑤

九五:"咸其脢",志末也。⑥

上六:"咸其辅、颊、舌",滕口说也。⑦

[**注释**]①山上有泽:咸卦下为艮为山,上为兑为泽,故其象山上有泽。咸:孔颖达《周易正义》:"泽性下流,能润于下。山体上承,能受其润。以山感泽,所以为咸。"咸,感也。君子以虚受人:高山可容纳泽水及其大量水生动植物,君子也要以虚怀若谷的精神接受别人的批评指教。受,接受,容纳。②志在外也:(初六爻辞说"男触感于女之脚拇指"),是因为艮卦所象征的少男倾心于兑卦所象征的少女。志,心志。外,指外卦,即上卦之兑。艮,内卦。按初六以阴处阳,居咸卦之始,上应九四,所感应尚浅,未能动心,故以拇指喻之。　③顺不害也:(六二爻辞说,虽然"有凶险,但暂停举动则获吉祥"),说的是只要谨慎从事就可以免受其害。顺,通"慎",谨慎也。按六二以柔正处下卦之中,有柔顺之德,正应九五。但三、四亦阳,二为其所忌,故宜静而不宜动。"咸腓"有躁动之象,故深戒之。　④亦不处也:(九三爻辞说"男触感于女之大腿"),言其动股出行,不能让情感深藏而不显露也。处,安居不动也。志在随人:(男)一门心思在尾追对方。志,心志。所执下也:躁动之下,难免会有拙劣的下策。执,持也。下,卑下。按九三以阳居阳,刚亢过盛,应于上六,急切动股而行。躁动之下,必有艰难,策之下也。　⑤未感害也:(九四爻辞说"人之德性守正,悔恨之事消亡"),因此没有感受到什么害处。未光大也:(九四爻辞说"两人之所以眉目传情"),是因为爱慕之心尚未公开放大。按九四当咸之时,阳居阴位,有谦退之象,所应初六亦恬静而不妄动。双方思念之但德性守正,自然"贞吉悔亡"。　⑥志末也:(九五爻辞说"男触感于女之后背"),说明其志向未能远大也。末,微末也。按九五当感之时,虽居尊位,与六二有应,但不能"大感"于下,其心难通。王弼《周易注》:"进不能大感,退亦不为无志,其志浅末,故无悔而已。"　⑦滕口说也:(上六爻辞说"男触感于女之嘴唇、脸颊、舌头"),是张口放言于男女之情。《说文》"滕,水超涌也",引申为放纵口谈貌。按上六以阴居咸卦之终,物极必反,男女交感成空

口虚应之事。王弼《周易注》:“咸道转末,故在口舌言语而已。”

恒卦第三十二

䷟(震上巽下)雷风恒

【经文】

恒:亨,无咎。利贞,利有攸往。①

初六:浚(jùn)恒,贞凶,无攸利。②

九二:悔亡。③

九三:不恒其德,或承之羞,贞吝。④

九四:田无禽。⑤

六五:恒其德,贞,妇人吉,夫子凶。⑥

上六:振恒,凶。⑦

[**注释**]①恒:卦名。上为震为雷,下为巽为风,故其象雷动风行。上有雷电,下有狂风,是自然界常见现象,故名卦为恒。恒,常也,久也。本卦主题在赞美“恒久”之道。亨:亨通。无咎:无祸殃。利贞:占问有利。利有攸往:利于出门有所前往。攸,所。　②浚恒:经常疏浚河道。浚,疏通,掘之使深。贞凶:占问则凶。无攸利:无所利,没有好处。　③悔亡:悔恨之事将消失。亡,无也,消亡。　④不恒其德:不能常保美德。或承之羞:因此有人承受耻辱。承,受也。羞,耻辱。贞吝:占问则会遇艰难之事。吝,难也。　⑤田无禽:(占问)田猎之事,则一无所获。田,同“畋”,田猎。禽,通“擒”,获取。孔颖达《周易正义》:“田者,田猎也,以譬有事也。无禽者,田猎不获,以喻有事无功也。”　⑥恒其德:常久保持美德。贞:若占问。妇人吉:妻子吉利。夫子凶:丈夫凶险。夫子,丈夫,男人。　⑦振恒:经常变动不居。振,动也。振恒,久动也。凶:凶险。

【彖传】

恒，久也。刚上而柔下，雷风相与，巽而动，刚柔皆应，恒。① 恒“亨，无咎，利贞”，久于其道也。② 天地之道，恒久而不已也。“利有攸往”，终则有始也。③ 日月得天而能久照，四时变化而能久成，圣人久于其道而天下化成。④ 观其所恒，而天地万物之情可见矣！⑤

[**注释**]①恒：卦名。久也：恒久的意思。刚上而柔下：恒卦上为震为阳卦，下为巽为阴卦，此即刚上而柔下。雷风相与：震为雷，巽为风，故雷和风相共助。与，助也。巽而动：巽之义谦顺，震之义为动，驯顺而后能动，故可恒。刚柔皆应：指恒卦六爻，初六与九四、九二与六五、九三与上六，这些同位爻皆阴阳相应，是“刚柔皆应”。恒：释卦名之所以为“恒”，是因为以上这些内容，体现了自然界和社会的恒常之道。 ②久于其道也：（恒卦的卦辞为什么说“亨通，无有咎害，占问则有利”），是因为做人要能恒久地保持正道。久，恒久。道，法则，规范。王弼《周易注》：“道德所久，则常通无咎，而利正也。”③天地之道：天地的规律法则。恒久而不已也：是其运转恒常持久而不止息。已，停止。终则有始也：（卦辞说“利于出门有所前往”），是因为人事像自然一样，终点即是起点，起点也是上一个终点。有，通“又”。高亨认为“利有攸往，终则有始也”一句应该在“天地之道，恒久而不已也”一句的前面，今本盖传写之误。 ④日月得天而能久照：日月遵循天之道就能常照万物。得天，效仿天。四时变化而能久成：（顺天）四季的终始变化就能不断生成万物。圣人久于其道而天下化成：圣人坚守正道就能使天下人普受教化而臻于成功。⑤观其所恒：考察以上所说的“恒常”之义。而天地万物之情可见矣：天地万物林林总总的情状就可以被准确地把握住了。情，本性，情态。孔颖达《周易正义》：“总结恒义也。”

【象传】

恒：雷风，恒。君子以立不易方。①

初六："浚恒"之"凶"，始求深也。②

九二：九二"悔亡"，能久中也。③

九三："不恒其德"，无所容也。④

九四：久非其位，安得"禽"也。⑤

六五：妇人贞吉，从一而终也。夫子制义，从妇凶也。⑥

上六："振恒"在上，大无功也。⑦

[**注释**]①雷风：上为震为雷，下为巽为风，故其象雷动风行。恒：恒卦之义为"恒久"。君子以立不易方：君子见此象，应该坚守其原则而不变易。立，立足于。不易，不改易。方，道也，不变的原则。　②始求深也：(初六爻辞说"经常疏浚河道会有一定凶险")，在于危险地片面追求其深度。始，借为"殆"，危也。即过深地掏挖，容易导致河岸(或井壁)的崩塌。按初六处恒卦之始，阴居阳位而失正，且地处浅下，上应九四。错在为事之始就急于深求"恒"道，体巽性躁，则恐欲速不达，故"凶"。　③能久中也：(九二爻辞说"悔恨之事将消失")，是因为其能久于中道也。按九二阳居阴位，有失正之"悔"，但处下卦之中，象征坚守不偏之中道，故"悔亡"。王弼《周易注》："虽失其位，恒位于中，可以消悔也。"　④无所容也：(九三爻辞说"不能恒久地保持美德")，这将无处可以容身。按九三以阳刚居下卦之终，应于上六，有盲动躁进、守德不恒之象。朱熹《周易本义》："位虽得正，然过刚不中，志从于上，不能久于其所，故为'不恒其德、或承之羞'之象。"　⑤久非其位：长久地处于不当之位。安得"禽"也：这样田猎怎么能有所擒获呢？按九四失正不中，居不当之位，故徒劳无益。王弼《周易注》："恒于非位，虽劳无获也。"　⑥妇人贞吉：妇人守正道则吉利。从一而终也：因为她嫁给一个丈夫"守恒"而终身不变。从，顺从。一，夫也。夫子制义：丈夫作为家主其任务是因事而制定方针。夫子，男人。制，裁制。义，宜也。从妇凶也：如果依从妇人之见则凶。按六五以阴居上卦之中，虽不当位，但下应九二刚中，有守贞从夫之象，故"吉"。　⑦振恒在上：在上位者变动不已，有违恒道。振，动也。大无功也：

这必然大为无功。按上六居上震之终，性动不能守恒，有恒极致反之象，故处世而无功。马其昶《重定周易费氏学》引吕祖谦曰："立天下之大功，必悠久胶固，然后能成。若振动躁扰，暂作易辍，安能成功？"

遁卦第三十三

䷠（乾上艮下）天山遁（dùn）

【经文】

遁：亨，小利贞。①

初六：遁尾，厉，勿用有攸往。②

六二：执之用黄牛之革，莫之胜说（tuō）。③

九三：系遁，有疾厉；畜臣妾，吉。④

九四：好（hào）遁，君子吉，小人否。⑤

九五：嘉遁，贞吉。⑥

上九：肥遁，无不利。⑦

[注释]①遁：卦名。上为乾为天，下为艮为山，其象天下有山。山高但天却远离山而不与人亲近，天有隐退避让之义，故名"遁"。遁，退避。亨：亨通。孔颖达《周易正义》："小人方用，君子日消。君子当此之时，若不隐遁避世，即受其害。须遁然后得通，故曰遁亨。"小利贞：占问有小利。因退隐仅能保身，不涉治国，故小利。　②遁尾：隐退不及早而落在末尾。尾，末尾。厉：危险。勿用有攸往：不要贸然有所前往。勿用，不宜。　③执之用黄牛之革：用黄牛皮编的绳子来捆绑之。执，借为"縶"，捆绑，羁绊。莫之胜说：没有谁能够挣脱。说，借为"脱"，挣脱。　④系遁：以绳索系之以防止逃遁。一说心有系连而不能断然隐遁。有疾厉：生了病则会危殆。疾，病，喻灾祸。厉，凶险。畜臣妾吉：（占问者）蓄养男女奴隶则吉利，喻奴仆可为主人提供必要帮助。畜，养也。臣妾，男奴为臣，女奴为妾。　⑤好遁：喜好禄位者但能主动

割爱而隐遁。好，喜好。既喜好又决然而遁，是为“好遁”。君子吉，小人否：君子吉祥而小人不能割舍则非吉。否，不然。　⑥嘉遁：带着荣誉及时隐遁，即激流勇退。嘉，赞美，嘉奖。贞吉：占问则吉祥。　⑦肥遁：飞速地向远方退隐。肥，通“飞”，既有远走高飞义，又有迅即飞速义。无不利：没有什么不利。

【彖传】

“遁亨”，遁而亨也。① 刚当位而应，与时行也。②“小利贞”，浸而长（zhǎng）也。③ 遁之时义大矣哉！④

［**注释**］①遁而亨也：（遁卦的卦辞说“退隐，亨通”），意思是该退隐时决然退隐，然后就可以万事亨通。　②刚当位而应：九五爻以阳刚居外卦之中位，六二以阴柔居内卦之中位，二者相应。与时行也：阳刚君子顺时势而退隐。行，下行。当小人盘踞朝内时，代表君子的九五虽然当位有应，但看到小人势长的形势，决然退居朝外。内卦，喻朝内。外卦，喻朝外。　③“小利贞”：遁卦辞为什么说“占问有小利”，因为君子退隐可以保身但不可以治国，故仅有小利。浸而长也：君子为何退隐？象征小人的阴气在朝中逐渐弥散壮大，君子不得不离去。浸，逐渐。　④遁之时义大矣哉：退隐要掌握恰当的时机，这种顺时的意义大得很呀！历来仕隐之际，皆以时机论短长也。孔颖达《周易正义》：“相时度宜，避世而遁，自非大人照幾不能如此，其义甚大。”

【象传】

遁：天下有山，遁。君子以远小人，不恶而严。①

初六：“遁尾”之“厉”，不往，何灾也？②

六二：执用黄牛，固志也。③

九三：“系遁之厉”，有疾惫也。“畜臣妾吉”，不可大事也。④

九四：君子好遁，小人否也。⑤

九五："嘉遁贞吉"，以正志也。⑥

上九："肥遁无不利"，无所疑也。⑦

[**注释**]①天下有山：遁卦上为乾为天，下为艮为山，其象天下有山。遁：卦象之义为"退避"。李鼎祚《周易集解》引崔憬曰："天喻君子，山比小人。小人浸长，若山之侵天。君子遁避，若天之远山。"君子以远小人：君子观此象当疏远小人。不恶而严：君子对小人，不以凶恶的手段报复，而以严峻的态度远离之。恶，凶恶。　②不往何灾也：（初六爻辞说"隐退不及早而落在末尾造成了危险"），干脆不遁逃，还有什么灾害呢？按初六卑居遁卦之最下，当遁之时，但此时阴气已达二，而未及退。若往则厉，故未可再动。　③执用黄牛：用黄牛皮条编的绳子来捆绑。固志也：意在稳固之不使逃脱。志，疑为"之"字之误（高亨说）。此爻历来解说不同。主要观点一为《周易正义》引王弼注，认为六二爻为阴小之类束缚遁避者使之不去，即"坚固遁者不志，使不去已"。二为《周易本义》朱熹认为，六二爻体处艮止，守正自持，志在退避，固不可移。即"以中顺自守，人莫能解，必遁之志也"。　④有疾惫也：（九三爻辞说"以绳索系之以防止逃遁"），而逃遁之后的危险在于疾病和疲惫交加。不可大事也：（九三爻辞说"占问者虽蓄养男女奴隶可获吉祥"），但他们不可托付以治国大事。按九三处下卦之终，不中无应，切比于六二（臣妾），为之所系而不能超然远遁，于国事亦无所补益。　⑤君子好遁：君子看淡禄位主动隐退以避时难，故吉利。小人否也：小人贪婪禄位而招祸，故凶险。按九四处于外卦而有应于内卦之初六，有心情喜好而身已遁退之象。尚秉和《周易尚氏学》："当祸患未形之时，从容而遁也。然知幾其神，惟君子能之。"　⑥以正志也：（九五爻辞说"带着荣誉及时隐遁"），这是因为能够端正心志。按九五居尊而刚中得正，下应六二柔中，功德已就而及时退避，盖心志明远。尚秉和《周易尚氏学》："五居中当位，下有应与，不必遁也。乃识微虑远，及此嘉时而遁焉，故曰贞吉。"　⑦无所疑也：（上九爻辞说"飞速地向远方退隐无有不利"），这是由于看清了形势而无所疑虑的结果。按上九最处外卦之极，无应和于内，无阻挡于上，心无疑虑，一身轻捷，退避远飞而无不利。

大壮卦第三十四

䷡(震上乾下)雷天大壮

【经文】

大壮:利贞。①

初九:壮于趾,征凶,有孚。②

九二:贞吉。③

九三:小人用壮,君子用罔。贞厉。羝(dī)羊触藩,羸(lěi)其角。④

九四:贞吉。悔亡。藩决不羸,壮于大舆之輹(fù)。⑤

六五:丧羊于易,无悔。⑥

上六:羝羊触藩,不能退,不能遂,无攸利。艰则吉。⑦

[**注释**]①大壮:卦名。上为震为雷,下为乾为天,有雷在天上之象。雷震天上,声威雄壮,故名“大壮”(汉帛《易》为“泰壮”)。孔颖达《周易正义》:“壮者,强盛之名。以阳称大,阳长既多(全卦四个阳爻),是大者盛壮,故曰大壮。”利贞:占问则有利。贞,占筮。　②壮于趾:脚趾受了伤。李鼎祚《周易集解》引虞翻曰:“壮,伤也。”按“壮”,借为“戕”,伤也。征凶:出征则必遇凶险。有孚:心有诚信。　③贞吉:占问则吉祥。　④小人用壮:小人以蛮力逞强。用,以。壮,强壮。君子用罔:君子不以蛮力而以礼法之网来克制自己。罔,同“网”,罗网。王弼《周易注》:“处健之极,以阳处阳,用其状者也。故小人用之以为壮,君子用之以为罗己者也。”贞厉:占问则有危险。羝羊触藩:公羊以角抵篱笆。羝羊,公羊。藩,篱笆墙。羸其角:羊角被篱笆卡住。羸,借为“累”,拘系也。　⑤贞吉:占问之事则吉利。悔亡:可悔恨之事消失。藩决不羸:篱笆被挑破,羊角挣脱了拘束。决,裂也。壮于大舆之輹:羊角再受伤

于大车之辐条。壮，借为"戕"。大舆，大车。輹，车辐。 ⑥丧羊于易：商之先王亥在有易国畜牧时曾丧失了羊。易，古国名，又称有易氏。一说，易通"埸"，田畔。无悔：没有悔恨之事。 ⑦羝羊触藩：公羊抵触篱笆墙。不能退不能遂：不能退也不能进。遂，进。无攸利：无所得利。艰则吉：艰困之后会吉利。

【彖传】

大壮，大者壮也。① 刚以动，故壮。② 大壮"利贞"，大者正也。③ 正大，而天地之情可见矣！④

[注释]①大壮：卦名。大者壮也：阳刚为大，大壮卦阳爻有四，阳刚强壮，故名大壮。孔颖达《周易正义》："阳爻浸长已至于四，是大者盛壮。" ②刚以动：大壮卦体下为乾，纯阳为刚；上为震为动，是为刚以动。故壮：所以强壮有力。李鼎祚《周易集解》引荀爽曰："乾刚震动，阳从下升，阳气大动，故壮也。" ③大壮"利贞"：大壮的卦辞之所以说"利于守持正道"（按这是《易传》作者对"利贞"二字的理解，不一定符合《易经》的原意）。大者正也：因为凡属刚大有力者（如天道、君道、父道、夫道……），必然固守正道。 ④正大：守正而求大。而天地之情可见矣：而天地化育万物的真性情就可以知道了。古人认为天地之性就是既大且正。王弼《周易注》："天地之情，正大而已矣。弘正极大，则天地之情可见矣。"

【象传】

大壮：雷在天上，大壮。君子以非礼弗履。①

初九："壮于趾"，其孚穷也。②

九二："九二贞吉"，以中也。③

九三："小人用壮"，君子罔也。④

九四："藩决不羸"，尚往也。⑤

六五："丧羊于易"，位不当也。⑥

上六："不能退，不能遂"，不详也。"艰则吉"，咎不长(cháng)也。⑦

[注释]①雷在天上：大壮卦上为震为雷，下为乾为天，有雷声响在天上之象。大壮：象征"大为强壮"。孔颖达《周易正义》："震雷为威动，乾天主刚健。雷在天上，是刚以动，所以为大壮。"君子以非礼弗履：君子因此对天威有所畏惧，故不去做有违礼制的事情。履，践行。王弼《周易注》："壮而违礼则凶，凶则失壮也。" ②其孚穷也：(初九爻辞说"脚趾受了伤而丧失实力")，虽有诚信也终将前途困窘。孚，诚信。穷，困穷。按初九为阳刚居正，以孚自守。但处大壮之初，上无应援，躁动必遇凶险，故戒以"征凶"。 ③以中也：(九二爻辞说"占问则吉祥")，是因为善守中正之道。按九二阳居阴位，失正有咎，但处大壮之时而谦柔不用，处中不亢，象征人能守中正之道，故吉祥而至。 ④君子罔也：(九三爻辞说"小人以蛮力逞强")，则君子不以蛮力而以礼法之网来克制自己。按九三居下体乾卦之终，当位应上，有阳刚过盛之嫌。若是小人会恃强妄动，君子则虽强不用，以礼法约束自我。孔颖达《周易正义》："言小人用以为壮者，即是君子所以为罗网也。" ⑤尚往也：(九四爻辞说"篱笆被挑破，羊角挣脱了拘束")，说明有蛮力而喜欢往前冲。尚，喜好也。往，前进也。按九四阳居阴位，失位无应，有行不违谦之象。但又处四阳最盛之时，又有前进之动力。王弼《周易注》："下刚而进，将有忧虞；而以阳处阴，行不违谦，不失其壮，故得贞吉而悔亡也。" ⑥位不当也：(六五爻辞说"商之先王亥在有易国畜牧时曾丧失了羊")，这是因为亥虽在本国是王，但到异国是客，地位不当。按六五不仅以阴居阳，而且所处为四阳之上，"壮"已过时。其以柔处中，无所用其壮，故有"丧羊于易"之事，原因在其"位不当"。 ⑦不详也：(上六爻辞说"不能退却也不能前进")，说明其境遇不好。详，通"祥"，不祥即不善。按陆德明《经典释文》引郑玄、王肃所说正作"祥"，谓"善也"。咎不长也：(上六爻辞说"艰困之后会有吉祥")，说明咎害不会长久。按上六处大壮之终极，虽求进心切，但阴柔不刚，进退两难。好在其下应九三，阴阳相合，有转机在焉。

晋卦第三十五

䷢（离上坤下）火地晋

【经文】

晋：康侯用锡（cì）马蕃庶，昼日三接。①

初六：晋如，摧如，贞吉。罔孚，裕无咎。②

六二：晋如，愁如，贞吉。受兹介福于其王母。③

六三：众允，悔亡。④

九四：晋如鼫（shí）鼠，贞厉。⑤

六五：悔亡，失得勿恤。往，吉，无不利。⑥

上九：晋其角，维用伐邑。厉，吉；无咎，贞吝。⑦

[**注释**]①晋：卦名。上为离为日，下为坤为地，有日出地上之象。太阳升起，故名“晋”。晋，进也，升也，长也。孔颖达《周易正义》：“晋之为义，进长之名。此卦明臣之升进，故谓之晋。”康侯：周武王之弟康叔。用锡马蕃庶：得到了王所赏赐的众多马匹。锡，借为“赐”。蕃庶：众多。昼日三接：康侯出征异族，一日三捷。昼日，一个白天。接，借为“捷”，胜也。　②晋如：进攻之。晋，进也。如，犹“之”，代词，指敌人。摧如：摧毁之。贞吉：占筮则吉祥。罔孚：没有俘获。罔，通“无”。孚，通“俘”。裕无咎：宽容则无殃咎。裕，宽也，容也。　③晋如：进攻之。愁如：逼迫之。愁，借为“遒”，迫降。贞吉；占筮则吉祥。受兹介福于其王母：将要于其祖母之处得到大赏。受，得到。兹，此，这个。介福：大福，或是在天福佑，或是现行的大赏赐。王母，祖母。　④众允：得到众人的帮助。允，信也，指帮助。悔亡：悔恨消失。悔，悔恨之事。亡，消亡。　⑤晋如鼫鼠：进攻如硕鼠一般胆小。鼫鼠：一种大的田鼠，即硕鼠。贞厉：占问则凶险。厉，危厉。　⑥悔亡：悔恨消失。失得：所失之物又得。勿恤：无忧。恤，忧也。往吉：前进则吉。无不利：没有不利。　⑦晋其

角:进攻以尖锐之兵。晋,进也。角,本指兽角,借指坚兵。维用伐邑:唯有征伐其城邑。维,唯也。用,以。厉吉:有危险但结果吉利。无咎:没有祸害。贞吝:占问则有艰难。吝,难也。

【彖传】

晋,进也。明出地上。①顺而丽乎大明,柔进而上行。②是以"康侯用锡马蕃庶,昼日三接"也。③

［**注释**］①晋:卦名。进也:其名取义于(太阳)向上升进。明出地上:晋卦卦象是上离为日,下坤为地,即光明出现于地面上。孔颖达《周易正义》:"明既出地,渐就进长,所以为'晋'。"　②顺而丽乎大明:下卦坤(顺)附丽于上卦离(大明)。坤,顺也。丽,附丽,依附。离为日,即大明。李鼎祚《周易集解》引崔憬曰:"坤,臣道也;日,君德也。臣以功进,君以恩接,是以顺而丽乎大明。"柔进而上行:晋卦之初、二、三、五各爻皆为阴为柔,依次向上,故柔进而上行。按此特指六五上进而居尊位。　③是以"康侯用锡马蕃庶,昼日三接"也:因此康侯才得到了王赏赐的众多马匹,出征异族,一日三捷呀。按晋卦之象,下坤为大臣,依附于上离大明即周王,然后大臣"进攻而前行",取得了赫赫战功。

【象传】

晋:明出地上,晋。君子以自昭明德。①

初六:"晋如摧如",独行正也。"裕无咎",未受命也。②

六二:"受兹介福",以中正也。③

六三:"众允"之,志上行也。④

九四:"鼫鼠贞厉",位不当也。⑤

六五:"失得勿恤",往有庆也。⑥

上九："维用伐邑"，道未光也。⑦

[注释]①明出地上：晋卦上为离为日，下为坤为地，有日出地上之象。明，大明，即日也。晋：明出为太阳而进升。进，晋也，故名卦为"晋"。君子以自昭明德：君子观此象，要求自己发扬美德。以，因此。自，自我。昭，显明，光耀。明德，光明之德，即美德。　②独行正也：（初六爻辞说"对敌进攻之摧毁之"），这是我们独行正道的结果。未受命也：（初六爻辞说"奉行宽容则无咎"），战争在未受到王命的情况下就成功了。按初六处晋卦之始，阴柔在下，前临众敌。唯以正自守，宽容大度，而得九四之应，故无咎。　③以中正也：（六二爻辞说"受到这样大的福佑"），是因为能守中正之道。按六二处下卦之中，居两阴之间，上无应援，实力不足以进。但有中正柔和之德，受大福佑于"王母"六五，故"贞吉"。程颐《周易程氏传》："王母，祖母也，谓阴之至尊者，指六五也。"　④众允之：得到众人的帮助。志上行也：是由于其心志与众人默契而前行。按六三以阴居阳，失正不中，但依赖有初、二"同志"而并进，终"柔进而上行"为六五之尊，转危为安。朱熹《周易本义》："三不中正，宜有悔者。以其与下二阴皆欲上进，是以为众所信而悔亡也。"　⑤位不当也：（九四爻辞说"进攻如硕鼠般胆小，占问则凶险"），是因为其所处地位不当。按九四阳居阴位，不中失正，处上卦之下，危而不安，是为不当。项安世《周易玩辞》："三虽不正，以其能顺故得伸其志而上行。四虽已进乎上，以其失柔顺之道，故如鼫鼠之穷而不得遂。"盖"晋"之道主于柔顺也。　⑥往有庆也：（六五爻辞说"所失之物重得而且无忧"），即前进必有福庆。按指六五以阴居尊，不当位而有悔，但不自恃其明，而能委任得人，下者顺从，故"悔亡"而且所前往皆有吉庆。庆，福也。孔颖达《周易正义》："居不当位，悔也。柔得尊位，阴为明主，能不自用其明，以事委任于下，故得悔亡。"　⑦道未光也：（上九爻辞说"唯有征伐敌人的城邑"），说明王道尚未能发扬光大。按上九处晋之极，物反则光明必损，晋卦"明出地上"之象即将式微矣。尚秉和《周易尚氏学》："离为光明，至上光将熄矣。夫王道大光，则无用征伐，用征伐必'未光'也。"

明夷卦第三十六

䷣(坤上离下)地火明夷

【经文】

明夷:利艰贞。①

初九:明夷于飞,垂其翼。君子于行,三日不食。有攸往,主人有言。②

六二:明夷,夷于左股,用拯马壮,吉。③

九三:明夷,于南狩,得其大首。不可疾贞。④

六四:入于左腹,获明夷之心,于出门庭。⑤

六五:箕子之明夷,利贞。⑥

上六:不明,晦。初登于天,后入于地。⑦

[**注释**]①明夷:卦名。上为坤为地,下为离为日,有日入地中之象。太阳的光辉隐而不显,故曰“明夷”。明,指日;夷,伤也,灭也。利艰贞:艰难之事的占问则有利。孔颖达《周易正义》:“此卦日入地中,明夷之象。施之于人事,暗主在上,明臣在下,不敢显其明智,亦明夷之义也。”李鼎祚《周易集解》引郑玄曰:“日之明伤,犹圣人君子有明德而遭乱世,抑在下位,则宜自艰,无干事政,以避小人之害也。”　②明夷于飞:鸣鹈在飞行。明夷,借为“鸣鹈”,一种鸟。垂其翼:(因长途飞行的疲劳)而低垂着翅膀。君子于行:君子遇难而出行。三日不食:多日没有饭吃。有攸往:有所前往。主人有言:受到主事者的责难。言,责怪之言。　③明夷:太阳落山,即光明受到伤害。夷于左股:(君子出行),左边的大腿受伤。夷,伤也。用拯马壮:然后乘用壮马以拯救之。用,以。拯,救也。马壮,良马。吉:吉祥。　④明夷:太阳落山。于南狩:君子于南边狩猎。狩,猎也。得其大首:获取一群野兽的头领。不可疾

贞:不要因疾病而去占问。 ⑤入于左腹:(君子逃难)进入左边的山洞隐居。腹,腹地,指洞穴。获明夷之心:探知了明夷之君的昏暗用心。获,了解。明夷,此指商代纣王,史上著名的暴虐之君。于出门庭:于是迅速逃出家门。门庭,门内之庭院。 ⑥箕子之明夷:箕子自晦其明。按指其佯狂退隐。明,内心之明。夷:伤也。指其外表以装疯卖傻而掩饰真实内心。按箕子乃纣王之叔,贤明而不能争,佯狂以避难。利贞:占问则吉祥。 ⑦不明:失去光明。晦:一片黑暗。初登于天:太阳最初升到天空。后入于地:后来太阳入于地下。按此似在描述古代的日食现象,借喻暗君当道,指王朝政治的由治而乱。

【彖传】

明入地中,明夷。① 内文明而外柔顺,以蒙大难,文王以之。②“利艰贞”,晦其明也。③ 内难而能正其志,箕子以之。④

[注释]①明入地中:明夷卦上为坤为地,下为离为日,有日入地中之象。日,明也。明夷:太阳的光辉隐而不显,故卦名为“明夷”。夷,伤也,灭也。孔颖达《周易正义》:“此就二象以释卦名。” ②内文明而外柔顺:内卦为离为火为文明,外卦为坤为地为柔顺,指像周文王这样的贤人,内有文明之德,外用柔顺之道。以蒙大难:竟遭大难。蒙,受也。大难,指文王被囚禁于商之监狱羑里。文王以之:文王就是这样的遭遇。以,借为“似”字。 ③晦其明也:(卦辞说“艰难之事的占问则有利”),是指箕子有意隐晦其光明之德,以等待时机。 ④内难而能正其志:尽管在朝内处于艰难之处境,仍能端正其心志。内,朝内。正,端正。箕子以之:箕子就是这样做的呀。以,似也。

【象传】

明夷:明入地中,明夷。君子以莅众,用晦而明。①

初九:“君子于行”,义不食也。②

六二:六二之“吉”,顺以则也。③

九三:“南狩”之志,乃大得也。④

六四:“入于左腹”,获心意也。⑤

六五:“箕子”之“贞”,“明”不可息也。⑥

上六:“初登于天”,照四国也。“后入于地”,失则也。⑦

[**注释**]①明入地中:明夷的卦象上为坤为地,下为离为日为大明,故为明入地中。明夷:太阳的光辉隐而不显,故卦名“明夷”。夷,掩灭也。李鼎祚《周易集解》引郑玄曰:“日出地上,其明乃光;至其入地,明则伤矣,故谓之明夷。”君子以莅众:君子用此以治理民众。莅,临也,治理。用晦而明:外表深藏不露(晦)而内心明察。用,以也。程颐《周易程氏传》:“不极其明察而用晦,然后能容物和众,众亲而安。” ②义不食也:(初九爻辞说“君子遇难而出行”),是因为君子出于“义”出行而不可食禄。义,节义也。食,喻指朝廷之禄食。按初九阳刚,处卦之始,虽远于难,但能在明夷之初而自晦其明,匿形远遁,显示君子出于大义而放弃禄位。 ③六二之“吉”:六二爻占问而得“吉利”。顺以则也:是由于它柔顺而且切合于中正的法则。按六二以阴爻居阴位,又在内卦之中位,象征人内心有中正之德,故能复壮而吉。来知德《来氏易注》:“言外虽柔顺而内实文明有法则也,所以‘用拯马壮’也。” ④“南狩”之志:君子于南边狩猎得其大首。狩,喻征伐。大首,喻上六所象征的暗君。乃大得也:预示其将大得志也。“大得”二字原作“得大”,高亨据《周易正义》所附《校勘记》各古本所列改正,甚对,今从之。见氏著《周易大传今注》卷三。按九三处下卦离明之上爻,阳刚得正,志在诛灭上六之“暗君”,以明正德。而离卦之方位又在南,喻文王之兴起事甚明。朱熹《周易本义》:“成汤起于夏台,文王兴于羑里,正合此爻之义。” ⑤获心意也:(六四爻辞说“君子逃难进入左边的山洞隐居”),是因为了解到朝中纣王的昏暗心理。左腹,喻腹要之位。左,退也,顺也。按六四居上卦坤体之初,当明夷昏暗之时,以柔顺退处腹要之位,故能及时获知明夷之内情,毅然退隐远遁。朱熹《周易本义》:“六四以柔正居暗地而尚浅,故犹可以得意于远去。” ⑥“箕子”之“贞”:箕子之坚守正道。贞,贞正。“明”不可息也:其明德永远不会磨灭。息,通“熄”,灭

也。按六五最近暗君，身罹内难，唯守正不移，方彰显明德。来知德《来氏易注》释六爻之象曰："初爻指伯夷，二爻指文王，三爻指武王，四爻指微子，五爻指箕子，上六指纣。"此说可供参考。　⑦照四国也：（上六爻辞说"太阳最初升到天空"），以其光明普照四方诸国。按此喻统治者以光明之心治国，则兴盛。失则也：（上六爻辞说"后来太阳入于地下"），是失去了使万物运行的法则。按此借喻统治者以私心治国，则没落。上指暗君当道，王朝政治则由治而乱。按上六以阴处"明夷"之极，为暗君之象，前此五爻之明皆为其所晦。王弼《周易注》："本其初也，在乎光照；转至于晦，遂入于地。"

家人卦第三十七

䷤（巽上离下）风火家人

【经文】

家人：利女贞。①

初九：闲有家，悔亡。②

六二：无攸遂，在中馈（kuì），贞吉。③

九三：家人嗃（hè）嗃。悔，厉，吉。妇子嘻嘻，终吝。④

六四：富家，大吉。⑤

九五：王假有家，勿恤，吉。⑥

上九：有孚，威如，终吉。⑦

［注释］①家人：卦名。上为巽为风，下为离为火，有"风自火出"的炊烟之象。有炊烟必有人家，故卦名"家人"。孔颖达《周易正义》："明家内之道，正一家之人，故谓之'家人'。"利女贞：女人占问则吉利。家内之事，女为主，故"利女贞"。　②闲有家：治家要注意处处防范。闲，本义为养马圈，引申为防范。有，即"于"。悔亡：悔恨之事消失。王弼《周易注》："凡教在初而法在始。家渎而后严之，志变而后治之，则悔矣。"　③无攸遂：没有做错什么事

情。攸，所。遂，借为“坠”，失误。一说遂，抱负，成就，即无所成就。在中馈：一心在家中调理饮食。中，内也，家内。馈，进食于人。李鼎祚《周易集解》引荀爽曰：“坤道顺从，故无所得遂。供肴中馈，酒食是议，故曰中馈。”贞吉：占问则吉祥。　④家人嗃嗃：治家严厉，家人嗷嗷叫不堪忍受。嗃嗃，通“嗷嗷”，怨愁之声。悔：有悔恨之事。厉：凶险。吉：但可变为吉祥。妇子嘻嘻：持家过宽，妻儿整日嬉笑打闹。妇子，妇人孩子。嘻嘻，欢笑声。终吝：最终会招致家境艰难。吝，难也。　⑤富家：增富其家致物多有。大吉：则大吉利。富，用如动词，使富有，增富。　⑥王假有家：王亲自来到臣民家。假，通“驾”，至也。有，于也。家，臣民之家。勿恤：无须忧虑。吉：吉利。　⑦有孚：心存诚信。威如：持家威严。终吉：终归吉祥。

【彖传】

家人，女正位乎内，男正位乎外。① 男女正，天地之大义也。② 家人有严君焉，父母之谓也。③ 父父、子子、兄兄、弟弟、夫夫、妇妇，而家道正。④ 正家，而天下定矣。⑤

[**注释**]①家人：卦名。女正位乎内：六二以阴爻居阴位，又在内卦中位，象征女子居内、得中、当位。即女在内以正道守其位。男正位乎外：九五以阳爻居阳位，又在外卦中位，象征男子居外、得中、当位。即男在外以正道守其位。此是男、女皆正于位，即家人相处之道。　②男女正：男外女内，皆当正位，故“男女正”，喻家人中男和女分工皆合理明确。天地之大义也：这是天地之间最重要的一种社会秩序和规范，合乎天地、阴阳、尊卑之理。大义，重要的道理。　③家人有严君焉：家庭中有尊严的家长存在。严，尊严，威严。君，长也。父母之谓也：所指的严君正是父母。　④父父：父亲像名副其实的父亲。子子：子像子。兄兄：兄像兄。弟弟：弟像弟。夫夫：夫像夫。妇妇：妇像妇。即各人尽到各人的职责。按这种语句皆由前一个名词（主语）和后一种动词词组（谓语）构成。而家道正：这样才能使持家之道端正。道，秩序，规范。　⑤正家而天下定矣：家庭的秩序一端正，而天下的秩序也就自然安定，即家庭是社会的基础和细胞。李鼎祚《周易集解》引陆绩曰：“圣人教先从家

始，家正而天下化之，修己以安百姓者也。”来知德《来氏易注》：“风化之本，自家而出。”

【象传】

家人：风自火出，家人。君子以言有物而行有恒。①

初九：“闲有家”，志未变也。②

六二：六二之“吉”，顺以巽也。③

九三：“家人嗃嗃”，未失也；“妇子嘻嘻”，失家节也。④

六四：“富家大吉”，顺在位也。⑤

九五：“王假有家”，交相爱也。⑥

上九：威如之吉，反身之谓也。⑦

[**注释**]①风自火出：家人卦上为巽为风，下为离为火，内火外风，故有“风自火出”之象。孔颖达《周易正义》：“火出之初，因风方炽；火既炎盛，还复生风。内外相成，有似家人之义。”家人：有风火炊烟必有人家，故卦名“家人”。君子以言有物而行有恒：君子观家人卦以处世，必须说话切近实际而行为持之以恒。有物，（说话）不空洞而明哲。恒，持久。 ②志未变也：（初九爻辞说“治家要注意处处防范”），乃在于防患于未然的心志不能改变也。按初九处家人之始，家道初立，必须有治家从严、防恶于未萌的心志，即古人所说“教子婴孩，教妇初来”。 ③六二之“吉”：六二爻辞说“占问则吉祥”。顺以巽也：为其柔顺而且谦逊的态度所决定。阴坤，顺也。巽，通“逊”。按六二居下卦之中，柔顺中正，上应九五阳刚，有“妇从夫”之象。又在九三阳爻之下，象征女子谦让于男子。李鼎祚《周易集解》引荀爽曰：“六二处和得正，得正有位，有应有实，阴道之至美者也。” ④未失也：（九三爻辞说“治家严厉，家人嗷嗷叫不堪忍受”），但却不失治家之节度。失家节也：（九三爻辞说“妻儿整日嬉笑打闹”），却丧失了治家应有的节制。按九三处下卦之上，阳刚过甚，有持家过严家人抱怨之象，但不失正道而吉，仍较治家宽慢者为优。 ⑤顺在位也：（六四爻辞说“增富其家致物多有”），是由于家人都能顺从于应

有之位的职责要求。按六四处上卦之下，柔顺得正，下应初九，上承九五，象征妻从夫、子从父的身份要求而各得其宜，故家庭能大得富实。　⑥交相爱也：(九五爻辞说“王首先能正自己的家”)，则其家人交相亲爱。假，读为格，感格，正也。有，其也，指王自身。交，交应，亲和。按对此爻辞的解释，《周易》的《经》与《传》似有不同，详见高亨《周易大传今注》卷三《家人》。按九五阳刚中正，居君尊位，据四应二，以天下为家，有以美德感化格正家人之象。尚秉和《周易尚氏学》：“言王以至德感格家人，无有不正。”　⑦威如之吉：持家威严而终归吉祥。反身之谓也：所指的是先要求自身做好，严于律己。反身，求之于己。按上九以阳刚居一家之上，既有诚信，又能威严，故有吉祥。王弼《周易注》：“家人之道，尚威严也。家道可终，唯信与威。”

睽卦第三十八

䷥(离上兑下)火泽睽(kuí)

【经文】

睽：小事吉。①

初九：悔亡。丧马勿逐，自复。见恶人，无咎。②

九二：遇主于巷，无咎。③

六三：见舆曳(yè)，其牛掣(chè)；其人天且劓(yì)。无初有终。④

九四：睽孤遇元夫，交孚，厉，无咎。⑤

六五：悔亡。厥宗噬肤，往何咎？⑥

上九：睽孤，见豕负涂，载鬼一车；先张之弧，后说(tuō)之弧。匪寇，婚媾。往遇雨则吉。⑦

[注释]①睽：卦名。上为离为火，下为兑为泽。离火炎上，泽水沉下，二

者背离，故名为睽。睽，乖离也。按汉帛书本《周易》的卦名和爻辞之“睽”字皆为“乖”，二字古通用。小事吉：占问小事则吉。按古代以“师”与“祭”为国之大事，余则为小。孔颖达《周易正义》：“物情乖异，不可大事。大事谓兴役动众，必须大同之世方可为之。小事谓饮食衣服，不待众力，虽乖而可。”
②悔亡：艰困悔恨之事消失。丧马勿逐自复：失马不必寻找，马将自行返回。丧，失也。逐，追赶。复，返也。见恶人无咎：会见到坏人，但坏人不会加害于你。恶，凶恶也。 ③遇主于巷：在他乡的里巷中会遇到主人。巷，里中小路。无咎：虽意外但没有祸殃。 ④见舆曳其牛掣：看见大车在辕牛吃力地牵引下艰难前行。舆，大车。曳，拉，牵引。掣，牛角一俯一仰。其人天且劓：赶车的人额头刺字，还受过劓刑。天，指黥额（额头刺字）之刑。劓，割鼻之刑。无初有终：其事开始不顺利，但结局尚好。 ⑤睽孤遇元夫：睽孤之人与一个大夫相遇。睽孤，出生前父亲已经去世的孤儿。元夫，即大夫。交孚：彼此以诚相待。厉，危险。无咎：没有祸殃。 ⑥悔亡：追悔之事消失。厥宗噬肤：到宗庙吃胙肉。厥，汉帛书《周易》作“登”，可从。宗，祖庙。噬，吃。肤，易食之软肉。按此指祭祖的胙肉，祭后宗亲分别赐食之，可得先祖福佑。往何咎：往那里去又有什么祸殃呢？ ⑦睽孤：睽孤之人。见豕负涂：见到一头猪背上涂满污泥。豕，大猪。负，背也。涂，污泥。载鬼一车：再有一辆车，上面似乎坐满众鬼。先张之弧：先张弓欲射。弧，即弓。后说之弧：后又将弓放下。说，借为“脱”，放下。匪寇：（发现来的）不是强盗。匪，同“非”。婚媾：而是抢婚之人。往遇雨则吉：占筮，前行遇雨则吉祥。下雨，古人理解为阴阳二气的交合之物，即是今天所说热冷空气交汇。

【彖传】

睽，火动而上，泽动而下。① 二女同居，其志不同行。② 说（yuè）而丽乎明，柔进而上行，得中而应乎刚，是以“小事吉”。③ 天地睽而其事同也，男女睽而其志通也，万物睽而其事类也。④ 睽之时用大矣哉！⑤

[**注释**]①睽：卦名。火动而上：睽卦上为离为火，火焰炎上。泽动而下：下为兑为泽，泽水润下。二者不交而背离，是卦名为睽。睽，乖离也。 ②二女同居：上卦离为中女，下卦兑为少女，睽卦之象是“二女同居”。其志不同行：女大出嫁，各有所适，势必志异而不同行。 ③说而丽乎明：睽卦下为兑为悦，其依附于上卦离即明，是为“说而丽乎明”。说，同“悦”。丽，附丽。明，指离为日为火为明。柔进而上行：以柔顺之道求进而上行。按指六三为阴柔，上行至六五，是“柔进而上行”也。得中而应乎刚：以中道处事而应合于阳刚。按指六五以阴柔居上卦之中位，又与九二阳爻同位相应，故得中而应乎刚。是以“小事吉”：因为睽卦之象为臣下（六五）得中以应和君主（九二），须小心以行柔道，故只能小事吉利。 ④天地睽而其事同也：天与地虽然高低背离，但其“生养万物”之事体是共同的。睽，乖离。男女睽而其志通也：男女职分地位不同，但其“生育子女”之志向是相通的。万物睽而其事类也：万物的形体和属性各有不同，但都具有这种既乖离又相协和的相类性。类，类同，类似。 ⑤睽之时用大矣哉：睽卦所强调的宇宙万物无不以时睽、以时合的法则，其意义大得很呀！程颐《周易程氏传》：“物虽异而理本同，故天下之大，群生之众，睽散万殊，而圣人为能同之。处睽之时，合睽之用，其事至大，故云‘大矣哉’。”

【象传】

睽：上火下泽，睽。君子以同而异。①

初九：“见恶人”，以辟咎也。②

九二：“遇主于巷”，未失道也。③

六三：“见舆曳”，位不当也。“无初有终”，遇刚也。④

九四：“交孚无咎”，志行也。⑤

六五：“厥宗噬肤”，往有庆也。⑥

上九：“遇雨之吉”，群疑亡也。⑦

[**注释**]①上火下泽：睽卦之象上为离为火，下为兑为泽。睽：其义上下

二者乖离，故名为睽。睽，乖也。君子以同而异：君子观此象，应该既综合万物之同，又要离析其间的区别和差异。李鼎祚《周易集解》引荀爽曰："大归虽同，小事当异。百官殊职，四民异业，文武并用，威德相反，共归于治。故曰'君子以同而异'也。" ②以辟"咎"也：（初九爻辞说"会见到坏人"），应该主动地和解对方，以避免惹上灾祸。辟，同"避"。按初九位卑无应，孤立无援，只能退顺和合，以静俟动。李光地《周易折中》引何楷云："静以俟之，逊以接之，泊然若不见其'睽'者。夫惟不见其睽，而后睽可合。" ③未失道也：（九二爻辞说"在他乡的里巷中遇到主人"），因此没有迷失道路。按九二当睽之时，失位有咎。但处中道，刚而能柔，又于偶然间与所应之主人（六五）相遇巷道，遂合"睽违"而无咎。王弼《周易注》："处睽失位，将无所安。然五亦失位，俱求其党。出门同趣，不期而遇，故曰'遇主于巷'。" ④位不当也：（六三爻辞说"看见大车艰难前行"），是因为驾车人的能力不堪其职位。当，相当。遇刚也：（六三爻辞说"其事开始不顺利但结局尚好"），是因为得到了刚强者的帮助。按六三阴柔失位，处内卦之终，虽与上九正应，但因二、四上下两阳近比，造成心理负担，与上九有睽违难合之状。然六三专情上九，最终与上九消疑欢合。朱熹《周易本义》："然邪不胜正，终必有合。" ⑤志行也：（九四爻辞说"彼此以诚相待而没有咎害"），这样双方志向可行，目标可达。按九四孤立无应，有"睽孤"之象。但阳居阴位，刚而能柔，不强求阴阳交应，故与初九求同存异，化睽为合。王弼《周易注》："初亦无应特立，处睽之时，俱在独立，同处体下，同志者也……故求其畴类而自托焉，故曰遇元夫也。" ⑥往有庆也：（六五爻辞说"到宗庙去吃胙肉"），前往必有吉庆焉。按六五阴居阳尊，本失位有悔，但能屈尊柔顺，下应九二。而九二也能谦顺和合，故前往"遇主"。二者相聚，必有福庆。李光地《周易折中》："九二遇我乎巷，是'厥宗'之来'噬肤'也。我往合之，睽者不睽矣。" ⑦群疑亡也：（上九爻辞说"前行遇雨则吉祥"），是因为种种猜疑都消失了。按上九和六三两爻本有一种正应关系，但从爻辞来看，二者间曾产生种种猜疑（泥豕、车鬼、匪寇、婚媾），使之睽违不合。现在遇到象征阴阳和合的"雨"，于是前嫌冰释。程颐《周易程氏传》："上之与三，虽为互应，然居睽之极，无所不疑……睽极而反，故与三非复为寇仇，乃婚媾也……阴阳合而益和则为雨。"

蹇卦第三十九

䷦(坎上艮下)水山蹇(jiǎn)

【经文】

蹇:利西南,不利东北。利见大人,贞吉。①

初六:往蹇,来誉。②

六二:王臣蹇蹇,匪躬之故。③

九三:往蹇,来反。④

六四:往蹇,来连。⑤

九五:大蹇,朋来。⑥

上六:往蹇,来硕,吉。利见大人。⑦

[注释]①蹇:卦名。上为坎为水,下为艮为山,其象山上有水。水在山上流,备受阻难才能出山,故卦名为蹇。蹇,难也。其本义跛足,引申为艰困。利西南不利东北:往西南则利而往东北不利。按八卦方位,坤为大地,方位西南;艮为高山,方位东北。其行路难易不同,故言。利见大人:拜见大人则有利。贞吉:所占问之事吉利。　②往蹇:前往时险难。往,进也。来誉:归来时获得声誉。来,退也。誉,好名声。　③王臣蹇蹇:王之大臣处境险难。蹇蹇,屡犯险难。匪躬之故:但这并非其自身的缘故,而是为了国事。匪,同"非"。躬,自身。　④往蹇:前往行走时险难。来反:于是知难而折返。来,退。反,同"返"。按九三以阳处下艮之终,前临坎险,故往则遇蹇难,返回则得其所。　⑤往蹇:前往行走时险难。来连:归来时联合众人以克难。连,连手,相连。按"来连"之义,自来诸说不同。如王弼释为"接连",谓即"往来皆难";荀爽释为"连接九五",即"来还承五,与至尊相连";朱熹谓"连于九三,合力以济"。今取朱说。　⑥大蹇:大艰难来临。大,难之大者。朋来:有朋友来相助以克难。　⑦往蹇:前往时险难。来硕:归来时获得硕大之功。硕,大

也。吉:吉祥。利见大人:拜见大人则有利。

【彖传】

蹇,难也,险在前也。① 见险而能止,知矣哉!② 蹇"利西南",往得中也;"不利东北",其道穷也。③"利见大人",往有功也。④ 当位"贞吉",以正邦也。⑤ 蹇之时用大矣哉!⑥

[**注释**]①蹇:卦名。难也:蹇卦之义为艰难。险在前也:蹇卦上为坎为险,是险在前。按上卦为前卦、外卦。孔颖达《周易正义》:"坎在其外,是险在前也。有险在前,所以为难。若冒险而行,或罹其害。" ②见险而能止:本卦下为艮为山为止,是先见险而止在后。按下卦为后卦,故云。知矣哉:这是十分明智的。知,同"智"。孔颖达《周易正义》:"艮居其内,止而不往,相时而动,非知不能。" ③往得中也:(卦辞说"往西南则利"),是因为往这个方向是正道。按西南方位为坤为地,是平坦之地故易行。中,正也。其道穷也:(卦辞说"往东北不利"),是因为这个方向的道路困穷不通。按东北为艮为山,是峻险地形故难走。 ④往有功也:(卦辞说"拜见大人有利"),是因为有大人赏识则可以建立功业。程颐《周易程氏传》:"蹇难之时,非圣贤不能济天下之蹇,故利于见大人也。大人当位,则成济蹇之功矣。" ⑤以正邦也:(卦辞说"所占问之事吉利"),是因为君臣皆当位,可以治国于正道。按九五阳爻居君位,六二阴爻居臣位,又分别在上卦和下卦的中位,喻君臣职位既恰当又能守中正之道。程颐《周易程氏传》:"蹇之诸爻,除初外,余皆当正位,故为贞正而吉也。初六虽以阴居阳,而处下,亦阴之正也。以如此正道正其邦,可以济于蹇矣。" ⑥蹇之时用大矣哉:蹇卦告诉人们因时不同而有或进或止的道理,其意义大得很呀!时用,因时而用。即蹇卦"有险在前,见险而止"的卦义,必须以能否得时为准则。程颐《周易程氏传》:"天下之难,岂易平也?非圣贤不能,其用可谓大矣。"

【象传】

蹇：山上有水，蹇。君子以反身修德。①

初六："往蹇来誉"，宜待也。②

六二："王臣蹇蹇"，终无尤也。③

九三："往蹇来反"，内喜之也。④

六四："往蹇来连"，当位实也。⑤

九五："大蹇朋来"，以中节也。⑥

上六："往蹇来硕"，志在内也。"利见大人"，以从贵也。⑦

[注释]①山上有水：蹇卦上为坎为水，下为艮为山，其象山上有水。蹇：水积山上，行走艰难，故卦名为蹇。蹇，艰难。孔颖达《周易正义》："山者是岩险，水是阻险。水积山上，弥益危难，故曰'山上有水，蹇'。"君子以反身修德：君子当艰难之时，应该反躬自省，锤炼道德，方可化险立功。反身，返求内省。反，同"返"。　②宜待也：(初六爻辞说"前往时险难，归来时获得声誉")，因为其所作所为要等待合宜的时机。宜待，选择和等待。按初六处蹇卦之始，阴柔卑下，与上无应，故冒进必有难，退则有识时务之赞誉。王弼《周易注》："处难之始，居止之初，独见前识，睹险而止，以待其时，知矣哉！"　③终无尤也：(六二爻辞说"王之大臣屡犯险难")，但始终没有怨尤之心。尤，怨恨。按六二为王臣，当蹇难之时，柔顺居中，上应君尊九五，有中正之德，故"无尤"。朱熹《周易本义》："不言吉凶者，占者但当鞠躬尽力而已。至于成败利钝，则非所论也。"　④内喜之也：(九三爻辞说"前往时险难，不得已就知难而退")，其明智之举备受欢迎，其内卦的伙伴都充满了喜悦之情。内，内卦。按内卦三爻，惟九三一阳，居二阴之上，为下阴所靠。今九三"来反"，故初、二皆"内喜之"。　⑤当位实也：(六四爻辞说"前行时险难，归来时联合众人以克难")，这是因为其人的才德和其职位相称。"当位实"即"实当位"，指六四以阴居阴。按六四当蹇之时，身处坎险，虽与初六无应，但柔顺得正，就近下连九三以合力而济，俾共克时艰。　⑥以中节也：(九五爻辞说"大艰难来临，有

朋友相助以克难”)，因为其人有中正之节操以感召众人。按九五阳居坎中，当大蹇之时，以阳刚中正之德下应六二，吸引众友朋纷至沓来。王弼《周易注》:“居不失正，履不失中，执德之长，不改其节，如此则同志者集而至矣。”孔颖达《周易正义》:“得位居中，不易其节。” ⑦志在内也:(上六爻辞说“前往时行走险难，归来时获硕大之功”)，是因为其志向在于连接内部的力量。内，卦象指内卦，具体则九三。以从贵也:(上六爻辞说“拜见大人则有利”)，是因为只有追随贵人才能遂志。贵，指九五尊位。按上六以阴居蹇卦之极，若向前行则更生蹇难，故心志在内，不但依附九五之尊，而且下应九三，集合众力以建大功。孔颖达《周易正义》:“已在卦极，往无所之，益以蹇耳。来就九五，与之济蹇，则有硕大之功。”程颐《周易程氏传》:“上六应三而从五，志在内也。”

解卦第四十

䷧(震上坎下)雷水解

【经文】

解:利西南。无所往，其来复吉。有攸往，夙吉。①

初六:无咎。②

九二:田获三狐，得黄矢，贞吉。③

六三:负且乘，致寇至，贞吝。④

九四:解而拇，朋至斯孚。⑤

六五:君子维有解，吉;有孚于小人。⑥

上六:公用射隼(sǔn)于高墉之上，获之，无不利。⑦

[**注释**]①解:卦名。上为震为雷，下为坎为水，有雷雨大作之象。雷雨可破坚冰，可纾旱象，故名“解”。《说文》:“解，判也，从刀判牛角。”有分判、离析义，引申为疏解、缓解、散释。孔颖达《周易正义》:“解者，险难解释，物情舒

缓。"利西南：向西南走有利。王弼《周易注》："西南，众也。解难济险，利施于众。"无所往：没有危难不需要前往。其来复吉：退回安居则吉利。复，返归。孔颖达《周易正义》："无难可往，则以来复为吉。"有攸往：如有目标地行动。攸，所。夙吉：尽早出发吉利。夙，早晨，引申为及早。王弼《周易注》："有难而往，则以速为吉。" ②无咎：(危难初解)，没有咎害。 ③田获三狐：田猎抓获了三只狐狸。田，通"畋"，猎也。得黄矢：又得到黄色的箭头。贞吉：占筮则吉利。 ④负且乘：背着物品而乘坐在车上。负，背物。且，而且。乘，乘车。致寇至：会招引贼寇来劫夺。贞吝：占筮则有艰难在。按"负且乘"，喻小人窃据高位，上慢下暴，将致兵戎之灾。见《系辞上传》引孔子曰。 ⑤解而拇：舒缓你被束缚的大脚趾，喻摆脱小人纠缠。解，解开束缚。而，同"尔"。拇，脚或手的大拇指。按此喻九四被小人纠附。朋至斯孚：朋友来了乃能展现内心的诚信。斯，乃也。孚，诚信。 ⑥君子维有解：君子能够纾解险难。维，系也，缚也。有，得也。解，解脱，释放。吉：吉祥。有孚于小人：其诚信之德也感化了小人。王弼《周易注》："居尊履中而应乎刚，可以有解而获吉矣。" ⑦公用射隼于高墉之上：王公在高高的城墙上用弓箭射鹰。隼，鸷鸟，即鹰。墉，城墙。获之：抓获了它。无不利：诸事皆利。按此以恶鸟喻强暴之人，获之则险难已被解除，故"无不利"。

【彖传】

解，险以动，动而免乎险，解。① 解"利西南"，往得众也。②"其来复吉"，乃得中也。③"有攸往，夙吉"，往有功也。④ 天地解而雷雨作，雷雨作而百果草木皆甲坼(chè)。⑤ 解之时大矣哉！⑥

[注释]①解：卦名。险以动：解卦内(下)为坎为险，外(上)为震为动，故卦象是"险以动"。动而免乎险：动在险之外，故有动则能免于险难。动，行动，奋斗。解：险得解除也，故卦名为"解"。王弼《周易注》："动乎险外，故谓之'免'。免险则解，故谓之'解'。" ②往得众也：(卦辞说"向西南走有利")，

因为到那里解难，可得到民众的拥护。按八卦方位中的西南为坤为众，即“众地”，故云。　③乃得中也：(卦辞说“没有危难不需要前往，退回安居则吉利”)，因为这样做符合正中之道。中，正也。孔颖达《周易正义》：“无难可解，退守静默，得理之中。”　④往有功也：(卦辞说“如有目标地行动，尽早出发吉利”)，因为如此行动才能建立功业。孔颖达《周易正义》：“解难能速，则不失其幾。”幾，隐微，即事情的苗头或预兆。　⑤天地解而雷雨作：天地开通、阴阳交流之后，必然出现雷雨大作。解，解开，开通。作，兴也。按解卦之上为震为雷，下为坎为雨，其象正是“雷雨作”。雷雨作而百果草木皆甲坼：有了雷雨而地上的植物都会发芽滋生。甲坼，种子的外壳裂开生芽。甲，皮壳。坼，裂开。孔颖达《周易正义》：“此因震坎有雷雨之象，以广明‘解’义。天地解缓，雷雨乃作。雷雨既作，百果草木皆孚甲开坼，莫不解散也。”　⑥解之时大矣哉：掌握适时而解的法则，其意义大得很呀！王弼《周易注》：“无所不释也。难解之时，非治难时也，故不言‘用’也。体尽于解之名，无有幽隐，故不曰‘义’也。”

【象传】

解：雷雨作，解。君子以赦过宥罪。①

初六：刚柔之际，义无咎也。②

九二：九二贞吉，得中道也。③

六三：“负且乘”，亦可丑也。自我致戎，又谁咎也？④

九四：“解而拇”，未当位也。⑤

六五：君子有解，小人退也。⑥

上六：“公用射隼”，以解悖也。⑦

[注释]①雷雨作：解卦上为震为雷，下为坎为水，有雷雨大作之象。解：天地开通、阴阳交流，春来气暖，因而雷雨作，故卦名为“解”。来知德《来氏易注》：“雷雨交作，天地以之解万物之屯。”君子以赦过宥罪：君子观雷雨之象(雷比刑罚，雨比德泽)以断狱，当赦免有过错者，宽宥犯罪者，缓解社会矛盾。

宥,宽恕。　②刚柔之际:阳刚与阴柔相交际,即阴阳相应和。际,交接,感应。义无咎也:应该是没有咎害。义,宜也。按初六以柔处下,当危难初解之时,上应九四阳刚,故无咎。朱熹《周易本义》:“难既解矣,以柔在下,上有正应,何咎之有?”　③得中道也:(九二爻辞说“占筮则吉利”),因为其行事得益于不偏之中道。按九二以阳处阴,有失正之象。但刚直居中,上应六五之君,刚柔相济,象人行事得中道之正,故吉。　④亦可丑也:(六三爻辞说“背着物品而乘坐在车上,示人有珍宝在身”),这是多么丑陋愚蠢的行为。丑,丑恶。自我致戎:由于自身无德无能而招引贼寇的武力侵犯。致戎,招致兵戎之灾。戎,武力。又谁咎也:又能归咎于谁呢?按六三阴柔失正,又乘凌九二之上而攀附九四,犹如小人窃据高位,因而引致兵戎之灾。　⑤未当位也:(九四爻辞说“舒缓你被束缚的大脚趾,即摆脱小人纠缠”),这是因为居位不当的原因。按九四阳居阴位,失正不中,下比六三,为所附,影响到与初六之正应。故需解缚,“朋”才能以诚而至。王弼《周易注》:“失位不正而比于三,故三得附之,为其拇也。三之为拇,则失初之应,故解其拇然后朋至而信矣。”　⑥小人退也:(六五爻辞说“君子能够纾解险难”),小人因而畏服退缩。按六五柔中居尊,下应九二,以君子之德感化小人,使小人转恶为善,从而化解险难,故有吉。王弼《周易注》:“以君子之道解难释险,小人虽间,犹知服之而无怨矣。”　⑦以解悖也:(上六爻辞说“王公在高高的城墙上用弓箭射鹰”),喻将除去强横凶暴之人。解,除去,解除。悖,强也,暴也。按上六居解卦之终,处震动之极,象征解除危难的上公。其毅然以强力解决窃位之小人,即恶隼六三,迎来“无不利”的好局面。孔颖达《周易正义》:“悖,逆也。六三失位负乘,不应于上,是悖逆之人也。”

损卦第四十一

䷨(艮上兑下)山泽损

【经文】

损:有孚,元吉,无咎,可贞,利有攸往。曷之用?二簋(guǐ)可用享。①

初九:巳(sì)事遄(chuán)往,无咎;酌损之。②

九二:利贞,征凶。弗损,益之。③

六三:三人行,则损一人;一人行,则得其友。④

六四:损其疾,使遄有喜,无咎。⑤

六五:或益之十朋之龟,弗克违,元吉。⑥

上九:弗损,益之,无咎。贞吉。利有攸往。得臣无家。⑦

[注释]①损:卦名。上为艮为山,下为兑为泽,其象"山下有泽"。山为泽所浸蚀,泽为山落之碎石所壅塞,二者皆有损失,故卦名曰损。孔颖达《周易正义》:"损者,减损之名。此卦明损下益上,故谓之'损'。"有孚:心有诚信。元吉:大吉。无咎:没有咎害。可贞:所占卜之事可行。利有攸往:有所前往则利。曷之用:怎么来运用减损之道?曷,同"何"。二簋可用享:只要有两个盛饭之簋的微薄祭品就可以体现出祭神的奉献精神。簋,盛饭之盆。用,体现。享,祭也。李鼎祚《周易集解》引崔憬曰:"言其道上行,将何所用?可用二簋而享也。以喻损下益上,惟在乎心,何必竭于不足而补有余者也?"
②巳事遄往:祭祀之事应迅速前往参加。巳,通"祀"。遄,迅速。无咎:没有殃咎。酌损之:可以斟酌减损祭品。　③利贞:占问之事有利。征凶:征伐他国则凶。弗损:兵力不能减损。益之:反而需要增益。　④三人行则损一人:三人出行(而不同心),则减损(离开)一人。三,虚数,泛指多。一人行则得其友:一人出行则(增益)得其伴友。　⑤损其疾:减少人之疾病。使遄有喜:使之尽快治愈。遄,速也。有喜,即病愈。无咎:没有祸咎。　⑥或益之十朋之龟:有人送上价值十朋的大龟。朋,货币单位,十贝一朋。弗克违:不能拒绝。克,能够。违,拒绝。元吉:大吉。　⑦弗损:对别人的利益不减损。益之:反而增加之。无咎:没有灾祸。贞吉:占问吉利。利有攸往:有所前往则利。得臣无家:得到无家的奴隶一人。臣,奴隶。

【彖传】

损，损下益上，其道上行。①损而“有孚，元吉，无咎，可贞，利有攸往。曷之用？二簋可用享”。②二簋应有时，损刚益柔有时③，损益盈虚，与时偕行。④

[注释]①损：损卦之所以为“损”。引出以下释卦名。损下益上：是剥夺下层民众的财富，以增益给在上的统治者。其道上行：其制度的制定原则是倾向于在上者。按损卦上为艮为山为止，即利益输送止于上层；下为兑为泽为悦而顺，象征下层自我减损而奉上。道，方法，制度。上行，（利益的输送）向上走。王弼《周易注》：“艮为阳，兑为阴，凡阴顺于阳者也。阳止于上，阴说（悦）而顺，损下益上，上行之义也。”　②损而“有孚，元吉，无咎，可贞，利有攸往。曷之用？二簋可用享”：损卦的卦辞说“心有诚信，大吉，没有祸殃，占卜之事可行，有所前往则利。怎么来运用减损之道？仅仅要两个盛饭之簋的祭品就可以祭神了”。孔颖达《周易正义》：“（此处）举经明之，皆为损而有孚，故得如此。”　③二簋应有时：减损祭品仅为两个盛饭之簋，应该视时机而定，如遇到灾年、战乱等，非经常之制。损刚益柔有时：至于必要的减损统治者利益以增益民众的利益，也应该视时机而定，如凶荒时开仓放粮赈济穷困等。刚、柔，即阳、阴，分指在上的统治者和在下的被统治者。孔颖达《周易正义》：“二簋至约，惟在损时，应时行之，非时不可。”　④损益盈虚：上下之间的或损或益，或盈或虚。与时偕行：都要视具体时机而行。偕行，并行，皆可按时机的不同而实行不同的做法。王弼《周易注》：“自然之质，各定其分……损益将何加焉？非道之常，故必与时偕行也。”

【象传】

损：山下有泽，损。君子以惩忿窒欲。①

初九：“巳事遄往”，尚合志也。②

九二：“九二利贞”，中以为志也。③

六三："一人行"，三则疑也。④

六四："损其疾"，亦可喜也。⑤

六五：六五元吉，自上祐也。⑥

上九："弗损，益之"，大得志也。⑦

[**注释**]①山下有泽：损卦上为艮为山，下为兑为泽，其象"山下有泽"。损：山为泽所浸蚀，其义有所损失，故卦名曰"损"。君子以惩忿窒欲：君子观此象，因此要抑制忿怒，消减情欲，修德养性，以自损不善。惩，抑制，对既往所为。窒，止息，关闭，对将来应为。朱熹《周易本义》："君子修身所当损者，莫切于此。"　②尚合志也：（初九爻辞说"祭祀之事应该迅速前往参加"），这样尚能符合祈神福佑的心志。尚，才也。《象传》则释为"上"，即指初九与上之六四两爻心志相合。这是对"经"的发挥，不一定符合经之原义。按初九当损之始，阳刚处下，上应六四，有合志之象。程颐《周易程氏传》："四赖于初，初益于四，与上合志也。"　③中以为志也：（九二的爻辞说"得九二则占问之事有利"），是因为它以中正之道为己之志向。按九二阳居阴位，居下卦之中，象人臣刚柔适中，以中道为志，不宜急进，故"征凶"。但它上应六五，六五亦中，非不足也，故不损己即益上。孔颖达《周易正义》："九二刚中，志在自守，不肯妄进……言不变其所守，乃所以益上也。"　④三则疑也：（六三爻辞说"一人独行则利于决断"），而多人同行则疑惑无主。按六三居下卦之极，应于上九，悦而求之，则阴阳专情。若群阴并行以求，则反损上九一阳。王弼《周易注》："三阴并行以承于上，则上失其友，内无其主……故六三独行，乃得其友。二阴俱行，则必疑矣。"　⑤亦可喜也：（六四爻辞说"减损人之疾病而使速愈"），也是可喜的事情。按六四柔正得位，处艮之始，与初相应，则损其阴柔之疾，接纳初九阳刚之益，故"可喜"。孔颖达《周易正义》："疾者，相思之疾也。初九自损己遄往，己以正道速纳，阴阳相会，同志斯来，无复'企子'之疾，故曰'损其疾'。疾何可久？速乃有喜。"　⑥六五元吉：六五爻是有大吉祥。自上祐也：这是来自上天的保佑。按六五虽以阴处阳，但柔中居尊，有"虚中"自损而不自益之象，故上天护佑，天下人必益之。孔颖达《周易正义》："柔顺虚中，以居尊位，当损之时，受天下之益者也。"　⑦大得志也：（上九爻辞说

“对别人的利益不减损反而增加之，故得人心则多助”），这是其雄心大志得以伸展的条件。按上九爻以阳刚居卦之极，物极必反，必将由“损下益上”转化为“损上益下”，以实现施惠天下的志向。孔颖达《周易正义》：“上九当‘损下益上’之时，居卦之上，受益之极，而欲自损以益人也。然居上而益下，有所谓‘惠而不费’者，不待损己然后可以益人也。”

益卦第四十二

䷩（巽上震下）风雷益

【经文】

益：利有攸往，利涉大川。①

初九：利用为大作，元吉，无咎。②

六二：或益之十朋之龟，弗克违。永贞吉。王用享于帝，吉。③

六三：益之，用凶事，无咎。有孚，中行告公用圭。④

六四：中行告公，从。利用为依迁国。⑤

九五：有孚惠心，勿问，元吉。有孚惠我德。⑥

上九：莫益之，或击之，立心勿恒，凶。⑦

[注释]①益：卦名。上为巽为风，下为震为雷，其象风烈雷迅。风雷之势互为增益，故卦名“益”。利有攸往：有所前往则利。利涉大川：穿越大河巨流则利。孔颖达《周易正义》：“损卦则损下益上，益卦则损上益下，得名皆就下而不据上者。向秀云：‘明王之道，志在惠下，故取下谓之损，与下谓之益。’”　②利用为大作：利于大兴作。用，以。为，从事。大作，兴作大事，大的土木建造。元吉：大吉。无咎：没有殃咎。　③或益之十朋之龟：有人送上价值十朋的大龟。弗克违：不能拒绝。克，能也。永贞吉：占问长期的事情则

吉祥。永，长久。王用享于帝：王祭享天帝而求福。吉：吉利。 ④益之：帮助人而送上财物。用凶事：以其有凶灾之事。用，以也。无咎：无祸殃。有孚：有诚信。中行告公用圭：中行氏告诉王公，应该执圭来祭祀天帝（高亨说）。 ⑤中行告公：中行氏告诉王公。从：王公依从其建议。利用为依迁国：顺利将殷贵族迁往周东都雒邑。利，有利，顺利。用，以。依，读“殷”，指殷贵族。迁国，迁都。 ⑥有孚惠心：有诚信和仁惠之心于民。勿问：不用占问。元吉：大吉。有孚惠我德：民众也以诚信顺从我之恩德。孚，信也。惠，顺也，回报。 ⑦莫益之：没有人对其施行增益。或击之：反而有人予以打击。立心勿恒：不以恒常之道树立威信。凶：凶险将至。

【彖传】

益，损上益下，民说（yuè）无疆；自上下下，其道大光。①“利有攸往”，中正有庆；“利涉大川”，木道乃行。②益动而巽，日进无疆；天施地生，其益无方。③凡益之道，与时偕行。④

［**注释**］①益：卦名。损上益下：减损上层统治者的利益，增加下层民众的利益。民说无疆：民众无限喜悦。说，借为“悦”，喜悦。无疆，无边。自上下下：统治者以谦卑之态度礼敬于在下的民众。前一个“下”字，动词，使自下于某某；后一个“下”为名词，指下层民众。其道大光：其治国之道将被发扬光大。按益卦上为巽为顺柔象民，下为震为刚强象君，其有国君谦居于民下之象，即下下。 ②中正有庆：（益卦卦辞说“有所前往则利”），是因为其居中位守正道，故有吉庆。按本卦六二为阴爻居下卦之中位，九五为阳爻居上卦之中位，象臣和君各守其中正。木道乃行：（益卦卦辞说“穿越大河巨流则吉利”），是因为益卦有木舟浮水、其道得行之象。按益卦上为巽为木，下为震为动，木动即船行。 ③益动而巽：益卦顺应自然而动。按其象下为震为动，上为巽为顺，故动而巽（顺）。日进无疆：每日皆有进益，进益广大而无限量。疆，边界。天施地生：天施以阳光雨露，地生养育成万物。其益无方：其助益

万物，普遍而不分地域和种类。方，类也，域也。　④凡益之道：凡是有助于增益的法则。与时偕行：应该是适时而增益，适量而增益，恰到好处，而非滥加增益。偕，俱也。行，向前。王弼《周易注》："益之为用，施未足也。满而益之，害之道也。故'凡益之道，与时偕行'也。"

【象传】

益：风雷，益。君子以见善则迁，有过则改。①

初九："元吉无咎"，下不厚事也。②

六二："或益之"，自外来也。③

六三："益用凶事"，固有之也。④

六四："告公从"，以益志也。⑤

九五："有孚惠心"，勿问之矣。"惠我德"，大得志也。⑥

上九："莫益之"，偏辞也。"或击之"，自外来也。⑦

[注释]①风雷益：益卦上为巽为风，下为震为雷，其象风烈雷迅，二物互相助益。益：故名卦为益。益，增益。君子以见善则迁，有过则改：君子观此象以修身，见人有善则移而加之于己，见自己有过则改除之。迁，移也。改，变也。李光地《周易折中》："雷者，动阳气者也，故人心奋发，而勇于善者如之；风者，散阴气者也，故人心荡涤，以消其恶者如之。"　②下不厚事也：（初九爻辞说"大吉祥而没有殃咎"），是因为对下层民众不加重力役，不厚劳于民。下，指民众。厚，重也，多也。事，服事，徭役事也。按初九以阳居初，又与六四相应和，为处下获益之象，宜于大有作为。但处下位卑，非厚事之地，非任重之位，故益下而吉。王弼《周易注》："时可以大作，而下不可以厚事；得其时而无其处，故'元吉'乃得'无咎'也。"　③自外来也：（六二爻辞说"有人送上价值不菲的宝物"），这是由外不招而自来。外，外卦，指九五。按六二以阴居阴，又居中爻，象其以柔中之"臣"德而获应于九五之"君"，故其获赐的（财物或荣职）为"自外来也"。孔颖达《周易正义》："明益之者从外自来，不招

而至也。”　④固有之也：（六三爻辞说“有凶灾之事则送上财物给人以帮助”），这是本来就有的传统做法。固，本来。按六三当益下之时，以阴居下卦之上，不当位而获益良多。必须发扬传统，把自己的获益广泛施用于在下人众，尤其在凶灾时。王弼《周易注》：“以阴居阳，处下卦之上，壮之甚也。用救衰危，物所恃也，故‘用凶事’乃得‘无咎’也”；“用施凶事，乃得固有之也”。⑤以益志也：（六四爻辞说“告诉王公的建议被依从”），这是增强人们（平定叛乱）的意志。益，增加。按六四当“损上益下”之时，以柔德近承九五阳刚，有依附“君主”（九五）施益“下民”之象。李光地《周易折中》引吴曰慎云：“四正主于益下者，然非君位，不敢自专，必告于公也，中行则见从矣。”按《传》之“中行”解释为秉持中道，与《经》不同。　⑥勿问之矣：（九五爻辞说“有诚信和仁惠之心于民”），这就不需要再占问是否吉祥了。大得志也：（九五爻辞说“民众感念我之恩德”），这样就可以大展宏图了。按九五刚中居尊位，得六二之正应，怀诚惠下，故“大得志”。程颐《周易程氏传》：“人君至诚益于天下，天下之人无不至诚爱戴，以君之德泽为恩惠也。”　⑦偏辞也：（上九爻辞说“没有人对其施行增益”），这是他偏狭的言辞。王弼《周易注》：“独唱莫和，是偏辞也。”自外来也：（上九爻辞说“反而有人予以打击”），威胁自外而来。孔颖达《周易正义》：“怨者非一，不待召也，故曰‘自外来’也。”按上九居卦之极，阳刚亢盛，贪求自益，而无人响应，怨者非一，故凶险自外而来。

夬卦第四十三

䷪（兑上乾下）泽天夬（guài）

【经文】

夬：扬于王庭。孚号有厉。告自邑，不利即戎。利有攸往。①

初九：壮于前趾，往不胜，为咎。②

九二：惕号，莫夜有戎，勿恤。③

九三：壮于頄（kuí），有凶。君子夬夬，独行，遇雨若濡（rù），有愠（yùn），无咎。④

九四：臀无肤，其行次（zī）且（jǔ）。牵羊悔亡，闻言不信。⑤

九五：苋（xiàn）陆夬夬，中行，无咎。⑥

上六：无号，终有凶。⑦

［**注释**］①夬：卦名。上为兑为泽，下为乾为天，其象“泽上于天”。因泽水不断上涨，必溃决，故卦名为“夬”。孔颖达《周易正义》：“夬，决也。此阴消阳息之卦也，阳长至五，五阳共决一阴，故名为‘夬’也。”扬于王庭：举事于王庭。扬，举也。孚号有厉：君子很诚实地疾呼“有危险来临”。告自邑：告诉本邑之人。不利即戎：不利于从军。即戎，从军，打仗。利有攸往：有所前往则利。　②壮于前趾：前脚趾受伤。壮，借为“戕”，伤害。但《传》释“壮”为强壮，与此有不同。往不胜：冒进前往不会胜利。为咎：会有祸害。　③惕号：因惧怕而呼叫。惕，恐惧。号，呼号。莫夜有戎：夜晚有敌人来袭。莫，通“暮”，夜晚。戎，武装，指敌人。勿恤：不必担心。　④壮于頄：伤到脸颊。壮，借为“戕”，伤害。頄，颧骨。有凶：有凶险。君子夬夬：君子避险而疾走。夬夬，借为“趹趹”，疾走貌。独行遇雨若濡：独行遇雨而衣服湿了。若，而也。濡，湿也。有愠无咎：怨怒但无灾祸。愠，怨恨，生气。　⑤臀无肤：臀部受伤，皮肉不完。肤，皮肉。其行次且：走路跌跌撞撞。次且，即“趑趄”，走路困难的样子。牵羊：牵着羊献给“大人”。悔亡：可悔恨之事消亡。闻言不信：所听到的话不能信从。　⑥苋陆夬夬：苋草被迅疾清除。苋陆，草名，即今马齿苋，象征小人。夬夬，疾进貌。一说“苋”，即“萈”（huán），形近而误，山羊细角，指山羊。中行：居中行正。无咎：没有灾祸。　⑦无号：国无正当之号令。一说“无”为“犬”之误，即狗号叫声。终有凶：凶险早晚来到。

【彖传】

夬，决也，刚决柔也。①健而说（yuè），决而和，“扬于王庭”，柔乘五刚也。②“孚号有厉”，其危乃光也。③“告自邑，不利即戎”，所尚乃穷也。④“利有攸往”，刚长乃终也。⑤

[**注释**]①夬：卦名。谓决也，决断也。刚决柔也：夬卦是五阳爻为刚居下，一阴爻为柔居上。从形势上看，是为众为强的阳刚能战胜、能制断孤寡之阴柔，故本卦之象为刚决柔也。　②健而说：本卦下为乾为健，上为兑为悦，即君子既刚健有力，又以和悦之态待小人。说，借为“悦”。决而和：君子既能决胜小人，又与之和谐相处。孔颖达《周易正义》：“乾健而兑说，健则能决，说则能和。”柔乘五刚也：（为什么卦辞说君子“举事于王庭”），因为一阴爻在五阳爻之上，象征小人乘五刚。乘，压也，即在其上。王弼《周易注》：“刚德齐长，一柔为逆，众所同诛而无忌者也，故可‘扬于王庭’。”　③其危乃光也：（卦辞说君子“很诚实地疾呼有危险来临”），这样导致危局顺利解决。危，危局。乃，于是。光，阳刚之德光大。程颐《周易程氏传》：“尽诚信以命其众，而知有危惧，则君子之道乃无虞而光大也。”　④所尚乃穷也：（卦辞说“告诉本邑之人不利于打仗”），因为一味用武力解决问题的尚暴之术没有前途。尚，崇尚。穷，走投无路。孔颖达《周易正义》：“刚克之道，不可常行。若专用威猛，以此即戎，则便为尚力取胜，即是决而不和，其道穷矣。”　⑤刚长乃终也：（卦辞说“有所前往则利”），这是因为君子之势再伸长，全卦将以阳刚战胜阴柔而告终。孔颖达《周易正义》：“刚长柔消，夬道乃成也。”

【象传】

夬：泽上于天，夬。君子以施禄及下，居德则忌。①

初九：不胜而往，咎也。②

九二：“有戎勿恤”，得中道也。③

九三：“君子夬夬”，终无咎也。④

九四：“其行次且”，位不当也。“闻言不信”，聪不明也。⑤

九五：“中行无咎”，中未光也。⑥

上六："无号"之"凶"，终不可长也。⑦

[**注释**]①泽上于天：夬卦上为兑为泽，下为乾为天，其象"泽上于天"。夬：因泽水不断上涨，必溃决，故卦名为"夬"。夬，决也。李鼎祚《周易集解》引陆绩曰："水气上天，决降成雨，故曰夬。"君子以施禄及下：君子眼见水满则决之象，知道积财无益，将自己的俸禄转施及下人。居德则忌：人君深忌积聚德惠而不下施。居，积也。忌，憎恶也。来知德《来氏易注》："言泽在于君，当施其泽，不可居其泽也。居泽，则乃人君之所深忌者。" ②不胜而往：知道不会胜利而偏要急于前往。咎也：必有祸殃。按初九当"夬"之时，阳刚处下，缺少上应，应慎始而不可躁进。王弼《周易注》："居健之初，为决之始，宜审其策，以行其事。壮其前趾，往而不胜，宜其咎也。" ③得中道也：（九二爻辞说"有敌人来袭但不需担心"），是因为我有居中行正之道。按九二居下卦之中，又刚而居柔，遇事既果决又持重。孔颖达《周易正义》："当决之时，刚而居柔，又得中道，故能忧惕号呼，以自戒备。" ④终无咎也：（九三爻辞说"君子避险而疾走"），但最终并无咎害。按九三处下卦之极，以刚居刚，独与上六相应，虽有"遇雨若濡"之挫，但最终还是决小人而无咎。董楷《周易传义附录》："九三当决之时，以刚而过乎中，是欲决小人而刚壮见于面目也……然在众阳之中，独与上六为应，若能果决其决，不系私爱，则虽合于上六……而为君子所愠，然终必能决去小人而无所咎也。" ⑤位不当也：（九四爻辞说因受刑"其走路趺趺撞撞"），原因是其所处地位不当。聪不明也：（九四爻辞说"听了别人的话也不能信从"），是因为耳不聪目不明。按九四阳而居阴，下凌三阳，故刚决不足，前行多艰。又以失正之刚，不能纳言，一意孤行，故多凶。李光地《周易折中》："借爻位以明四之未当事任，而欲'次且'前行之非宜也。" ⑥中未光也：（九五爻辞说"居中行正没有咎害"），而未能使其中正之道光大发扬也。按九五最比上六一阴，身居尊位还要亲自决除小人，足见其中道之德尚未光大。王弼《周易注》："夬之为义，以刚决柔，以君子除小人者也。而五处尊位，最比小人，躬自决者也。以至尊而敌至贱，虽其克胜，未克多也；处中而行，足以免咎而已，未足光也。" ⑦终不可长也：（上六爻辞说"国无正当之号令"而造成的"凶险"），使国运终不能长久。按上六以阴居全卦之终，有小人

凌高为恶之象，其下五阳若非全力清除之，则后果严重。李光地《周易折中》引徐幾曰：“以盛进之五刚，决衰退之一柔，其势若甚易。然而圣人不敢以易而忽之……丁宁深切，所以周防戒备者无所不至。”

姤卦第四十四

䷫（乾上巽下）天风姤（gòu）

【经文】

姤：女壮，勿用取女。①

初六：系于金柅（nǐ），贞吉。有攸往，见凶。羸（léi）豕孚蹢（zhí）躅（zhú）。②

九二：包（páo）有鱼，无咎。不利宾。③

九三：臀无肤，其行次（zī）且（jū），厉，无大咎。④

九四：包无鱼，起凶。⑤

九五：以杞包瓜；含章，有陨自天。⑥

上九：姤其角，吝，无咎。⑦

[注释]①姤：卦名。上为乾为天，下为巽为风，为“天下有风”之象。天下有风，万物皆遇之，故名“姤”。姤，遇也，即邂逅，不期而遇。女壮：若女子健壮。勿用取女：不宜娶此女为妻室。取，借为“娶”。李鼎祚《周易集解》引郑玄曰：“一阴承五阳，一女当五男，苟相遇耳，非礼之正，故谓之‘姤’。女壮如是，壮健以淫，故不可娶。” ②系于金柅：织布之线系之于黄铜柅上。柅，织布时的缠线工具；一说为止动车子的木块。贞吉：贞问则吉利。有攸往：有所前往。见凶：将有凶险。羸豕孚蹢躅：一头羸弱的猪被牵着驻足不前。羸，瘦弱也。孚，借为“捊”，牵引也。蹢躅：即“踟蹰”，止步不前的样子。按初六为本卦唯一阴爻，主静不主动，故动凶静吉。 ③包有鱼：厨房里有了一条

鱼。包，借为“庖”，厨也。指贵族生活优裕。无咎：没有殃咎。不利宾：不宜于招待宾客。　④臀无肤：臀部受刑而伤，皮肉不完。肤，皮肉。其行次且：走路跌跌撞撞。次且，即趑趄。厉：有凶险。无大咎：没有大的祸害。　⑤包无鱼：厨房失去了一条鱼。暗示生活困窘。起凶：会有凶险产生。起，产生。　⑥以杞包瓜：以杞柳叶子来包裹甜瓜。杞，杞柳，一种高大之树木。含章：文采蕴含于内。章，章美。有陨自天：必有贤才自天而降以辅佐君主。陨，降落也。　⑦姤其角：遭遇兽角抵伤。姤，遇也。角，兽角。吝：有艰难遗憾。无咎：但没有祸殃。

【彖传】

姤，遇也，柔遇刚也。① “勿用取女”，不可与长(cháng)也。② 天地相遇，品物咸章也。③ 刚遇中正，天下大行也。④ 姤之时义大矣哉！⑤

［**注释**］①姤：卦名。遇也：古文作“遘”，象征相遇。柔遇刚：初六为阴柔，二至上皆为阳刚，故柔遇刚。王弼《周易注》：“施之于人，即女遇男也。”　②不可与长也：（姤卦卦辞说“不宜娶此女为妻室”），因为此女为壮至甚，故不可能与其丈夫共处长久。长，长久。李鼎祚《周易集解》引王肃曰：“女不可取，以其不正，不可与长久也。”　③天地相遇：姤卦之象是刚柔相遇，可比之天地阴阳的相遇。品物咸章也：因此造成各种物品皆有繁盛。品物，各类物品。咸，皆也。章，通“彰”，盛也。孔颖达《周易正义》：“已下广明‘遇’义。卦得‘遇’名，本由一柔与五刚相遇，故遇辞非美……是‘勿用取女’也。故孔子更就天地叹美‘遇’之为义不可废也。天地若各亢所处，不相交遇，则万品庶物，无由彰显，必须二气相遇，乃得化生。”　④刚遇中正：阳刚若遇中正之君子，指姤卦九二与九五分居下卦与上卦之中，象征君臣皆有中正之德。天下大行也：会使正道在天下风行。孔颖达《周易正义》：“一女而遇五男，既不可取；天地匹配，则能成品物。由是言之，若刚遇中正之柔，男得幽贞之女，则天下人伦之化乃得大行也。”　⑤姤之时义大矣哉：不管天地、男女还是君臣，讲求适时相遇而交感的意义大得很呀！此谓虽然一女遇五男不足称美，但凡是

以正相遇、适时相遇的“姤”道还是意义重大的。

【象传】

姤：天下有风，姤。后以施命诰四方。①

初六：“系于金柅”，柔道牵也。②

九二：“包有鱼”，义不及宾也。③

九三：“其行次且”，行未牵也。④

九四：无鱼之凶，远民也。⑤

九五：“九五含章”，中正也。“有陨自天”，志不舍命也。⑥

上九：“姤其角”，上穷吝也。⑦

[**注释**]①天下有风：姤卦上为乾为天，下为巽为风，故象“天下有风”。姤：天下有风，使万物皆遇之，故名“姤”。姤，通“遘”，遇也。后以施命诰四方：按天为君主，风为教令。君主观此，当发布政令风行天下，遍告四方。后，君也。施命，实施命令。诰，诏告也。李鼎祚《周易集解》引翟玄曰：“天下有风，风无不周布。故君以施令，告化四方之民矣。”　②柔道牵也：（初六爻辞说“织布之线系之于缠线板上”），喻要使柔道受到阳刚的控制，如臣牵于君，妇牵于夫等。按初六一阴在下，处下卦巽风之体，恐自纵无归，故需牵系上应于九四，使之恪守柔顺之道。王弼《周易注》：“金者，坚刚之物……谓九四也。初六处遇之始，以一柔而承五刚……自纵者也。柔之为物，不可以不牵；臣妾之道，不可以不贞。故必系于正应，乃得贞吉也。”　③义不及宾也：（九二爻辞说“厨房里有了一条鱼”），不宜擅自在宴请宾客时使用。义，宜也。按九二阳刚居中，初六下而近承，似不期而至的“包有鱼”。但此“鱼”上应九四而非己物，故不宜宴宾。王弼《周易注》：“初阴而穷下，故称‘鱼’。不正之阴，处遇之始，不能逆近者也。初自乐来应己之厨，非为犯夺，故无咎也。擅人之物，以为己惠，义所不为，故不及宾也。”　④行未牵也：（九三爻辞说“其人走路趺趺撞撞”），好在出行还不被绳牵系着。牵，拘系。按九三过刚不中，下不遇

初，上无其应，故前进困难。但居位正使其免受邪恶牵制，故无咎。孔颖达《周易正义》："既无所遇，则无阴邪之伤，故虽危厉而无大咎也。" ⑤无鱼之凶：厨房失去了鱼就预示着将有凶险。远民也：这是因为贵族失位而远离其民众。按九四以阳居阴而失位，所正应之初六，也已经承接了九二，鱼为阴，故此以"失鱼"喻之。"鱼"既指九二占有初六，也指贵族失去的地位和民众。王弼《周易注》："二有其鱼，故失之也。无民而动，失应而作，是以凶也。" ⑥中正也：（九五爻辞说其"文采蕴含于内"），这正是具有中正之德的体现。志不舍命也：（九五爻辞说"必有贤才自天而降以辅佐君主"），说明其阳刚之志可修德回天。舍，放弃，离开。命，天命。按九五尊为卦主，刚中居正，虽无正应，但内含章美，能修德以得天命。程颐《周易程氏传》："舍，违也。至诚中正，屈己求贤，存志合于天理，所以'有陨自天'，必得之矣。" ⑦上穷"吝"也：（上九爻辞说其"遭遇兽角抵伤"），象征在上位者艰难而陷入困境。上，上位。穷，困境。吝，艰难也。按上九居卦之极，与初阴无所遇，喻人途穷艰难也，但尚无咎害。王弼《周易注》："进之于极，无所复遇……独恨而已；不与物争，其道不害。"

萃卦第四十五

䷬（兑上坤下）泽地萃（cuì）

【经文】

萃：亨。王假有庙。利见大人。亨，利贞，用大牲吉。利有攸往。①

初六：有孚不终，乃乱乃萃，若号。一握为笑，勿恤，往无咎。②

六二：引吉，无咎，孚乃利用禴（yuè）。③

六三：萃如嗟（jiē）如，无攸利；往无咎，小吝。④

九四：大吉，无咎。⑤

九五：萃有位，无咎。匪孚，元。永贞，悔亡。⑥

上六：赍(jī)咨涕洟(yí)，无咎。⑦

[注释]①萃：卦名。上为兑为泽，下为坤为地，有“泽上于地”之象。泽高必聚土筑堤，故名“萃”。萃，聚也。孔颖达《周易正义》：“聚集之义也。能招民聚物，使物归而聚己，故名为‘萃’也。”亨：亨通。王假有庙：王亲到宗庙。假，至，到也。有，于也。利见大人：拜见大人有利。亨：可以举行享祭。亨，借为“享”。利贞：占问之事有利。用大牲吉：用大的牺牲祭祀则吉利。大牲，牛也。利有攸往：有所前往则利。 ②有孚不终：有诚信却有始无终。孚，诚信。乃乱乃萃：必然是心志迷乱而与人妄聚。若号：还有人大声呼号。一握为笑：被一屋子的人所嘲笑。握，借为“屋”，按汉帛书《周易》正作“屋”字。勿恤：不用担心。往无咎：往前去则无咎害。 ③引吉：大吉。“引”当为“弘”，形近而误(高亨说)，大也。无咎：没有祸殃。孚乃利用禴：只要心有忠信，举行简单的禴祭就行了。禴，祭名，指仅用饭菜而不用牺牲的祭祀形式。李鼎祚《周易集解》引王弼曰：“禴，殷春祭名，四时之祭省者也。” ④萃如嗟如：相聚而后又叹息。嗟，叹也。如，语助词。无攸利：无所利。往无咎：向前走没有祸殃。小吝：但有小的艰难。 ⑤大吉：筮遇此爻应该大吉利。无咎：但仅无祸殃而已。 ⑥萃有位：聚集有职位的各个臣僚在自己周围。无咎：没有祸殃。匪孚：不用刑罚。匪，同“非”。孚：借为“罚”(高亨说)，刑罚。元：应为“元吉”而漏字(高亨说)，大吉。永贞：占问长久之事。永，长久。悔亡：后悔之事消失。 ⑦赍咨：即咨嗟，悲伤叹息。涕洟：流着眼泪和鼻涕。涕，眼泪。洟：鼻涕。无咎：没有祸殃。

【彖传】

萃，聚也。顺以说(yuè)，刚中而应，故聚也。①“王假有庙”，致孝享也。“利见大人亨”，聚以正也。②“用大牲吉，利有攸往”，顺天命也。③观其所聚，而天地万物之情可见矣。④

[**注释**]①萃:卦名。聚也:其义为聚。顺以说:萃卦之象下为坤为顺,上为兑为悦,其义是为上者顺应人心,在下者有喜悦,主动聚集于在上者的周围。说,借为"悦"。刚中而应:萃卦九五为阳爻为刚而居于上卦之中,是为"刚中"。六二为阴爻为柔而居下卦之中,二者同位相应。其义是为君者得到为臣者的应和。故聚也:所以萃之卦象和爻象皆有"会聚"义。王弼《周易注》:"顺说而以刚为主,主刚而履中,履中以应,故得聚也。" ②致孝享也:(萃卦卦辞说"王亲到宗庙"),说的是王为父祖致以表达孝心的享祭。致,表达,送上。孝,孝敬。亨,通"享",享祭。聚以正也:(卦辞说"拜见大人有利,可以举行享祭"),说的是王与先祖以正道在此相聚。来知德《来氏易注》:"尽志以致其孝,尽物以致其享。"程颐《周易程氏传》:"见大人,则其聚以正道;得其正,则亨矣。" ③顺天命也:(萃卦卦辞说"用大的牺牲祭祀则吉利,有所前往则利"),这是顺从天命的做法,故吉利。孔颖达《周易正义》:"天之为德,刚不违中。今顺以说,而以刚为主,是顺天命也。动顺天命,可以享于神明,无往不利。" ④观其所聚:观察萃卦所显示的各种"会聚"现象。而天地万物之情可见矣:就可以知道天地之间万物聚合之同异吉凶之情状了。王弼《周易注》:"方以类聚,物以群分。情同而后乃聚,气合而后乃群。"《乾·文言》:"同声相应,同气相求……圣人作而万物睹,本乎天者亲上,本乎地者亲下,则各从其类也。"

【象传】

萃:泽上于地,萃。君子以除戎器,戒不虞。①

初六:"乃乱乃萃",其志乱也。②

六二:"引吉无咎",中未变也。③

六三:"往无咎",上巽也。④

九四:"大吉无咎",位不当也。⑤

九五:"萃有位",志未光也。⑥

上六："赍咨涕洟"，未安上也。⑦

[注释]①泽上于地：萃卦上为兑为泽，下为坤为地，有"泽上于地"之象。萃：泽高必聚土筑堤，故名"萃"。萃，聚也。君子以除戎器戒不虞：君子观此象，因此修整兵器以防备意外变乱之发生。除，修也。戎，兵也。不虞，不测。按此以泽水横流喻民众骚乱，以筑堤围坝喻官府治平。王弼《周易注》："聚而无防，则众生心。" ②其志乱也：（初六爻辞说"又是迷乱又是与人妄聚"），这是因为其人抛弃诚信而神志昏乱。按初六以阴处卦之始，上应九四，但前有二阴阻挡，三又承四，故初六对九四疑虑重重，诚心有始无终，未免心迷意乱。孔颖达《周易正义》："只为疑四与三，故志意迷乱也。" ③中未变也：（六二爻辞说"大吉大利而没有祸殃"），因其未改变中正之德。按六二居下卦之中，柔中居正，又上应九五，诚信在心，故大吉无咎。李鼎祚《周易集解》："居萃之时，体柔当位，处坤之中，己独履正，与众相殊，异操而聚……必待五引然后乃吉。" ④上巽也：（六三爻辞说"向前走没有祸殃"），是因为臣民服顺君上也。上，向上。巽，逊也，顺也。按六三阴爻，虽无上应，但与九四阳刚相比邻，象臣民恭顺君上，故无咎。尚秉和《周易尚氏学》："上巽，言上顺四、五。四、五阳，故无咎。" ⑤位不当也：（九四爻辞说"应该大吉利，但仅无祸殃而已"），这是因为九四以阳居阴，所处之位失正。王弼《周易注》："履非其位，而下据三阴。得其所据，失其所处。处聚之时，不正而据，故必大吉。立夫大功，然后无咎也。" ⑥志未光也：（九五爻辞说"聚集有职位的各个臣僚在自己周围"），但仅能无咎而未能大吉，实在是德行未能大行、心志未能光大呀！按九五当天下"大聚"之时，高居尊位，但九四在下擅据三阴，己德不行，故其中正之心志未能光大。王弼《周易注》："处聚之时，最得盛位……四专而据，己德不行，自守而已。" ⑦未安上也：（上六爻辞说"流着眼泪和鼻涕悲伤叹息"），因为未能安居于穷上之位呀！按上六一卦最上，穷极无应，再以阴乘凌九五之尊，求聚不得，难安居也。王弼《周易注》："处聚之时，居于上极，五非所乘，内无应援。处上独立，近远无助，危莫甚焉。"

升卦第四十六

䷭（坤上巽下）地风升

【经文】

升：元亨，用见大人，勿恤。南征吉。①

初六：允升，大吉。②

九二：孚乃利用禴，无咎。③

九三：升虚邑。④

六四：王用亨于岐山。吉，无咎。⑤

六五：贞吉，升阶。⑥

上六：冥升，利于不息之贞。⑦

[注释]①升：卦名。上为坤为地，下为巽为风为木，有“地中生木”之象。树木生长而日升，故名“升”。升，进而上也。孔颖达《周易正义》：“升者，登上之义。”元亨：大亨通。用见大人：按帛书本《周易》作“利见大人”，当是，即拜见大人有利。勿恤：不用忧虑。南征吉：向南边出征则吉利。按古代南为“进”，北为“退”，此义即前进吉。孔颖达《周易正义》：“南是明阳之方，故云‘南征吉’。”　②允升：信然其宜于上升。允，信也。大吉：有大吉利。王弼《周易注》：“允，当也……当升之时，升必大得，是以‘大吉’也。”　③孚乃利用禴：只要有忠信，对鬼神举行简约的禴祭就行了。孚，诚信。利用，利以，利于。禴，祭名，仅用饭菜而不用牺牲的简约之祭祀；一说商代称春祭为禴。无咎：没有祸殃。　④升虚邑：登临建在山丘之上的城邑。升，登也。虚，大丘也；一说“空虚”。陆德明《经典释文》引马融曰：“虚，丘也。”按虚者高丘，升卦下为巽，巽为高，故曰虚；上为坤，坤为邑，故九三爻有“升虚邑”之象。邑，小城。　⑤王用亨于岐山：周王到岐山祭祀神灵。用，以。亨，通“享”，祭祀。岐山，在周原附近。周之古公亶父自豳迁于周原，所筑城邑即在岐山下。吉：

吉利。无咎：没有祸殃。　⑥贞吉：占筮则吉利。升阶：（地位事业）如登台阶一样步步高升。李光地《周易折中》引熊良辅曰：“以顺而升，如历阶然。”　⑦冥升：昏暗中登高。冥，夜晚，昏暗。利于不息之贞：不止息地循正道而进则吉利。贞，正也。

【彖传】

柔以时升，巽而顺，刚中而应，是以大亨。①“用见大人，勿恤”，有庆也。②“南征吉”，志行也。③

[**注释**]①柔以时升：升卦之初六及六四、六五、上六皆为阴为柔，象征其因时而逐次不断高升，故曰“柔以时升”。按“柔”也指上下卦均为阴卦。巽而顺：升卦之下为巽为逊，上为坤为顺，象征谦逊而柔顺。刚中而应：升卦之九二为阳刚居下卦之中，六五为阴柔居上卦之中，喻君臣皆守中道，且刚柔相应和。是以大“亨”：所以卦辞说其事业大亨通。王弼《周易注》：“纯柔则不能自升，刚亢则物不从。既以时升，又巽而顺，刚中而应，以此而升故得大亨。”　②有庆也：（卦辞说“拜见大人有利，不用忧虑”），因为将有喜庆之事也。孔颖达《周易正义》：“以大通之德，用见大人，不忧否塞，必致庆善，故曰‘有庆也’。”　③志行也：（卦辞说“向南边出征吉利”），其志向一定可以实现。行，得行。孔颖达《周易正义》：“（上六）之于暗昧，则非其本志。今以柔顺而升大明，其志得行也。”

【象传】

升：地中生木，升。君子以顺德，积小以高大。①

初六：“允升大吉”，上合志也。②

九二：九二之孚，有喜也。③

九三：“升虚邑”，无所疑也。④

六四：“王用亨于岐山”，顺事也。⑤

六五："贞吉升阶"，大得志也。⑥

上六：冥升在上，消不富也。⑦

[注释]①地中生木：升卦上为坤为地，下为巽为风为木，为"地中生木"之象。升：树木生长而日升，故名"升"。君子以顺德积小以高大：君子观象，就要像树木一样，任其自然之德性，日积微小以成高大之才。孔颖达《周易正义》："地中生木，始于细微，终于合抱。君子象之，以顺行其德，积其小善以成大名。"　②上合志也：（初六爻辞说"信然其宜于上升，有大吉利"），因为它的志向与其上的三个阴爻相合而协力。按初六处全卦之下，犹树木之根，上承二阳，再上为坤顺之气，宜于上升而获吉。李光地《周易折中》引何楷曰："初六巽主居下，犹木之根也，而得地气而滋之，其升也，允矣。所以为升者，巽也；所以为巽者，初也。"　③九二之孚：九二爻的诚信之德。有喜也：可以带来喜庆之事。按九二当升之时，以中实为"孚"，上与六五为应。二者虽虚实不同，但有"孚"则一，故必有喜庆。孔颖达《周易正义》："九二与五为应，往升于五，必见信任，故曰'孚'。二体刚德，而履乎中，进不求宠，志在大业。"《彖辞》"刚中而应"，即指此爻也。　④无所疑也：（九三爻辞说"登临建在山丘之上的城邑"），这样可以高瞻明望，前行无所疑虑。按九三居下卦之终，阳刚得位，位正得时，应于上六，将升邑之高处，故无疑虑。程颐《周易程氏传》："三以阳刚之才，正而且巽，上皆顺之，复有援应。以是而升，如入无人之邑，孰御哉！"　⑤顺事也：（六四爻辞说"周王到岐山祭祀神灵"），这是慎重服事神灵呀！顺，通"慎"。按六四处上卦之下，柔顺得正，宜守臣位，慎奉君上。马其昶《重定周易费氏学》："五以四有顺德而使之主祭，所以吉无咎也。"　⑥大得志也：（六五爻辞说"占筮则吉利，地位和事业如登台阶一样步步高升"），这样就遂其大志了。按六五当升之时，柔中居尊，下应九二，任而不专，故获吉得志。王弼《周易注》："升得尊位，体柔而应。纳而不距，任而不专，故得'贞吉升阶'而尊也。"　⑦冥升在上：在上位者还要"昏暗中登高"。消不富也：必然力量消减而大福不得享受。富，借为"福"（高亨说）。按上六居坤阴之极，有昏昧而仍上升不已之象，物极必反，易遇凶咎。王弼《周易注》："处升之极，进而不息者也。进而不息，故虽冥犹升也。故施于不息之正则可，用于为物之

主则丧矣。”

困卦第四十七

䷮(兑上坎下)泽水困

【经文】

困：亨。贞大人吉，无咎。有言不信。①

初六：臀困于株木，入于幽谷，三岁不觌(dí)。②

九二：困于酒食，朱绂(fú)方来，利用享祀。征凶，无咎。③

六三：困于石，据于蒺藜；入于其宫，不见其妻，凶。④

九四：来徐徐，困于金车，吝，有终。⑤

九五：劓(yì)刖(yuè)，困于赤绂；乃徐有说(tuō)。利用祭祀。⑥

上六：困于葛藟(léi)，于臲(niè)卼(wù)，曰动悔。有悔，征吉。⑦

[注释]①困：卦名。上为兑为泽，下为坎为水，其象“泽底出水”。因此泽水干涸，必致困顿，故名“困”。孔颖达《周易正义》：“困者，穷厄委顿之名，道穷力竭，不能自济，故名为‘困’。”亨：亨通。贞大人吉：大人有所占问则吉。无咎：没有灾祸。有言不信：困顿之时多说话，人则不相信，应勿多言而多修德。　②臀困于株木：(刑徒的)臀部受困于刑杖。株木，无枝叶之木，指刑杖。入于幽谷：隐入幽暗的山谷。幽谷，幽暗的山谷。按《说文》：“困，故庐也。从木在囗中。”三岁不觌：三年不与人见面。觌，见也。按郭京《周易举正》于“觌”字下有“凶”字，今汉帛书本《周易》亦有，当据补，即“(三年不见)，其凶矣”。　③困于酒食：病困于酒食过量。朱绂方来：因天子赐以象征公侯

等级服饰的朱绂送到，(故设筵庆祝)。朱绂，丹红色的蔽膝，显示周代诸侯及公卿等级的衣饰。利用享祀：此时有利于到宗庙举行享祭。用，以也。征凶：出征作战则凶险。无咎：但最终没有祸殃。　④困于石：走路被石头所绊倒。据于蒺藜：攀爬时手按在蒺藜的尖刺上。据，按着。蒺藜，有刺之丛木。入于其宫：回到家中。宫，室也，家也。不见其妻：妻子不知去向。凶：凶险无比。　⑤来徐徐：来时迟迟。徐，缓也。困于金车：为乘金车的贵人所困阻。金车，以黄铜装饰的华贵之车。吝：事情发展过程艰难有憾。有终，结果还不错。终，特指好结果。　⑥劓刖：(治国使用)割鼻(劓)和断脚(刖)的肉刑。困于赤绂：为中等贵族的大夫所困。赤绂，红色的蔽膝，指服用者的贵族大夫等级。乃徐有说：但逐渐会摆脱困境。说，借为"脱"。利用祭祀：有利于举行祭祀。　⑦困于葛藟：受困于葛藤的缠绕。葛藟，两种蔓生植物，有藤有蔓。于臲卼：陷于阻难不安。臲卼，动摇不安的样子；一说为小木桩，为人所据。曰动悔：这样动辄得咎。曰，发语词。动，行动。悔，后悔，艰难。有悔：有小的阻难。征吉：出兵征伐则吉利。

【彖传】

困，刚揜(yǎn)也。①险以说(yuè)，困而不失其所，亨；其唯君子乎。②"贞大人吉"，以刚中也。③"有言不信"，尚口乃穷也。④

[**注释**]①困：卦名。刚揜也：困卦上为兑为阴卦，下为坎为阳卦，阳刚为阴柔所掩盖，喻君子为小人所掩而不得伸，即"刚揜也"。揜，通"掩"，盖也。孔颖达《周易正义》："此就二体以释卦名……坎在兑下，是刚见揜于柔也……其犹君子为小人所蔽，以为困穷也。"　②险以说：困卦下为坎为险，上为兑为悦，喻人虽处危险之中，但能和悦待人。说，借为"悦"。困而不失其所：虽困窘而不失其高尚之志。亨：亨通。其唯君子乎：这是只有君子才能做得到的呀！王弼《周易注》："处险而不改其说(悦)，困而不失其所，亨也。"　③以刚中也：(卦辞说"大人有所占问则吉")，这是因为困卦的九二和九五皆以阳爻分处于下卦和上卦的中位，是为"刚中"，象征大人而得中正之道，故吉。程颐

《周易程氏传》:"困而能贞,大人所以吉也,盖其以刚中之道也,五与二是也。"

④尚口乃穷也:(卦辞说"困顿之时多说话,人则不相信"),这是因为一味崇尚"口谈"而不务实际,实乃困穷之道也。按困卦上为兑为口,下为坎为水,有"口若悬河"之象。孔颖达《周易正义》:"处困求通,在于修德,非用言以免困。徒尚口说,更致困穷也。"

【象传】

困:泽无水,困。君子以致命遂志。①

初六:"入于幽谷",幽不明也。②

九二:"困于酒食",中有庆也。③

六三:"据于蒺藜",乘刚也。"入于其宫,不见其妻",不祥也。④

九四:"来徐徐",志在下也。虽不当位,有与也。⑤

九五:"劓刖",志未得也。"乃徐有说",以中直也。"利用祭祀",受福也。⑥

上六:"困于葛藟",未当也。"动悔,有悔",吉行也。⑦

[**注释**]①泽无水:困卦上为兑为泽,下为坎为水,其象泽底出水而陂泽干涸。困:干涸则百草不生,必致困顿,故名卦为"困"。君子以致命遂志:当穷困之时,君子应舍弃生命以实现高远之志。致命,授命,舍弃生命。遂志,实现志向。孔颖达《周易正义》:"君子之人,守道而死,虽遭困厄之世,期于致命丧身,必当遂其高志,不屈挠而移改也。"　②幽不明也:(初六爻辞说"隐入幽暗的山谷"),是指此地幽暗不明的意思。按初六处困卦之始,柔弱卑下,前临坎卦之险。虽与九四相应,但九四失位亦困,故初六只能苟且藏身于幽谷而不露面目。王弼《周易注》:"最处底下,沉滞卑困……欲之其应,二隔其路……进不获拯,必隐遁者也……入于不明,以自藏也。"　③中有庆也:(九二爻辞说"病困于酒食过量"),但只要坚守中道就必然会有吉庆。中,正也。按九二当困之时,虽有病困,但居下卦之中,以刚中之德而困中求进,故"朱绂方

来”，有吉庆临门。尚秉和《周易尚氏学》：“朱绂，贵人所服以祭宗庙者”，“朱绂方来，言将膺锡命也”。　④乘刚也：（六三爻辞说“攀爬时手按在蒺藜的尖刺上”），这是因为自身柔弱而乘凌于阳刚之上，刚硬之物反使自己受伤。按六三失位无应，为阴而居九二之上，其象正是以柔乘刚。乘，乘凌。不祥也：（六三爻辞说“回到家中，其妻不知去向”），这是不祥之象。王弼《周易注》：“三以阴居阳，志武者也。四自纳初，不受己者。二非所据，刚非所乘。上比困石，下据蒺藜。无应而入，焉得配偶？在困处斯，凶其宜也。”　⑤志在下也：（九四爻辞说“来时前进很迟缓”），因为其志在下，即甘居卑下之位。虽不当位：尽管居位不当。有与也：但有党与的支援。与，助也。按九四以阳居阴，故不当位。虽有初六之应，但自身失正，又为九二所阻，赖执谦处慎，终得初六赞与。　⑥志未得也：（九五爻辞说“[治国使用]割鼻[劓]和断脚[刖]的肉刑”），但仍不能遂志也。以中直也：（九五爻辞说“但逐渐会摆脱困境”），因为能守持正直中和之道。直，正也。受福也：（九五爻辞说“有利于举行祭祀”），可以因此受到鬼神的福佑。按九五阳居阳位，行事刚猛，施肉刑以治国，故不得遂志。但居上卦中位，喻人守中正之道，故最终能摆脱困境而受福助。　⑦未当也：（上六爻辞说“困于葛藤的缠绕”），这是由于环境安排不当。吉行也：（上六爻辞说“动辄得咎，不断有小的阻难”），如能吸取教训改过自新，前行则会转为吉祥。按上六以阴居困卦之极，乘凌四、五二刚，下无应援，处境极困。但困极必反，继续前进（征）则吉。王弼《周易注》：“曰动悔，令生有悔，以征则济矣。”

井卦第四十八

䷯（坎上巽下）水风井

【经文】

井：改邑不改井，无丧无得，往来井。井汔（qì）至，亦未繘（jú）井，羸（léi）其瓶，凶。①

初六：井泥不食，旧井无禽。②

九二：井谷射鲋（fù）。瓮敝漏。③

九三：井渫（xiè）不食，为我心恻（cè）。可用汲，王明，并受其福。④

六四：井甃（zhòu），无咎。⑤

九五：井洌（liè），寒泉食。⑥

上六：井收，勿幕，有孚，元吉。⑦

［**注释**］①井：卦名。上为坎为水，下为巽为风为木，有“木上有水”之象。以木桶入井汲水是也，故名卦为“井”。改邑不改井：乡村之邑可迁改，而水井则稳在无改。无丧无得：既没有丧失旧井也不需要开挖新井。往来井：人们来来往往在井上打水。井汔至：井水堵塞干涸。汔，水涸。至，借为“窒”，塞也。亦未繘井：也没有对井掏挖。繘，通“矞”，以锥穿物。羸其瓶：打破了汲水罐。羸，通“儡”，毁坏也。凶：凶险。孔颖达《周易正义》：“古者穿地取水，以瓶引汲，谓之为‘井’。此卦明君子修德养民，有常不变。” ②井泥不食：井底有淤泥阻塞，不能食用井水，谓井长期未修。旧井无禽：老旧之井被改作猎兽之陷阱，也没有禽兽被捉。此处“井”通“阱”，即井无水，连禽兽也不光顾。一说“禽”通“擒”，获也，无水故人无所获得，见李鼎祚《周易集解》引崔颢说。③井谷射鲋：从井口以箭射杀水井中的小鱼。井谷，井口。鲋，一种小鱼；射鲋即射鱼。瓮敝漏：结果射穿水瓮致破败漏水而无法汲水，喻手段与目标不相符而遭挫败。瓮，盛水的陶器。敝，破败。 ④井渫不食：井水已经清澈而人们仍不来饮用。渫，淘去污泥。为我心恻：我的心很伤悲。恻，悲痛。可用汲：大家可以到井边汲水。用，以也。王明：就好像君王英明。并受其福：天下人一起受其福佑。并，俱也。孔颖达《周易正义》：“井之可汲，犹人可用。若不遇明王，则滞其才用；若遭遇明主，则申其行能。” ⑤井甃：井的内壁用砖修好。甃，砖砌的井壁。孔颖达《周易正义》：“以砖垒井，修井之坏，谓之为甃。”喻人之补过。无咎：无咎害。 ⑥井洌：井水清澈。洌，清也。寒泉食：井水犹如寒凉的泉水一样可以饮用。按井泉以寒为美。 ⑦井收：汲水之后

收起绳罐等器具,喻物事成功。孔颖达《周易正义》:“凡物可收成者,则谓之收,如五谷之有收也。”勿幕:不用盖上井口。勿,不也。幕,覆盖。有孚:心有诚信。元吉:大吉。

【彖传】

巽乎水而上水,井。井养而不穷也。①“改邑不改井”,乃以刚中也。②“汔至亦未繘井”,未有功也。③“羸其瓶”,是以凶也。④

[**注释**]①巽乎水而上水:井卦下为巽为木又为入,上为坎为水,其象木桶入水又使水升井。上,动词,使水上。井:这是卦名的由来。井养而不穷也:以井养人的功德没有穷尽呀。养,施养于人。孔颖达《周易正义》:“叹美井德愈汲愈生,给养于人无有穷已也。” ②乃以刚中也:(卦辞说“乡村之邑可迁改而水井则稳在不动”),这就像君子刚毅中正之气不能改变一样。按九二、九五以刚分居下、上两卦之中,是为“刚中”。孔颖达《周易正义》:“此释井体有常,由于二、五也。二、五以刚居中,故能定居其所而不改变也。” ③未有功也:(卦辞说“井水堵塞干涸,也没有对井掏挖”),那就失去了以井养人的功用了。孔颖达《周易正义》:“水未及用,则井功未成,其犹人德未被物,亦是功德未就也。” ④是以“凶”也:(卦辞说“打破了汲水罐”),这是凶险之兆。孔颖达《周易正义》:“汲水未出而覆,喻修德未成而止,是以凶也。”

【象传】

井:木上有水,井。君子以劳民劝相。①

初六:“井泥不食”,下也。“旧井无禽”,时舍也。②

九二:“井谷射鲋”,无与也。③

九三:“井渫不食”,行恻也。求“王明”,受福也。④

六四:“井甃无咎”,修井也。⑤

九五："寒泉之食"，中正也。⑥

上六："元吉"在上，大成也。⑦

［注释］①木上有水：井卦上为坎为水，下为巽为木，为"木上有水"之象。井：以木桶入井汲水，是木上有水，故名卦为"井"。君子以劳民劝相：君子观此象，从而了解人们共同劳作共同享利的井德，因此督促民众协同劳作。劳民，使民劳作。劝，促也。相，助也。朱骏声《六十四卦经解》："井之为物，有木底以隔泥，使清泉上出木上，故'木上有水'。"朱熹《周易本义》："劳民者，以君养民；劝相者，使民相养。皆取'井养'之义。"　②下也：（初六爻辞说"井底有淤泥阻塞，不能再食用井水"），这是因为井的位置太低下了。时舍也：（爻辞说"老旧之井改作猎兽之陷阱，也没有禽兽被捉"），那是因为此时它已经被人们所舍弃。按初六居一卦最下位，阴柔卑下，上无应援，正像井的位置低下使之充塞淤泥，再加上久而不修，以致被人弃置而"不食"、"无禽"。蔡清《易经蒙引》："井以阳刚为泉，而初六则阴柔也……井以上出为功，而初六则居下，故为'不食'，为'无禽'。"　③无与也：（九二爻辞说"从井口以箭射杀水井中的小鱼"），那完全是无益之举。与，助也，益也。按九二虽阳刚居中，但据阴失位，与九五二阳无应，故不能对别人有所助益。李光地《周易折中》："井能出水，则非泥井也。而其功用仅足以'射鲋'者，上无汲水之人，如瓶瓮之'敝'漏然，则不能自济于人用也决矣。"　④行恻也：（九三爻辞说"井水已经清澈而人们仍不来饮用"），连过往的行人也感到惋惜。行，行路之人。恻，悲伤。受福也：（九三爻辞说"祈求君王英明"），使天下人一起受其福佑。按九三处下卦之上，阳刚得正，但下无阴爻可据，故人们"不食"。但九三又可与上六相应，故最终"可用汲"。孔颖达《周易正义》："有应于上，是'可汲'也。井之可汲，犹人可用，若不遇明主，则滞其才用；若遭遇贤主，则申其行能。贤主既嘉其行，又钦其用，故曰'可用汲，王明并受其福'。"　⑤修井也：（六四爻辞说"井的内壁用砖修好后，而没有咎害"），指的是开始修治水井。按六四柔正得位，但下无所应，故应静候补过，不宜急切施养于人。王弼《周易注》："得位而无应，自守而不能给上。"孔颖达《周易正义》："但可修井之坏，未可上给养人也。"　⑥中正也：（九五爻辞说"清凉的泉水可以饮用了"），此喻君王有中

正之德。按九五居上卦之中，处尊而亲比上六，“井德”完美，像是井水汲上以供人食用也。程颐《周易程氏传》：“五以阳刚中正居尊位，其才其德，尽善尽美……甘洁之寒泉可为人食也，于井道为至善也。然而不言吉者，井以上出为成功，未及于上，未及用也，故至上而后言元吉。”　⑦“元吉”在上：在上位者至为吉祥。大成也：说明将要功业大成。按上六居一卦最上，下应九三，得位正应，象征井水已经汲出井口，“井功”大成，故元吉。孔颖达《周易正义》：“处‘井’上极，水已出井。井功大成，在此爻也。”程颐《周易程氏传》：“它卦之终，为极为变。唯‘井’与‘鼎’，终乃为成功，是以‘吉’也。”

革卦第四十九

䷰（兑上离下）泽火革

【经文】

革：巳日乃孚，元亨。利贞，悔亡。①

初九：巩用黄牛之革。②

六二：巳日乃革之，征吉，无咎。③

九三：征凶，贞厉。革言三就，有孚。④

九四：悔亡。有孚，改命吉。⑤

九五：大人虎变，未占有孚。⑥

上六：君子豹变，小人革面，征凶。居贞吉。⑦

［**注释**］①革：卦名。上为兑为泽，下为离为火，其象“泽中有火”。水火相胜相克而必有变化，故名“革”；革，改也，变也。孔颖达《周易正义》：“革者，改变之名。此卦明改制革命，故名‘革’也。”巳日乃孚：祭祀的日子应该诚信待神。巳，通“祀”。按本卦“巳日”之“巳”，阮刻《十三经》及通行诸本皆同，惟王弼《周易注》作“已然”之“已”，李鼎祚《周易集解》引虞翻注作“戊己”之“己”，宋朱震《汉上易传》同之，明顾炎武《日知录》和来知德《周易集注》承之。

诸说解释亦有不同。孚，诚信。元亨：大亨通。利贞：占筮则利。贞，占问。悔亡：没有后悔之事。悔，悔恨。　②巩用黄牛之革：牢固地（将犯人、战俘等）用黄牛皮条做成的绳子进行捆绑。巩，固也。牛之革，坚韧之物，喻守常不变，与“革”相反。王弼《周易注》：“在革之始，革道未成，固夫常中，未能应变者也。此可以守成，不可以有为也……固之所用常中，坚仞不肯变也。”③巳日乃革之：将祭祀的日期改变一下。巳日，祭祀的日期。巳，通“祀”。革，改变。征吉：出征吉祥。无咎：没有祸殃。　④征凶：出征有凶险。征，出征，前进。贞厉：占问的事情有危险。革言三就：改革的建议要多次讨论才能就绪。革言，变革之言。三，泛指多次。就，达到，完成。有孚：显示诚信。⑤悔亡：悔恨之事消失。有孚：有诚信。改命吉：革除旧命则吉利。改命，即“革命”，革除旧命。　⑥大人虎变：统治者推行变革其势如虎。大人，君王和公侯。虎，喻迅猛。按兑卦之阳爻称虎，阴爻称豹。未占有孚：未经占筮就能得到信从。有孚：有诚信。　⑦君子豹变：君子推行变革其势如豹。君子，大夫和士。豹，虎之小者；豹变，力度和气度较小的变革。小人革面：小人变换脸色。按小人无羞耻心，只能迫于压力革面而未能洗心。征凶：（因内部未安），出征则凶。居贞吉：以安居之事占问则吉。贞，占问。

【彖传】

革，水火相息，二女同居，其志不相得，曰革。①“巳日乃孚”，革而信之。②文明以说（yuè），大亨以正，革而当，其悔乃亡。③天地革而四时成，汤武革命，顺乎天而应乎人，革之时大矣哉！④

[注释]①革：改也，变也。水火相息：其上为兑为泽为水，其下为离为火，水火不容，二者“相息”。息，同“熄”，灭也。二女同居：按兑为少女，离为中女，其象二女同嫁一夫。其志不相得：其志向必不投合，势求有所改变。曰革：卦名因此为“革”。孔颖达《周易正义》：“中、少二女而成一卦，此虽形同而志革也。一男一女，乃相感应。二女虽复同居，其志终不相得，志不相得则变

必生矣。” ②革而信之：（卦辞说“祭祀的日子应该诚信待神”），要改变以往拿谎言欺骗民众粉饰现实的做法，以取信于神灵。 ③文明以说：革卦下为离为火为文明，上为兑为喜悦。统治者用文明之政教，以赢得民众的喜悦。孔颖达《周易正义》：“能用文明之德以说于人，所以革命而为民所信也。”大亨以正：以正道变革时弊，其势无不亨通。革而当：改革时机得当。其悔乃亡：（心想事成），悔恨之事消失。李光地《周易折中》引胡炳文曰：“革，易有悔也，必革而当，其悔乃亡。” ④天地革而四时成：天地万物适时变革因此形成四季的循环。汤武革命：商汤和周武王适时革掉夏桀和商纣的旧天命，自己禀受新天命。顺乎天而应乎人：顺乎天意而应和人心。革之时大矣哉：适时变革的意义大得很呀！尚秉和《周易尚氏学》：“四时相代实相革，期无或爽，信也。汤武革命，天人皆应，亦信也。不信则不能革，故时之所关甚大，此其义也。”

【象传】

革：泽中有火，革。君子以制历明时。①

初九：“巩用黄牛”，不可以有为也。②

六二：“巳日革之”，行有嘉也。③

九三：“革言三就”，又何之矣。④

九四：“改命之吉”，信（shēn）志也。⑤

九五：“大人虎变”，其文炳也。⑥

上六：“君子豹变”，其文蔚也。“小人革面”，顺以从君也。⑦

[注释]①泽中有火：革卦上为兑为泽，下为离为火，其象“泽中有火”。革：水火相克而必有变化，故名“革”。革，改也，变也。君子以制历明时：（因变革的重要节点是时间），因此君子制定历法，以明确时令，（使人民了解和信从变革）。程颐《周易程氏传》：“君子观变革之象，推日月星辰之迁易，以治历数，明四时之序也。” ②不可以有为也：（初九爻辞说“牢固地用黄牛皮条做

成的绳子进行捆绑固定”)，说明其难有所作为，应缓时进行改革。按初九以阳刚处革卦最下位，上无应爻之援，未能应变，只能固守常制。李光地《周易折中》引龚焕曰：“革之初九，在下无应，当革而不可革者也。” ③行有嘉也：(六二爻辞说“将祭祀的日期改变一下”)，这预示着变革之举会带来美好的结果。行，行动。嘉，美好。按六二处“革”之时，柔中得正，上应九五，时当日昃，必将配合九五尊者，革除旧弊，奉行变革。 ④又何之矣：(九三爻辞说“改革的建议要多次讨论才能就绪”)，目的是要明确下一步究竟走向哪里？之，往也。按九三处下卦之上，有革道初成之象。但阳居阳位，宜于戒躁审慎，以安抚人心、巩固成果、以保证大局稳定为宗旨，不应鲁莽从事。 ⑤信志也：(九四爻辞说“革除旧命则吉利”)，因为佐助君主进行变革的志向可以大为伸展了。信，通“伸”，展也。按九四处上卦之下，“革”道将成；又以阳居阴，刚柔不偏；值水火之际，乃革之时，正得“革”之大用也。尚秉和《周易尚氏学》：“改命则实行革命，故曰‘伸志’；言得行其志也，志行故‘吉’。” ⑥其文炳也：(九五爻辞说“统治者推行变革其势如虎”)，因为其德行如虎之斑纹，炳炳光耀。文，文采，喻德行。炳，明也。按九五居中而处尊，当革之时，为变革的主导者，气势犹似虎变。孔颖达《周易正义》：“九五居中处尊，以大人之德为革之主。损益前王，创制立法，有文章之美，焕然可观。有似虎变，其文彪炳。” ⑦其文蔚也：(上六爻辞说“君子助行变革其势如豹”)，其德行如豹之斑纹，光彩蔚然。蔚，茂盛。顺以从君也：(上六爻辞说“小人变换脸色”)，立即转变态度顺从君主。按上六居革卦之终，变局已成，君子以臣之身份辅助大人的变革，小人以民众之身份顺从变革，此时宜于稳定局势，“润色鸿业”。孔颖达《周易正义》：“革道已成，宜安静守正。更有所征则凶，居而守正则吉。”

鼎卦第五十

䷱(离上巽下)火风鼎

【经文】

鼎：元吉，亨。①

初六：鼎颠趾，利出否（pǐ）。得妾以其子，无咎。②

九二：鼎有实，我仇（qiú）有疾，不我能即，吉。③

九三：鼎耳革，其行塞，雉（zhì）膏不食；方雨，亏，悔，终吉。④

九四：鼎折足，覆公𫗧（sù），其形渥，凶。⑤

六五：鼎黄耳，金铉（xuàn），利贞。⑥

上九：鼎玉铉，大吉，无不利。⑦

［注释］①鼎：卦名。上为离为火，下为巽为木，其象“木上有火”。其卦形初六象鼎足，九二、九三、九四象鼎腹，六五象鼎耳，上九象鼎铉，故名为“鼎”。元吉，大吉。亨：亨通。孔颖达《周易正义》：“鼎者，器之名也……此卦明圣人革命，示物法象，惟新其制，有鼎之义；以木巽火，有鼎之象。故名为‘鼎’焉。”王弼《周易注》：“‘革’去故而‘鼎’取新。取新而当其人，易故而法制齐明。”　②鼎颠趾：将鼎足颠倒向上。颠，倒也。趾，足也。利出否：利于出清废物。喻将朝中恶人逐出。否，恶也，与善相反。得妾以其子：（出否后新纳物），得妾及其孩子。以，与也。无咎：无咎害。　③鼎有实：鼎中装有食物。鼎为烹饪器，内之实即食物。我仇有疾：我的妻子有病。仇，匹也，指夫妇。疾，病也。不我能即：不能来与我共食。倒装，正常语序应“不能即我”；即，就也。吉：吉利。　④鼎耳革：鼎耳脱落。革，除也。其行塞：鼎（由厨房至餐厅）的移动被迫中止。行，移动。塞，止也。雉膏不食：野鸡肉不能再吃。雉膏，野鸡烹煮成的肥肉。方雨：因为正在下雨。亏：所食肉遭毁坏。亏，毁也。悔：使人悔恨。终吉：但最终获吉利。　⑤鼎折足：鼎足折断。覆公𫗧：鼎中为公侯准备的肉汤被倾覆地上。𫗧，古称汤汁食品。其形渥：在地上形成湿漉漉的一大片。形，形状。渥，沾湿。凶：有凶险。此喻人志大才疏，职责和能力不匹配。　⑥鼎黄耳：鼎耳饰以黄色。金铉：是用黄铜制造的鼎杠。金，铜也。铉，借助抬起鼎身的器具，形如木棍，穿入鼎耳，人于是可举抬鼎

身。利贞:占卜则吉利。 ⑦鼎玉铉:鼎铉之上镶玉。玉,坚刚而温润之物,体现以刚处柔的君子美德。大吉:大吉祥。无不利:诸事皆利。

【彖传】

鼎,象也。以木巽火,亨(pēng)饪也。① 圣人亨(pēng)以享上帝,而大亨(pēng)以养圣贤。② 巽而耳目聪明③,柔进而上行,得中而应乎刚,是以元亨。④

[注释]①鼎:卦名来自卦象,因其卦形似鼎,故"象也"。以木巽火:按鼎卦上为离为火,下为巽为木为入,象以木入火。亨饪也:以木入火的目的是烹饪食品。亨,即今之"烹",假借,煮也。饪,熟也。烹饪之器就是鼎,故名卦为"鼎"。李鼎祚《周易集解》引虞翻曰:"六十四卦皆观象系辞,而独于'鼎'言'象',何也?象事知器,故独言也。" ②圣人亨以享上帝:圣人以鼎烹饪牺牲是为了祭祀天帝。享,祭祀也。而大亨以养圣贤:圣人以鼎大量地烹饪食物是为了敬养圣贤之人。孔颖达《周易正义》:"此明鼎用之美。亨饪所须,不出二种:一供祭祀,二当宾客。若祭祀则天神为大,宾客则圣贤为重,故举其重大则轻小可知。" ③巽而耳目聪明:鼎卦下为巽即逊,上为离为明,象征人谦逊而且耳聪目明。贤能获养,逊顺以辅上;上者获助,故耳聪目明。王弼《周易注》:"圣贤获养,则己不为而成矣,故巽而耳目聪明也。" ④柔进而上行:鼎卦初六及六五为阴爻为柔,一路上行,故"柔进而上行"。得中而应乎刚:九二与六五同居中位,双方又刚柔相应,故六五"得中而应乎刚"。刚,指九二。是以元亨:臣以阳刚中和之道应和其君,故国势大亨通。元,大也。王弼《周易注》:"谓五也,有斯二德,故能'成新'而获'大亨'也。"

【象传】

鼎:木上有火,鼎。君子以正位凝命。①

初六:"鼎颠趾",未悖也。"利出否",以从贵也。②

九二:"鼎有实",慎所之也。"我仇有疾",终无尤也。③

九三:"鼎耳革",失其义也。④

九四:"覆公𫗧",信如何也。⑤

六五:"鼎黄耳",中以为实也。⑥

上九:玉铉在上,刚柔节也。⑦

[**注释**]①木上有火:鼎卦上为离为火,下为巽为木,其象"木上有火"。鼎:其卦形初六象鼎足,九二、九三、九四象鼎腹,六五象鼎耳,上九象鼎铉,故名为"鼎"。君子以正位凝命:君子观此象,当效法鼎象,持正以居其位,固守上之所命。凝,固也。尚秉和《周易尚氏学》:"鼎偏倚则势危,故贵正,不正则𫗧覆。鼎敛实于内,故贵凝,不凝则实漫矣。" ②未悖也:(初六爻辞说"将鼎足颠倒向上"),是清除废物,并未悖逆大道。以从贵也:(初六爻辞说"利于出清废物",即将恶人逐出朝),是顺从贵人的意旨(而纳新)。贵,贵人。按初六处鼎卦之始,阴虚在下,有"颠鼎"之象。虽居卑下,但上应九四,顺从正道,弃秽而纳新,故无咎。王弼《周易注》:"凡阳为实而阴为虚,鼎之为物,下实而上虚。而今阴在下,则是覆鼎也。" ③慎所之也:(九二爻辞说"鼎中装有食物"),要慎重所前往。之,往也。王弼《周易注》"有实之物,不可复加,益之则溢",故九二其行当慎。终无尤也:(九二爻辞说"我的妻子有病"),但最终没有咎害。尤,灾也。按九二以阳刚居中,上应六五。五乘刚犹如"有疾"不能前来就二。九二刚柔中和,终将无尤。孔颖达《周易正义》:"五既有乘刚之疾,不能加我,则我终无尤也。" ④失其义也:(九三爻辞说"鼎耳脱落"),这是人的举措不合时宜。义,通"宜"。按九三以阳居阳,刚实不能虚中,故"行塞";又不能应和上九,孤立无援,徒有鼎器而不能为用,故有"不食"之悔。孔颖达《周易正义》:"失其虚中纳受之义也。" ⑤信如何也:(九四爻辞说"鼎中为公侯准备的肉汤被倾覆到地上"),这真是国事一败涂地而无可如何。信,的确,真的。按九四阳居阴位,上承六五,所任已重;又下应初六,但失正不中,难承重荷,有行事不自量力之象。王弼《周易注》:"处上体之下,而又应初,既承且施,非己所堪";"不量其力,果致凶灾,信如之何?" ⑥中以为实也:(六五爻辞说"鼎耳饰以黄色"),言其守中正之道因成富实之势。为,成

也。实，富也。按六五为阴居阳，柔中处尊，又获九二刚爻之应，故能尽鼎用之美。孔颖达《周易正义》："黄，中也；金，刚也。五为中位，故曰'黄耳'；应在九二，以柔纳刚，故曰'金铉'。所纳刚正，故曰'利贞'也。"　⑦玉铉在上：上位贵人何以"鼎铉之上镶玉"？刚柔节也：这是想要正确节度刚柔。君为刚，臣为柔。上九居一卦之上，为阳处阴，又不应于九三，只能广应下者，使阳刚而能节之以柔。六五为柔而处阳位，却甘居于上九之下，喻君臣分际各有节度。孔颖达《周易正义》："玉者，坚刚而有润者也。上九居'鼎'之终，鼎道之成，体刚处柔，则是用玉铉以自举者也，故曰'鼎玉铉'也"；"以刚履柔，虽复在上，不为乾之亢龙，故曰'刚柔节'也。"

震卦第五十一

䷲(震上震下)震为雷

【经文】

震：亨。震来虩虩(xì)，笑言哑哑。震惊百里，不丧匕鬯(chàng)。①

初九：震来虩虩，后笑言哑哑，吉。②

六二：震来厉，亿丧贝；跻(jī)于九陵，勿逐，七日得。③

六三：震苏苏，震行无眚(shēng)。④

九四：震遂泥。⑤

六五：震往来，厉；亿无丧，有事。⑥

上六：震索索，视矍矍(jué)，征凶。震不于其躬，于其邻，无咎。婚媾有言。⑦

[注释]①震：卦名。其卦上下体皆震，二震重叠。震为雷为动，一雷方去，二雷又至，故震荡不已。李鼎祚《周易集解》引郑玄曰："雷，动物之气也。

雷之发声，犹人君出政教以动中国之人也，故谓之‘震’。”亨：即“享”，祭祀。震来虩虩：雷声使人恐惧不已。震，雷声。虩，原指壁虎，引申为恐惧。笑言哑哑：稍后又相视而笑。哑哑，笑语声。震惊百里：雷声震惊百里。百里，喻诸侯。不丧匕鬯：（祭祀者镇定自若），祭祀用的小勺和酒杯都没有失手掉落。丧，失也。匕，羹匙。鬯，加香料的甜酒。此指盛酒的器皿。　②震来虩虩：雷声初来使人恐惧不已。虩虩，恐惧貌。后笑言哑哑：稍后又相视而笑。吉：吉祥。喻人突然面临外来之威力，要既知畏惧，又能镇静自省，才能消祸化吉。按此处前两句与卦辞重复，高亨认为是卦辞的过误衍增，是也。　③震来厉：雷震来后有凶险。厉，危险。亿丧贝：（惊慌中）有钱财丢失。亿，发语词，即“惟”。丧，失也。贝，远古的贝币。跻于九陵：翻山越岭而追寻。跻，登也。九陵：多重山岭，谓高也。勿逐：（占筮说）不要寻找了。七日得：七日后果然失而复得。　④震苏苏：雷震使人恐惧不安。苏苏，即索索，抖索的样子。震行无眚：雷击之后却并无灾祸。眚，灾也。李光地《周易折中》引赵光大曰：“天下不患有忧惧之时，而患无修省之功。若能因此惧心而行，则持身无妄动，应事有成规，又何眚之有？”　⑤震遂泥：雷下击而使人坠入泥泞中，动弹不得。喻陷入困境。遂，借为“坠”。泥，泥沼。　⑥震往来：雷震在天上滚来滚去。厉：凶险。亿无丧：惟无失守宗庙社稷。亿，按《周易正义》作“亿”，今本作“意”，与“亿”同为发语词“惟”，据《周易集解》改之。丧，失也。有事：仍可行祭祀之事。事，祭祀也，春秋凡祭祀，皆曰“有事”。李光地《周易折中》引熊光辅曰：“震往亦厉，来亦厉，皆以危惧待之，故能‘无丧有事’，盖不失其所有也。此卦辞所谓‘不丧匕鬯’，能主器以君天下者与？”　⑦震索索：雷震使人抖索不已。索索，即缩缩，足不正也。视矍矍：不敢抬头正视。矍矍，目不正也。征凶：前往征伐则有凶险。震不于其躬：雷震尚不及其自身。躬，亲身。于其邻：雷震始犯其邻人。无咎：（自己有戒备）故没有祸殃。婚媾有言：婚姻之事则生口角。婚媾，婚姻。言，责难。王弼《周易注》：“若恐非己造，彼动故惧。惧邻而戒，合于备豫，故‘无咎’也。”

【彖传】

震，亨。“震来虩虩”，恐致福也。①“笑言哑哑”，后有则也。②“震惊百里”，惊远而惧迩也。③“不丧匕鬯”，出可以守宗庙社稷，以为祭主也。④

[注释]①震：卦名，象雷声响动。亨：顺利亨通。恐致福也：（震卦卦辞说“雷声使人恐惧不已”），恐惧则祭神，祭神则得福。致福，得神之福佑。孔颖达《周易正义》：“威震之来，初虽恐惧，能因惧自修，所以致福也。” ②后有则也：（震卦卦辞说“稍后又相视而笑”），是因为经过恐惧之后，人们开始谨守法则，故致福而笑。则，法则。孔颖达《周易正义》：“致福之后，方有笑言。以曾经戒惧，不敢失则。” ③惊远而惧迩也：（震卦卦辞说“雷声震惊百里”），是使远近之人皆惊惧之。迩，近也。程颐《周易程氏传》：“雷之震，及于百里，远者惊，迩者惧，言其威远大也。” ④出可以守宗庙社稷：（震卦卦辞说“巨雷骤至，祭祀中用的小勺和酒杯都没有失手掉落，作为祭者镇定自若”），君主若出京，长子可以留守宗庙社稷。以为祭主也：成为祭祀大礼的主持人。孔颖达《周易正义》：“出，谓君出巡狩等事也。君出，则长子留守宗庙社稷，摄祭主之礼事也。”据《说卦传》《序卦传》，震卦有“长子”之象。又按今流行本无“不丧匕鬯”四字，据唐郭京《周易举正》补之。程颐《周易程氏传》亦云，“彖文脱‘不丧匕鬯’一句”。

【象传】

震：洊（jiàn）雷，震。君子以恐惧修省（xǐng）。①

初九：“震来虩虩”，恐致福也。“笑言哑哑”，后有则也。②

六二：“震来厉”，乘刚也。③

六三：“震苏苏”，位不当也。④

九四：“震遂泥”，未光也。⑤

六五：“震往来厉”，危行也。其事在中，大无丧也。⑥

上六：“震索索”，中未得也。虽凶无咎，畏邻戒也。⑦

[注释]①洊雷:重复出现的雷震。洊,重也。按震卦上下体皆震,二震重叠,故云。震:卦名,有雷动之象。君子以恐惧修省:古人以雷比刑,君子观此象,从而恐惧修德,以免触犯刑律。修,修身。省,察也。孔颖达《周易正义》:"(君子)今见天之怒,畏雷之威,弥自修省身,省察已过。" ②恐致福也:(初九爻辞说"雷声使人恐惧不已"),恐惧则祭神,祭神则得福。后有则也:(初九爻辞说"稍后人们又相视而笑"),是因为经过恐惧之后,人们开始谨守法则,故致福而笑。按初九当震之时,阳刚在下,为震之初,故要慎始畏惧,修身省察,才能获致福佑。王弼《周易注》:"体夫刚德,为卦之先,能以恐惧修其德也。" ③乘刚也:(六二爻辞说"雷震来后有凶险"),这是因为不自量力以柔犯刚。乘,冒犯。按六二当震之时,为阴而凌驾于初九阳刚之上,是谓"乘刚"。此喻指爻辞中那位"丧贝"者冒犯雷震而登山,人为柔,雷为刚,亦是"乘刚",故"厉"。朱熹《周易本义》:"六二乘初九之刚,故当震之来而危厉也。" ④位不当也:(六三爻辞说"雷震使人恐惧不安"),原因是其位置不当。按六三处震之时,以阴居阳,易受雷击,是不当位。但其下不乘刚,上而承阳,有戒惧之心,故"无眚"。王弼《周易注》:"不当其位,位非其处,故惧苏苏也。而无乘刚之逆,故可以惧行而无眚也。" ⑤未光也:(九四爻辞说"雷下击而使人坠入泥泞,动弹不得"),是其阳刚之德未能光大。按九四以阳居阴,刚德不足,又陷上下四阴中,为众阴所蔽,故"坠泥"而自顾不暇。王弼《周易注》:"处四阴之中,居恐惧之时,为众阴之主,宜勇其身以安于众。若其震也,遂困难矣。履夫不正,不能除恐,使物安己,德未光也。" ⑥危行也:(六五爻辞说"雷震在天上滚来滚去,凶险"),这时行动很危险。其事在中:但其行事能谨守中正之道。中,正也。大无丧也:可以没有大的损失。丧,失也。按六五当震之时,以阴居尊,向上则遇阴得敌,下行则乘刚有失,故往来皆"厉"。但其居上卦中位,喻人能以畏惧之心恪守中道,故可"无丧"。李光地《周易折中》:"二居下位,所有者贝耳;五居尊,所守者则宗庙社稷也……故二以丧'贝'为中,五以'无丧有事'为中。" ⑦中未得也:(上六爻辞说"雷震使人抖索不已"),因为其未能以中正之道待之。中,正也。虽凶无咎:虽有凶险但未酿成祸端。畏邻戒也:要畏戒邻居所遇到的灾祸而及时预防。按上六以阴处震卦之极,恐惧难行,又未能居中而失中正之道,故有"凶"。但能在雷震未及自身

时总结前邻的得失而预为戒备，故能“无咎”。孔颖达《周易正义》：“畏邻之动，惧而自戒，乃得无咎。”

艮卦第五十二

䷳（艮上艮下）艮（gèn）为山

【经文】

艮：艮其背，不获其身；行其庭，不见其人，无咎。①

初六：艮其趾，无咎，利永贞。②

六二：艮其腓（féi），不拯其随，其心不快。③

九三：艮其限，列其夤（yín），厉熏心。④

六四：艮其身，无咎。⑤

六五：艮其辅，言有序，悔亡。⑥

上九：敦艮，吉。⑦

［**注释**］①艮：卦名。其上下两卦皆艮，艮为山，两山并立，是为“兼山”。艮象征山的耸立静止，故其义为止。艮其背：停止其肩背（的负荷），喻卸下所承担的职务。艮，止也。不获其身：连他整个人都不见了。获，得也。行其庭：走到其住家庭院。不见其人：也见不到人，（是到山中隐居了）。无咎：没有咎殃。孔颖达《周易正义》：“艮，止也，静止之义，此是象山之卦，故以艮为名。施之于人，则是止物之情，防其动欲，故谓之止。艮其背者，此明施止之所也……故《老子》曰‘不见可欲，使心不乱’也。” ②艮其趾：止其足而不妄行。趾，脚趾。喻事应止于初始。无咎：没有灾害。利永贞：利于占问长期的事情。 ③艮其腓：止其小腿（而不行走）。腓，小腿肚。不拯其随：不继续追随别人。拯，通“承”，继续也。随，追随。其心不快：其心中不快意。尚秉和《周易尚氏学》：“腓之用在行，艮其腓是不行也”；“既不可动，又须随阳，不能自主，故其心不快”。 ④艮其限：止其腰而不弯曲，即挺直其腰而对别人不

成礼敬。限，人体的上下界限，即腰。列其夤：因此受惩罚而被施刑，以致背上皮肉开裂。列，通“裂”。夤，通“胂”，背上肉也。厉熏心：危难中其心急如焚。厉，危害。熏，烧灼。 ⑤艮其身：止其上身（而有所不为）。身，指人上半身的胸部。无咎：没有咎害。王弼《周易注》：“中上称身，履得其位，止求诸身，得其所处，故不陷于咎也。” ⑥艮其辅：止其嘴巴，即控制自己不乱说话。辅，人的脸颊部，喻嘴巴。言有序：说话很有条理。悔亡：没有追悔之事。王弼《周易注》：“施止于辅，以处其中，故口无择言，能亡其悔也。” ⑦敦艮：敦厚而止，即对人宽厚而不苛刻。敦，厚也。吉：吉利。程颐《周易程氏传》：“天下之事，唯终守之为难。能敦于止，有终者也。上之吉，以其能厚于终也。”

【彖传】

艮，止也。时止则止，时行则行，动静不失其时，其道光明。① 艮其止，止其所也。上下敌应，不相与也。② 是以“不获其身，行其庭，不见其人，无咎”也。③

[**注释**]①艮：卦名。止也：卦义为“止”。按艮为山，山静止不动，故云。时止则止：时机宜止则止。时行则行：时机宜行则行。动静不失其时：动和静都不违背合宜的时机。其道光明：按照这个法则而为，其前途自然光明。王弼《周易注》：“止道不可常用，必施于不可以行，适于其时，‘道’乃光明也。” ②艮其止：按高亨引朱熹（引晁说之）、俞樾和朱骏声之说，此处“止”字应为“北”，即卦辞“艮其背”之“背”字，形近而误，确然。其义即君子应止息其背负之职务。止其所也：止息在适当的处所。所，职位。上下敌应：按艮卦三对同位爻（初六与六四、六二与六五、九三与上九）皆同性敌应而非刚柔相应。不相与也：相互排斥而不协助。与，助也。按易理，凡应者，皆一阴一阳而不敌。此喻朝廷上下之臣皆互相敌对而非声援，故君子应辞官而去。 ③是以“不获其身，行其庭，不见其人，无咎”也：所以才有卦辞所说的君子“连他整个人都不见了，走到其住家庭院，也见不到人（他山中隐居），是为无咎”。

【象传】

艮:兼山,艮。君子以思不出其位。①

初六:"艮其趾",未失正也。②

六二:"不拯其随",未退听也。③

九三:"艮其限",危熏心也。④

六四:"艮其身",止诸躬也。⑤

六五:"艮其辅",以中正也。⑥

上九:"敦艮之吉",以厚终也。⑦

[**注释**]①兼山:艮卦其上下两卦皆艮,艮为山,两山重叠,是为"兼山"。兼,并也。艮:有"镇止"之象,故名卦为艮。君子以思不出其位:山耸立则静止而不移。君子观此,当思考自己当如何抑制邪欲而不逾越本位也。程颐《周易程氏传》:"君子观艮止之象,而思安所止,不出其位也。位者,所处之分(fèn)也。" ②未失正也:(初六爻辞说"止其足而不妄行"),说明其行动未曾违背正道。按初六为艮之始爻,阴柔弱质,有脚趾之象。好比人以脚下为根基,在迈步之前就能谨慎而不失其正,不失正则不妄行。程颐《周易程氏传》:"六在最下……事止于初,未至失正,故无咎也。" ③未退听也:(六二爻辞说"止步而不继续追随别人"),因为在上者不能虚心听从在下者的意见。退听,退而听从下位之言。按六二以柔得下卦中位,外卦无应,只能上承九三。而九三阳刚,不仅不退听六二之言,反而乘之。故六二不快意,也不愿追随它。孔颖达《周易正义》:"腓是躁动之物,而强心之,贪进而不得动,则情与质乖也,故曰其心不快。此爻明施止不得其所也。" ④危"熏心"也:(九三爻辞说"止其腰而不弯曲,未能对别人恭敬行礼"),必然遭遇危难而使之心急如焚。按九三处艮卦上下体之中,犹人体之"腰"。阳刚得位,上无正应,正宜慎行,但身处上下四阴柔之间,过分强横,与上下皆不和谐,故陷困局而"熏心"。孔颖达《周易正义》:"此爻亦明施止不得其所也。" ⑤止诸躬也:(六四爻辞说"止其上身而有所不为"),这是让其自身静止而不受干扰,安守本位。按六四以阴柔得位,又无应援,故谨小慎微,不妄动而求"无咎"。人能止其所当止,

故独善无咎。孔颖达《周易正义》:“躬,犹身也。明能静止其身,不为躁动也。” ⑥以中正也:(六五爻辞说“止其嘴巴不乱说话”),因为其能守中正之道。按六五以阴柔居尊,持中不偏,犹处“口”位,故能不妄言而得“悔亡”。李光地《周易折中》引龚焕曰:“艮其辅,非不言也。言而有序,所以为艮也。” ⑦以厚终也:(上九爻辞说“因敦厚而抑止邪欲可获吉利”),这是以敦厚为归宿。终,归宿也。按上九为艮止之终极,虽阳刚而能敦厚,有止于至善的意思,故获吉。

渐卦第五十三

䷴(巽上艮下)风山渐

【经文】

渐:女归吉。利贞。①

初六:鸿渐于干,小子厉,有言。无咎。②

六二:鸿渐于磐(pán),饮食衎(kàn)衎。吉。③

九三:鸿渐于陆,夫征不复,妇孕不育。凶。利御寇。④

六四:鸿渐于木,或得其桷(jué),无咎。⑤

九五:鸿渐于陵,妇三岁不孕,终莫之胜。吉。⑥

上九:鸿渐于陆,其羽可用为仪,吉。⑦

[注释]①渐:卦名。上为巽为木,下为艮为山,其象“山上有木”。山上树木逐渐长高,故名卦为“渐”。渐,缓进也。女归吉:女子出嫁吉祥。归,出嫁。利贞:占问则吉利。孔颖达《周易正义》:“渐者,不速之名也。凡物有变移,徐而不速,谓之‘渐’也。” ②鸿渐于干:鸿雁逐渐飞到河岸。鸿:雁也,水鸟。据说此鸟南飞北归,有序无乱,又雌雄互相忠贞不二,古代婚姻常用为信

物，以为吉祥。渐，进也。干，借为“岸”，河岸。小子厉：童子（靠近河岸）则凶。有言：（大人）训斥。言，谴责。无咎：没有灾祸。 ③鸿渐于磐：鸿雁逐渐飞到水边磐石上。磐，大石也，山石之安者。饮食衎衎：饮水食鱼喜乐不已。衎衎，欢悦之貌，喻夫妻和乐共处。吉：占问则吉祥。 ④鸿渐于陆：鸿雁逐渐飞到山上高平之地。陆，高平也。夫征不复：丈夫出征而未返回。复，返也。妇孕不育：妻子怀孕而未等生育即流产。凶：占问则凶。利御寇：利于防御寇盗。 ⑤鸿渐于木：鸿雁逐渐飞到林木高树上。木，树木。或得其桷：找到类似椽子的方木来栖息。桷，《说文》“榱也，椽方曰桷”。按鸿为水鸟，蹼足，不能栖于树枝，今得方木，幸慰之。此喻妻子在家持政而努力克服困难。无咎：没有灾祸。 ⑥鸿渐于陵：鸿雁逐渐飞到山岭上。陵，岭也，高山。妇三岁不孕：妇人出嫁三年未孕，（或将被夫家逐出）。终莫之胜：倒装句，正常为“终莫胜之”，即最终她未被外在的威胁所压倒。之，代指“妇”。吉：占问则吉利。 ⑦鸿渐于陆：按此处之“陆”与九三爻重复，疑误。高亨认为应是“陂”即水池，清人江永认为应“阿”即陵之高者。此用“陂”说，即鸿雁逐渐飞临水塘。其羽可用为仪：其羽毛可以作为一种舞具。仪，一种舞具。吉：占问则吉。

【彖传】

渐之进也，女归吉也。① 进得位，往有功也。② 进以正，可以正邦也。其位刚得中也。③ 止而巽，动不穷也。④

[注释]①渐之进也：渐卦之义为向前缓进。女归吉也：比如女子出嫁，要循礼渐进完成命运的转换，故吉祥。归，女子出嫁。按渐卦下为艮为少男，上为巽为长女，男下于女，有男求娶、女出嫁之象。 ②进得位：按渐之初六以阴爻居阳位，但进至六二、六四皆阴爻居阴位，故进而后得其位。此喻女入男家逐渐得到主妇之位。往有功也：指妇至男家不仅擅饮食，持家政，而且在丈夫出征后参加御寇，是为建功。 ③进以正：渐卦卦辞说“利贞”，即是说其进以正。贞，正也。按此为《易传》作者的解释，不一定符合《易经》原义，类似情况前后多有。可以正邦也：正道不仅持家，而且可以端正国事。邦，国也。

其位刚得中也：按九五为阳爻居上卦之中位，故“刚得中”。此象君得正中之道，故可以“正邦”。孔颖达《周易正义》：“此就九五得位刚中，释‘利贞’也。言进而得于贵位，是往而有功也。以六二适九五，是进而以正。身既得正，可以正邦也。”　④止而巽：渐卦下为艮为止，上为巽为逊，喻人能静止而又谦逊。动不穷也：缓动而不是躁动，故长有利而不致陷于困境。穷，困也。孔颖达《周易正义》：“此就二体广明渐进之美也。止不为暴，巽能用谦，以斯适进，物无违拒，故能渐而动进，不有困穷也。”

【象传】

渐：山上有木，渐。君子以居贤德善俗。①

初六：“小子之厉”，义无咎也。②

六二：“饮食衎衎”，不素饱也。③

六三：“夫征不复”，离群丑也。“妇孕不育”，失其道也。“利用御寇”，顺相保也。④

六四：“或得其桷”，顺以巽也。⑤

九五：“终莫之胜，吉”，得所愿也。⑥

上九：“其羽可用为仪，吉”，不可乱也。⑦

[注释]①山上有木：渐卦上为巽为木，下为艮为山，其象“山上有木”。渐：山上树木逐渐长高，故名卦为“渐”。君子以居贤德善俗：君子观象，要让自己也像山之美木，不断积累贤德，并影响和改善社会风俗。居，积累。善，动词，改善。李光地《周易折中》引冯当可曰：“居，积也。德以渐而积，俗以渐而善。”　②义无咎也：（初六爻辞说“童子靠近河岸遇到了凶险”），因为受到警告，宜于没有祸殃。义，通“宜”。按初六处渐卦之始，阴居阳位，又上无正应，故卑弱不安，易遭凌辱，只能不燥渐进。孔颖达《周易正义》：“渐进之道，自下升高，故取譬鸿飞自下而上也。初之始进，未得禄位，上无应援，体又穷下，若鸿之进于河之干，不得安宁也。”　③不素饱也：（六二爻辞说“饮水食鱼喜乐不已”），这是说妇人克尽妇道、照顾好家庭，不白白吃饭。素，白也。饱，

餐也。按六二以阴居阴，渐进得位，柔中应五，上承九三，以阴辅阳，能尽臣道，置国家于磐石之安，故有功而吉。王弼《周易注》："进而得位，居中而应，本无禄养，进而得之，其为欢乐，愿莫先焉。"　④离群丑也：（九三爻辞说"丈夫出征而未返回"），是他离开了自己同伴的缘故。丑，通"俦"，侣也，众也。失其道也：（九三爻辞说"妻子孕而流产未生育"），其因此失去了延续宗嗣之道。顺相保也：（九三爻辞说"利以防御寇盗"），是民众和顺以相保乡土也。按九三以阳居阳过刚不中，有鸿飞猛进之象，故以"不复"、"不育"的凶兆提醒其应慎守正道，与同类和顺相保，然后才能"利用御寇"。王弼《周易注》："三本艮体，而弃乎群丑，与四相得，遂乃不返，至使妇孕不育，见利忘义，贪进忘旧，凶之道也。"　⑤顺以巽也：（六四爻辞说"找到类似椽子的方木以栖息"），说明其温顺而又谦逊。巽，逊也。按六四居位柔正，虽有乘刚之嫌，但能以阴柔顺承五、上之阳刚，渐进不燥，故获"无咎"。王弼《周易注》："鸟而之木，得其宜也。或得其桷，遇安栖也。虽乘于刚，志相得也。"　⑥得所愿也：（九五爻辞说"最终未被外在的威胁所压倒而获吉利"），即夫妻终于实现了家庭团圆的愿望。按九五以阳刚居中，跨越三、四隔阻，终与阴柔居中的六二获致正应，故"得所愿"。马其昶《重定周易费氏学》："二不轻进，五不轻任，相须之久，相信之深也。"　⑦不可乱也：（上九爻辞说"其羽毛作为一种舞具很吉祥"），因为其高洁的志向不能淆乱。按上九为渐进卦之高极，好像鸿雁飞止于高山之巅，要防止物极有反，其贞正之心志不能乱也。王弼《周易注》："进处高洁，不累于位，无物可以屈其心而乱其志，峨峨清远，仪可贵也。"

归妹卦第五十四

䷵（震上兑下）雷泽归妹

【经文】

归妹：征凶，无攸利。①

初九：归妹以娣（dì）。跛（bǒ）能履。征吉。②

九二：眇(miǎo)能视，利幽人之贞。③

六三：归妹以须，反归以娣。④

九四：归妹愆(qián)期，迟归有时。⑤

六五：帝乙归妹，其君之袂(mèi)不如其娣之袂良。月几望，吉。⑥

上六：女承筐无实，士刲(kuí)羊无血，无攸利。⑦

[**注释**]①归妹：卦名。上为震为雷，下为兑为泽，其象“泽上有雷”。雷出泽上，应是春天阴气感阳之时，故宜“归妹”，即少女出嫁。征凶：征伐凶险。无攸利：无所利。王弼《周易注》：“妹者，少女之称也。兑为少阴，震为长阳，少阴而承长阳，说以动，嫁妹之象也。”孔颖达《周易正义》：“‘征凶无攸利’者，归妹之戒也。”　②归妹以娣：(占筮)嫁女可以由其妹妹陪嫁。归，出嫁。娣：妹妹。按先秦贵族嫁女常以女之妹妹陪嫁，身份同妾，即“媵嫁”。跛能履：跛脚而能努力行走，喻“娣”以侧室助正室。跛，一只腿瘸。履，步行。征吉：出征则吉利。孔颖达《周易正义》：“妹而继姊为娣，虽非正配，不失常道。譬犹跛人之足然，虽不正，不废能履……征吉者，少长非偶，为妻而行则凶焉，为娣而行则吉。”　③眇能视：偏盲而能视物。眇，瞎了一只眼的偏盲。利幽人之贞：幽静之人占问则吉利。幽人，幽居之人。贞，占问。朱熹《周易本义》：“女贤而配不良，不能大成内助之功，故为‘眇能视’之象。而其占则‘利幽人之贞’也。幽人，亦抱道守正而不偶者也。”　④归妹以须：如果嫁女以其姊陪嫁。归妹，嫁女。须，同“媭”，姐也。反归以娣：结果被休弃回娘家的反而是妹妹。按古人认为嫁女以其姐陪嫁不吉利，有失长幼之尊卑顺序，一般不这样做。　⑤归妹愆期：嫁女而延期。愆，过也。迟归有时：推迟婚期，是因为有所等待。迟，推迟。归，出嫁。时，借为“待”。朱熹《周易本义》：“(九四有)贤女不轻从人而愆期以待所归之象。”　⑥帝乙归妹：帝乙将女儿嫁给周文王。帝乙，商王，纣王之父。其君之袂不如其娣之袂良：王后的衣装还不如其陪嫁妹妹穿得漂亮。君，王侯之正妻。袂，衣袖，泛指衣装。良，美善也。月几望：婚期选在月亮既望时。几望，即既望，阴历十六日。吉：吉祥。　⑦女承筐无实：婚礼后献祭宗庙，女方捧的筐(因筐漏)而里面没有果品。承，捧

也。实，物也。士刲羊无血：男士以羊血祭神，(因羊病)而刺之无血。刲，刺也。无攸利：(不吉祥)而无所利。

【彖传】

归妹，天地之大义也。天地不交，而万物不兴。① 归妹，人之终始也。说(yuè)以动，所归妹也。②“征凶”，位不当也。“无攸利”，柔乘刚也。③

[注释]①归妹：卦名，其义为嫁出少女。天地之大义也：这是天地之间的大道理，体现阴阳交合的伟大之义。天地不交而万物不兴：天地二者的阴阳之气不交合，则万物不能蕃生。兴，生也。王弼《周易注》：“阴阳既合，长少又交，天地之大义，人伦之终始。” ②人之终始也：(归妹显示)，男女婚配，结为夫妻以终其身，生育子女以开始新世代，故为人之终始。说以动：男女相悦，感应而后动，这是“归妹”的原则。说，借为“悦”。按归妹卦下为兑为悦，上为震为动，其象为悦以动。 ③位不当也：(卦辞说“出征则凶”)，这是因为我方所处地位不当。按归妹中间四爻(二、三、四、五)或阴处阳，或阳处阴，皆位置不当。孔颖达《周易正义》：“此因二、三、四、五皆不当位，释‘征凶’之义。”柔乘刚也：(卦辞说“出征则无所利”)，这是因为我方弱势，出击等于以柔乘刚。按归妹卦下体有六三一阴在两阳(二、初)之上，上体有上、五两阴在一阳爻九四之上，皆象征以弱凌强。乘，欺压，凌驾。

【象传】

归妹：泽上有雷，归妹。君子以永终知敝。①

初九：“归妹以娣”，以恒也。“跛能履吉”，相承也。②

九二：“利幽人之贞”，未变常也。③

六三：“归妹以须”，未当也。④

九四：愆期之志，有待而行也。⑤

六五：帝乙归妹，不如其娣之袂良也。其位在中，以贵行也。⑥

上六：上六无实，承虚筐也⑦。

[注释]①泽上有雷：归妹卦上为震为雷，下为兑为泽，其象"泽上有雷"。归妹：雷出泽上，春天阴气感阳，宜少女出嫁，即"归妹"。程颐《周易程氏传》："雷震于上，泽随而动。阳动于上，阴说而从。女从男之象也，故为归妹。"君子以永终知敝：君子观象，知道择偶若慎，则夫妻偕老，是为"永终"；若搭配不当，则夫妻反目，中途离异，其弊非小。永，动词，永久保持。敝，通"弊"，弊害。　②以恒也：（初九爻辞说"嫁女以其妹妹陪嫁"），这是贵族礼仪之常道。以，为也。恒，常也。相承也：（初九爻辞说"跛脚而努力行走因之吉利"），这是因为以侧室身份辅助正室承夫之命。相，辅助。承，承受。按初九当'归妹'之时，最处下位，上无正应，犹随姐出嫁而为'娣'。但有阳刚之贤，能以偏助正，故"征吉"。俞琰《周易集说》："相承者，佐其嫡以相与奉承其夫也。"③未变常也：（九二爻辞说"幽静之人占问则吉利"），因为此人恪守从一而终的恒常之道。按九二当'归妹'之时，阳刚居下体之中，有"女贤"之象；其上应阴柔不正之六五，喻其配乃不良之夫。但九二秉持中正之德，故"利贞"。来知德《周易集注》："一与之齐，终身不改，此妇道之常也。今能守幽人之贞，则未变其常矣。"　④未当也：（六三爻辞说"如果嫁女以其姊陪嫁"），其事大不当也。按六三处下卦之极，失正乘阳，有以偏房而谋正室之象，故其行事"未当"。王弼《周易注》："室主犹存而求进焉，进未值时故有须也。不可以进，故反归待时，以娣乃行也。"　⑤愆期之志：嫁女而推延婚期的目的。志，心志。有待而行也：是有所期待而再选佳婿然后出嫁也。行，谓出嫁，如《诗・邶风・泉水》"女子有行"。按九四刚居柔位，下无正应，反映贤女宁推迟婚期也要寻求良配的心志。　⑥帝乙归妹：帝乙将女儿下嫁给周文王。不如其娣之袂良：王后的衣装还不如其陪嫁妹妹的衣装漂亮，喻王后更加注重品德之高尚。其位在中：按六五爻居上卦之中位，下应九二，喻其有中正之德。以贵行也：指其以上下下，能以尊贵之身，而行谦卑之道。贵，高贵。行，下嫁。朱熹《周易本义》："六五柔中居尊，下应九二，尚德而不贵饰，故为帝女下嫁而服不

盛之象。” ⑦上六无实：上六爻辞说婚礼后献祭宗庙，“筐中没有果品”。承虚筐也：新娘所进奉的是空虚无物之筐。承，捧也。按上六阴虚，处归妹之终，位穷无所适，下而无应，有物极必反之势。喻其婚姻有名无实，男女终将分离。来知德《周易集注》：“今上与三，皆阴爻，不成夫妇，则不能供祭祀矣。”

丰卦第五十五

䷶（震上离下）雷火丰

【经文】

丰：亨，王假之；勿忧，宜日中。①

初九：遇其配（fēi）主，虽（wēi）旬无咎；往有尚（shǎng）。②

六二：丰其蔀（bǔ），日中见斗。往得疑疾，有孚，发若吉。③

九三：丰其沛，日中见沫，折其右肱（gōng），无咎。④

九四：丰其蔀，日中见斗，遇其夷主，吉。⑤

六五：来章，有庆誉，吉。⑥

上六：丰其屋，蔀其家，窥其户，阒（qù）其无人，三岁不觌（dì），凶。⑦

［注释］①丰：卦名。上为震为雷，下为离为火为电，其象“雷电皆至”。雷鸣电闪，声光大盛，故名卦为“丰”。《说文》“丰，豆之丰满者”，盛也。亨：通“享”，祭祀。王假之：王亲自到来。假，通“格”，至也。勿忧：不要担忧。宜日中：祭祀时间宜在中午。日中，太阳正中。孔颖达《周易正义》：“然则丰者，多、大之名，盈、足之义。财多德大故谓之为丰。德大则无所不容，财大则无所不齐。” ②遇其配主：出行遇到一位女主人。配，通“妃”，妻也。虽旬无

咎：唯十天之内没有灾祸。虽，同"唯"。往有尚：前往会有奖赏。尚，通"赏"。 ③丰其蔀：草棚搭得很大。丰，盛大。蔀，通"菩"，草席，此指草席搭成的遮阳棚。日中见斗：阳光被遮蔽，竟然在日正中时看到天上的斗星。按此似是日偏食现象的发生，古代被视为凶兆。往得疑疾：有所前往时竟得下心理疾病。疑疾，精神病的一种，多疑。有孚：这是鬼神的惩罚。孚，通"罚"。发若吉：拆掉席棚则吉利。发，拨也，拨开日光的遮蔽物。 ④丰其沛：张大遮挡门窗的布幔。沛，通"旆"，幡幔类遮挡强光的物品。日中见沬：在日正中时见到妖魅。沬，借为"魅"。折其右肱：(惊慌之下)跌倒折断了右臂。无咎：没有更大咎害。 ⑤丰其蔀：张大院中的席棚。日中见斗：阳光被遮蔽，在日正中时看到天上的斗星。遇其夷主：出门遇见满脸杀气的主人。夷，"明夷"之"夷"，伤害，引申为厌胜。吉：转为吉祥。 ⑥来章：带着美玉回来。章，即"璋"，美玉。有庆誉：还有庆赏和荣誉。庆，赏也。吉：吉祥。按"章"之义，诸家之说多有不同。一说为"含章美才"，如朱熹《周易本义》："质虽柔暗，若能来致天下之明，则有庆誉而吉矣。"一说为"章(彰)显"，如王弼《周易注》："以阴之质，来适尊阳之位，能自光大，章显其德。" ⑦丰其屋：张大其房屋。蔀其家：又在其家用草席搭棚遮盖。蔀，草席，此做动词。窥其户：窥视其门户。阒其无人：空虚安静似无一人。阒，空静也。三岁不觌：多年不见人影。三，虚数，泛指"多"。觌，见。凶：凶险。按此似为没落贵族遭遇凶祸而举家逃亡之后的情状。

【彖传】

丰，大也。明以动，故丰。① "王假之"，尚大也。"勿忧，宜日中"，宜照天下也。② 日中则昃(zè)，月盈则食，天地盈虚，与时消息，而况于人乎？况于鬼神乎？③

[**注释**]①丰，大也：丰卦主旨是丰大充盈的意思。明以动：丰卦下为离为日为光明，上为震为动，象征光明正大的行动。故丰：明动之下，成就很大，故名卦为"丰"。孔颖达《周易正义》："此就二体释卦得名为'丰'之意。动而不明，未能光大；资明以动，乃能致丰。" ②尚大也：(卦辞说"王亲自到来主

持祭祀”)，这是崇尚盛大呀！宜照天下也：(卦辞说“不要担忧，祭祀时间宜在正午”)，这是说王之明德，如日中天，宜于普照天下呀！王弼《周易注》：“大者王之所尚，故至之也。”孔颖达《周易正义》：“日中之时，遍照天下。王无忧虑，德乃光被，同于日中之盈。” ③日中则昃：日移中后则西斜。昃，侧也，日西偏也。月盈则食：月圆后则开始亏缺。盈，满也。食，借为“蚀”，月亏也。天地盈虚：天地间之万物，无不在一盈一虚的变化之中。与时消息：随着时间的推移，而发生或消失或生长的转换。消，灭也。息，生长也。而况于人乎：更何况是人呢？况于鬼神乎：更何况是鬼神呢？按此意旨皆在警惧戒满，阐述盛必有衰的道理。朱熹《周易本义》：“此又发明卦辞外意，言不可过中也。”

【象传】

丰：雷电皆至，丰。君子以折狱致刑。①

初九：“虽旬无咎”，过旬灾也。②

六二：“有孚发若”，信以发志也。③

九三：“丰其沛”，不可大事也。“折其右肱”，终不可用也。④

九四：“丰其蔀”，位不当也。“日中见斗”，幽不明也。“遇其夷主”，吉行也。⑤

六五：六五之吉，有庆也。⑥

上六：“丰其屋”，天际翔也。“窥其户，阒其无人”，自藏也。⑦

[**注释**]①雷电皆至：丰卦上为震为雷，下为离为火为电，其象“雷电皆至”。丰：雷电皆天之大物，故名卦为‘丰’。丰，盛大也。君子以折狱致刑：君子观象，用电之明来察实判案，以雷之威来惩凶行刑。折狱，断狱也。致刑，行刑也。孔颖达《周易正义》：“雷者，天之威动；电者，天之光耀。雷电俱至，威明备足，以为‘丰’也。” ②过旬灾也：(初九爻辞说“唯十天之内没有灾

祸"），是说一旬之后会有灾也。按初九当"丰"之时，与所遇"配主"九四以阳适阳，相互光大，故短时间内"虽旬无咎"。旬日十天喻数之盈满，两阳力量不平衡，竞争乃兴，而灾祸必起。孔颖达《周易正义》："既相倾夺，则争竞乃兴而相违背，灾咎至焉。" ③信以发志也：（六二爻辞说"其人诚信以明心见性，则疑疾自愈"），因为诚信可以启发其心志呀！按此处《易传》对爻辞的理解不尽合《易经》原义。按六二当"丰"之时，以阴居阴，不能自丰其光明之德，往见六五必然被疑。但因处中居正，发其内心之诚，当能释疑获信，重见光明。王弼《周易注》："履中当位，处暗不邪，有孚者也。若，辞也。有孚可以发其志，不困于暗，故获吉也。" ④不可大事也：（九三爻辞说"张大遮挡门窗的布幔"，遮挡光明），不堪为大事也。终不可用也：（九三爻辞说"折断了右臂"），最终也就成了无所施用的废人。按九三阳刚与上六阴柔相应和，所趋有阴暗之势，犹如"丰其沛"，则终不可施展其才用，仅能靠谨慎自守方得"无咎"。王弼《周易注》："沛，幡幔，所以御盛光也……应在上六，志在乎阴，虽愈乎以阴处阴，亦未足以免于暗也。" ⑤位不当也：（九四爻辞说"张大院中的席棚"），这样使院落不见太阳，是席棚位置不当呀。幽不明也：（九四爻辞说"在日正中时看到天上的斗星"），是说（因为日食）周围环境幽暗不明。吉行也：（九四爻辞说"出门遇见阳德相均平之主"），这是由凶转吉的吉利之行呀！按九四以阳居阴，是得位不当。其应在初九，为其"夷主"，四为初配主。二阳体敌均平，能相互显发，故转而得"吉"。孔颖达《周易正义》："四应在初，而同是阳爻，能相显发而得其吉。" ⑥六五之吉：六五爻辞所说的"吉祥"。有庆也：是因为有了庆赏之事。按六五阴居尊位，乃丰卦之主，虽质柔暗，但下应六二为离卦文明之主，宜其"吉"而有"庆"。李光地《周易折中》："五，君位也……卦义所重，在明以照天下。六五虽非明体，然下应六二为文明之主，而五有柔中之德，能资其章明以自助。" ⑦天际翔也：（上六爻辞说"张大其房屋"），是说贵族在位时如鸟儿在天空飞翔时那样得意。自藏也：（上六爻辞说"窥视其门户，空虚安静似无一人"），是说贵族遭祸后不得不逃亡以自我隐藏。按上六以阴居卦体之极，柔质昏暗，先是亢然自高，后又深藏自绝于人，凶险必将及之。李光地《周易折中》引何楷曰："处丰之极，亢然自高，丰大其居，以明得意。方且深居简出，距人于千里之外，岂知凶将及矣，能无惧乎？"

旅卦第五十六

䷷(离上艮下)火山旅

【经文】

旅:小亨。旅贞吉。①

初六:旅琐琐,斯其所取,灾。②

六二:旅即次,怀其资,得童仆,贞。③

九三:旅焚其次,丧其童仆,贞厉。④

九四:旅于处,得其资斧,我心不快。⑤

六五:射雉,一矢亡;终以誉命。⑥

上九:鸟焚其巢,旅人先笑后号啕。丧牛于易,凶。⑦

[**注释**]①旅:卦名。上为离为火,下为艮为山,其象"山上有火"。野火蔓延而人不得留居,故名之为"旅";旅,客也。小亨:小有亨通。旅贞吉:行旅之事占问则吉。借喻人事,为失位抛家的"难居"现象。《杂卦传》曰:"亲寡,旅也。"孔颖达《周易正义》:"旅者,客寄之名,羁旅之称。失其本居,而寄他方,谓之为旅。" ②旅琐琐:旅客斤斤计较。琐,细小,琐碎,吝啬。陆德明《经典释文》引王肃曰:"琐琐,细小貌。"斯其所取:对其应取之物反复掂算。斯,离析也。灾:招致灾难。程颐《周易程氏传》:"志意穷迫,益自取灾也。" ③旅即次:旅客来到旅店。即,就也。次,客舍;在内为次,在外为舍。怀其资:怀揣其资财。得童仆:买下一男奴仆。贞:按其字之后应缺漏一"吉"字,即占问吉祥。贞,占问也。李鼎祚《周易集解》引《九家易》曰:"即,就;次,舍;资,财也。" ④旅焚其次:旅客住的客舍失火被烧。丧其童仆:失去男奴仆,或其趁机逃脱。贞厉:占问则有危险。厉,危也。 ⑤旅于处:旅客又有了临时住处。处,住所。得其资斧:又找到遗失的钱财。资,货也。斧,斧形铜币,即钱币。我心不快:(几经波折),我的心里依然不快活。 ⑥射雉:(旅客)射

猎野鸡。一矢亡：使野鸡一箭毙命。亡，死也。终以誉命：终于得到善射的美誉之名。命，名也。　⑦鸟焚其巢：（客舍被烧），就像飞鸟被焚烧鸟巢一样。旅人先笑后号咷：旅客先笑而后则嚎啕大哭。喻人在上位易先骄横而后遭意外变故。丧牛于易：牛丢失于田界之处。易，通“埸”（yì），田界，田畔。凶：凶险。王弼《周易注》：“居高危而以为宅，巢之谓也。客旅得上位，故‘先笑’也。以旅而处于上极，众之所嫉也。以不亲之身而当被害之地，必凶之道也，故曰‘后号咷’。”

【彖传】

旅，小亨，柔得中乎外，而顺乎刚。① 止而丽乎明，是以“小亨，旅贞吉”也。② 旅之时义大矣哉！③

［**注释**］①旅：卦名。小亨：旅者去其故居，羁旅于外多艰难，有小的顺通已经不错，故卦辞为“小亨”，即小亨通。柔得中乎外：六五为阴为柔，在外卦的中位，喻弱者守中道而为客于外。而顺乎刚：六五又居上九阳刚之下，喻弱者须顺从强者，此是“顺乎刚”。　②止而丽乎明：按旅卦下为艮为止，上为离为明为丽，丽即附丽，喻在下位者依附于贤明的在上位者。这样，才能如卦辞所说的“小亨”和“行旅之事占问则吉”。王宗传《童溪易传》：“用刚非旅道也，故莫善乎用柔。然柔不可过也，故莫善乎得中。以六居五，得中位而属外体，丽乎二刚之间，故曰‘柔得中乎外而顺乎刚’。”　③旅之时义大矣哉：在外为行旅的时机是否合适，其意义大得很呀！李光地《周易折中》：“处旅之道，审机度势，贵于明也。待人接物，亦贵于明也。”王弼《周易注》：“旅者，大散。物皆失其所居之时也。咸失其居，物愿所附，岂非知者有为之时？”

【象传】

旅：山上有火，旅。君子以明慎用刑而不留狱。①

初六：“旅琐琐”，志穷灾也。②

六二：“得童仆贞”，终无尤也。③

九三:“旅焚其次”,亦以伤矣。以旅与下,其义丧也。④

九四:“旅于处”,未得位也。“得其资斧”,心未快也。⑤

六五:“终以誉命”,上逮也。⑥

上九:以旅在上,其义焚也。“丧牛于易”,终莫之闻也。⑦

[注释]①山上有火:旅卦上为离为火,下为艮为山,其象“山上有火”。旅:火烧山使得人们离开原所附丽之居,好似旅客一时寄托于他乡,故名之为“旅”。旅,客也。程颐《周易程氏传》:“为卦离上艮下。山止而不迁,火行而不居,违去而不处之象,故为旅也。又丽乎外,亦旅之象。”君子以明慎用刑而不留狱:君子观象而用于司法审案,一是要像山一样稳重明慎而不鲁莽,二是要像灭火一样迅速判断而不拖延。留狱,审案久拖不决。 ②志穷灾也:(初六爻辞说“旅客对钱财斤斤计较”),反而会因心志不遂而自取灾祸。按初六以阴居阳,最为卑下,百般猥琐,自取其辱。上虽有九四为援,亦无能为也。李光地《周易折中》引谷家杰曰:“爻贱其行,象鄙其志。” ③终无尤也:(六二爻辞说“买下一男奴仆,能守正道”),则使其最终避免了灾祸。尤,通“咎”,祸也。按六二当旅之时,得位守正,上承九三之阳,下乘初六,犹得童仆,故“无尤”。按《传》与《经》对“贞”文义的理解当有不同。李光地《周易折中》引赵玉泉曰:“二处旅有柔顺中正之德,则内不失己而己无不安,外不失人而人无不与。”与,助也。 ④亦以伤矣:(九三爻辞说“旅客住的客舍失火被烧”),他本人也受到很大伤害。伤,损害。以旅与下:以旅客身份与一新得之奴仆共处。与,二人共处。其义丧也:他丧失了该男奴仆也在情理之中。义,通“宜”,合适。按九三阳亢躁动,下比六二之阴,擅行施惠,为在上者所疑忌,故招致伤害。王弼《周易注》:“居下体之上,与二相得。以寄旅之身而为施下之道,与萌侵权,主之所疑也,故次焚仆丧而身危也。” ⑤未得位也:(九四爻辞说“旅客又有了临时住处”),但还是未能得到适合的位置。心未快也:(九四爻辞说

“虽找到了遗失的货财”），但心中依然未能畅快。按九四以阳居阴，处位不正，故不快意。胡一桂《周易本义附录纂疏》：“九四以阳处阴，是失位而居艮山之上，山非平坦之地，当用‘资斧’以除荆棘。”　⑥上逮也：（六五爻辞说“终于得到善射的美誉之名”），受到尊上的眷顾。上，尊上。逮，及也。按六五居上卦之中，有中正之德。上承接上九尊者，故终及誉命。李光地《周易折中》引朱震曰：“五在旅卦，不取君象。有文明之德，则令誉升闻，而爵命之矣。”⑦以旅在上：以羁旅身份而在上位。在上，在上位，即有官爵。其义焚也：其客舍被烧是有道理的。义，宜也。按上九为上卦离之上爻，离为火，处火之上，故“宜焚”也。终莫之闻也：（上九爻辞说“牛丢失于田界之处”），但始终没有人关心恤问。闻，借为“问”，即怜悯之问。按上九与九三同阳而无应，喻其未得群下之声援，故无恤问。李光地《周易折中》引徐幾曰：“旅贵柔顺中正，三阳爻皆失之，而最亢者上九也。”

巽卦第五十七

䷸（巽上巽下）巽（xùn）为风

【经文】

巽：小亨，利有攸往，利见（xiàn）大人。①

初六：进退，利武人之贞。②

九二：巽在床下，用史巫纷若，吉，无咎。③

九三：频巽，吝。④

六四：悔亡，田获三品。⑤

九五：贞吉，悔亡，无不利。无初有终。先庚三日，后庚三日，吉。⑥

上九：巽在床下，丧其资斧，贞凶。⑦

[**注释**]①巽：卦名。上下皆巽卦，巽为风，象风与风相随，又风动万物，故名“巽”。巽，顺也，从也，入也。小亨：小有亨通。利有攸往：有所前往则利。利见大人：大人出现则利。孔颖达《周易正义》：“巽者，卑顺之名……盖以巽是象风之卦，风行无所不入……若施之于人事，能自卑巽者亦无所不容。”尚秉和《周易尚氏学》：“初、四皆承阳，故曰巽。巽，顺也，顺阳故小亨。”②进退：(战争)或进攻或后退。利武人之贞：武将占问皆有利。贞，占问。程颐《周易程氏传》：“利用武人之刚贞以立其志，则其志治也。治，谓修立也。”　③巽在床下：病人(惧鬼)伏在床下。巽，伏也。按先秦室内无床，平日席地或坐或卧，有病则设床。用史巫纷若：有祝史和巫者来往驱鬼。纷若，进出纷乱之貌。吉：吉祥。无咎：没有咎害。　④频巽：愁眉苦脸地勉强顺伏而不敢外出。频，通“颦”，眉不展也。巽，顺伏也。吝：将有难堪也。朱熹《周易本义》：“过刚不中，居下之上，非能巽者，勉为屡失，吝之道也。”　⑤悔亡：悔恨之事消失。亡，消亡。田获三品：田猎缴获的禽兽多种多样。田，通“畋”，打猎也。三，虚指多也。品，种类。　⑥贞吉：占问吉祥。悔亡：悔恨之事消失。无不利：所做之事无有不利。无初有终：开初不顺利，结果很好。终，古语特指“好结果”。先庚三日：古代用十个天干来记日，庚前三日为丁。后庚三日：庚后三日是癸。吉：占筮得此爻，则以丁、癸二日为吉日。李光地《周易折中》引张清子曰：“《易》于甲、庚皆曰先后三日者，盖圣人谨其终始之意也。”⑦巽在床下：病人伏在床下。巽，伏也。丧其资斧：丢失了钱财。资，货也。斧，斧形铜币。一说据《汉书·王莽传》引此爻作“丧其齐斧”，此处“资”为“齐”之误，齐斧即“利斧”。贞凶：占问则凶。王弼《周易注》：“处巽之极，极巽过甚，故曰‘巽在床下’也。斧，所以断者也。过巽失正，丧所以断，故曰‘丧其资斧，贞凶’也。”

【彖传】

重(chóng)巽以申命。①刚巽乎中正而志行。②柔皆顺乎刚，是以“小亨，利有攸往，利见(xiàn)大人”。③

[**注释**]①重巽以申命：按巽卦上下皆巽，故曰“重巽”。巽为风，风可喻

为君上之教令。重巽即君上出命、臣下顺从教令之义，是谓“申命”。申，重申、申饬也。王弼《周易注》：“未有不巽而命行也。” ②刚巽乎中正而志行：按巽卦九二和九五皆以阳刚而分别居于下卦和上卦的中位，象征在上的君主得中正之道而发教令，在下的臣民以中道而顺从命令，最终君主的意志得以贯彻执行。刚巽乎中正，即阳刚入于中正之道。巽，入也。李鼎祚《周易集解》引虞翻曰：“刚中正，谓五也。” ③柔皆顺乎刚：按巽卦两个阴爻初六和六四分别处于两阳爻（二、三和五、上）之下，象征“柔顺乎刚”，喻臣民顺从君上。是以“小亨，利有攸往，利见大人”：所以卦辞说“小有亨通，有所前往则利，出现大人则利”。何楷《古周易订诂》：“初、四各处卦下，柔皆顺刚，无有违逆，所以教命得申，成‘小亨’以下之义也。”

【象传】

巽：随风，巽。君子以申命行事。①

初六：“进退”，志疑也。“利武人之贞”，志治也。②

九二：“纷若之吉”，得中也。③

九三：“频巽之吝”，志穷也。

六四：“田获三品”，有功也。

九五：九五之吉，位正中也。

上九：“巽在床下”，上穷也。“丧其资斧”，正乎凶也。

[**注释**]①随风：巽卦上下皆巽，巽为风，卦象风与风相随。巽：风动万物，故名“巽”。巽，顺也，入也。君子以申命行事：君子观象，因此重申君主的教命，以推行政务。胡瑗《周易口义》：“巽之体上下皆巽，如风之入物无所不至无所不顺，故曰‘随风巽’。君子法此巽风之象，以申其命，行其事于天下，无有不至而无有不顺者也。” ②志疑也：（初六爻辞说“战争或进攻或后退”），占卜都是因为思想疑惑不定。志治也：（初六爻辞说“武将占问皆有利”），那是因为思路已经整理清楚。治，修治。按初六以阴居巽卦之始，位卑力弱，顺从过甚，疑惧犹豫，当进不进。而武将遇事往往刚毅果决，故占问则

吉。朱熹《周易本义》:"卑巽之过,故为'进退'不果之象。若以'武人之贞'处之,则有以济其所不及,而得所宜矣。" ③得中也:(九二爻辞说史巫"进出纷乱",事神可得"吉祥"),是九二能守中正之道。按九二当巽之时,以阳居阴,有过卑之象。但既阳德在身,居下卦之中,喻能以中道顺从于上,故终获吉祥。王弼《周易注》:"卑甚失正,则入于咎过矣。能以居中而施至卑于神祇,而不用之于威势,则乃至于'纷若'之吉,而亡其过矣。" ④志穷也:(九三爻辞说"愁眉苦脸地俯伏"将致"耻辱"),那是因为其心志困穷而无路可走。按九三居下卦之终,处位本正,但下无阴爻可乘,上反为六四阴柔所凌,只能忍辱负重,故"志穷"。王弼《周易注》:"以其刚正而为四所乘,志穷而巽,是以吝也。" ⑤有功也:(六四爻辞说"田猎缴获的禽兽多种多样"),可以立功受赏了。按六四因乘刚而有悔,但以阴居阴,得位承五,奉行君命,不仅"悔亡",而且以顺从之德而得功赏。王弼《周易注》:"乘刚悔也,然得位承五,卑得所奉,虽以柔御刚,而依尊履正。以斯行命,必能获强暴、远不仁者也。" ⑥九五之吉:九五所呈现的种种"吉祥"。位正中也:因为其居中位而得中正之道。按九五当巽之时,居上卦之中,喻以中德而为申命之君,故悔亡而吉。王弼《周易注》:"以阳居阳,损于谦巽;然秉乎中正以宣其令,物莫之违,故曰'贞吉悔亡无不利'也。" ⑦上穷也:(上九爻辞说"病人伏在床下"),是因为其困穷至极。正乎凶也:(上九爻辞说"丢失了钱财"),其人无勇虽贞正也会有凶险。乎,即"而"。按上九爻居一卦之极,以阳刚之质而顺从过甚,有失阳德,故困穷而凶。朱熹《周易本义》:"巽在床下,过于巽者也。丧其资斧,失所以断也。如是,则虽贞亦凶矣。居巽之极,失其阳刚之德,故其象占如此。"

兑卦第五十八

䷹(兑上兑下)兑(duì)为泽

【经文】

兑:亨,利贞。①

初九：和兑（yuè），吉。②

九二：孚兑（yuè），吉。悔亡。③

六三：来兑（yuè），凶。④

九四：商兑（yuè）未宁，介疾有喜。⑤

九五：孚于剥，有厉。⑥

上六：引兑（yuè）。⑦

[**注释**]①兑：卦名。上下皆兑，兑为泽，故有“丽泽”之象，即二泽相连，两水交流。丽，连也。亨：亨通。利贞：占问则有利。泽能润养万物，使万物喜悦。孔颖达《周易正义》：“泽以润生万物，所以万物皆说。施于人事，犹人君以恩惠养民，民无不说也……以说说物，恐陷谄邪，其利在于贞正。”兑是“说”的本字，后作“悦”。　②和兑：对人温和而自己内心喜悦。和，和谐。兑，通“悦”，喜悦。吉：吉利。王弼《周易注》：“居兑之初，应不在一，无所党系，‘和兑’之谓也。说不在谄，履斯而行，未见有疑之者，吉其宜也。”　③孚兑：对人诚信而自己内心喜悦。孚，诚信。吉：吉利。悔亡：悔恨之事消亡。孔颖达《周易正义》：“九二说不失中，有信者也。说而有信，则吉从之……然履失其位，有信而吉，乃得亡悔。”　④来兑：不问是非地谄媚对方使之喜悦。来，谋求。凶：凶险。王弼《周易注》：“以阴柔之质，履非其位，来求说者也。非正而求说，邪佞者也。”　⑤商兑未宁：与人商量，心怀喜悦，但其事尚未确定。商，协商。兑，喜悦。未宁，未定。介疾有喜：身患的癣疥却痊愈了。介，通“疥”，癣也。有喜，病除。王弼《周易注》：“商，商量裁制之谓也。介，隔也。三为佞说，将近至尊，故四以刚德裁而隔之，匡内制外，是以未宁也。处于几近，闲邪介疾，宜其有喜也。”　⑥孚于剥：轻信于消剥阳刚的阴柔小人。孚，诚信，献诚。剥，剥落，削除。按此指上六以邪恶包围而取悦君王，想要剥落其阳刚正气，即剥阳。有厉：有危险。胡炳文《周易本义通释》：“说之感人，最为可惧，感之者将以剥之也，况为君者易狃于所说。”　⑦引兑：诱引他人相与欢悦。引，诱也。王弼《周易注》：“以夫阴质，最处说后，静退者也。故必见引，然后乃说也。”见引，被引导，此与诸说“诱引四、五两阳以相悦”颇不同，可备一说。

【彖传】

兑，说(yuè)也。[①]刚中而柔外，说(yuè)以"利贞"，是以顺乎天而应乎人。[②]说(yuè)以先民，民忘其劳。说(yuè)以犯难，民忘其死。[③]说(yuè)之大，民劝矣哉！[④]

[**注释**]①兑：卦名。说也：兑卦之义是使人喜悦。兑是象泽之卦，《说卦传》："说万物者莫说乎泽。"其上下之体皆兑，兑，即"说"，通"悦"，喜悦。②刚中而柔外：九二、九五为阳刚而分居于上下卦的中位，是为"刚中"，象君子内存刚健之德；六三、上六为阴柔而分居上下卦之外，是为"柔外"，象君子外抱温和之态。说以利贞：依靠正道利人而使人喜悦。说，通"悦"，动词，使喜悦。利，利人。贞，正也，正道。是以顺乎天而应乎人：这样才能顺应天意而契合人心。王弼《周易注》："说而违刚则谄，刚而违说则暴。刚中而柔外，所以'说以利贞'也。刚中，故利贞；柔外，故说亨。"　③说以先民：君子大人以悦民之道引导民众。先，身先民众，即引导民众。民忘其劳：民众就会忘记劳苦而不抱怨。说以犯难：君子大人以悦民之道使民战胜艰难。犯，胜也。民忘其死：民众就会忘记死亡而前赴后继。　④说之大：悦民之道的宏大意义。大，(义理)宏大。民劝矣哉：就在于能使民众不断受到激励。劝，勉励，劝勉。

【象传】

兑：丽泽，兑。君子以朋友讲习。[①]

初九："和兑之吉"，行未疑也。[②]

九二："孚兑之吉"，信志也。[③]

六三："来兑之凶"，位不当也。[④]

九四："九四之喜"，有庆也。[⑤]

九五："孚于剥"，位正当也。[⑥]

上六："上六引兑"，未光也。[⑦]

[注释]①丽泽：兑卦上下皆兑，兑为泽，故有“丽泽”之象，即二泽相连，两水交流。丽，连也，两也。程颐《周易程氏传》：“两泽相丽，交相浸润，互有滋益之象。”君子以朋友讲习：君子观象，知道于朋友之间讲习学问、沟通交流，最是喜悦之事。孔颖达《周易正义》：“同门曰朋，同志曰友。朋友聚居，讲习道义，相说之盛，莫过于此也。”　②行未疑也：（初九爻辞说“平和待人会有吉祥”），是因为自己的所思所行不被人怀疑。按初九当悦之时，以阳居初，不应于九四，有广泛待人“和悦”之象；又以刚健为质，行思不邪，人所不疑，故得吉祥。李光地《周易折中》引蔡渊曰：“爻、位皆刚，不比于柔，得说之正，和而不流者也。”　③信志也：（九二爻辞说“对人诚信而欢悦会带来吉祥”），这是因为他人因此而信任你。信，信任。志，当作“之”（高亨说），代指自己。按九二当悦之时，以阳居阴，虽有失位之“悔”，但“刚中”有信，吉祥随之。李光地《周易折中》引龚焕曰：“己以孚信为说，人不得而妄说之，所以吉也。”　④位不当也：（六三爻辞说“不问是非地谄媚对方使之喜悦”会导致“凶险”），这是因为完全不懂人之行事要与其地位相称的道理。按六三以阴居阳，处下卦之终，处位不正，与上无应，而求二、初之悦心切，有邪佞之象，故“凶”。李鼎祚《周易集解》：“以阴居阳，故位不当，谄邪求悦，所以必凶。”　⑤有庆也：（九四爻辞所说的“病除有喜”），是因为吉庆之事随之而来。按九四以刚居阴，下比六三之佞，上承九五之尊，处犹豫彷徨之地，前景未定。但其质本阳刚，果能摒绝柔邪，则有喜庆。杨简《杨氏易传》：“近比六三谀佞之小人，心知其非，而实乐其柔媚。故商度所说，去取交战于胸中而未宁。圣人于是勉之曰：介然疾恶小人，则有喜。”　⑥位正当也：（九五爻辞说“轻信于消剥阳刚的阴柔小人”），是因为其本身处于正当的地位，虽有危险但最终吉祥。按九五居上卦之中，以阳处阳，有中正之德。但为上六之阴所引诱，与之相悦，虽有“厉”，但若改过，还可转危为安。孔颖达《周易正义》：“以正当之位，宜任君子而信小人，故以当位责之也。”　⑦未光也：（上六爻辞说“诱引他人相与欢悦”），是其行事未能光明正大也。按上六以阴居一卦之终，呈孤立之象，欲取悦于五、四两阳以为声援，未能行正大光明之道也。朱熹《周易本义》：“上六成说之主，以阴居说之极，引下二阳相与为说，而不能必其从也。故九五当戒，而此爻不言其吉凶。”

涣卦第五十九

䷺（巽上坎下）风水涣

【经文】

涣：亨。王假有庙，利涉大川，利贞。①

初六：用拯马壮。吉。②

九二：涣奔其机，悔亡。③

六三：涣其躬，无悔。④

六四：涣其群，元吉。涣有丘，匪夷所思。⑤

九五：涣汗其大号。涣王居，无咎。⑥

上九：涣其血去，逖（tì）出，无咎。⑦

[注释]①涣：卦名。上为巽为风，下为坎为水，象“风行水上”。风吹于水，水流无阻，故名“涣”。朱熹《周易本义》：“涣，散也。为卦下坎上巽，风行水上，离披解散之象，故为涣。”亨，通“享”，祭祀。王假有庙：王亲自来到宗庙。假，至也。有，于也。利涉大川：穿渡大江河有利。利贞：占问则有利。李光地《周易折中》：“假庙者所以聚鬼神之既散也，涉川者所以聚人力之不齐也。” ②用拯马壮：（水流突袭），用壮马加以拯救。用，以。拯，救也。吉：吉利。程颐《周易程氏传》：“马谓二也。二有刚中之才，初阴柔顺，两皆无应。无应则亲比相求，初之柔顺而托于刚中之才，以拯其涣，如得壮马以致远，必有济矣，故吉也。” ③涣奔其机：水流奔上台阶（将院中秽物冲走）。涣，水流。奔，急趋。机，通“阶”，汉帛书《易》正作“阶”，即院中台阶。一说“机”即“几”，几案，“承物者也”，即谓初六之爻。悔亡：令人悔恨之事不再来。④涣其躬：水流冲刷自己的身体。躬，自身。无悔：无所悔恨，没有可悔恨之事。李光地《周易折中》：“《易》中六三应上九，少有吉义。唯当‘涣’时，则有应于上者，忘身徇上之象也。”即以身遮蔽上九。 ⑤涣其群：水流冲洗人群

身上之污垢。群，人群。元吉：大吉。涣有丘：水流冲上山丘。有，于也。匪夷所思：(水流之大)非平常可以想象。匪，同“非”。夷，平也，平常。思，想也。朱熹《周易本义》：“居阴得正，上承九五，当济涣之任者也。下无应与，为能散其朋党之象……又言能散其小群以成大群，使所散者聚而若丘，则非常人思虑之所吉也。”　⑥涣汗其大号：洪水声势浩大引起人们哭号。涣，水流。汗，通“瀚”，水盛大貌。其，代词，指人群。号，哭也。涣王居：水流冲刷王宫的污垢，喻清除小人。无咎：有惊无险，无祸殃。　⑦涣其血去：洪水造成的忧患已经过去。血，通“恤”，忧患。逖出：警戒之念长存。逖，通“惕”，警戒。无咎：没有灾祸。

【彖传】

涣，亨。①刚来而不穷，柔得位乎外而上同。②“王假有庙”，王乃在中也。③“利涉大川”，乘木有功也。④

[**注释**]①涣：卦名。亨：亨通。涣卦之象是水流无阻，故亨。亨，通也，象征王之政教下达天下，通行顺畅。　②刚来而不穷：按涣卦九二为阳刚而居内为主爻，九五为阳刚而居一卦之尊位，内主外尊，象王居位用权而不困穷。九二居内卦，故曰“来”。柔得位乎外而上同：按六四为阴柔而居外卦之阴位，顺从而居于九五之下，象征在朝外之臣民的言行皆上同于君王。尚秉和《周易尚氏学》：“刚来居二，临一阴则陷，二阴则通，故曰‘不穷’。四当位，上承一阳固吉，承二阳尤吉。”　③王乃在中也：(涣卦卦辞说“王亲自来到宗庙”)，这说明王根据正中之道以行事。按九五既居上卦之中，又居一卦之尊，象王“在中”而成聚散之主。中，正也。李光地《周易折中》：“王乃在中，谓九五居中，便含至诚感格之意。”　④乘木有功也：(涣卦卦辞说“穿渡大江大河有利”)，是说的乘船渡水而成功也。木，船也。按涣卦上为巽为木，下为坎为水，有“木在水上”之象，喻船浮于江。李光地《周易折中》：“乘木有功，谓木在水上，便含济险有具之意。”

【象传】

涣:风行水上,涣。先王以享于帝,立庙。①

初六:初六之吉,顺也。②

九二:“涣奔其机”,得愿也。③

六三:“涣其躬”,志在外也。④

六四:“涣其群,元吉”,光大也。⑤

九五:“王居无咎”,正位也。⑥

上九:“涣其血”,远害也。⑦

[**注释**]①风行水上:涣卦上为巽为风,下为坎为水,象“风行水上”。涣:卦名。风吹于水,推波助澜,水流无阻,故名“涣”。涣,散也。先王以享于帝立庙:先王观象,则祭祀天帝,并建立宗庙。(以神道设教),目的是防止民心涣散。享,祭祀。程颐《周易程氏传》:“收合人心,无如宗庙。祭祀之报,出于其心。故享帝立庙,人心之所归也。系人心,合离散之道,无大于此。”　②初六之吉:初六爻辞说的“吉利”。顺也:是因为初六上承九二,象征阴柔顺从阳刚,这符合正道。按初六处坎险之下,当“涣”之起始,资质本弱,必要凭借九二阳刚(即“壮马”)拯救之,终于免却离散之苦而得“吉”。　③得愿也:(九二爻辞说“水流奔上台阶”),正好遂其心愿也。得愿,指二得初。按九二身处坎险,有“悔”;但以阳刚居中,依靠与初六相比而使阴阳相合的愿望得以实现,从而“悔亡”。程颐《周易程氏传》:“二与初虽非正应,而当涣离之时,两皆无与,以阴阳亲比相求,则相赖者也。故二目初为机,初谓二为马。”　④志在外也:(六三爻辞说“水流冲刷自己的身体”),但其心志在外而不在自身。按六三阴柔,不中不正,当涣之时,有悔。但因身在刚位,故能克制私心,与上九相应,忘身以殉上。朱熹《周易本义》:“阴柔而不中正,有私于己之象也。然居得阳位,志在济时,能散其私以得‘无悔’。”　⑤光大也:(六四爻辞说“水流冲洗人群身上之污垢而大吉”),这是因为王之政教精神被发扬光大。按六四以阴居阴位,得位而上承九五之尊,因下与初六无应,故全心奉上,故“元吉”。王弼《周易注》:“逾乎险难,得位体巽,与五合志。内掌机密,外宣化命者也,

故能散群之险，以光其道。” ⑥正位也：（九五爻辞说“水流冲刷王宫的污垢而无咎害”），这是因为王处于正道和尊位。按九五为涣卦主卦之主爻，阳刚得中而居“君位”，喻有刚正之德和至尊之位，有重聚人心之盛德。朱熹《周易本义》：“阳刚中正以居尊位，当涣之时，能散其号令与其居积，则可以济涣而无咎矣。” ⑦远害也：（上九爻辞说“洪水造成的忧患已经过去”），这是要人们提高警惕远离灾害。远，动词，远其害。按上九以阳爻居一卦之终，涣散之极而反于聚合，故“远害”。王弼《周易注》：“最远于害，不近侵害，散其忧伤远出者也。散患于远害之地，谁将咎之哉？”

节卦第六十

䷻（坎上兑下）水泽节

【经文】

节：亨。苦节，不可贞。①

初九：不出户庭，无咎。②

九二：不出门庭，凶。③

六三：不节若，则嗟若，无咎。④

六四：安节，亨。⑤

九五：甘节，吉；往有尚。⑥

上六：苦节，贞凶，悔亡。⑦

［**注释**］①节：卦名。上为坎为水，下为兑为泽，其象“泽上有水”。泽域有限，为防泽水盈溢或干涸之害，必须对水量进行节度，故名“节”。亨：有节度则事事亨通。苦节：如以节度为苦。苦，动词，以……为苦。不可贞：则不可占问此卦，或占问之事不可行。贞，占筮。孔颖达《周易正义》：“节，止之义，制事有节，其道乃亨……节须得中，为节过苦，伤于刻薄，物所不堪，不可复正。”按此释“贞”为“正”，与经不同。 ②不出户庭：不出内宅。户，住室小

门。庭，堂与二门（闺门）之间的院落。无咎：没有灾祸。尚秉和《周易尚氏学》：“二阳为阻，故不宜出，不出则无咎。《象》曰‘知通塞’，言二阻塞也。” ③不出门庭：不出外宅。门，家之大门，不出门庭指不离家。凶：有凶险。尚秉和《周易尚氏学》：“二比重阴，阳遇阴则通，通则利往。乃竟不出，是失时也，故凶。” ④不节若：不节制。若，语气词。节，节制，节俭。则嗟若：就会忧愁而哀叹。嗟，叹也。无咎：嗟叹而悔改，因而无所怨咎。王弼《周易注》：“（六三）以阴处阳，以柔乘刚，违节之道，以至哀嗟。自己所致，无所怨咎，故曰‘无咎’也。” ⑤安节：人安心于节制自我。亨：则行事亨通。王弼《周易注》：“得位而顺，不改其节而能亨者也。承上以斯，得其道也。”承上，即顺承九五。 ⑥甘节：主动地节制自我。甘，动词，以……为甘。《说文》：“甘，美也。”吉：吉祥，吉利。往有尚：因此以后会得到上天的奖赏。往，前往，指发展下去。尚，通“赏”，即善报的意思。朱熹《周易本义》：“所谓当位以节、中正以通者也。” ⑦苦节：以节制为苦，就会追求无节制的享乐。贞凶：占问必凶险。悔亡：（幡然改悔则）凶事消失。按因“贞凶”与“悔亡”自相矛盾，高亨疑“悔亡”为衍文。朱熹《周易本义》：“居节之极，故为苦节。既处过极，故虽得正而不免于凶。然礼奢宁俭，故虽有悔，而终得亡之也。”

【彖传】

节，亨，刚柔分而刚得中。①“苦节不可贞”，其道穷也。②说（yuè）以行险，当位以节，中正以通。③天地节而四时成。节以制度，不伤财，不害民。④

[**注释**]①节：卦名，其义“节制”。亨：（节卦卦辞说“亨通”），即人若能节制，则会行事亨通。刚柔分而刚得中：节卦上为坎为阳卦为刚，下为兑为阴卦为柔，一上一下，是为“刚柔分”。另九二居下卦之中位，九五居上卦之中位，是为“刚得中”。王弼《周易注》：“坎阳而兑阴也，阳上而阴下，刚柔分也。刚柔分而不乱，刚得中而为制，主节之义也。节之大者，莫若刚柔分、男女别也。” ②其道穷也：（节卦卦辞说“如以节度为苦则不可为正道”），因为那样做会导致穷途末路。按《传》与《经》对“贞”字的理解不同。李鼎祚《周易集

解》引虞翻曰："(上六)位极于上，乘阳，故穷也。"王弼《周易注》："为节过苦，则物所不能堪也。物不能堪，则不可复正也。"堪，承受，胜任。　③说以行险：节卦下为兑为喜悦，上为坎为险难，卦由下向上行，故"悦以行险"，即人喜悦因而勇以行险。说，借为"悦"。当位以节：节之上卦三爻皆当位，喻其分守君臣之节度。中正以通：节卦之五、二分居上下体之中位，喻君臣皆能守中正之道，故通行无阻。王弼《周易注》："无说而行险，过中而为节，则道穷也。"④天地节而四时成：天地按节度有规律地运行，热冷干湿皆有限度，故春夏秋冬循环运行。节，节度。四时，四季。节以制度：国家制定各项制度来节制各类人等的行为。不伤财：(富贵者)不浪费钱财。不害民：(掌权者)不残害民众。孔颖达《周易正义》："天地以气序为节，使寒暑往来各以其序，则四时功成之也。王者以制度为节，使用之有道，役之有时，则不伤财不害民也。"

【象传】

节：泽上有水，节。君子以制数度，议德行。①

初九："不出户庭"，知通塞也。②

九二："不出门庭凶"，失时极也。③

六三："不节之嗟"，又谁咎也？④

六四："安节之亨"，承上道也。⑤

九五："甘节之吉"，居位中也。⑥

上六："苦节贞凶"，其道穷也。⑦

[**注释**]①泽上有水：节卦上为坎为水，下为兑为泽，其象"泽上有水"。节：泽容水有限，为防盈溢或干涸之害，必须节度，故名"节"。节即泽之堤防。君子以制数度议德行：君子观象，乃创立上下尊卑制度，议定道德行为准则。制，创也。数度，制度。孔颖达《周易正义》："数度，谓尊卑礼命之多少。德行，谓人才堪任之优劣。君子象节，以制其礼数等差，皆使有度；议人之德行任用，皆使得宜。"　②知通塞也：(初六爻辞说"不跨出户庭离开内宅")，因其了解通则行和阻则止的道理。按初九居兑泽之底，上应六四，但前有九二当

塞位，只好以“不出户庭”而免“咎”。喻人此时宜谨言慎行，闭门不出。朱熹《周易本义》：“户庭，户外之庭也。阳刚得正，居‘节’之初，未可以行，能节而止者也。”　③失时极也：（九二爻辞说“不出外宅则有凶险”），因为那将坐失良机。极，甚也。按九二阳居阴位，被拘而过分节制。明明二阴当前，路途畅通，仍以失正无应之忧而不敢出动，故违时而“凶”。朱熹《周易本义》：“门庭，门内之庭也。九二当可行之时，而失刚不正，上无应与，知节而不知通，故其象占如此。”　④又谁咎也：（六三爻辞说“不节制带来的忧愁叹息”），又能怪罪于谁呢？咎，责怪。按六三阴居阳位，处下卦之终，乘凌二阳，有骄侈而不能节制之象。如泽水不节必溃决成灾，只能徒自叹息。孔颖达《周易正义》：“六三以阴处阳，以柔乘刚，失位骄逆，违节之道，祸将及己……由己不节，自致祸灾，又欲怨咎谁乎？”　⑤承上道也：（六四爻辞说“人安于节制带来的亨通”），是臣下遵承君上中正之道的结果。按六四柔正得位，奉承九五阳刚，有安然顺从节制之象。臣遵从君，故“亨”。孔颖达《周易正义》：“六四得位，而上顺于五，是得节之道。但能安行此节而不改变，则何往不通？”“以能承于上，故不失其道也。”　⑥居位中也：（九五爻辞说“主动节制能给自己带来的吉祥”），是因为其居位合乎中正之道。按九五以阳刚尊居上卦之中位，下乘重阴，为节卦之主，乐于遵守制度，不失中道，故“吉”。王弼《周易注》：“当位居中，为节之主，不失其中，不伤财、不害民之谓也。为节之不苦，非甘而何？术斯以往，往有尚也。”术，法也，以为法。　⑦其道穷也：（上六爻辞说“以节制为苦，一味享乐，占问必凶险”），节制之道必然困穷不通。按上六居节卦之尽头，有节制过苦、人所不堪之象，必然使节道陷入困境。王弼《周易注》：“过节之中，以至亢极，苦节者也。以斯施人，物所不堪，正之凶也。”

中孚卦第六十一

䷼（巽上兑下）风泽中孚

【经文】

中孚：豚鱼，吉。利涉大川。利贞。①

初九：虞吉。有它不燕。②

九二：鸣鹤在阴，其子和之；我有好爵，吾与尔靡之。③

六三：得敌，或鼓或罢，或泣或歌。④

六四：月几望，马匹亡，无咎。⑤

九五：有孚挛如，无咎。⑥

上九：翰音登于天，贞凶。⑦

[**注释**]①中孚：卦名。上为巽为风，下为兑为泽，其象“泽上有风”。风行泽上，无有不触及。喻待人接物，诚信无差，故名“中孚”，即心中有诚信。孔颖达《周易正义》：“信发于中，谓之中孚。”豚鱼：豚（小猪）与鱼（全鱼）的合称，指微小之物。或指祭品中之轻者。此似以后者义长。吉：吉祥。利涉大川：有利于渡过大河。利贞：占问则有利。程颐《周易程氏传》：“孚信能感于豚鱼，则无不至矣，所以吉也。”内存于心中为孚，外见于事为信。　②虞吉：安定且吉祥。虞，安也。有它不燕：如有意外则不安乐，即安于旧则安，变于新不吉。它，其它变故，即变新。燕，借为“晏”，晏安，燕乐，饮酒作乐。李光地《周易折中》引项安世曰：“初九安处于下，不假它求，何吉如之？”　③鸣鹤在阴：老鹤在树荫下鸣叫。阴，通“荫”。其子和之：小鹤应和亦鸣之。我有好爵：我有美酒在杯中。爵，雀形饮酒器，借指酒。吾与尔靡之：我与你共饮之。靡，共同。按此喻贵族父子爵位世袭。尚秉和《周易尚氏学》：“尔谓五，言二、五共此爵也。”　④得敌：战争俘获了敌人。或鼓或罢：有的人击鼓追击，有的人疲劳力竭。鼓，击鼓。罢，借为“疲”。或泣或歌：有的人悲伤哭泣，有的人欢歌庆祝。此似描写作战之后的情景。朱熹《周易本义》：“敌，谓上九，信之穷者也。六三阴柔不中正，以居说（悦）极而与之为应，故不能自主，而其象如此。”　⑤月几望：在月亮既望的时候。几，通“既”，汉帛书《周易》即作“既”。既望，每月十六或近后几天。马匹亡：良马亡失匹配。匹，配也，谓六四与初九相应。无咎：没有灾祸。朱熹《周易本义》：“六四居阴得正，位近于君……初与己为匹，四乃绝之，而上以信于五，故为‘马匹亡’之象。占者如是，则‘无咎’也。”　⑥有孚挛如：连续一贯地讲诚信。孚，诚信。挛，连也，连续也。无咎：没有咎害。王弼《周易注》：“挛如者，系其信之辞也。处中诚以相交之时，

居尊位以为群物之主，信何可舍？故有孚挛如，乃得无咎也。”　⑦翰音登于天：鸡飞升上天。翰音，鸡之别名。登，升也。按鸡属不飞之鸟，却要上天，喻无德无能者居于高位。贞凶：占问则凶。朱熹《周易本义》：“鸡曰翰音，乃巽之象。居巽之极，为登于天。鸡非登天之物，而欲登天，信非所信而不知变，亦犹是也。”

【彖传】

中孚，柔在内而刚得中。① 说（yuè）而巽，孚乃化邦也。②“豚鱼吉”，信及豚鱼也。③“利涉大川”，乘木舟虚也。④ 中孚以利贞，乃应乎天也。⑤

[注释]①中孚：卦名，卦义为心中有诚信。《杂卦传》：“中孚，信也。”柔在内而刚得中：中孚卦形是内两爻（三、四）为阴柔，喻人内有柔顺之德。外四爻为阳刚，包括九二、九五分居两卦之中位，喻人既刚健又有中正之德。程颐《周易程氏传》：“二柔在内，中虚为诚之象。二刚则得上下体之中，中实为孚之象。卦所以为中孚也。”　②说而巽：中孚卦下为兑为悦，上为巽为逊，卦义为既和悦又谦逊。孚乃化邦也：诚信可以教化人民改变国家的风貌。化，教化。邦，国也。程颐《周易程氏传》：“上巽下说，为上至诚以顺巽于下，下有孚以说从其上。如是其孚乃能化于邦国也。”　③信及豚鱼也：（中孚爻辞说“即使以豚与鱼这样祭品之轻者也可以带来吉祥”），是说人之诚信也体现在用豚鱼当祭品上，不一定要有太牢（以牛）和少牢（以羊）。程颐《周易程氏传》：“信能及于豚鱼，信道至矣，所以吉也。”　④乘木舟虚也：（中孚卦辞说“有利于渡过大河”），是乘坐着中空之木船呀。虚，空也。按指中孚卦象上为巽为木，喻船；下为兑为泽，喻船浮于水。王弼《周易注》：“乘木于川舟之虚，则终已无溺也。用中孚以涉难，若乘木舟虚也。”按古人称舟又名“虚”。　⑤中孚以利贞：人有诚信之德，则利人守正。贞，正也。乃应乎天也：这是应和于天之道呀。朱熹《周易本义》：“信而正，则应乎天矣。”

【象传】

中孚：泽上有风，中孚。君子以议狱缓死。①

初九：初九"虞吉"，志未变也。②

九二：其子和之，中心愿也。③

六三："或鼓或罢"，位不当也。④

六四："马匹亡"，绝类上也。⑤

九五："有孚挛如"，位正当也。⑥

上九："翰音登于天"，何可长也。⑦

[**注释**]①泽上有风：中孚卦上为巽为风，下为兑为泽，其象"泽上有风"。中孚：风行泽上，无有不及。喻待人接物，诚信无差，故卦名"中孚"，即心中有诚信。君子以议狱缓死：君子观此象，用于断狱，则尽可能以诚信感化罪犯，宽缓死刑，施行德教。程颐《周易程氏传》："君子之于议狱，尽其忠而已；于决死，极其恻而已，故诚意常求于缓。缓，宽也。"　②初九"虞吉"：初九爻辞说"安定而且吉祥"。志未变也：因其人安于旧而不变于新，志向没有改变。按初九以阳居中孚卦之始，虽与六四有应，但受阻于九二在前，故安处于下，显示诚信之志未变，此谓"无它"则安吉。朱熹《周易本义》："当中孚之初，上应六四，能度其可信而信之则吉。复有他焉，则失其所以度之之正，而不得其所安矣。"　③其子和之：小鹤应和老鹤之鸣。中心愿也：这是发自内心的愿望。按九二阳刚居中，处两阴之下，指老鹤；九五处上，亦以中德遥相应和，指其子。此喻贵族父子世袭爵位，其内在之心愿也应诚信相和。朱熹《周易本义》："九二中孚之实，而九五亦以中孚之实应之。"程颐《周易程氏传》："谓诚意所愿也，故通而相应。"　④位不当也：（六三爻辞说"有的人击鼓追击，有的人疲劳力竭"），为什么不能全军号令一致，因为其所处位置不适当。按六三以阴居阳而失正，又与得位柔正的六四为敌，但力不能胜，故或盲目冲动（"鼓"），或疲惫而退（"罢"）。王弼《周易注》："三居少阴之上，四居长阴之下，对而不相比，敌之谓也。"　⑤绝类上也：（六四爻辞说"良马亡失匹配"），指的是断绝了本与其应和的初九，而上承九五。绝，断绝。类，偶类，指初九。上，

上承，指上应九五。按六四柔顺居正，专心上承九五，绝其匹配初九，故无咎。王弼《周易注》："居中孚之时，处巽之始，应说之初，居正履顺，以承于五，内毗元首，外宣德化者也。" ⑥位正当也：（九五爻辞说"连续一贯地诚信"），因为其所处位正当适中。按九五以阳居阳，又居上卦之中，是全卦主爻，喻君主能以中正之道推行天下。李光地《周易折中》引胡瑗曰："居尊而有中正之德，是有至诚至信之心，发之于内而交之于下，以挛天下之心。上下内外，皆以诚信相通，是得为君之道，何咎之有？" ⑦何可长也：（上九爻辞说"鸡飞升上天"），就像无德无能者居于高位，怎么能够长久呢？按上九阳居阴位，又为全卦之极，诚信衰而虚伪起，遂有以鸡诈为鸟虚升飞天，故难于持久。王弼《周易注》："居卦之上，处信之终，信终则衰，忠笃内丧，华美外扬……翰音登天，正亦灭矣。"

小过卦第六十二

䷽（震上艮下）雷山小过

【经文】

小过：亨，利贞。可小事，不可大事。飞鸟遗之音，不宜上，宜下。大吉。①

初六：飞鸟以凶。②

六二：过其祖，遇其妣（bǐ）；不及其君，遇其臣。无咎。③

九三：弗过防之，从（zòng）或戕（qiāng）之。凶。④

九四：无咎。弗过遇之，往厉必戒，勿用永贞。⑤

六五：密云不雨，自我西郊，公弋（yí），取彼在穴。⑥

上六：弗遇过之，飞鸟离之，凶，是谓灾眚（shěng）。⑦

[注释]①小过：卦名。上为震为雷，下为艮为山，其象“山上有雷”。雷响而山谷回应，不是很平常但也不是很了不起的事情，小有过越，故名之“小过”。程颐《周易程氏传》：“小者过其常也，盖为小者过，又为小事过，又为过之小。”朱熹《周易本义》：“小谓阴也，为卦四阴在外，二阳在内，阴多于阳，小者过也。”亨：亨通。利贞：占问则有利。可小事不可大事：（占问）只适于小事而不适于大事。飞鸟遗之音：飞鸟留给人以鸣叫声。遗，留也。不宜上宜下：（飞鸟之飞）可向下而不可向上，因为太高了其鸣叫声会使人不能听闻。大吉：大吉大利。　②飞鸟以凶：看见飞鸟会有凶险。按疑“以”字下当脱一“矢”字，即飞鸟被射中，带箭而飞则凶（高亨说）。程颐《周易程氏传》：“其过如飞鸟之迅疾，所以凶也。燥疾如是，所以过之速且远，救止莫及也。”　③过其祖遇其妣：（行路）错过了其祖父而遇到了其祖母。祖，祖父；妣，祖母。不及其君遇其臣：（行路）赶不上其国君而遇到了其大臣。无咎：没有咎害。王宗传《童溪易传》：“或过或不及，皆适当其时与分，而不愆于中焉。此在‘过’之道为‘无过’也，故曰无咎。”　④弗过防之：没有过失时应该小心预防而防止其出现。从或戕之：如果放纵过失就可能造成严重伤害。从，借为“纵”，放纵。戕，伤害，杀害。凶：凶险。李光地《周易折中》：“小过者小事过也，小事过者，敬小慎微之义也……君子能勤小物，故无大患。”　⑤无咎：没有祸殃。弗过遇之：没有过失就给以礼遇。遇，礼遇。往厉必戒：如果预感到前行有危险就一定要自我警惕。勿用永贞：不要妄自行动，人不会永远正确。用，自用。贞，正也。　⑥密云不雨自我西郊：密云从城邑的西边升起但还没有下雨。喻事情还在酝酿期中。公弋取彼在穴：公用弋箭射鸟然后在鸟穴中得到了它。弋，发射拴有一根细绳的箭，射中猎物后可以循迹找到。穴，鸟窝。胡瑗《周易口义》：“弋者，所以射高也。穴者，所以隐伏而在下也。公以弋缴而取穴中之物，犹圣贤虽过行其事，意在矫下也。”　⑦弗遇过之：没有遏制致使其犯下过错。遇，迎面碰上，引申为遏制。过，过错。飞鸟离之：飞鸟钻进罗网。离，借为“罹”，捕鸟之网。凶：凶险。是谓灾眚：这就是灾祸。眚，亦灾也。孔颖达《周易正义》：“以小人之身，过而弗遇，必遭罗网。”

【彖传】

小过，小者过而亨也。① 过以利贞，与时行也。② 柔得中，是以小事吉也。刚失位而不中，是以不可大事也。③ 有飞鸟之象焉。④“飞鸟遗之音，不宜上，宜下，大吉”，上逆而下顺也。⑤

[注释]①小过：卦名。小者过而亨也：“小过”之卦辞“亨”，是说犯下小的过错仍能亨通，或者小事有过则亨通。李光地《周易折中》引朱震云：“小过，小者过也。盖事有失之于偏，矫其失必待小有所过，然后偏者反于中。谓之过也，比之常理则过也；过反于中，则其用不穷而亨矣。” ②过以利贞：犯下小的过失而仍能有利，是因为其利在于坚守正道。贞，正也。与时行也：能掌握适当的时机然后行动。孔颖达《周易正义》：“矫枉过正，应时所宜，不可常也。”按传文对卦辞“贞”的理解为“正”，与经文的“占问”义不同。 ③柔得中：六五和六二为阴爻为柔顺，分居上、下卦的中位，是“柔得中”。是以小事吉也：柔软者实力有限，只能奉行正道而为“小事”，故吉。刚失位而不中：九四为阳刚却居阴位，是“刚失位”；九三为阳刚却不能居下卦之中位，是为“不中”。是以不可大事也：所以二阳虽健力却不得职位而又未奉中道，故皆“不可大事”也。王弼《周易注》：“成大事者，必在刚也。柔而浸大，剥之道也。” ④有飞鸟之象焉：按小过卦上为震为鹄（见《说卦》），下为艮为山，有“鸟飞过山”之象。王弼《周易注》：“不宜上宜下，即飞鸟之象。”李鼎祚《周易集解》引宋衷曰：“二阳在内，上下各阴，有似飞鸟舒翮之象。” ⑤上逆而下顺也：（卦辞说“飞鸟留给人以鸣叫声，飞鸟之飞可向下而不可向上，这样则大吉大利”），这样说的是向上为逆行、向下为顺行的道理。按上逆，指六五居上而乘刚；下顺，指六二处下以承阳。孔颖达《周易正义》：“上则乘刚而逆，下则承阳而顺。”

【象传】

小过：山上有雷，小过。君子以行过乎恭，丧过乎哀，用过乎俭。①

初六："飞鸟以凶"，不可如何也。②

六二："不及其君"，臣不可过也。③

九三："从或戕之"，凶如何也。④

九四："弗过遇之"，位不当也。"往厉必戒"，终不可长也。⑤

六五："密云不雨"，已上也。⑥

上六："弗遇过之"，已亢也。⑦

[注释]①山上有雷：小过卦上为震为雷，下为艮为山，其象"山上有雷"。小过：雷响而山谷回应，不是很平常但也不是很了不起的事情，小有过越，故名之"小过"。程颐《周易程氏传》："雷震于山上，其声过常，故为小过。"君子以行过乎恭：君子观象，行为谦恭但可以小有过之。丧过乎哀：君子居丧悲哀但可以小有过之。用过乎俭：君子日用节俭但可以小有过之。其他类比则谨言慎行，力求无过或者少过。孔颖达《周易正义》："小人过差，失在慢易、奢侈，故君子矫之，以'行过乎恭，丧过乎哀，用过乎俭'也。"　②不可如何也：(初六爻辞说"看见飞鸟会有凶险")，这是无可奈何的事情。按初六居位不正不中，前有六二为阻，本当安心宜下，却好高骛远逆势上飞，往应九四，而力不自胜，故凶。这是其自取凶咎，难以解救，无奈其何。王弼《周易注》："小过，上逆下顺，而应在上卦。进而之逆，无所错足，飞鸟之凶也。"　③臣不可过也：(六二爻辞说"行路赶不上其国君")，指臣民不可逾越君主，应随其后行。按六二柔顺而中正，其进可越九三而超过九四之"祖"，得遇六五之"妣"。但六五"君位"，六二不敢擅越而臣事之。六二当"小过"之时，既过又不过，守正得中，故"无咎"。朱熹《周易本义》："六二柔顺中正，进则过三、四而遇六五，是过阳而反遇阴也……是'不及其君'而'遇其臣'也。皆过而不过，守正得中之意，无咎之道也。"　④凶如何也：(九三爻辞说"放纵就可能造成严重伤害")，凶险果然如此严重。按九三虽以阳居正，但处下卦之上，即阴过阳之时，如自恃盛强，不肯为备，将为众阴包括同位爻上六"小人"所害，故"凶"。

朱熹《周易本义》："九三以刚居正，众阴所欲害者也。而自恃其刚，不肯过为之备，故其象占如此。"　⑤位不当也：(九四爻辞说"没有过失就给对方以奖励")，因为自己地位不当，不可太强势。终不可长也：(九四爻辞说"如果预感到有危险就一定要警示自戒")，因为危险加剧的局面必不能长久。按九四以阳处阴，不可过刚，不得不迁就其同位爻初六，有"宜下"之象。但贸然前应则"厉"，必须静守"勿用"。马其昶《重定周易费氏学》："四应初六，合宜下之道，故无咎。然以失位之刚在上，虽应下而情亢，故又有往厉之戒。"　⑥已上也：(六五爻辞说"密云升起但没有下雨")，说明阴柔虽已高居上位，但未有阳的应和，宜乎无雨。按六五阴居尊位，阴盛故"密云"广布；但下无阳应，有阴阳不和之象，故"不雨"。朱熹《周易本义》："以阴居尊，又当阴过之时，不能有为，而弋取六二以为助，故有此象……两阴相得，其不能济大事可知。已上，太高也。"　⑦已亢也：(上六爻辞说"没有遏制而使之犯下过错")，因为阴柔已然极致难返。已，甚也。亢，极也。按上六居全卦之终，阴处穷高，亢过阳刚九三，不能自守，妄自上飞而"过之"，故招致"凶"、"灾"。王弼《周易注》："小人之过，遂至上极，过而不知限，至于亢也。过至于亢，将何所遇？飞而不已，将何所托？灾自己致，复何言哉！"

既济卦第六十三

䷾(坎上离下)水火既济

【经文】

既济：亨小，利贞。初吉终乱。①

初九：曳(yè)其轮，濡(rú)其尾，无咎。②

六二：妇丧其茀(fú)，勿逐，七日得。③

九三：高宗伐鬼方，三年克之，小人勿用。④

六四：繻(rú)有衣袽(rú)，终日戒。⑤

九五：东邻杀牛，不如西邻之禴(yuè)祭，实受其福。⑥

上六：濡其首，厉。⑦

[**注释**]①既济：卦名。上为坎为水，下为离为火，象"水在火上"。以水灭火，救火之功成，故名"既济"。济，成也，事情已成。朱熹《周易本义》："既济，事之既成也。为卦水火相交，各得其用。六爻之位各得其正，故为既济。"亨小：小的事情亨通。利贞：占问之事则利。初吉终乱：行事之初吉利，最终则乱作。孔颖达《周易正义》："人皆不能居安思危、慎终如始，故戒以今日。既济之初，虽皆获吉，若不进德修业，至于终极则危乱及之。" ②曳其轮：拖拉着车轮(渡河)。曳，通"拽"，后拖或前拉，此处似指后拖，即拖着车轮使之稳便渡河。一说"轮"为"纶"之借(汉帛本《易》正作"纶")，"拽纶"即提着腰带之穗(高亨说)。濡其尾：水湿了衣尾。濡，湿也。尾，西周风习，人衣服后摆装假尾作为饰品。无咎：渡河没有灾祸。朱熹《周易本义》："轮在下，尾在后，初之象也。曳轮则车不前，濡尾则狐不济。既济之初，谨戒如是，无咎之道。"③妇丧其茀：妇人丢失了头巾。茀，即"帔"，大巾。另说，见孔颖达《周易正义》："茀，车蔽也，妇人乘车不露见，车之前后设障以自隐蔽，谓之茀。"勿逐：不用寻找。七日得：丢失的东西第七天即可复归。 ④高宗伐鬼方：殷高宗(即商王武丁)讨伐西北游牧民族鬼方。三年克之：用三年打败对方。小人勿用：不要任用小人。王弼《周易注》："高宗伐鬼方，三年乃克也。君子处之，故能兴也；小人居之，遂丧邦也。" ⑤繻有衣袽：(寒时渡水)湿透了衣絮。繻：借为"濡"，水沾湿。有，于也。袽，即"絮"，装进夹衣以保暖的乱丝或乱麻。终日戒：整天戒惧不已。朱熹《周易本义》："既济之时，以柔居柔，能预备而戒惧者也，故其象如此。程子曰，繻当作濡。" ⑥东邻杀牛：东邻之家杀牛以太牢来祭神。东邻，借指东方的商朝。不如西邻之禴祭：不如西邻之家以简单的饭菜来祭神。西邻，借指西方的周人。禴，夏天仅用饭菜不以大牲的薄祭。实受其福：德厚者才能实得鬼神之福佑。王弼《周易注》："牛，祭之盛者也。禴，祭之薄者也……祭祀之盛，莫盛修德。" ⑦濡其首：(渡河)而被水沾湿了头部。厉：凶险。王弼《周易注》："处既济之极，既济道穷，则之于未济。"朱熹《周易本义》："既济之极，险体之上，而以阴柔处之，为狐涉水而濡其首之象。"

【彖传】

既济，亨，小者亨也。① 利贞，刚柔正而位当也。② 初吉，柔得中也。终止则乱，其道穷也。③

[注释]①既济：卦名。亨：亨通而成功，故名"既济"。小者亨也：既济卦辞说"亨小"，就是小的事情亨通，或者有小的成功。王弼《周易注》："既济者，以皆济为义者也。小者不遗，乃为皆济，故举小者以明既济也。" ②利贞：因为守正而有利。刚柔正而位当也：上卦为坎为阳卦，下卦为离为阴卦，阳刚在上而阴柔在下，故曰"刚柔正"。又六爻中三阴爻皆居阴位，三阳爻皆居阳位，居位皆适当，故位当而"利贞"。按对"贞"字之释，《经》与《传》解有不同。李光地《周易折中》引俞琰曰："三刚三柔皆正而位皆当，六十四卦之中，独此一卦而已，故特赞之也。" ③柔得中也：(既济卦辞说"行事之初吉利")，因为六二以阴柔居下体之中位，象臣下之初能守中正之道。其道穷也：(既济卦辞说"最终停止不前则乱作")，因为上六阴柔而处一卦之尽头，又居九五之上，有乘刚之象，喻臣下权势太重，失正而乱，故其道困穷。止，停也。王弼《周易注》："以既济为安者，道极无进，终唯有乱……终乱不为自乱，由止故乱，故曰'终止则乱'也。"

【象传】

既济：水在火上，既济。君子以思患而豫防之。①

初九："曳其轮"，义无咎也。②

六二："七日得"，以中道也。③

九三："三年克之"，惫也。④

六四："终日戒"，有所疑也。⑤

九五："东邻杀牛"，不如西邻之时也。"实受其福"，吉大来也。⑥

上六："濡其首，厉"，何可久也。⑦

[**注释**]①水在火上:既济卦上为坎为水,下为离为火,故“水在火上”。既济:以水灭火,救火之功成,故名“既济”。济,成也。君子以思患而豫防之:君子观象,因而思考如何防患于未然。患,灾害。豫,通“预”。李鼎祚《周易集解》引荀爽曰:“六爻既正,必当复乱,故君子象之,思患而豫防之,治不忘乱也。” ②义无咎也:(初九爻辞说“拖拉着车轮渡河”),宜乎无祸难也。义,通“宜”。按初九处全卦“事已成”之始,阳刚居下,得正而上应六四,应该小心谨慎渡河,故“无咎”。重要者在车轮,故拽之使慢行;衣尾为服饰则轻,故任其湿。来知德《来氏易注》:“刚得其正,不轻于动,故有曳轮、濡尾之象。以此守成,无咎之道。” ③以中道也:(六二爻辞说“第七天妇人的头巾可失而复得”),因为六二能守持中正之道。按六二居下卦之中,上应九五中正之主,喻妇人有柔中之美,静待之而失物则还。朱熹《周易本义》:“二以文明中正之德,上应九五刚阳中正之君,宜得行其志。而九五居既济之时,不能下贤以行其道,故二有‘妇丧其茀’之象……然中正之道不可终废,时过则行矣,故又有‘勿逐’而自‘得’之戒。” ④惫也:(六三爻辞说“武丁用三年才打败鬼方”),说明双方都已经疲惫至极。按九三阳居阳位,性刚亢,又居下卦之终,喻“事成初吉”之后仍持久奋战,安保成果不失。因此小人难托重任,故“勿用”。朱熹《周易本义》:“既济之时,以刚居刚,高宗伐鬼方之象也。三年克之,言其久而后克,戒占者不可轻动之意。” ⑤有所疑也:(六四爻辞说“整天戒备,担心有祸患到来”),因为心中疑虑重重。按六四柔顺得正,居上卦坎险之始,正是“多惧”之地,害怕“既济”之道将有不利之转化。王弼《周易注》:“履得其正,而近不与三、五相得……邻于不亲而得全者,终日戒也。” ⑥不如西邻之时也:(九五爻辞说“东邻之家杀牛以太牢来祭神”),其实不如西邻那样能正确把握时机。时,动词,合时。吉大来也:(九五爻辞说“德厚者才能实得鬼神之福佑”),这昭示吉庆将滚滚而来。按九五阳刚中正而居尊,事成且物大丰盛,但仍告诫自己,说明治国者若能得民心和掌握行事节点,往往比隆重祭祀更重要。朱熹《周易本义》:“东阳西阴,言九五居尊而时已过,不如六二之在下而始得时也。” ⑦何可久也:(上六爻辞说“渡河而被水沾湿了头部,凶险”),说明水已深而渡者随时可能溺亡,这种情况如何能持久呢?按上六阴居坎险之上,济极终乱;但若能戒惧而速改,事情仍可挽救,故“厉”(危险)而非“凶”

（祸殃）。程颐《周易程氏传》："自古天下既济而致祸乱者，盖不能思患而豫防也。"

未济卦第六十四

䷿（离上坎下）火水未济

【经文】

未济：亨。小狐汔（qí）济，濡其尾。无攸利。①

初六：濡其尾，吝。②

九二：曳其轮，贞吉。③

六三：未济，征凶。利涉大川。④

九四：贞吉，悔亡。震用伐鬼方，三年有赏于大国。⑤

六五：贞吉，无悔。君子之光，有孚，吉。⑥

上九：有孚于饮酒，无咎。濡其首，有孚失是。⑦

［**注释**］①未济：卦名。上为离为火，下为坎为水，象"火在水上"。火势压倒水势，救火之功未成，故名"未济"。济，成也。朱熹《周易本义》："未济，事未成之时也。水火不交，不相为用。卦之六爻，皆失其位，故为未济。"亨：亨通。小狐汔济：小狐狸快要渡过河了。汔，几乎，接近。济，渡河。濡其尾：大尾巴被浸湿。按狐狸不能游水，渡河或冬时沿冰，浅水时则举尾而渡，若尾湿则昭示渡河失败。无攸利：有所前往则不利。　②濡其尾：渡河时水将狐尾浸湿。吝：艰难。乔莱《乔氏易俟》："小狐，专指初也。'既济'之乱在终，则'未济'之难在初，过此未必不济也。初六爻辞亦曰'濡其尾'，则《彖》中小狐指初明矣。"　③曳其轮：拖着车轮（渡河）。曳，同"拽"，拖着。轮，大车轮子。贞吉：占问则吉祥。李光地《周易折中》："既济之时，初、二两爻犹未敢轻济，况未济乎？故此爻'曳轮'之戒，与既济同。"　④未济：未能渡过河。征凶：有征伐事则凶。王弼《周易注》："以阴之质，失位居险，不能自济者也。以不正

之身，力不能自济而求进焉，丧其身也。故曰征凶。”利涉大川：占问渡河事则吉利。朱熹《周易本义》：“或疑‘利’字上当有‘不’字。”甚然。　⑤贞吉：占问则吉。贞，占筮。悔亡：顺遂而没有悔恨之事。亡，消失。王弼《周易注》：“处未济之时，而出险难之上，居文明之初。体乎刚质，以近至尊，虽履非其位，志在乎正，则吉而悔亡矣。”震用伐鬼方：以雷震之势讨伐鬼方。震，雷也。用，以也。三年有赏于大国：（周人助殷商而出战），三年获胜而得到大殷商的赏赐。大国，指商王朝。　⑥贞吉：占问之事则吉利。无悔：无悔恨之事。君子之光：君子的光明品德。有孚：有诚信。吉：吉利。朱熹《周易本义》：“以六居五，亦非正也。然文明之主，居中应刚，虚心以求下之助，故得贞而吉且无悔，又有光辉之盛，信实而不妄，吉而又吉也。”　⑦有孚于饮酒：在饮酒上讲信用。无咎：没有灾祸。王弼《周易注》：“未济之极，则反于既济。既济之道，所任者当也。所任者当则可信之无疑，而已逸焉。”濡其首：酒醉而头上冒汗淋漓。濡，沾湿，喻酒醉之态。有孚失是：表面上讲信用而实际上失信。是，正也。失是，有失正道。

【彖传】

“未济，亨”，柔得中也。①“小狐汔济”，未出中也。②“濡其尾，无攸利”，不续终也。③虽不当位，刚柔应也。④

［**注释**］①“未济，亨”：“未济”是未能成功的意思，卦辞却说“亨通”。柔得中也：这是因为该卦主爻六五以柔居阳又居上卦之中位，喻人居尊位而行中道，故终必亨通。王弼《周易注》：“以柔处中，不违刚也。能纳刚健，故得亨也。”　②未出中也：（卦辞说“小狐狸快要渡过河了”），但它还是未能走出河水之险。按九二居下体坎之中，坎为水为险，喻人中途遇险。程颐《周易程氏传》：“二以刚阳居险中，将济者也，又上应于五。险非可安之地，五有当从之理，故果于济如小狐也。既果于济，故有濡尾之患，未能出于险中也。”　③不续终也：（卦辞说“狐狸大尾巴被浸湿，有所往则不利”），这是说实力不济故有善始而无善终。续，续其后。按初六居卦下而濡尾，力弱未能持续至终，遂使九二也难于出险，而济事不成。　④虽不当位：按未济卦的阴爻全居阳位

（初、三、五），阳爻全居阴位（二、四、上），故“不当位”。刚柔应也：但是卦中三对同位爻（初六与九四、九二与六五、六三与上九）全是刚柔相应，喻君臣尚能互相配合，故行而“亨通”。王弼《周易注》：“位不当，故未济；刚柔应，故可济。”所以卦名“未济”而非“不济”。

【象传】

未济：火在水上，未济。君子以慎辨物居方。①

初六：“濡其尾”，亦不知极也。②

九二：九二贞吉，中以行正也。③

六三：“未济征凶”，位不当也。④

九四：“贞吉悔亡”，志行也。⑤

六五：“君子之光”，其晖吉也。⑥

上九：“饮酒濡首”，亦不知节也。⑦

[**注释**]①火在水上：未济卦上为离为火，下为坎为水，象“火在水上”。未济：象征事情未能成功。孔颖达《周易正义》：“火在水上，不成烹饪，未能济物。”君子以慎辨物居方：君子观此象，应该谨慎地分辨物之品性及其所处的方位，使各居其所。如水火性相克，所处水在火上则水胜火（如既济）；火在水上则火胜水（如未济）。朱熹《周易本义》：“水火异物，各居其所，故君子观象而审辨之。”　②亦不知极也：（初六爻辞说“渡河时狐狸的大尾巴被浸湿”），它也不知道自己力量的极限呀。极，极点，尽头。按初六以阴柔处坎险之下，却冒险躁进，急于上应九四而不能量力慎行。来知德《来氏易注》：“极者，终也……言不量其才力而进，以至濡其尾，亦不知其终之不济者也。”　③九二贞吉：九二坚持正道即可获致吉祥。中以行正也：表现在其行事合乎中正之道。按九二以阳刚而居中，虽与六五相应，但尚未走出坎险，故“曳轮”而使车辆稳便前进，故有“吉”。李光地《周易折中》引潘梦旂曰：“九二刚中，力足以济者也。然身在坎中，未可以大用，故曳其车轮，不敢轻进，待时而动，乃为吉也。”　④位不当也：（六三爻辞说“未能渡过河流，有征伐则凶”），因为其所处

位置不适当。按六三阴处阳位，居坎险之上，力弱又失正不中，故急于进取(征伐)必凶。此喻实力不济而妄逞匹夫之勇则败事。俞琰《周易集说》："六爻皆位不当，而独于六三曰位不当，以六三才弱而处下体之上也。" ⑤志行也：(九四爻辞说"守正则吉，顺遂而没有悔恨之事")，是因为其坚强的意志力突破了障碍。按九四以阳居阴，位虽不正，但处上卦之始，喻事情正从坎险走出，而趋向"可济"。故三年苦战，取胜封赏，多靠主观上奋发努力。朱熹《周易本义》："以九居四，不正而有悔也。能勉而贞，则悔亡矣。然以不贞之资，欲勉而贞，非极其阳刚用力之久不能也。" ⑥其晖吉也：(六五爻辞说"君子的光明品德")，是其放射的光辉导致吉祥。晖，通"辉"。按六五处"离日"之中，应九二比邻九四，以诚信待物，以德行感召光明，焕发君子之光，虚心得助，故吉。王弼《周易注》："夫以柔顺文明之质，居于尊位，付与于能，而不自役，使武以文，御刚以柔，斯诚君子之光也。" ⑦亦不知节也：(上九爻辞说"酒醉而头上冒汗淋漓")，这也是不知节制的结果。节，节度，节制。按上九以阳刚居"未济"之极，物极必反，已转"可济"。但又为离卦之上爻。离，火也，火炎上。过度上冲则超越限度，亦非是，故必以"节"戒之。王弼《周易注》："以其能信于物，故得逸豫而不忧于事之废。苟不忧于事之废，而耽于乐之甚，则至于失节矣。由于有孚，失于是矣。"

《易传·系辞传》校注[1]

系辞上传

第一章

【原文】

天尊地卑，乾坤定矣。卑高以陈，贵贱位矣。动静有常，刚柔断矣。方以类聚，物以群分，吉凶生矣。在天成象，在地成形，变化见(xiàn)矣。[2]

是故刚柔相摩，八卦相荡。鼓之以雷霆，润之以风雨。日月运行，一寒一暑。乾道成男，坤道成女。[3]

乾知大(tài)始，坤作成物。乾以易知，坤以简能。易则易知，简则易从。[4]易知则有亲，易从则有功。有亲则可久，有功则可大。可久则贤人之德，可大则贤人之业。易简而天下之理得矣；天下之理得，而成位乎其中矣。[5]

[**注释**]①《系辞传》：简称"系辞"，即系在《易经》之后的解说辞，汉人又称"易大传"。此为《易传》中最重要的一篇，是对整部《易经》的通论和理论升

华。它对筮、卦、爻、辞的产生过程、逻辑根据及其性质、意义做出了深入的分析，发掘了《易经》蕴含在卜筮之中深刻的哲学意义，使之不仅止于占卜，更进而形成了一套完整的哲学范畴系统，奠定了中国古代哲学的基石。因篇幅原因，分为上、下两篇。历代注释者分章不一，此采朱熹《周易本义》的分法，为上、下各十二章。　②尊：高也。卑：下也。天高而地下。乾坤定矣：《周易》乾象天，坤象地，其间的尊卑贵贱已确定。陈，陈列。位，动词，(贵贱)地位确定。动静有常刚柔断矣：天动而地静，天为刚而地为柔，这是自然法则的区分。常，规律。断，分也。方以类聚：即人以类聚。方，应为"人"字，形近而误。吉凶生矣：不同的人之间与不同物之间都会产生矛盾，于是吉凶之事发生。在天成象：天有日月星辰之象。在地成形：地有山川草木之形。变化见矣：因时因地之纷纭变化开始出现。见，通"现"。　③刚柔相摩：阴阳两爻刚柔之间互相摩擦交感(产生八卦)。摩，交也。八卦相荡：八经卦之间相互激荡(产生六十四别卦)。荡，推也。鼓之以雷霆：大自然雷电鼓动催促万物焕发生机。按八卦中震为雷，离为火。润之以风雨：风雨润泽万物使之茁壮成长。按八卦中巽为风，坎为雨。乾道成男坤道成女：《易经》分别以乾坤喻男女，同时乾又属于阳刚，坤又属于阴柔，这也符合男女之性。　④乾知大始：乾的作用是掌握万物之生。知，主持。大始，万物最初的创始。大，通"太"。坤作成物：坤的作用是养育万物使之长成。作，为也。乾以易知：天创始万物是顺应规律故自然而平常。易，平易。知，通"智"。坤以简能：地养育万物也是顺阳成事以简约见其功能。简，简约。易则易知：天道平易，故人们了解很容易。简则易从：地道简约，故人们容易遵从。　⑤易知则有亲：人们对天道容易了解("易知")，故顺从者众。亲，亲近。易从则有功：人们对地道容易遵从("易从")，则功效卓著。有亲则可久：众人亲近天道则事业可长久。有功则可大：地道功效卓著则可使事业壮大。可久则贤人之德：认识天道的永恒长久，能使贤人成就高尚品德。可大则贤人之业：认识地道之可以推而广大，可使贤人成就伟大功业。易简而天下之理得矣：了解了天地乾坤的平易和简约，天下万物之理就尽在掌握之中。成位乎其中矣：就可以确定阴阳刚柔上下贵贱的不同身份和地位于天地之中。成，定也。位，地位。其中，天地之中。以上为第一章，总叙乾坤之大义。

第　二　章

【原文】

圣人设卦观象，系辞焉而明吉凶[悔吝]，刚柔相推而生变化。①是故吉凶者，失得之象也。悔吝者，忧虞之象也。变化者，进退之象也。刚柔者，昼夜之象也。②

六爻之动，三极之道也。是故君子所居而安者，《易》之序也。所乐而玩者，爻之辞也。③是故君子居则观其象而玩其辞，动则观其变而玩其占。是以自天佑之，吉，无不利。④

[**注释**]①圣人：指伏羲、文王和周公。传说伏羲为八经卦，周文王为六十四别卦并系卦辞，周公系爻辞。设卦观象：观察自然摄取物象然后创构卦画。设，创设。系辞：给每卦和每爻系之以言辞以判断吉凶[悔吝]。按"悔吝"二字诸本皆无，陆德明《经典释文》据虞翻本补，从之。悔，悔恨。吝，憾惜。明，使显明。刚柔相推而生变化：从代表阳爻之刚与代表阴爻之柔两种力量的进退推演中研究事物性质的变化。　②吉凶者，失得之象也：在《周易》概念系统中，吉凶分别代表人事的得当和失当。象，象征。悔吝者，忧虞之象也：悔即后思有误而忧，即悔恨，小不幸且忧故自凶而趋吉。吝即不以小误自戒反而虞(娱)乐，故将自吉而趋凶，产生艰难。吝，难也。虞，乐也。变化者进退之象也：指卦象的变化预示人事的变化，即旧去而新来，故其将昭示人事"进退"。刚柔者，昼夜之象也：刚为阳爻，柔为阴爻，刚柔相推，其本初的象征即白昼和黑夜的交替。　③六爻之动，三极之道也：六爻之间的刚柔变化象征着天道、地道和人道的变化。三极即天、地、人三才，按六爻中初、二为地道，三、四为人道，五、上为天道。是故君子所居而安者，《易》之序也：因此君子居则安稳是由于效仿了《周易》之位序安排。《易》所体现的位序，指六爻自下而上有初、二、三、四、五、上之顺序，君子不管处于何地都随遇而安。所乐而玩者，爻之辞也：君子的乐趣在于对爻辞的揣摩玩味。玩，即"翫"，观之

详也，研究。　④是故君子居则观其象而玩其辞：因此君子平居时，则观察《易》之卦象而且研究其所系之卦辞、爻辞。动则观其变而玩其占：君子有所行动时，则细心观察《易》之卦和爻的变化，而且探究玩味其吉凶之预测。占，筮数。自天佑之，吉，无不利：上天佑护君子，一定吉祥而无所不利。以上为第二章，分言圣人作《易》和君子学《易》之事。

第　三　章

【原文】

彖者，言乎象者也。爻者，言乎变者也。吉凶者，言乎其失得也。悔吝者，言乎其小疵也。无咎者，善补过也。①是故列贵贱者存乎位，齐小大者存乎卦，辩吉凶者存乎辞，②忧悔吝者存乎介，震无咎者存乎悔。是故卦有小大，辞有险易。辞也者，各指其所之。③

[**注释**]①彖者，言乎象者也：彖，断也，此处指《易经》之卦辞而非《彖传》之彖辞。卦辞根据卦象总叙该卦之义，以断吉凶，故云。爻者，言乎变者也：每卦之变爻的爻辞是论断吉凶的主要凭据。爻，此处指爻辞而非爻画。按筮法，占一卦后，再将其中某爻或阳变阴，或阴变阳，是为变爻，据变爻之辞可断吉凶。吉凶者，言乎其失得也：所谓“吉凶”就是指人事的得和失。悔吝者，言乎其小疵也：所谓“悔吝”指的是做事有小过失。疵，缺点，毛病。无咎者，善补过也：所谓“无咎”指的是人们因善于补救过失而无灾祸。　②是故列贵贱者存乎位：所以《周易》因爻位的不同而象征着人的社会地位的高低贵贱。存，在于。位，爻位。六爻的序位一般上贵而下贱，如五为君，二为臣。齐小大者存乎卦：排列各卦的大小，凡阳卦者为大，凡阴卦者为小。齐，等列也。按阳卦象君象男象君子，阴卦象臣象女象小人。辩吉凶者存乎辞：辨别行事后的吉和凶，要看卦辞和爻辞所说。辩，通“辨”，别也。　③忧悔吝者存乎介：悔吝为小过失，处吉凶之间，其界限非常微小，担忧者要在纤介之处着眼。介，细也。震无咎者存乎悔：人们动则无咎，原因在善于总结教训而及时悔

改。震，动也。悔，改也。是故卦有小大：所以卦分阴阳，阴为小，阳为大。辞有险易：卦辞爻辞的提示有凶险和平易之别。辞也者，各指其所之：卦辞爻辞的作用是指示人们应该何往而趋避。之，往也。以上为第三章，解释卦辞和爻辞在《易》中之通例。

第四章

【原文】

《易》与天地准，故能弥纶天地之道。仰以观于天文，俯以察于地理，是故知幽明之故。① 原始反终，故知死生之说。精气为物，游魂为变，是故知鬼神之情状。②

与天地相似，故不违。知周乎万物而道济天下，故不过。旁(fāng)行而不流，乐天知命故不忧。安土敦乎仁，故能爱。③ 范围天地之化而不过，曲成万物而不遗，通乎昼夜之道而知，故神无方而《易》无体。④

[**注释**]①《易》与天地准：圣人作《易》仿拟天地，以天地为准。准，平也，等也。故能弥纶天地之道：所以它能普遍涵容天地之道，《易》与天地之间的道理是一致的。弥，遍也，充满也。纶，络也，包含也。仰以观于天文：(圣人)仰观天上的日月星辰。天文，即天象。俯以察于地理：俯下身子细察地上的山川原野。地理，即地形地貌。是故知幽明之故：所以宇宙间有形与无形之物的源起皆可了解。幽，暗也，无形。明，可以看到之物，有形。故，原因，道理。 ② 原始反终：追察源头探求结果。原，动词，察也。反，求也。故知死生之说：所以知道万物生死的道理。精气为物：灵气附着于形体就是眼见的生物。精气，神灵之气。游魂为变：灵气离开形体变为游离之魂，即为鬼。变，变化，生命结束。鬼神之情状：鬼神的情况(不过是气之聚散而已)。③与天地相似故不违：《易》理相似于天地万物之理，故二者不违背。知周乎万物而道济天下故不过：圣人的知识遍及万物并可用来匡济天下，所以不会有错。知，知道。周，遍也。道，同“导”，引也。济，成也。过，失也。旁行而

不流:方正而不流于邪淫。旁,通“方”,正也。乐天知命故不忧:乐于顺应天道,知道性命之始终,故泰然无忧。安土敦乎仁:随遇而安以敦厚之心施行仁爱。　④范围天地之化而不过:《易》包含了天地的变化轨迹而无所逾越。范围,动词,包含。曲成万物而不遗:皆能成就万物而不遗缺。曲,通“俱”。成,成就。遗,留也。通乎昼夜之道而知:贯通阴阳对立转化的规律而有智慧。昼夜之道,即阴阳变化之道。知,通“智”。故神无方而《易》无体:造化的玄妙深不可测而并无固定的方针,《易》所反映的这种神妙之变也没有固定的形式。神,阴阳不测之所谓也。无方,无固定之方针。体,形体。以上为第四章,强调《易》道广大,足以贯通天地、万物、阴阳之理。

第　五　章

【原文】

一阴一阳之谓道,继之者善也,成之者性也。① 仁者见之谓之仁,知者见之谓之知。② 百姓日用不知,故君子之道鲜矣!③

显诸仁,藏诸用,鼓万物而不与圣人同忧。④ 盛德大业至矣哉!富有之谓大业,日新之谓盛德。生生之谓易。⑤ 成象之谓乾,效法之谓坤。极数知来之谓占,通变之谓事,阴阳不测之谓神。⑥

[**注释**]①一阴一阳之谓道:天地间阴阳的对立和转化就是道。道,规律,或内在依据。继之者善也:阴阳交替不息,后来者传承道的法则,故为善。成之者性也:完成这种阴阳之间的转变是出自物之本性,而非人为设计或外力作用。　②仁者见之谓之仁:鼓吹仁之说者见到这种转化认为它体现了仁。知者见之谓之知:鼓吹智之说者见到这种转化认为它体现了智。知,通“智”。　③百姓日用不知:老百姓在每日的生活中大量利用阴阳转化之道,但对此并没有自觉的明确的认识。故君子之道鲜矣:君子不像仁者、智者和百姓,唯其能自觉全面地认识道,但这样的人和能够达到这样的认识高度都

太稀少了。鲜,少也。　④显诸仁藏诸用:阴阳之道最显明之处在于生育万物之仁,而它那种之所以能生育万物的功用却隐藏着难于被人认识。鼓万物而不与圣人同忧:道鼓动万物的生生不息,却是自然无为,这与圣人有意的忧民之心并不相同。　⑤盛德大业至矣哉:道的盛德大业达于极致而不可加呀!富有之谓大业:大业就是空间上无处不在大而无疆。日新之谓盛德:盛德就是时间上弥久而无穷。日新,变化不息,日日增新。生生之谓易:"易"之本义是变易,即阴阳万物生生不已,新陈代谢。　⑥成象之谓乾:天成其象而创始万物这就是乾。效法之谓坤:地顺应天而化育万物这就是坤。乾,天也;坤,地也。极数知来之谓占:尽究卦爻变化之数以预知未来,这就是占。极,尽也。占,以龟甲或蓍草来推算吉凶。通变之谓事:通晓事物变化之法则然后采取相应的行为,这就是事业。阴阳不测之谓神:阴阳变化或有不可解释不可预测不见其形者,这就是神。神,神妙。以上为第五章,言道之体用和阴阳变化之理。

第　六　章

【原文】

夫《易》广矣大矣!以言乎远则不御,以言乎迩则静而正,以言乎天地之间则备矣!① 夫乾,其静也专,其动也直,是以大生焉。② 夫坤,其静也翕(xī),其动也辟(pì),是以广生焉。③ 广大配天地,变通配四时,阴阳之义配日月,易简之善配至德。④

[**注释**]①《易》:指《易经》。广:广博。大:宏大。以言乎远则不御:它说到极远之事物(论天)则没有止境。御,止也。以言乎迩则静而正:它说到近处的事物(论地)则精审而无误。迩,近也。静,《说文》"审也",精审。正,正确。以言乎天地之间则备矣:它说到天地之间的事物则无所不备。备,完备。② 静也专:(乾卦象征天),安静时其形为圆。专,借为"团",《说文》"专,圆也"。指风清气朗时天象多呈圆形。动也直:动荡时狂风雨雪都是自上直降

而下。大生：圆而无不包，直而无不至，故能大生万物。大，广大。　③静也翕：(坤卦象征地)，安静时敛伏而不生草木。翕，闭也，寒冬则土闭。动也辟：地动则生草木而被开辟。辟，开也。广生：动静有时，万物无灾，是以广泛而育。　④广大配天地：《易经》的广和大相合于天地。配，吻合。变通配四时：其变动不息就像四季。阴阳之义配日月：其阴阳交替就相当于日和月。易简之善配至德：它的易简之善就好比天地的至德。易简，平易简约。善，良也。天地不言，《易经》则要而不繁，皆为简。以上为第六章，结合乾、坤来说明《易》之广大变通。

第　七　章

【原文】

子曰："《易》其至矣乎！"夫易，圣人所以崇德而广业也。① 知崇礼卑，崇效天，卑法地，天地设位而易行乎其中矣。② 成性存存，道义之门。

[**注释**]①子：孔子。此为后儒的假托之言，《系辞》以下所有"子曰"云云皆是如此。至：达到了极点。圣人：指孔子。崇德而广业：(圣人因此)提高道德而扩大事业。崇，高也。广，大也。　②知崇礼卑：(圣人)智慧提高而礼仪谦卑。知，通"智"，智慧。崇效天：其智慧增高是效仿上天。卑法地：其礼仪谦卑是效仿下地。天地设位：天尊地卑之位置已经设立。设，立也。易行乎其中：《易经》的道理就运行于天地中间。　③成性存存：《易》之道是成就万物之性(而不是伤害其性)，是维护万物的生存(而不是毁灭其生存)。性，本性。存，生存。按前一个"存"为动词，使生存。道义之门：天下的道义即由此而生。门，门径，根源。以上为第七章，说明《易》理与崇德广业的关系。

第　八　章

【原文】

圣人有以见天下之赜(zé)，而拟诸其形容，象其物宜;是故谓之象。①圣人有以见天下之动,而观其会通,以行其典礼,系辞焉以断其吉凶,是故谓之爻。②言天下之至赜而不可恶(wù)也,言天下之至动而不可乱也。③拟之而后言,议之而后动,拟议以成其变化。④

[注释]①圣人有以见天下之赜:圣人看到天下万物的繁杂玄妙。赜,通"啧",杂乱也,深奥也。拟诸其形容:用卦象比拟其形态。拟,比拟。诸,之于。象其物宜:象征万物的性状。物宜,物之宜有之态。是故谓之象:所以《易》称卦体为"象"。　②圣人有以见天下之动:圣人看到天下万物的变动。观其会通:观察到它们融会贯通的道理。会,聚也。通,通行而无阻碍。以行其典礼:然后推行社会的典章礼仪。系辞焉以断其吉凶:然后在各卦爻之下附加上文字说明,以论断其吉凶。是故谓之爻:所以将爻画称为"爻"。爻,效也,卦的组成部分,以其阴阳、位置、升降等方面的不同来仿效世间各种事物。　③言天下之至赜而不可恶也:言说天下如此杂乱的现象应耐心而不可以厌烦。恶,厌也。言天下之至动而不可乱也:言说天下最剧烈的变动应条贯清楚而不可以混乱。　④拟之而后言:认真观象之后再发言。拟之,比拟为象。议之而后动:议论之后再行动。拟议以成其变化:经过观象和议论这两个程序,就可以让"象"和"爻"切合万物的变化。按据高亨意见,此下应该紧接"大衍之数五十"一章,但却插入孔子解释《易经》爻辞之内容七条,实属错简。见氏著《周易大传今注》卷五。

【原文】

"鸣鹤在阴,其子和之,我有好爵,吾与尔靡之。"①子曰:"君子居其室,出其言善,则千里之外应之,况其迩者乎?居其室,出其言不善,则千里之外违之,况其迩者乎?言出乎身,加乎民。行发乎迩,见乎远。②言行,君子之枢机。枢机之发,荣辱之主也。言行,君子之所以动天地也，可不慎乎？”③

[注释]①鸣鹤在阴：按此处四句出自《中孚》卦的“九二”爻。大意为“老鹤在树荫下鸣叫，小鹤应和亦鸣之；我有美酒在杯中，我与你共饮之”。②子曰：孔子引申说。按此下皆为后儒的假托之语。大意为，“君子在其私室，如有善言，千里之外也会有人共鸣，更何况近于身边的人呢？在其私室所言不善，千里之外也会有人违逆，更何况近于身边的人呢？言语由自身发出，影响在于民众。行为发生在近处，作用产生在远处”。　③言行君子之枢机：言论和行为对君子来说，好比门之枢纽和弩箭之扳机。荣辱之主：君子的言行正确与否，就好比枢机之发是否得中，关系到自身的荣或辱。动天地：君子的言行足以鼓动天地，故必须慎重待之。

【原文】

“同人，先号咷而后笑。”① 子曰：“君子之道，或出或处，或默或语。二人同心，其利断金；同心之言，其臭如兰。”②

[注释]①同人先号咷而后笑：按此句出自《同人》卦的“九五”爻辞，大意为，“聚集的众人，先是看形势不好而嚎啕大哭，又转败为胜欣喜欢笑”。②子曰：孔子说。此句大意为，“君子立身处世的原则，不管是入仕或隐居，不管是沉默或出言，只要大家团结一心，其力量就像能斩断金属的刀斧一样锋利无比；只要大家一个心思说出的话，其味道就如同香兰一样引人陶醉”。

【原文】

“初六：藉以白茅，无咎。”① 子曰：“苟错诸地而可矣。藉之用茅，何咎之有？慎之至也。夫茅之为物薄，而用可重也。慎斯术也以往，其无所失也。”②

[注释]①初六藉以白茅无咎：按此句出自《大过》卦的“初六”爻辞，大意

为，“用洁白柔软的白茅草铺垫祭品，则无祸殃”。藉，垫也。　②子曰：孔子说。此句大意为，“对神灵的祭品本来放置在地上就行了，现在却在下面铺垫上一层白茅草，白茅草会有什么过错呢？这是对祭祀神灵的事情慎重至极呀。茅草虽不是贵重的物品，但用在此处却承担了重要使命。把这种精神发扬光大，在其他事情上也就可以不犯过错了”。错，通“措”，置也。慎，通“顺”，遵循也。

【原文】

“劳谦，君子有终，吉。”① 子曰：“劳而不伐，有功而不德，厚之至也。语以其功下人者也。德言盛，礼言恭。谦也者，致恭以存其位者也。”②

[注释]①劳谦君子有终吉：按此句出自《谦》卦的“九三”爻辞，大意为，“君子功高而不自居，有好结果，占问吉祥”。　②子曰：孔子说。此句大意为，“勤劳而不自夸，有功劳而不以有功自居，这是忠厚至极的体现。这样说的意思是有功劳而甘居人下，这样的功德才是盛德，这样的礼仪才是恭敬。为人谦虚，致力于恭敬，才能保有自己的地位，所以君子有终吉”。伐，夸也。不德，“德”为动词，不自居功德。言，通“焉”，则也。存，保也。

【原文】

“亢龙有悔。”① 子曰：“贵而无位，高而无民，贤人在下位而无辅，是以动而有悔也。”②

[注释]①亢龙有悔：按此句出自《乾卦》的“上九”爻辞，大意为，“龙飞得过高，超过极限，物极必反。比喻大人骄傲自满，脱离在下之臣民，身处困境，故有悔”。亢，过度，极也。　②子曰：孔子说。此句大意为，“身份尊贵而不能守其高位，自居高傲而失其民众，朝中无贤能之臣辅佐，所以妄动而有祸殃”。

【原文】

“不出户庭，无咎。”①子曰：“乱之所生也，则言语以为阶。君不密则失臣，臣不密则失身，幾事不密则害成。是以君子慎密而不出也。”②

[注释]①不出户庭无咎：按此句出自《节》卦的“初九”爻辞。大意为，“不出内宅，没有灾祸”。　②子曰：孔子说。此句大意为，变乱之所以发生，言语不慎就是梯阶。君主不能守密则失去大臣，臣僚不能守密则失去生命，机事一旦泄露则造成大害，故君子必须办事慎密而不轻易从口透出。幾事，同“机事”，机密之事。

【原文】

子曰：“作《易》者其知盗乎？《易曰》：‘负且乘，致寇至。’①负也者，小人之事也；乘也者，君子之器也。小人而乘君子之器，盗思夺之矣！上慢下暴，盗思伐之矣！②慢藏诲盗，冶容诲淫。《易》曰：‘负且乘，致寇至。’盗之招也。”③

[注释]①子曰：孔子说。作《易》者其知盗乎：《易经》的作者了解盗贼是如何行事的吗？《易》曰：《易经》说。按此句出自《解》卦的“六三”爻辞，大意是，“背负着物品而且乘车，会招引贼寇来劫夺”。　②负也者：以下诸句为《系辞传》作者假托孔子对上引经文的申说，大意为，“亲身背负财物，是小人的举止；乘车而行，是君子的举止。现在小人而冒用君子之具，当然强盗就会产生劫夺的念头。一个国家上层之人骄惰而下层之人强暴，没有稳定正常的秩序，当然就会招引境外之盗的侵伐了”。　③慢藏诲盗：炫耀财物而懒得收藏，是教唆引诱盗窃者。慢，骄惰，轻慢。冶容诲淫：装扮得容颜很妖艳，是招引诱惑别人来淫乱。盗之招：(《易经》所谓“负且乘，致寇至”)，指的是自己招来了盗劫者。以上为第八章，是举例说明卦爻辞在现实生活中的引申运用。

第 九 章

【原文】

天一，地二；天三，地四；天五，地六；天七，地八；天九，地十。①天数五，地数五，五位相得而各有合。天数二十有五，地数三十，凡天地之数五十有五，此所以成变化而行鬼神也。②

[注释]①天一地二：《易经》以阳爻一划（—）象天，以阴爻二划（--）象地。故奇数一、三、五、七、九皆为天数，偶数二、四、六、八、十皆为地数。按此句本在第十章之首，依朱熹《周易本义》移前至此。 ②五位相得而各有合：五个天数相加其和为二十五，五个地数相加其和为三十。相得，即“相加”。合，同“和”。凡天地之数五十有五：天地之和数即二十五与三十相加，其数五十五。此所以成变化而行鬼神：（将这些天地之数进行推演），就可以确定阴阳的变化（如九为老阳、七为少阳、六为老阴、八为少阴），从而沟通鬼神，占断吉凶。成，定也。行，通也。按此句本在第九章“乾之策二百一十有六”之前，依朱熹《周易本义》移前至此。

【原文】

大衍之数五十，其用四十有九。①分而为二以象两，挂一以象三，②揲（shé）之以四以象四时，归奇于扐（lè）以象闰。③五岁再闰，故再扐而后挂。④

[注释]①大衍之数五十：筮卦所用的蓍草之数，应该符合天地之大数，故取五十五枚。衍，通“演”，推演。按传世本“五十”疑为“五十有五”之误，见高亨《周易大传今注》卷五引金景芳说。其用四十有九：实际推演时，去除六枚置旁不用，故只用四十有九。孔颖达《周易正义》引姚信、董遇言：“天地之数五十有五，者（省）其六以象六爻之数，故减之而用四十九。” ②分而为二

以象两：将四十九枚蓍草任意分为两半，象征天地两仪。按由此句始，叙述占筮的设卦过程及其象征意义，此为第一营。挂一以象三：从分为两半的蓍草中任取一枚，挂于左手无名指与小指间，象征天、地、人三才备具。此为第二营。　③揲之以四以象四时：再将两边的蓍草都按四枚一组分开，象征四季。揲，取而数之也。此为第三营。归奇于扐以象闰：将四枚一组分剩下的蓍草，按左右分夹在两手的中指之间，象征闰月。奇，除不尽的余数。扐，手指之间。此为第四营。　④五岁再闰：古代历法五年有两个闰月。故再扐而后挂：指归奇于扐之后，复将揲四之后的两堆蓍草合为一堆。此为一变，包含四个步骤，即“四营为一变”。然后将合为一堆的蓍草按上边的方法再做一遍，又归奇后将剩余的蓍草合堆，是为二变。再进行三变，三变而得一爻。结果或 36 枚为老阳，纯数为九；或 28 枚为少阳，纯数为七；此为阳爻。或 24 枚为老阴，纯数为六；或 32 枚为少阴，纯数为八；此为阴爻。

【原文】

乾之策二百一十有六，坤之策百四十有四，凡三百有六十，当期(jī)之日。①二篇之策，万有一千五百二十，当万物之数也。②是故四营而成易，十有八变而成卦。③八卦而小成，引而伸之，触类而长之，天下之能事毕矣。④

[**注释**]①乾之策二百一十有六：乾卦六爻皆为可变之老阳，六乘三十六得数二百一十有六，共 216 枚蓍草。策，蓍草数。坤之策百四十有四：坤卦六爻皆为可变之老阴，六乘二十四得数百四十有四，共 144 枚蓍草。凡三百有六十：两者相加总数 360 枚蓍草。当期之日：这等于一年的天数。期，一年。　②二篇之策：《易经》的上下两篇的策数。按战国时《易》已经分成上下两篇，含 64 卦和 384 爻之辞。万有一千五百二十：按 384 爻阴阳各半，192 阳爻乘以 36 策得 6912，192 阴爻乘以 24 策得 4608，两者相加即 11520 策。当万物之数也：象征天下万物之数。　③四营而成易：经过四次布策的方法(指分二、挂一、揲四、归奇四个步骤)乃成《易经》的“一变”。营，营求。十有八变而

成卦:(每爻之成需要三变),经过十八变而成六爻,是为一卦。变,蓍草策数的变化。 ④八卦而小成:八经卦(每卦三爻)仅能象征孤立的事象,而不能显现万事万物其间的关系,故仅为小成。引而伸之:还要两两重卦为六爻之别卦。伸,同"申",重复。触类而长之:别卦的上下卦之间会触类旁通,不断增长力量。触,遇也。长,增长。天下之能事毕矣:可将天下可能遇到的万事万物都囊括于《易经》之中。毕,尽也。

【原文】

显道神德行,是故可与酬酢,可与佑神矣。① 子曰:"知变化之道者,其知神之所为乎!"②

[**注释**]①显道神德行:《易经》可以显现一阴一阳之道、阴阳不测之神、圣人制定的伦理道德和人们如何躬亲践行。可与酬酢:《易经》可以教人应对万物之求。酬酢:原意宴会上主客之间以酒回敬,引申为应对报答。可与佑神:可以帮助实现神化之功。佑,助也。 ②子曰:孔子说。此句大意是,"了解《易经》种种变化之道的人,岂不是知道神灵的所作所为吗"!以上为第九章,揭示了《周易》的占筮方法。

第 十 章

【原文】

《易》有圣人之道四焉:以言者尚其辞,以动者尚其变,以制器者尚其象,以卜筮者尚其占。① 是以君子将有为也,将有行也,问焉而以言,其受命也如向,无有远近幽深,遂知来物。非天下之至精,其孰能与于此!② 参伍以变,错综其数。通其变,遂成天地之文;极其数,遂定天下之象。非天下之至变,其孰能与于此!③

[**注释**]①《易》有圣人之道四焉:《易经》中包含有四项圣人取之为用的

资源。以言者尚其辞:用来论事则取其卦辞爻辞以定是非。以,用也。以动者尚其变:用来行动时则取其卦爻之变化以定进退。以制器者尚其象:用来制造器具时则取其卦象以定方法。以卜筮者尚其占:用来卜筮时则取其占断结果以预测吉凶。　②问焉而以言:(当君子将有所作为有所行动时),就用语言向蓍策而发问。其受命也如向:蓍策也会受命而向君子告知吉凶,如应声而响。向,同"响"。遂知来物:(不管远和近、幽和深),都能知道未来事情的发展趋势。物,事也。非天下之至精:如果不是天下最精微的理论体系。其孰能与于此:它怎么能达到这一步呢?与,及也。　③参伍以变:各卦因为爻之性质和位置的变化从而带动卦变。参伍,即三五,概指较小而不定之变数。错综其数:各卦爻之位次错综复杂。错,交错。综,综合。数,此指爻之位次。遂成天地之文:(了解卦爻之变),就能追踪天地万物变化的迹象。成,把握。文,现象之痕迹。遂定天下之象:(穷尽《易经》卦爻之数),然后就能确定天下万物之象。象,象征,由自然物现象而到体现在《易经》中的易象(卦爻之数)。天下之至变:天下最高明的由易象之变推演出物象之变者。与于此:及于此。

【原文】

《易》无思也,无为也,寂然不动,感而遂通天下之故。非天下之至神,其孰能与于此。①夫《易》,圣人所以极深而研幾也。惟深也,故能通天下之志;惟幾也,故能成天下之务;惟神也,故不疾而速、不行而至。②子曰,"《易》有圣人之道四焉"者,此之谓也。③

[**注释**]①《易》无思也:《易经》本身不需要思维。无为也:不需要作为。寂然不动:寂静而没有行动。感而遂通天下之故:它感应占卜者之诚心,然后就能通晓天下万事万物变化之缘故。至神:最神奇灵异。　②夫《易》圣人所以极深而研幾也:圣人就是要穷究《易经》之深奥和研求《易经》的幾微之处。研,审也。幾,微也,不显明也。惟深也,故能通天下之志:由于穷究《易经》之

深奥，所以能贯通天下之人的志向。惟幾也，故能成天下之务：由于研求《易经》的幾微之处，所以能定天下之事务。惟神也，故不疾而速、不行而至：由于易之道的神妙，所以不显得急切就能很快遂愿，不需要行动就能达到目的。

③子曰：孔子说。此句大意为，"《易经》中包含了辞、变、象、占这四种可供圣人使用的资源"，这里就是说的这个。以上为第十章，揭示《周易》之用有辞、变、象、占四项。

第十一章

【原文】

子曰："夫《易》何为者也？夫《易》开物成务，冒天下之道，如斯而已者也。"①是故圣人以通天下之志，以定天下之业，以断天下之疑。是故蓍之德圆而神，卦之德方以知，六爻之义易以贡。②圣人以此(洗)[佚]心，退藏于密，吉凶与民同患。③神以知来，知以藏往，其孰能与于此哉！古之聪明睿知神武而不杀者夫！④

[**注释**]①子曰：孔子说。此句大意为，"《易经》有什么用处呢？《易经》的用处在于开发未知之物使明之，利用已有的知识成就事业，覆盖涵容天下的道理，不过如此而已"。开物，揭示事物真相。成，定。务，事也。冒，覆也。

②以通天下之志：(圣人)用《易经》沟通天下人的意志。以定天下之业：来奠定天下人的功业。以断天下之疑：来消除天下人的怀疑。蓍之德圆而神：蓍草之外形为圆润而其性质为神奇。卦之德方以知：一卦六爻其外形为方正而其性质为智慧。知，同"智"。六爻之义易以贡：六爻的意义在于以变动呈献给人们吉凶。易，变也。贡，献也。 ③圣人以此(洗)[佚]心：圣人因此用《易经》佚乐于心。按通行本为"洗心"，此据马王堆出土帛书《系辞》改。退藏于密：占筮之后将结果记录下来退而藏之于密处，以观其应验。吉凶与民同患：与民众共担吉凶。患，通"贯"。 ④神以知来：《易经》之神奇能够预知未来。知以藏往：《易经》之智慧使之将往事记藏以为鉴戒。知，通"智"。其孰

能与于此哉：除了《易经》之外还有谁能够及于此境呢？古之聪明睿知神武而不杀者夫：唯有古代聪明睿智勇武而又不残暴者能也！杀，杀戮。

【原文】

是以明于天之道，而察于民之故，是兴神物以前民用。圣人以此斋戒，以神明其德夫！① 是故阖户谓之坤，辟(pì)户谓之乾。一阖一辟谓之变，往来不穷谓之通。② 见(xiàn)乃谓之象，形乃谓之器，制而用之谓之法，利用出入，民咸用之谓之神。③

[**注释**]①明于天之道，而察于民之故：深明于自然天道，而且体察百姓之生活细故。故，事也。是兴神物以前民用：因此取来神灵之物的蓍草或龟甲占问，以作为民众行动的前导。兴，举也。前，动词，导之于前。圣人以此斋戒：圣人在占筮前必要斋戒。以神明其德夫：为的是尊崇神物之德性，奉为神明。　②是故阖户谓之坤：所以宇宙之门关闭就称之为“坤”。按坤为地为阴，秋冬当令，万物入室，合户闭门。阖，闭也。辟户谓之乾：宇宙之门打开称之为“乾”。按乾为天为阳，春夏当令，万物生发。辟，开辟之“辟”，开也。一阖一辟谓之变：宇宙之门一开一合就称之为“变”。往来不穷谓之通：一开一合一来一往循环不穷称之为“通”。通，感通。　③见乃谓之象：自然显现而可目视的东西称为“象”。见，通“现”。形乃谓之器：有形有质而可触及的东西称为“器”。器，物也。制而用之谓之法：人利用自己的智慧和力量，剪裁自然之物而利用之，形成一定的法则，称之为“法”。利用出入：每天利用这些法则以创造利益，就好像出入门户一样平常。民咸用之谓之神：民众都在用但已经不知道它的由来，此可称之为“神”。咸，都。

【原文】

是故《易》有太极，是生两仪，① 两仪生四象，四象生八卦，②八卦定吉凶，吉凶生大业。③

[注释]①《易》有太极：《易经》认为世界万物来源于太极。太极，指宇宙之本体，是包括天地在内的最大最高之物，万物皆由它产生。太极或可称之为“太一”、“太初”，是看不见摸不着的精神本体。是生两仪：由太极而产生出天地。两仪，指天和地。仪，法也，下文有“法象莫大乎天地”，即指两仪。②两仪生四象：由天地的阴阳离合交汇而衍生出春、夏、秋、冬四季。四季各有其象，故称为四象。四象生八卦：八卦由老阳、少阳、少阴、老阴四种爻分别构成，而少阳象春，老阳象夏，少阴象秋，老阴象冬，故四象生八卦。　③八卦定吉凶：由八卦相重为六十四卦，再加上卦爻之变，就可以判定吉凶。吉凶生大业：人预知吉凶，就可以有所趋避，于是大事业乃成。生，成也。

【原文】

是故法象莫大乎天地，变通莫大乎四时；县(xuán)象著明莫大乎日月；①崇高莫大乎富贵；备物致用，立功成器以为天下利，莫大乎圣人；②探赜(zé)索隐，钩深致远，以定天下之吉凶，成天下之亹(wěi)亹者，莫大乎蓍龟。③

[注释]①法象莫大乎天地：人们用来效法之映象没有比天地更广阔的了。变通莫大乎四时：宇宙间之变化通达，没有比四季之转换更精准的了。县象著明莫大乎日月：能够高悬天空而光明显耀的东西，没有比太阳和月亮更突出的了。县，通“悬”。著，显著。　②崇高莫大乎富贵：地位之高无人能比，没有比富有四海、贵为天子者更尊崇了。备物致用：准备好万物以为人类所用。立功成器以为天下利：创置器具而为天下人谋利。莫大乎圣人：没有比圣人更伟大的了。按“立”下的“功”字，今本皆脱，高亨据《汉书·货殖传》所引而增补，从之。　③探赜索隐：探求复杂的现象和追索隐秘的道理。赜，杂也。索，求也。隐，晦也。钩深致远：取得深奥的知识和推致远大的目标。钩，取也。致，推也。以定天下之吉凶：从而决定天下事之吉凶。成天下之亹亹者：促成天下人勤勉不倦而奋斗的。亹亹，勤勉奋斗不断前进。莫大乎蓍

龟:没有比筮占和龟卜更伟大的了。

【原文】

是故天生神物,圣人则之。天地变化,圣人效之。天垂象,见(xiàn)吉凶,圣人象之。①河出图,洛出书,圣人则之。《易》有四象,所以示也。②系辞焉,所以告也。定之以吉凶,所以断也。③

[**注释**]①天生神物:上天生出神奇的蓍草和龟甲。圣人则之:圣人利用之而制定了筮占之法和龟卜之法。则,法也。天地变化:天地万物不断产生变化。圣人效之:圣人仿效之而作《易经》以体现这种变化。天垂象见吉凶:上天垂示天象以对人显现吉凶。垂,向下。圣人象之:圣人模拟之而制作六十四卦,卦也有吉凶。象,取法模仿。　②河出图:即河图,相传伏羲时有龙马出于黄河,龙马身上有纹如八卦。洛出书:即洛书,相传禹时有神龟出于洛水,龟背上有文字。圣人则之:圣人取法,伏羲画八卦,禹作《洪范》"九畴"。《易》有四象:《易经》有老阳、少阳、少阴、老阴四种爻象。所以示也:四象就是为了显示万物的阴阳刚柔及其变化。　③系辞焉所以告也:(圣人)为卦和爻分别写上卦辞和爻辞,是为了告诉人们如何行动。系,挂连。定之以吉凶,所以断也:卦辞和爻辞确定了吉凶,以此而下断语。以上为第十一章,主要是阐述《周易》的占筮问题。

第十二章

【原文】

《易》曰:"自天佑之,吉,无不利。"①子曰:"佑者,助也。天之所助者,顺也;人之所助者,信也。履信思乎顺,又以尚贤也。是以自天佑之,吉,无不利也。"②

[**注释**]①《易》曰:《易经》说。按此引自《大有》卦"上九"爻辞。自天佑

之:上天降下佑助。吉:吉利。无不利:没有不利之处。　②子曰:孔子说。此句大意是,“佑就是助的意思。天所帮助的人,是顺从天道的人。人愿意帮助的人,是有诚信的人。这种人履行诚信,心里想的是顺从天道,又能够崇尚贤能。所以天就保佑他,使之吉祥而且无处不利”。按这一小段与前后文意似不连属,古今学者多判为错简,朱熹认为当在第八章末。

【原文】

子曰:“书不尽言,言不尽意。”然则圣人之意,其不可见乎?① 子曰:“圣人立象以尽意,设卦以尽情伪,系辞焉以尽其言,变而通之以尽利,鼓之舞之以尽神。”② 乾坤,其《易》之缊(yùn)邪!乾坤成列,而《易》立乎其中矣。③ 乾坤毁,则无以见《易》;《易》不可见,则乾坤或几乎息矣。④

[注释]①书不尽言:文字不能完全表达语言。书,文字。言,语言。言不尽意:语言不能完全表达思想。意,意念,思想。然则圣人之意其不可见乎:然而圣人的思想和心意就无法让后人领略吗?　②子曰:孔子说。此处大意是,“圣人通过创立《易》象符号的方法以充分表达思想意境,通过设立六十四卦的途径,以尽力揭示真情和假象,并且在卦爻之后附上文辞以尽力表达口中想说的话,还以三百八十四爻变和通的转换来尽力为民众谋利,最后是通过《易经》鼓舞人们发挥其最高智慧”。立象:设立卦象。卦爻的象征性可以弥补语言文字的不足。情伪:真和伪。情,情实;伪,虚假。变而通之:事物变革后的稳定状态为通,可以兴利。神:智慧。　③乾坤其《易》之缊邪:乾坤二卦是《易经》精义之蕴藏所在吧!缊,通“蕴”,藏也。乾坤成列,而《易》立乎其中矣:如果乾坤二者的位列有序,《易经》的阴阳变化之道就体现于其中。成列,犹定位,即天上地下的位置秩序。立,存在,体现。　④乾坤毁,则无以见《易》:如果乾坤毁灭,即天地毁灭,那样就无法知道阴阳矛盾对立变化之《易》道了。《易》不可见,则乾坤或几乎息矣:没有了《易经》阴阳矛盾对立变化之道,则乾坤所象征的天地或许就要消失了。息,灭也。按这里是强调

《易》道与天地共存亡的息息相关性。

【原文】

是故形而上者谓之道，形而下者谓之器。① 化而裁之谓之变，推而行之谓之通，举而错之天下之民谓之事业。②

［**注释**］①是故形而上者谓之道：所以抽象而超乎形体之上者称之为“道”。形而上，即没有形体，如思想、方法、制度等。道，本意为道路，引申为达到目标的方法、原则、规律、理论等。形而下者谓之器：具体而有形的东西称之为“器”。形而下，指有形体可视可触的物质形态。器，物也。作者将天地之间物划为道、器两类，似太过简单化。　②化而裁之谓之变：运用阴阳变化之道来裁制万物称之为“变”。化，改也，变也。裁，制也。推而行之谓之通：顺应变化将《易》之道在实践中推广实行称之为“通”。举而错之天下之民，可谓之事业：取道与器施行于天下之民，可称之为“事业”。举，取也。错，通“措”，施也。

【原文】

是故夫象，圣人有以见天下之赜，而拟诸其形容，象其物宜，是故谓之象。① 圣人有以见天下之动，而观其会通，以行其典礼，系辞焉以断其吉凶，是故谓之爻。② 极天下之赜者存乎卦，鼓天下之动者存乎辞。化而裁之存乎变，推而行之存乎通。③ 神而明之存乎其人，默而成之，不言而信，存乎德行。④

［**注释**］①是故夫象：此句或有错简。高亨认为“夫”当为“爻”字，形近而误，因下文内容正是分释“爻”、“象”二字。但王夫之《周易考异》引郭京言：“无‘夫象’二字。”圣人有以见天下之赜：圣人看到天下万物的繁杂。赜，通“啧”，杂乱也。拟诸其形容：用卦象比拟其形态。拟，比拟。诸，之于。象其

物宜：象征万物的性状。物宜，物之宜有之态。是故谓之象：所以称卦体为“象”。　②圣人有以见天下之动：圣人看到天下万物的变动。观其会通：观察到它们融会贯通的道理。会，聚也。通，通行而无阻碍。以行其典礼：然后推行社会的典章礼仪。系辞焉以断其吉凶：然后在各卦爻之下附加上文字说明，以论断其吉凶。是故谓之爻：所以将爻画称为“爻”。爻，效也，卦的组成部分，以其阴阳、位置、升降等方面的不同来仿效世间各种事物。按以上两句与第七章重复。　③极天下之赜者存乎卦：穷尽天下的深奥道理，都存在于《易经》的卦形之中。鼓天下之动者存乎辞：鼓动天下事物之变化发展的因由，都存在于《易经》的卦爻辞之中。化而裁之存乎变：促使阴阳交感化育万物的机缘，都存在于变化之中。裁，成也。推而行之存乎通：人类的进步在于利用道与器而加以会通。　④神而明之存乎其人：能否体悟《易经》之神妙并使之发扬光大，全在于人心的契合。默而成之：默然努力以《易》的精神去成就事业。不言而信：不需要过多的语言就可以取信于人。存乎德行：全在于人的美德懿行。以上为第十二章，中心点是说，“卦爻所以变通者在人，人之所以能神而明之者在德”。

系辞下传

第一章

【原文】

八卦成列，象在其中矣。因而重之，爻在其中矣。①刚柔相推，变在其中矣。系辞焉而命之，动在其中矣。②吉凶悔吝者，生乎动者也。刚柔者，立本者也；变通者，趣时者也；吉凶者，贞胜者也。③

[**注释**]①八卦成列：八卦排列出一个简易的宇宙模型。列，位列。象在其中矣：其中包含天、地、风、雷、水、火、山、泽等物象。因而重之：依据八卦再

两两相重，由三个爻的经卦变成六个爻的别卦。爻在其中矣：三百八十四爻就尽数包含在六十四卦之中。　②刚柔相推：阳爻之刚和阴爻之柔相互作用。推，推衍。变在其中矣：《易经》之变就体现出来了。系辞焉而命之：《易经》作者牵系卦辞爻辞于卦爻之下，以告人吉凶。命，告也。动在其中矣：占卜者因此而采取相关的行动。　③吉凶悔吝者，生乎动者也：吉凶悔吝是一切行动产生的结果。刚柔者，立本者也：阳阴刚柔是天地万物之本，也是推演六十四卦之本。变通者，趣时者也：因为一切都在变化之中，人们应该选取合适的时机以行动。趣，同“趋”。吉凶者，贞胜者也：人事之吉凶，在于是否能以守正而取胜。贞，正也。

【原文】

天地之道，贞观者也。日月之道，贞明者也。天下之动，贞夫一者也。①夫乾，确然示人易矣；夫坤，隤（tuí）然示人简矣。爻也者，效此者也。象也者，像此者也。②爻象动乎内，吉凶见乎外，功业见乎变，圣人之情见乎辞。③

［**注释**］①天地之道，贞观者也：天地之道是以公正无私的普遍惠泽展示给人们。贞，正也。观：示也。日月之道，贞明者也：日月之道是以光明普照来惠及天下。天下之动，贞夫一者也：天下万物之动也，都是缘于贞正如一，即按自然法则或社会伦理来运行。按高亨据古本认为，“夫”应为“于”字，“贞于一”即“正于一”。　②夫乾，确然示人易矣：天道刚健，但示人以平易。乾，象征天。确然，刚健貌。易，平易。夫坤，隤然示人简矣：地道柔顺，但示人以简约。隤然，柔也，顺也。爻也者，效此者也：《易经》之爻画效仿了天易地简的精神。象也者，像此者也：《易经》之卦爻之象，象征了天易地简的精神。③爻象动乎内：爻象变动于卦内。吉凶见乎外：吉凶应验则体现在卦外。功业见乎变：最终的功业则见于人们采取趋吉避凶的应变措施之后。圣人之情见乎辞：圣人爱物觉民之情，则体现于卦爻辞之中。

【原文】

天地之大德曰生，圣人之大宝曰位。何以守位？曰仁。① 何以聚人？曰财。理财正辞，禁民为非，曰义。②

[**注释**]①天地之大德曰生：天地之间最伟大的德行是使万物生生不息。圣人之大宝曰位：圣人所依靠的最宝贵的东西是能握有政权的至尊地位。位，地位。何以守位：如何能够长久地保全这种地位。曰仁：依靠的是仁义，从而获得众人的拥戴。按高亨据《周易集解》认为，此处“仁”当做“人”，“仁、人古通”。 ②何以聚人：怎样可以使人民聚集在自己周围。曰财：有足以养生的财富才可以聚人。理财正辞：理财治产要靠端正法度条令。辞，指制度法令。禁民为非：禁止百姓作奸犯科。曰义：这就是道义。义，通“宜”，合理。以上为第一章，重心仍在陈说象爻刚柔吉凶悔吝之事，落脚于人事的造化功业。

第 二 章

【原文】

古者包牺氏之王(wàng)天下也，仰则观象于天，俯则观法于地，观鸟兽之文与(天)地之宜。① 近取诸身，远取诸物，于是始作八卦，以通神明之德，以类万物之情。② 作结绳而为网罟(gǔ)，以佃以渔，盖取诸《离》。③

[**注释**]①古者包牺氏之王天下也：远古伏羲氏统治天下的时候。包牺，通“伏羲”，传说中的圣王。王，动词，为王。仰则观象于天：抬头仰望天上的星象。俯则观法于地：低头观察大地的种种法则。法，指高下卑湿等不同性状。观鸟兽之文与(天)地之宜：还观察鸟兽的毛羽、蹄爪之纹以及地产之宜出。 ②近取诸身：于是伏羲就近取法于人的身体如耳鼻口目之属。远取诸物：从远处取法于风雷山泽之属。于是始作八卦：于是开始创制八卦。以通神明之德：八卦可以贯通神明造化万物之德性。通，连接。以类万物之情：同

时八卦的区分也可以体现出对不同品物的分类。类，分类。八卦分别代表八类自然现象。 ③作结绳而为网罟：伏羲结绳而制造出网罗。罟，捕鱼之网。以佃以渔：用来田猎和捕鱼。佃，通“田”，猎也。盖取诸《离》：这估计是受到《离》卦卦象的启发。盖，大概。诸，之于。按此指六十四卦之“离”卦(䷝)，上下六爻，中间两阴爻象网眼。

【原文】

包牺氏没(mò)，神农氏作，斲(zhuó)木为耜(sì)，揉木为耒(lěi)，耒耨(nòu)之利以教天下，盖取诸《益》。日中为市，致天下之民，聚天下之货，交易而退，各得其所，盖取诸《噬嗑》(shì hé)。②

[**注释**]①包牺氏没：伏羲氏故去。没，同“殁”，人死。神农氏作：神农氏代兴。神农，传说中的远古圣王。作，兴起。斲木为耜：砍伐木料制作农具。斲，砍削。耜，翻土之木锨。揉木为耒：火烤使农具之木柄弯曲。耒，锄、臿或锹之木柄。耒耨之利以教天下：教人们通过耕田而取得足食之利。耨，锄草。盖取诸《益》：估计是受到《益》卦卦象的启发。《益》(䷩)，别卦之四十二卦，震下巽上，象木动而入。 ②日中为市：中午开放市场。致天下之民：招来天下民众。致，招致。聚天下之货：聚集天下的各类货物。交易而退：交易之后人们退去。各得其所：各自得到所需要的东西。盖取诸《噬嗑》：大概受到《噬嗑》卦的启发。《噬嗑》(䷔)，别卦之二十一卦，震下离上，与“市合”谐音。

【原文】

神农氏没，黄帝、尧、舜氏作。通其变，使民不倦。神而化之，使民宜之。①《易》，穷则变，变则通，通则久。是以自天佑之，吉无不利。②黄帝、尧、舜垂衣裳而天下治，盖取诸《乾》《坤》。③刳(kū)木为舟，剡(yǎn)木为楫，舟楫之利以济不通，致远以利天下，盖取诸《涣》。④

[注释]①黄帝、尧、舜氏作：（神农氏死后），黄帝、尧、舜相继兴起。通其变：因时因势而开通生产、生活方式之改变。变，变革。使民不倦：促使民众勤勉劳作而不知疲倦。神而化之：在人们不知不觉中潜移默化。使民宜之：使民众日渐适应（新生活）。宜，适宜。　②《易》：《易经》的法则。穷则变：困穷而路尽就要变革。变则通：变革才能使前途通达。通则久：前途通达才能使社会稳定持久。是以自天佑之：所以人们才能得到上天的护佑。吉无不利：吉祥而无有不利。　③黄帝、尧、舜垂衣裳而天下治：黄帝、尧、舜创制衣裳而推广给天下之人，使得天下大治。垂，垂示。一说垂，借为“缀”，缝合。衣裳，上衣为衣，下衣为裳。盖取诸《乾》《坤》：大概是受到《乾》（䷀）《坤》（䷁）二卦的启发。按李鼎祚《周易集解》言，衣取象乾，居上覆物；裳取象坤，在下含物，以之符合尊卑礼制。　④刳木为舟：凿空大树而成舟船。刳，将大木剖开并凿空。剡木为楫：削木而制造船桨。剡，砍削。楫，船桨。舟楫之利以济不通致远：船具的便利使人们可以渡过江河到达远方。以利天下：以使天下人得利。盖取诸《涣》：大概是受到《涣》卦的启发。按《涣》（䷺）为别卦之五十九，坎下巽上，象木在水上。

【原文】

服牛乘马，引重致远，以利天下，盖取诸《随》。①重（chóng）门击柝（tuò），以待暴客，盖取诸《豫》。②断木为杵（chǔ），掘地为臼（jiù），臼杵之利，万民以济，盖取诸《小过》。③弦木为弧，剡木为矢，弧矢之利，以威天下，盖取诸《睽》。④

[注释]①服牛乘马：用牛或马驾车。按此处服、乘皆为驾车义。引重致远：以运重物到遥远的地方。盖取诸《随》：大概是受到《随》卦的启发。按《随》（䷐）为别卦之十七，震下兑上，有牲在车前之象。　②重门击柝：设立多重门禁并且有人巡更敲击木梆。重门，多层门户。柝，木梆。以待暴客：以防

备强盗侵入。待，防备。暴客，盗贼。盖取诸《豫》：大概是受到《豫》卦的启发。按《豫》(䷏)为别卦之十六，坤下震上，有声响行于地上之象。　③断木为杵：砍削木头制成舂米之杵。掘地为臼：地上挖坑做成舂米之臼。臼杵之利：杵和臼为人们日常饮食提供了便利。万民以济：使千万民众大获其益。济，益也。盖取诸《小过》：大概是受到《小过》卦的启发。按《小过》(䷽)为别卦之六十二，艮下震上，象征动而有声之物在百谷之上。　④弦木为弧：加弦于木上为弓。弦，动词，系弦。弧，弓也。剡木为矢：砍削木头制成箭。弧矢之利以威天下：有了弓箭这样的兵器就可以威服天下之敌。盖取诸《睽》：大概是受到《睽》卦的启发。按《睽》(䷥)为别卦之三十八，兑下离上，有绳加于小木之象。

【原文】

上古穴居而野处，后世圣人易之以宫室，上栋下宇，以待风雨，盖取诸《大壮》。① 古之葬者，厚衣(yì)之以薪，葬之中野，不封不树，丧期无数。后世圣人易之以棺椁，盖取诸《大过》。② 上古结绳而治，后世圣人易之以书契，百官以治，万民以察，盖取诸《夬》。③

[注释]①上古穴居而野处：上古之人冬居洞穴而夏处旷野。后世圣人易之以宫室：后来的圣人开始建造房屋让人来居住。宫室，泛指房屋。上栋下宇：上有栋梁下有墙壁。栋，梁也。宇，屋边也，指房屋四面。以待风雨：以遮风挡雨。待，防备。盖取诸《大壮》：大概是受到《大壮》卦的启发。按《大壮》(䷡)为别卦之三十四，乾下震上，有房屋穹顶上接雷雨之象。　②古之葬者，厚衣之以薪：古时埋葬死者，只是将厚厚的一层薪柴覆盖在身上。衣，动词，包裹。葬之中野：埋葬在荒野中。不封不树：既不聚土为坟也不在坟上植树。丧期无数：没有一定的服丧期限。后世圣人易之以棺椁：后代的圣人发明了棺椁，以新的丧葬礼仪来取代旧的埋葬方式。棺椁：内棺为棺，外边大的套棺为椁。盖取诸《大过》：大概是受到《大过》卦的启发。按《大过》(䷛)为别

卦之二十八，下巽上兑，有木入洼坑之象。 ③上古结绳而治：上古时采取在绳上挽结计数的方法来对生产进行管理。后世圣人易之以书契：后来的圣人发明了文字来记录事情。书，文字。契，刻写。百官以治：大小官吏用书契来治理社会。万民以察：民众也通过书契来明理守法。盖取诸《夬》：大概是受到《夬》卦的启发。按《夬》(䷪)为别卦之四十三，乾下兑上，有刀刻竹木之象。以上为第二章，通过圣人尚象制器之事例，以明《易》象之神奇。

第 三 章

【原文】

是故《易》者，象也。象也者，像也。《彖》者，材也。① 爻也者，效天下之动者也。是故吉凶生而悔吝著也。②

[**注释**]①是故《易》者，象也：所以《易经》的内涵是卦象。象，模拟，象征。象也者，像也：所谓卦象，是以卦的形式来象征天地万物。像，比照自然物制成的形象，如人的画像。《彖》者，材也：《彖辞》是判断一卦之吉凶的文字。材，通“裁”，断也。据高亨说，此处《彖》所指实为《易经》之卦辞，而非《易传》之《彖辞》。 ②爻也者：指《易经》每卦之六爻及其爻辞。效天下之动者也：它们就是在仿效天下万物之不断变动。按《易经》各卦六爻皆变爻，其在卦体中的位置、态势及进退、升降、往来等变动，都是在效仿自然物的运动变化。是故吉凶生而悔吝著也：所以人事之吉凶悔吝就通过《易经》之卦爻象和卦爻辞被显现出来。著，明显也。以上为第三章，总结《易》象之重要性。

第 四 章

【原文】

阳卦多阴，阴卦多阳，其故何也？阳卦奇，阴卦耦。其德行何也？① 阳一君而二民，君子之道也；阴二君而一民，小人之道也。②

[**注释**]①阳卦多阴：阳卦多阴爻。按八卦中除乾卦为纯阳外，其他震、坎、艮卦皆一阳爻二阴爻之阳卦，故“多阴”。阴卦多阳：阴卦多阳爻。按八卦中除坤卦为纯阴外，其他巽、离、兑卦皆一阴爻二阳爻之阴卦，故“多阳”。阳卦奇：阳卦之爻画总数为奇数（三或五画）。阴卦耦：阴卦之爻画总数为偶数（六或四画）。耦，同“偶”。其德行何也：这些阴阳卦体它们的象征意义何在呢？德行：这里指卦形内含的性质。　②阳一君而二民：阳卦是一阳爻二阴爻，象征一个君主统治多数的庶民。按阳爻象君，阴爻象臣民。君子之道也：这代表君决策、民专奉一君的君子之道。阴二君而一民：阴卦是二阳爻一阴爻，象征一个庶民被多数君主层层统治。小人之道也：这代表政出多门混乱不堪的小人之道。以上为第四章，明阴、阳二卦之体也。

第　五　章

【原文】

《易》曰：“憧憧往来，朋从尔思。”① 子曰：“天下何思何虑？天下同归而殊涂，一致而百虑。天下何思何虑？②

[**注释**]①《易》曰：《易经》说。按下引《咸》卦九四爻辞，大意为，“两人眉目传情，恋人之间心心相印”。憧，同“瞳”，眼珠。朋，朋友，此指恋人。从，随从。尔，你。思，所想。　②子曰：孔子说。按此为后儒的假托之言。天下何思何虑：天下人究竟何所思何所虑？天下同归而殊涂：天下人不一定走同一条路，但最后都归为同一目标。殊，异也。涂，通“途”，路也。一致而百虑：天下人的思想有许多种，但最后都要体现出一个道理。致，同“至”。

【原文】

“日往则月来，月往则日来，日月相推而明生焉。寒往则暑来，暑往则寒来，寒暑相推而岁成焉。① 往者屈也，来者信（shēn）也，屈信相感而利生焉。②

[**注释**]①日往则月来：太阳落下则月亮升起。月往则日来：月亮隐去则太阳升起。日月相推而明生焉：日月互相推动而使宇宙产生了光明。寒往则暑来：冬天去了夏天则到来。暑往则寒来：夏天去了冬天则到来。寒暑相推而岁成焉：寒与暑交替推移才形成了年岁。　②往者屈也：所谓“往”只是某种自然现象的暂时退缩，而非一去不返。来者信也：所谓“来”只是某种自然现象的暂时伸张，而非永久存驻。信，借为“伸”，展也。屈信相感而利生焉：在这种屈（退缩）和伸（扩张）的交相感应中，才有自然的成果和人事的利益产生。

【原文】

“尺蠖（huò）之屈，以求信（shēn）也。龙蛇之蛰（zhé），以存身也。①精义入神，以致用也。利用安身，以崇德也。②过此以往，未之或知也。穷神知化，德之盛也。”③

[**注释**]①尺蠖之屈，以求信也：尺蠖爬行，身子的弯曲是为了随后的伸展前进。尺蠖，一种昆虫，前进时身体一屈一伸交替而行。龙蛇之蛰，以存身也：龙和蛇的冬眠潜伏，是为了在环境恶劣时保存生命。蛰，冬眠潜藏也。②精义入神，以致用也：人们精于事物之义理，进入神妙之境界，是为了学以致用。利用安身，以崇德也：人们以所学的东西用于安身，在实践中提高自己的才德。崇德，培育德行。　③过此以往：超出这些往来、屈伸、学用一类的道理。未之或知也：我就什么都不知道了。未之或知，倒装句，即“或未知之”。穷神知化：穷尽自然之神妙，了解万物之变化。德之盛也：这是一种最隆盛的德行。

【原文】

《易》曰：“困于石，据于蒺藜，入于其宫，不见其妻，凶。”①子曰：“非所困而困焉，名必辱。非所据而据焉，身必危。既辱且危，死期将至，妻其可得见邪？”②

[**注释**]①《易》曰:《易经》说。按这句话见《困》卦九三爻辞，大意为，“走路被石头所绊倒，攀爬时手抓在蒺藜的尖刺上。回到家中，妻子不知去向。凶险无比”。　②子曰:孔子说。按以下所言实为后儒假托，大意为:“人受困于不该受困的地方(指路上的石头)，其名声必受羞辱。人抓持不应该抓持的东西(指蒺藜的尖刺)，自身必有危险。陷入这种既羞辱又危险的境地，死期将到，哪里还会见到妻子呢?”

【原文】

《易》曰:“公用射隼(sǔn)于高墉之上，获之，无不利。”①子曰:“隼者禽也，弓矢者器也，射之者人也。君子藏器于身，待时而动，何不利之有?动而不括，是以出而有获。语成器而动者也。”②

[**注释**]①《易》曰:《易经》说。按这句话见《解》卦之上六爻辞，大意为，“公侯在高高的城墙上射鹰，抓获了它，诸事皆利”。隼，鸷鸟，即鹰。墉，城墙。　② 子曰:孔子说。按以下所言实为后儒假托，大意为，“鹰为飞禽，弓箭是利器，射猎的是人。君子把利器藏在身上，等待时机再行动，怎么会不利呢?准备好再行动，使之没有阻碍，所以出来打猎一定会有收获。这是说人一定要有充分的准备然后再行动”。括，闭塞，阻碍。成器，不仅指有形的利器，也指人之才干。

【原文】

子曰:“小人不耻不仁，不畏不义，不见利不劝，不威不惩。小惩而大诫，此小人之福也。①《易》曰:‘屦校灭趾，无咎。’此之谓也。②善不积，不足以成名。恶不积，不足以灭身。小人以小善为无益而弗为也，以小恶为无伤而弗去也，故恶积而不可掩，罪大而不可解。③《易》曰:‘何校灭耳，凶。'"④

[**注释**]①小人不耻不仁：小人不以不仁为羞耻。不畏不义：不以不义之事为畏惧(而不为)。不见利不劝：不见到利益就不努力做事。劝，勉也。不威不惩：不临之以刑威而不知道收敛。惩，戒也。小惩而大诫：受到小的惩罚而不敢再犯大的过错。此小人之福也：这正是小人的福气。 ②《易》曰：《易经》说。按所引见《噬嗑》卦初九爻辞，大意为，"木质的刑具加在脚上而割去足趾，不再有大的灾祸"。屦，鞋子。校，木质刑具。屦校，以刑具代替鞋子。灭，割去。此之谓也：(所谓小惩而大诫)，说的就是这样的。 ③善不积，不足以成名：不积累善行就不会产生好的名声。恶不积，不足以灭身：不积累恶行就不会有杀身之祸。小人以小善为无益而弗为也：小人认为小善之事无益而不愿意去做。以小恶为无伤而弗去也：把小恶习看成无伤大体之事而不愿除掉。故恶积而不可掩：所以恶行不断积累就无法掩盖。罪大而不可解：罪行增大而不能被解救。 ④《易》曰：《易经》说。按所引见《噬嗑》卦上九爻辞。何校灭耳：罪犯肩扛木枷而被割去耳朵。何，同"荷"，负荷。校，木质刑具，在颈为枷。凶：前途凶险。

【原文】

子曰："危者，安其位者也；亡者，保其存者也；乱者，有其治者也。是故君子安而不忘危，存而不忘亡，治而不忘乱，是以身安而国家可保也。①《易》曰：'其亡其亡，系于苞桑。'"②

[**注释**]①危者，安其位者也：(统治者)今日之危是昔日太安于其位无所作为造成的。亡者，保其存者也：他们今日的灭亡，是昔日盲目认为自己的统治可以存续长久造成的。乱者，有其治者也：其今日之乱，是由昔日之自恃能治理转变而来的。 ②《易》曰：《易经》说。按所引见《否》卦的九五爻辞，大意为，"将要灭亡呀将要灭亡，我的心经常这样告诫自己，才能使家国像系于丛生的茂桑那样坚不可破"。其亡，将要灭亡。其，将也。苞桑，茂盛的丛桑。

苞，茂也。

【原文】

子曰：“德薄而位尊，知（zhì）小而谋大，力少而任重，鲜不及矣。《易》曰：‘鼎折足，覆公悚（sù），其形渥（wò），凶。’言不胜其任也。”

[**注释**]①德薄而位尊：德行浅薄而身居尊位。知小而谋大：智力低下却喜欢谋划大事。力少而任重：力量微少却逞能担负重任。鲜不及矣：这样的人后来很少有不及于祸难的。鲜，少也。及，及于祸难的省语。 ②《易》曰：《易经》说。按所引见《鼎》卦的九四爻辞。鼎折足：鼎足折断。覆公悚：鼎中为公侯准备的肉汤被倾覆在地上。悚，古称汤汁食品。其形渥：在地上形成湿漉漉的一大片龌龊。渥，沾湿。凶：预兆有凶险事发生。言不胜其任也：说的就是人能力不胜其任的危险。

【原文】

子曰：“知幾其神乎！君子上交不谄，下交不渎，其知幾乎？①幾者，动之微，吉之先见（xiàn）者也。君子见幾而作，不俟终日。②《易》曰：‘介于石，不终日，贞吉。’介如石焉，宁用终日，断可识矣。③君子知微知彰，知柔知刚，万夫之望。”

[**注释**]①知幾其神乎：人若能预知事情发生的微妙征兆，则将达于神妙之境界。幾，事情的苗头或预兆。上交不谄：与地位高的人交往不谄媚。下交不渎：与下交往不轻慢。其知幾乎：这样就算知道事机之微妙了吗？②幾者，动之微：“幾”是事务微妙的变动。吉之先见者也：吉祥的结局已经先有隐约的显现。按古本“吉”字后当有“凶”字，今本无，不合常情，当补。君子见幾而作不俟终日：君子见到先兆就果断行动而不会坐等终日。作，行也。

俟,等待。 ③《易》曰:《易经》说。按所引见《豫》卦的六二爻辞。介于石:坚如石。介,同“砎”,坚也。于,同也。不终日:一天内(就转为柔)。贞吉:占问则吉。介如石焉,宁用终日:既然人的品性坚定如石何须还要等待时日?宁,何也。断可识矣:对事情变化的结局已经断然可知。 ④君子知微知彰:君子了解事情从隐微到彰显的变化轨迹。知柔知刚:又知道应对事物手段的刚柔变化。万夫之望:当然就成为万民景仰和希望的对象。

【原文】

子曰:“颜氏之子,其殆庶几乎。有不善未尝不知,知之未尝复行也。《易》曰:‘不远复,无祇(zhì)悔,元吉。’”②

[注释]①颜氏之子:指孔子的得意弟子颜回。其殆庶几乎:他大概是接近于完美了。殆,副词,大概,恐怕。庶几,近也,为赞扬语。有不善未尝不知:有过失也不会不知道。知之未尝复行也:知道了就不会再犯,即“有过必改”。 ②《易》曰:《易经》说。按所引见《复》卦的初九爻辞。不远复:行不远而返回。无祇悔:就不会造成大的悔恨。祇,大也。元吉:(还会)大吉。

【原文】

天地絪(yīn)缊(yūn),万物化醇。男女构精,万物化生。《易》曰:“三人行,则损一人。一人行,则得其友。”言致一也。

[注释]①天地絪缊:天地阴阳二气交融。絪缊,或作“氤氲”,指气盛而交融的缠绵之状。万物化醇:万物普遍衍生。醇,普遍,纯美。男女构精:男女合精。构,合也,通“媾”,指两性交合。万物化生:天下万物皆由阴阳化生。 ②《易》曰:《易经》说。按所引见《损》卦的六三爻辞。三人行,则损一人:三人出行则损去一人。一人行,则得其友:一人出行则得其朋友。言致一也:正是说的阴阳相求才能心志专一,即两人相与则专一,若三人则杂乱矣。

【原文】

子曰："君子安其身而后动，易其心而后语，定其交而后求。君子修此三者，故全也。① 危以动，则民不与也；惧以语，则民不应也；无交而求，则民不与也。② 莫之与，则伤之者至矣。"《易》曰："莫益之，或击之。立心勿恒，凶。"③

［**注释**］①君子安其身而后动：君子不行险以侥幸，必自身安全然后才行动。易其心而后语：必待自己心平气和然后才开口说话。定其交而后求：必是有交情的人然后才开口求助。君子修此三者故全也：君子掌握这三项原则，故能处处保全。修，研究，遵循。 ②危以动，则民不与也：带着风险以行动，则民众不会支持帮助他。与，助也。惧以语，则民不应也：言语使人感到恐惧，则民众不会响应你。无交而求，则民不与也：双方素无诚信基础而求人，则民众不会给予你。与，同"予"。 ③莫之与，则伤之者至矣：无人助之，则伤害你的人就要来到了。《易》曰：《易经》说。按所引见《益》卦的上九爻辞。莫益之：没有人施行帮助。或击之：反而予以打击。立心勿恒：不以恒常之道树立威信。凶：凶险将至。以上为第五章，借用孔子之说，举例阐发从"象内"到"象外"之《易》爻的象征意义。

第 六 章

【原文】

子曰："《乾》《坤》其《易》之门邪？" 乾，阳物也；坤，阴物也。阴阳合德而刚柔有体，以体天地之撰，以通神明之德。② 其称名也，杂而不越。于稽其类，其衰世之意邪？③

［**注释**］①子曰：孔子曰。按所言皆后儒的假托之言。《乾》《坤》其《易》之门邪：《乾》《坤》二卦难道不是进出《易经》的门户吗？按此指八经卦之乾、坤二卦。乾，阳物也：乾卦为天即代表阳性之物。坤，阴物也：坤卦为地即代表阴性之物。 ②阴阳合德而刚柔有体：阴阳之德相配合而阳刚阴柔各有不

同的体性。以体天地之撰：以此来区分天地所创造的一切事物。体，分也。撰，具也，有也。以通神明之德：以此来会通其神妙显明之德性。 ③其称名也，杂而不越：《易经》卦、爻辞所举事物之名称，虽然繁杂但皆不互相逾越。称，举也。于稽其类：认真考察卦、爻辞所谈及的事类。于，发语词，无义。稽，考也。类，事类。其衰世之意邪：皆是殷商之末衰乱之世的意境呀！

【原文】

夫《易》彰往而察来，而微显阐幽，开而当名辨物，正言断辞则备矣。①其称名也小，其取类也大。其旨远，其辞文，其言曲而中，其事肆而隐。②因贰以济民行，以明失得之报。③

[**注释**]①夫《易》彰往而察来：《易经》的主旨是通过彰显过去以作为借鉴，而察知未来。而微显阐幽：使细微之处显明，将幽隐之事阐发。开而当名辨物：展开《易经》，即可知其如何正物之名、辨物之实。开，打开。当名，正名。正言断辞则备矣：其所言及判断吉凶的文辞就非常完备了。正言，直言。备，具备。 ②其称名也小：其卦爻辞举列事物之名看似很微小。称，举也。其取类也大：但其隐喻象征的事物类别则很广大。取类，取类似之物以为比喻。其旨远：其宗旨很弘远。其辞文：其文辞很典雅。其言曲而中：其叙述语言委婉曲折却又义正中肯。中，正也。其事肆而隐：其叙事既直截了当其中又隐藏了深刻的洞见。肆，陈述也。 ③因贰以济民行：借着民众对问题的疑惑而占筮，《易经》告之以吉凶而指导民众或进或止地采取行动。贰，疑也。济，成也。以明失得之报：《易经》揭明了一个道理，人们的恶善之举会有失得凶吉之报应。以上为第六章，内容为集中分析《周易》卦辞和爻辞的特点。

第 七 章

【原文】

《易》之兴也，其于中古乎？作《易》者，其有忧患乎？是故《履》，德之基也；《谦》，德之柄也；①《复》，德之本也；《恒》，德之固也；《损》，德之修也；《益》，德之裕也；②《困》，德之辨也；《井》，德之地也；《巽》，德之制也。

[**注释**]①《易》之兴也：《易经》的兴起。兴，起也。其于中古乎：大概是在殷周之际的中古吧？在战国人看来，三代属于中古。作《易》者其有忧患乎：《易经》的作者是有忧患意识的人吗？《履》，德之基也：《履》卦之义为礼，仁义忠信诸德，皆以礼为基础。履，礼也。《谦》，德之柄也：《谦》卦之义为谦虚，谦虚为道德之根本。柄，人手执持器具的部位，如刀柄、斧柄，借以为抓手之义。 ②《复》，德之本也：《复》卦之义为由不善返归善，由此才能有德，故为德之根本。《恒》，德之固也：《恒》卦之义为持德久而不易，故为德之巩固。《损》，德之修也：《损》卦之义为减损恶念与过行，故为德之修养。《益》，德之裕也：《益》卦之义为增加善念与美行，故为德之扩充。裕，括容也。③《困》，德之辨也：《困》卦之义为穷困而不屈其志，故为一个人具否德行、德行厚薄的试金石。辨，别也。《井》，德之地也：《井》卦之义为井养不穷、博施众庶，故为德行的居守之地。《巽》，德之制也：《巽》卦之义为巽入而细微、明察而顺理，故可为德行之裁制。制，裁断也。

【原文】

《履》，和而至；《谦》，尊而光；《复》，小而辨于物；《恒》，杂而不厌；①《损》，先难而后易；《益》，长裕而不设；《困》，穷而通；②《井》，居其所而迁；《巽》，称而隐。③

[**注释**]①和而至：《履》即礼，礼至则不争，故祥和而施及于人。至，达

到。尊而光:《谦》为退让,使人尊敬而且德行光大。小而辨于物:《复》为返归于善,故从小事开始然后遍及万物。辨,通“遍”。杂而不厌:《恒》为持德恒久不变,终始无已,故周匝而不厌倦。杂,通“帀”或“匝”,周也,环绕也。 ②先难而后易:《损》卦为减损恶念与过行,故初修身而艰难,习惯成自然,后来则容易。长裕而不设:《益》卦为增益善念和美行,故使人的德行经常扩展而不伪饰做作。设,陈列,引申为摆设。穷而通:《困》卦是困而益坚,故使人坚持德行而不懈,最终顺遂通达。穷,尽也。 ③居其所而迁:《井》卦是居守其所而迁其水以养人,故使人居其位而施德于人。迁,流动也。称而隐:《巽》卦为顺理又因时而制宜,故使人因顺万物,动而合宜,但又不锋芒毕露。称,衡量轻重均匀。隐,行迹不露。

【原文】

《履》以和行,《谦》以制礼,《复》以自知,《恒》以一德,《损》以远害,《益》以兴利,《困》以寡怨,《井》以辨义,《巽》以行权。

[**注释**]①以和行:《履》卦是以和为用,循礼而行。履,礼也。行,用也。礼之用和而不争。以制礼:《谦》卦是以礼为准。制,从也,即作为标准。以自知:《复》卦是自我反省,恢复人之本性。自知,自觉。以一德:《恒》卦是坚守德操始终不二。一,一贯。以远害:《损》卦是减损恶念恶行,是以远离灾祸。 ②以兴利:《益》卦是增加善念懿行,使人获利。以寡怨:《困》卦是艰困而志坚,使人不怨天尤人。寡,少也。以辨义:《井》卦是损己以惠人,使人以此为准,明辨义与非义。以行权:《巽》卦是顺时制变,使人在常经之外,可行一时之权。权,权变,权衡。以上为第七章,深辨九卦之内涵,强调德性修养以防患于未然。

第 八 章

【原文】

《易》之为书也不可远。为道也屡迁,变动不居,周流六虚，① 上下无常，刚柔相易，不可为典要，唯变所适。② 其出入以度外内，使知惧，又明于忧患与故。无有师保，如临父母。③ 初率其辞而揆其方，既有典常。苟非其人，道不虚行。④

[**注释**]①《易》之为书也不可远：《易经》的内容皆关涉人生实用，故人需要常伴之而不可疏远。远，动词，疏远。为道也屡迁：其核心思想是事物的不断变易。道，指导原则。屡，多次。迁，移也。变动不居：（事物）在六爻位之间不停地运动而不固定于一处。不居，不停，不固定于一处。周流六虚：在六位之间周转流动。六虚，六爻位。　②上下无常：或在上位或在下位没有常规。刚柔相易：阳刚和阴柔互相转化。易，变换。不可为典要：这种变化没有一贯之法则。典，常也。要，要领，法规。唯变所适：唯有变化之偶然际遇才能决定某爻变为某爻。适，往也，趋向。　③其出入以度外内：占筮时爻变则卦变，要审度出于本卦、入于变卦时内卦（本卦）与外卦（变卦）之间的联系与态势，以定吉凶。度，审也。使知惧：使人知所戒惧。又明于忧患与故：《易经》又使人因此明于忧患与变故。无有师保如临父母：（《易经》指导人之行事），即使没有师保，也好像面临父母之教诲。师保，负责教习和保养贵族子弟的人员，即老师和保姆。　④初率其辞而揆其方：初学《易经》，要遵循其辞而探究其义理。率，遵循。辞，卦辞和爻辞。揆，探究，考察。方，义也。既有典常：（卦辞、爻辞之义理），这是有一定法则可以掌握的。典常，常道，常法。苟非其人，道不虚行：但若没有高超贤明之人，《易经》之常道法则也不可能凭空运行。按此指具备一定的素养的人才能对易道精于体会运用。以上为第八章，从为人处世的角度阐述《周易》的变化之道。

第　九　章

【原文】

《易》之为书也，原始要终以为质也。六爻相杂，唯其时物也。其初难知，其上易知，本末也。① 初辞拟之，卒成之终。若夫杂物撰德，辨是与非，则非其中爻不备。② 噫！亦要存亡吉凶，则居可知矣。知者观其彖辞，则思过半矣。③

[注释]①原始要终以为质也：察其始，求其终，然后把握一事物之整体，而抽象成一卦之体。原，察也。要，求也。质，体也。六爻相杂：一卦六爻阴阳相混杂。杂，错综。唯其时物也：爻象不过是一定时间的象征物而已。唯，是。其初难知：仅有初爻难以了解卦义。其上易知：到了上爻，对全卦就容易掌握了。本末也：初爻为本始，上爻为末尾。　②初辞拟之：初爻之辞乃拟其事物之开端。卒成之终：上爻之辞乃定一事之结局。卒，终也，指上爻，又省"辞"字。成，定也。终，结果。若夫杂物撰德：至于错杂各种物象之德性。撰，具列。辨是与非：辨别其是和非。则非其中爻不备：则非要有中间二、三、四、五诸爻不能完备。　④噫！亦要存亡吉凶：抑或要求知道人事之存亡吉凶。噫，通"抑"，转语词。要，求也。则居可知矣：则安居家中就可以知道了。居，静处不动。知者观其彖辞：智者仅观察其卦辞。知，同"智"。彖辞，此处指《易经》之卦辞。彖，断也，卦辞据卦象而断一卦之吉凶。则思过半矣：读卦辞就能掌握一卦深意的大半了。

【原文】

二与四同功而异位，其善不同，① 二多誉，四多惧，[远]近也。② 柔之为道，不利远者。③ 其要无咎，其用柔中也。三与五同功而异位，④ 三多凶，五多功，贵贱之等也。其柔危，其刚胜邪？⑤

[注释]①二与四同功而异位：每卦的二、四两爻，皆为阴位（因排序偶数）。阴以柔顺从命为事，故"同功"。功，事也。而"二"在下卦之中位，"四"在上卦之偏位，故二者"异位"。位，爻位。其善不同：二、四虽同归为吉善，但表现不同。善，吉也。　②二多誉四多惧：第二爻居于内卦且居中，故爻辞多

为赞誉。第四爻居于外卦且居偏，故爻辞多为恐惧。[远]近也：这是由于离君位远近不同的缘故。按高亨认为“近”字上当有“远”字，今本脱误，确是，从之。　③柔之为道，不利远者：二爻位于内卦居近，远离五爻的“君位”，较少牵制，故多誉；四爻居于外卦在远，接近“五”的君位，易召欺凌，故多惧。阴柔之道同在依附，但利于近者（“二”）不利远者（“四”）。　④其要无咎：第二爻总体上无祸咎。要，概要。其用柔中也：因其不仅以柔顺为命，而且居下卦之中位。用，以也。中，中位，有贞正之德。三与五同功而异位：第三爻与第五爻均为阳爻（因排序奇数），以刚健自主为事，故“同功”。但“三”居下卦之偏位，“五”居上卦之中位，故“异位”。　⑤三多凶五多功：第三爻居下卦顶位，其爻辞多凶险。第五爻居上卦之中位，其爻辞多功劳。贵贱之等也：这是由于贵贱等级的不同。按“三”位居臣下卑贱，“五”位居君王高贵。其柔危，其刚胜邪：“三”“五”虽都属阳位，但“三”以阴柔（臣属阴）居阳位，才德不称，就危险；“五”以阳刚（君为阳）居阳位，则胜任。胜，胜任。以上为第九章，综论六爻位之不同特性。

第　十　章

【原文】

《易》之为书也，广大悉备。有天道焉，有人道焉，有地道焉。兼三才而两之，故六。① 六者非它也，三才之道也。道有变动，故曰爻。② 爻有等，故曰物。物相杂，故曰文。文不当，故吉凶生焉。③

[**注释**]①广大悉备：其内容广道理大，无不具备。有天道焉，有人道焉，有地道焉：它体现了宇宙、人类社会和大地之运动规律。兼三才而两之：它兼顾天、地、人三才，并且两两相重。三才，指天、地、人。两之：两个爻位构成一才，上、五爻天位，三、四爻人位，二、初爻地位。故六：所以一卦六爻。　②六者非它也，三才之道也：“六”作为一卦之画数没有其他意义，它是天、地、人三才相统一的表征。道有变动，故曰爻：天地人之道的变动，体现在阴阳两爻的

变换上，所以称“爻”。爻，交也。交，易也。 ③爻有等，故曰物：爻分阴阳两类，象征阴阳两类物，所以说爻也是物。等，类也。物相杂，故曰文：阴阳两类爻相混杂，成卦象之纹理，象征阴阳两类物相错杂，而成天下之文采。文，通“纹”，纹理，文采。文不当，故吉凶生焉：纹理成象，或不相当，或相当，所以就产生了吉凶祸福。按不当指阳爻在阴位，阴爻在阳位。以上为第十章，论述三才之道与《周易》爻位的关系。

第十一章

【原文】

易之兴也，其当殷之末世、周之盛德邪？当文王与纣之事邪？是故其辞危，危者使平，易者使倾。① 其道甚大，百物不废。惧以终始，其要无咎。此之谓易之道也。②

[注释]①易之兴：《易经》的兴起。其当殷之末世、周之盛德邪：难道其正当殷商末代、周人兴盛的时候吗？当文王与纣之事邪：正当周文王和殷纣之间争斗的事情发生时候吗？故其辞危：所以《易经》言辞间带有深重的危机感。危者使平，易者使倾：《易经》使意识到危险者转为平安，使虚幻平易者转为倾覆，目的是戒惧人们安不忘危，才能转危为安。 ②其道甚大，百物不废：《易经》讲述的道理非常宏大，所有事物无所不包。不废，不排除在外。惧以终始，其要无咎：它戒惧世人的态度贯彻始终，其宗旨是使人们产生畏惧之心而最终没有灾祸发生。要，要旨。此之谓易之道也：这就是《易经》之主旨。以上为第十一章，揭示《周易》“惧以终始”之要旨。

第十二章

【原文】

夫《乾》，天下之至健也，德行恒易以知险。夫《坤》，天下之至顺也，德行恒简以知阻。① 能说(yuè)诸心，能研诸(侯之)虑，定天下之吉凶，成天下之亹(wěi)亹者。②

[**注释**]①夫《乾》，天下之至健也：《易经》的《乾》卦为天，象征天下最刚健之物。德行恒易以知险：其德行经常显示出平易（有规律可循），因而便于人们了解天下的凶险（从而警惧人们）。恒，常也，久也。险，指水旱风雷等自然灾变。夫《坤》，天下之至顺也：《坤》卦为地，象征天下最为柔顺之物。德行恒简以知阻：其德行经常显示出简约，因而便于了解大地上的种种险阻。阻，指高山江河等自然面貌。　②能说诸心：（因《易经》知天下之险和阻而使人趋避），故占筮者无不产生喜悦之心。说，通“悦”。能研诸（侯之）虑：（《易经》）能将天地之道研磨于易变的思虑之中。按司马光、张载、朱熹皆谓“侯之”二字为衍文，是。见朱熹《周易本义》卷之三。定天下之吉凶：因而通过占筮可以确定天下的吉凶。成天下之亹亹者：以此来成就天下人勤勉向前之事业。亹亹，勤勉不倦的样子。

【原文】

是故变化云为，吉事有祥。象事知器，占事知来。天地设位，圣人成能。①人谋鬼谋，百姓与能。八卦以象告，爻彖以情言，刚柔杂居，而吉凶可见（xiàn）矣！②

[**注释**]①变化云为：人事上因语言和行为所引发的各种变化。云为，口之所云和身之所为。吉事有祥：吉利之事都有祥瑞征兆。象事知器：观察《易经》所象之事，从而知道制作器物的方法。占事知来：用《易经》占卜事情，则知道来日应验的结果。天地设位：天地及其中间的万事万物，都被确立了应有的尊卑刚柔之位。圣人成能：圣人遵循天地之道，著成《易经》，以成就人与天地相参之能。　②人谋鬼谋：遇事先谋之于人，再谋之于鬼神，后者即通过占筮。百姓与能：虽愚笨如百姓，也可以掌握占筮的功能。能，《易经》的占筮功能。八卦以象告：八卦通过卦画来告知人们的，是关于它的象征物的种种情况。爻彖以情言：爻辞和卦辞是以具体的情态来描述其所指。彖，指卦辞。刚柔杂居而吉凶可见矣：在阳爻阴爻的刚柔杂处中，就显现了事物发展前景的吉或凶。见，通“现”，呈现。

【原文】

变动以利言，吉凶以情迁。是故爱恶相攻而吉凶生，远近相取而悔吝生，情伪相感而利害生。① 凡《易》之情，近而不相得则凶，或害之，悔且吝。② 将叛者其辞惭，中心疑者其辞枝，吉人之辞寡，躁人之辞多，诬善之人其辞游，失其守者其辞屈。③

[**注释**]①变动以利言：卦爻的变动以是否有利来论。言，论定。吉凶以情迁：吉凶会因情况的变化而转移。迁，转也。是故爱恶相攻而吉凶生：因此人与人之间会因为爱恶之情相攻击，由此造成吉凶不同的后果。远近相取而悔吝生：人与人之间因亲疏远近而相争相求，因此产生悔恨和羞辱。情伪相感而利害生：人与人之间因感情和行为的互相感应，因此产生利益和危害。伪，为也，人的行为。 ②凡《易》之情：总结《易经》显现的情态。近而不相得则凶：人与人之间如果相处得不和谐，则会憎恶而导致凶险。得，适合，契合。或害之，悔且吝：有人加害于对方，将会出现后悔和羞辱的后果。或，有的人。 ③将叛者其辞惭：将要背叛的人，其言辞伪诈。惭，通"渐"，诈也。中心疑者其辞枝：心存疑虑的人，其言辞模棱两可。枝，歧而不一。吉人之辞寡：善人的言辞简单朴实。寡，少也。躁人之辞多：浮躁之人的言辞冗长而放肆。诬善之人其辞游：欺骗或者污蔑好人者其言辞游移不定。失其守者其辞屈：丧失操守的人，其言辞屈从别人而自己无主见。屈，折而不申。以上为第十二章，内容具有总结《系辞传》上下全篇的性质，于占、象、卦、爻、辞、理、情均有涉及。

《易传·说卦传》校注①

第　一　章

【原文】

昔者圣人之作《易》也，幽赞于神明而生蓍，参天两地而倚数，②观变于阴阳而立卦，发挥于刚柔而生爻，和顺于道德而理于义，穷理尽性以至于命。③

[**注释**]①《说卦传》：为《易传》“十翼”之一，其主要内容是总述八卦所代表的各类事物及其原理、变化法则等，从人伦、人体、方位、器物、颜色、性质和动作等方面阐述八卦所象之意义。这体现了中国古代取象类比的思维方法，为我们认识《易》象的内涵及其推演提供了基本信息。马王堆汉墓出土的帛书《系辞》中有今本《说卦》的头三节内容。按《说卦传》历来分章不统一，或分十一章，或分六章，或分三章。此用三章来分割内容。　②昔者圣人之作《易》也：过去圣人创制《易经》。幽赞于神明而生蓍：受到神明的暗中佐助，提供了蓍草这种神物，以为占筮之用。幽，隐也。赞，助也。蓍：蒿类植物，其茎可为占筮之具。参天两地而倚数：《易经》以奇数表天，以偶数表地，而立其卦爻之数。参，即“三”，代表奇数。两，偶数。倚，立也。数，大衍之数五十五。③观变于阴阳而立卦：圣人观察事物之阴阳变化，因而立卦也为阴阳两类。发挥于刚柔而生爻：圣人又将阳刚阴柔的两种物性加以引申发挥，因而产生

了或奇数(阳刚)或偶数(阴柔)的两种爻象。和顺于道德而理于义:圣人再以道德来和谐顺序各种人际关系,以正义来梳理繁杂的社会事务。穷理尽性以至于命:圣人穷究天下万物之理,悉数了解天下万物之本性,以至于最终能通晓天命。

【原文】

昔者圣人之作《易》也,将以顺性命之理,是以立天之道曰阴与阳,立地之道曰柔与刚,立人之道曰仁与义。①兼三才而两之,故《易》六画而成卦。分阴分阳,迭用柔刚,故《易》六位而成章。②

[注释]①将以顺性命之理:(圣人制作《易经》),是顺应万物之本性和万物变化的普遍原理。性,本性。命,秉受于天之命运。是以立天之道曰阴与阳:故确立天之法则是阴与阳的对立统一。立地之道曰柔与刚:确立地之法则是柔与刚的对立统一。立人之道曰仁与义:确立人之行事法则是仁与义的对立统一。按仁者爱人属阴柔,义以制事属阳刚。制事,处理政治、军事等重大事件。 ②兼三才而两之:每卦兼有天、地、人三者的道理,而三者各兼两爻。三才,指天、地、人。两,指上两爻象天,下两爻象地,中两爻象人。故《易》六画而成卦:所以《易经》形成每卦六爻。六画,六爻。分阴分阳,迭用柔刚:六爻间有阴柔和阳刚的不同爻性,交相迭用。故《易》六位而成章:所以《易经》的六个爻位交错成文构成一个卦的体系。章,文理。以上为第一章,述说卦、爻的制作原理和卦象的建立法则。

第 二 章

【原文】

天地定位,山泽通气,雷风相薄,水火不相射(yì)。①八卦相错,数往者顺,知来者逆,是故《易》逆数也。②

[**注释**]①天地定位:《乾》卦象天,《坤》卦象地,如天在上地在下,确定了两卦对立之位。山泽通气:《艮》卦象山,《兑》卦象泽,两卦的气息由高到低是相通的。雷风相薄:《震》卦象雷,《巽》卦象风,两卦如风与雷相互激荡,搏击应和。薄,通“搏”,击也。水火不相射:《坎》卦象水,《离》卦象火,两卦如水火虽性质相克但也互相资助而不厌弃。射,厌弃。　②八卦相错:八卦如其所象之天、地、山、泽、雷、风、水、火一样交错杂陈,既矛盾又联系。数往者顺:人们述说以往的历史,总是顺推由远到近,如上古、中古、近古等。知来者逆:人们要了解未来总是逆向罗列由近而远,如明年、后年、再后年等。是故《易》逆数也:(因为《易经》是占验未来的),所以读六爻之顺序是自下而上的逆数法。

【原文】

雷以动之,风以散之,雨以润之,日以烜(xuān)之,艮以止之,兑以说(yuè)之①,乾以君之,坤以藏之。帝出乎震②,齐乎巽,相见乎离,致役乎坤,说(yuè)言乎兑③,战乎乾,劳乎坎,成言乎艮。④

[**注释**]①雷以动之:《震》卦象雷,其作用是震动万物。风以散之:《巽》卦象风,其作用是流散万物。雨以润之:《坎》卦象雨,其作用是润泽万物。日以烜之:《离》卦象日,其作用是晒干万物。烜,暴晒。艮以止之:《艮》卦象山,其作用是栖止万物。兑以说之:《兑》卦象泽,其作用是使万物喜悦。说,通“悦”。　②乾以君之:《乾》卦象天,其作用是主宰万物。君,动词,君临,主宰。坤以藏之:《坤》卦象地,其作用是收藏万物。帝出乎震:天帝生出万物于象征春分的《震》卦时日。高亨认为“帝出”二字下省略“万物”二字。帝,天帝,儒家神道设教,主张万物来源于造物主天帝。按《说卦》分一年为八季节,每一季节大约四十五日。每卦配一季节,配一个方位。震为正春,代表东方。③齐乎巽:万物整齐生长于象征立夏的《巽》卦之时日(东南)。齐,整齐。相见乎离:万物皆欣欣向荣相见于象征夏至的《离》卦之时日(南方)。致役乎坤:万物皆向大地汲取养分于象征立秋的《坤》卦之时日(西南)。致,得到。

役，助也。说言乎兑：万物皆因成熟而喜悦于象征秋分的《兑》卦之时日（西方）。说，通“悦”。言，通“焉”，语气词。　④战乎乾：万物皆处于阴阳相竞争的象征立冬的《乾》卦之时日（西北）。战，竞争。劳乎坎：万物疲劳之后皆归藏休息，正处于象征冬至的《坎》卦之时日（北方）。劳，疲劳。成言乎艮：万物皆成其冬终，又成其春始，正处于象征立春的《艮》卦之时日（东北）。成，成为。言，通“焉”。

【原文】

万物出乎震，震东方也。齐乎巽，巽东南也。齐也者，言万物之絜（xié）齐也。① 离也者，明也，万物皆相见，南方之卦也。圣人南面而听天下，向明而治，盖取诸此也。② 坤也者，地也，万物皆致养焉，故曰“致役乎坤”。兑，正秋也，万物之所说（yuè）也，故曰“说言乎兑”。③ 战乎乾，乾，西北之卦也，言阴阳相薄也。坎者水也，正北方之卦也，劳卦也，万物之所归也，故曰“劳乎坎”。④ 艮，东北之卦也，万物之所成终而成始也，故曰“成言乎艮”。⑤

[注释]①万物出乎震：万物出生于《震》卦，“帝”用雷震使万物生长。震东方也：《震》位在东方。齐乎巽：万物生长整齐在《巽》卦。巽东南也：《巽》位在东南。齐也者，言万物之絜齐也：所谓“齐”，就是说万物向上生长很整齐。絜，修整也。　②离也者，明也：《离》卦象日，代表世界一片光明。万物皆相见：草木茂盛，鸟兽昆虫活跃，万物于此夏季皆得相见。南方之卦也：《离》卦方位在南方。圣人南面而听天下：帝王上朝坐北向南以听政，治理天下。盖取诸此也：大概就是取法于此卦。　③坤也者，地也：《坤》卦象地。万物皆致养焉：万物皆向大地汲取养分。致，得到。养，养育。故曰“致役乎坤”：所以说万物“致役乎坤”。役，助也。兑，正秋也：《兑》卦适值正秋之季节。万物之所说也：万物成熟，因此而喜悦。说，通“悦”。　④乾，西北之卦也：《乾》卦之方位在西北。言阴阳相薄也：按乾为阳性，西北为阴方，万物亦处于盛衰转折

之际，故有战。薄，通“搏”，击也。坎者水也：《坎》卦象水。正北方之卦也：《坎》卦的方位在正北方。劳卦也：此卦正值冬季，万物疲劳而开始归藏转静。劳，疲劳。　⑤艮，东北之卦也：《艮》卦的方位在东北。万物之所成终而成始也：《艮》之季节在冬末春初，正值上一循环之终，又是新一循环的开始，为万物既成旧终又成新始的交界点。成，成为。故曰“成言乎艮”：所以说“万物成焉乎艮”。言，通“焉”。

【原文】

神也者，妙万物而为言者也。动万物者莫疾乎雷，桡万物者莫疾乎风①，躁万物者莫熯（hàn）乎火，说（yuè）万物者莫说乎泽，润万物者莫润乎水，终万物始万物者莫盛乎艮。②故水火[不]相逮，雷风不相悖，山泽通气，然后能变化，既成万物也。③

[注释]①神也者，妙万物而为言者也：所谓“神妙”，指的是人们对天地万物的生成和变化感到神秘莫测而不知其所以然。妙，动词，视为神妙。动万物者莫疾乎雷：鼓动万物而没有比雷霆万钧更迅疾的了。疾，急也。桡万物者莫疾乎风：吹拂万物而没有比暴风更急速的了。桡，通“挠”，散也，吹拂。②躁万物者莫熯乎火：没有比火更能使万物干燥了。熯，热也。说万物者莫说乎泽：没有比泽更能使万物喜悦了。说，通“悦”。润万物者莫润乎水：没有比水更能使万物滋润了。终万物始万物者莫盛乎艮：没有比《艮》卦更能成就万物之终同时又开启万物之始了。按王引之认为此处“盛”当读为成就之“成”，见高亨《周易大传今注》。　③故水火[不]相逮：水与火不相接近，故可以共存。逮，及也。按陆德明《经典释文》作“水火不相逮”，可证今本缺一“不”字，当补。雷风不相悖：雷和风不相排斥，故可以相容。悖，通“勃”，排也。山泽通气：山气和泽气可以高下相流通。然后能变化，既成万物也：然后通过运动变化，就悉数化育天下万物了。既，尽也。以上为第二章，通过八卦配八方和四季的特点，总论其卦象。

第 三 章

【原文】

乾，健也。坤，顺也。震，动也。巽，入也。坎，陷也。离，丽也。艮，止也。兑，说(yuè)也。①

乾为马，坤为牛，震为龙，巽为鸡，坎为豕，离为雉，艮为狗，兑为羊。②

乾为首，坤为腹，震为足，巽为股，坎为耳，离为目，艮为手，兑为口。③

[注释]①乾，健也：乾为天为刚健。健，刚强进取。坤，顺也：坤为地为柔顺。顺，配天而顺从。震，动也：震为雷为动。动，动万物而使变化。巽，入也：巽为风为入。入，风吹万物而无孔不入。坎，陷也：坎为水为坑陷。陷，水居下流而成坑陷。离，丽也：离为火为附丽。丽，附也，火附着于物才燃烧。艮，止也：艮为山为静止。止，山体大而自不动。兑，说也：兑为泽为喜悦。说，通“悦”，泽养育万物，众物喜悦。 ②乾为马：马为行健之家畜，故乾为马。坤为牛：牛载物而驯服，类地，故坤为牛。震为龙：龙飞入云，如雷动云中，故震为龙。巽为鸡：风吹万物动，鸡鸣众人醒，故巽为鸡。坎为豕：猪嬉戏于水洼，坎属水，故又为猪。离为雉：火焰色彩鲜亮，雉鸟浑身艳丽，故离为火又为雉。艮为狗：艮为山为止，狗看家禁止外人，故艮为狗。兑为羊：羊温驯而为人喜悦，故兑为羊。 ③乾为首：天在上，人的头颅也在上，故乾为首。坤为腹：地柔又载藏万物；人腹柔软又收纳食物，故坤为腹。震为足：震雷滚动，促人足行动，故震为足。巽为股：巽为木，人之两腿似树木，故巽为人股。坎为耳：耳是人头部之洼坑，故坎为陷为耳。离为目：火明亮闪烁，如人之双目灼灼然，故离为目。艮为手：艮为山有峰，类人之手有指，故艮为手。兑为口：泽在地吞入河流，如口在身吞咽食物，故兑为口。

【原文】

乾，天也，故称乎父。坤，地也，故称乎母。震一索而得男，故谓之长男。①巽一索而得女，故谓之长女。坎再索而得男，故谓之中男。离再索而得女，故谓之中女。②艮三索而得男，故谓之少男。兑三索而得女，故谓之少女。③

[**注释**]①故称乎父：乾为天，可比于人之父。称，比也。故称乎母：坤为地，可比于人之母。万物天生之，地养之，同理父母生育儿女，《乾》、《坤》衍生八卦。震一索而得男：震卦第一卦为阳爻（☳），阳爻象男，故称之为长男。索，求也。按凡阳卦皆一个阳爻两个阴爻，阳爻为主爻。震卦阳爻排在初位，故为长男。　②巽一索而得女：巽卦初爻为阴爻（☴），阴爻象女，故称之为长女。按凡阴卦皆一个阴爻，为主爻。巽卦阴爻在初位，故为长女。坎再索而得男：坎卦为阳卦，但阳爻在卦之二位（☵），故称“再索”，坎属中男。离再索而得女：离卦为阴卦，二阳爻一阴爻，但阴爻在卦之二位（☲），故称“再索”，离属中女。　③艮三索而得男：艮卦属阳卦，但其阳爻在卦之三位（☶），故称“三索”，而艮属少男。兑三索而得女：兑卦一阴爻二阳爻，属阴卦。但其阴爻在卦之三位（☱），故称“三索”，兑卦属少女。

【原文】

乾为天，为圜，为君，为父，为玉，为金，为寒，为冰，为大赤，为良马，为老马，为瘠马，为驳马，为木果。①

坤为地，为母，为布，为釜，为吝啬，为均，为子母牛，为大舆，为文，为众，为柄。其于地也为黑。②

[**注释**]①乾为天，为圜，为君，为父，为玉，为金，为寒，为冰，为大赤，为良马，为老马，为瘠马，为驳马，为木果：《乾》卦象征天、象征圆形（天圆地方）、象征国君（天之子）、象征父亲、象征玉石金属（其性刚健）、象征寒冰严冬（乾之季节为立冬）、象征大赤（大红色）、象征良马老马瘦马和杂色马（乾在家畜

中象马）、象征树木果实（形圆似天）。　②坤为地，为母，为布，为釜，为吝啬，为均，为子母牛，为大舆，为文，为众，为柄：《坤》卦象征地、象征母亲、象征布帛（平而有纹）、象征锅（熟食以供人食）、象征吝啬（地爱宝深藏不轻示人）、象征平均（地载育万物一视同仁）、象征母牛和小牛、象征大车（载物功能同大地）、象征文采飞扬、象征臣民众庶、象征把柄（依附于器身）。其于地也为黑：《坤》卦象征沃壤的黑色。

【原文】

震为雷，为龙，为玄黄，为旉（fǔ），为大涂，为长子，为决躁，为苍筤（láng）竹，为萑（huán）苇。① 其于马也为善鸣，为馵（zhù）足，为作足，为的颡（sāng）。其于稼也，为反生。其究为健，为蕃鲜。②

巽为木，为风，为长女，为绳直，为工，为白，为长，为高，为进退，为不果，为臭（xìu）。其于人也为寡发，为广颡，为多白眼，为近利市三倍，其究为躁卦。③

[**注释**]①震为雷，为龙，为玄黄，为旉，为大涂，为长子，为决躁，为苍筤竹，为萑苇：《震》卦象征雷、象征龙、象征玄黄混合之色（近青）、象征百花（旉，花之总称。震之季节春分，适百花盛开）、象征大路、象征长子、象征行动迅疾（决躁即趑躁，疾也）、象征青竹（苍，青色；筤，幼竹）、象征芦苇（萑，芦类植物）。　②其于马也为善鸣，为馵足，为作足，为的颡：如果比为马的话，《震》卦象征嘶鸣声音大的马、左足白色（馵足）的马、马腿特长的马（作足）和额头雪白（的颡）的马。因为这四种马行走迅疾如雷震。其于稼也，为反生：如果比为庄稼菜蔬的话，《震》卦象征那些茎叶在上面、果实坚而在土中的反生（倒生）之类，如土豆、山药。其究为健：《震》象征极健。究，极也。为蕃鲜：《震》配正春，象征草木繁盛而新鲜。　③巽为木，为风，为长女，为绳直，为工，为白，为长，为高，为进退，为不果，为臭：《巽》卦象征木、象征风、象征长女、象征木匠的绳墨（绳直）、象征工匠、象征白色、象征空间的长和高、象征时进时退、

象征不果决、象征味道。其于人也为寡发，为广颡，为多白眼：如果比人的话，它象征天生少头发、额头宽广（广颡）和目中多白的几类人。为近利市三倍：它象征得到三倍之利于市。其究为躁卦：《巽》发展到极点，就变成动而不止的躁卦。

【原文】

坎为水，为沟渎，为隐伏，为矫輮，为弓轮。① 其于人也为加忧，为心病，为耳痛，为血卦，为赤。② 其于马也为美脊，为亟心，为下首，为薄蹄，为曳。③ 其于舆也为多眚（shěng），为通，为月，为盗。其于木也，为坚多心。④

[**注释**]①坎为水，为沟渎，为隐伏，为矫輮，为弓轮：《坎》卦象征水，象征沟渠（为水所藏处），象征隐伏（水紧贴地面向下渗透），象征形状一曲一直（因水流波纹有直有曲），象征射箭之弓和车轮（因皆为外形弯曲之物）。按矫輮，即矫揉，使曲者变直为矫，使直者变曲为輮。　②其于人也为加忧，为心病，为耳痛，为血卦，为赤：在关于人的象征方面，《坎》卦象征忧虑（因人在坎险则忧心），象征心病（久忧则成疾），象征耳朵病痛（耳在头部为陷，耳进水则病之），象征血液（大地有水犹人之有血），象征赤色（坎为血卦故色赤）。　③其于马也为美脊，为亟心，为下首，为薄蹄：在关于马的象征方面，《坎》卦象征脊背美丽之马，象征内心狡猾之马，象征头颅低垂之马，象征足蹄薄弱之马。按古代“相马术”，上述四种，皆是行路较慢、易于控制之马。亟心，机灵。为曳：《坎》卦象征牵引拖物。坎为水，水冲物使行。曳，引也。　④其于舆也为多眚：关于车，《坎》卦象征行路不利，多灾难。眚，败也。《坎》为沟渠、坑陷，故车行不利。为通：《坎》卦象征通达，水流曲折终能通达也。为月：《坎》象征月亮，因月光寒白有光，似水反射。为盗：《坎》卦象征强盗，因二者皆有隐伏之性。其于木也，为坚多心：《坎》之形一阳在内、二阴在外（☵），关于树木，象征木心坚硬外皮柔和之类。

【原文】

离为火，为日，为电，为中女，为甲胄，为戈兵。①其于人也为大腹，为乾(gān)卦，为鳖，为蟹，为蠃，为蚌，为龟。其于木也为科上槁。②

[注释]①离为火，为日，为电，为中女，为甲胄，为戈兵：《离》卦象征火，象征太阳，象征闪电，象征中女，象征头盔甲衣，象征兵器戈。按火、日、电皆为光明之物，故分类配位归离卦。经卦《离》再索而得女（二爻为阴），故为中女。又《离》之卦形两阳护一阴(☲)，外刚内柔，故比附为盔甲戈兵。　②其于人也为大腹：《离》卦象征大腹之人。按卦形中爻为虚，上下皆刚，似人腹。为乾卦：《离》卦因火象征干燥，取其日所烜也（《周易正义》卷13）。为鳖，为蟹，为蠃，为蚌，为龟：《离》卦象征鳖、蟹、螺、蚌之类外有硬壳内有肉身的动物。蠃，通“螺”。其于木也为科上槁：《离》卦象征树干中空（空心树）而顶端枝叶枯槁。科，通“棵”，树干。

【原文】

艮为山，为径路，为小石，为门阙，为果蓏(luǒ)，为阍(hūn)寺①，为指，为狗，为鼠，为黔喙(huì)之属。其于木也为坚多节。②

兑为泽，为少女，为巫，为口舌，为毁折，为附决。③其于地也为刚卤。为妾，为羊。④

[注释]①艮为山：《艮》卦象征山。为径路，为小石，为门阙：《艮》卦象征小道、碎石和高大建筑之门阙。按山中路皆小，多碎石，门阙似两个山峰对峙。为果蓏：《艮》卦象征坚硬的果实。木实曰果，草实曰蓏。为阍寺：《艮》卦象征掌管门禁的阍寺之人。按《艮》为止，阍人主门，寺人主巷，其功能是止人随意进出，与卦义相合。　②为指：《艮》卦象征手指。按山峰之形似手指。为狗，为鼠，为黔喙之属：《艮》卦象征狗、鼠和肉食类动物。按狗之功用看家，

有止人妄入之义。鼠类和食肉类动物多生于山中，故象之。黔，黑也；喙，兽口也。豺狼黑口，称黔喙。其于木也为坚多节：《艮》卦象征坚实而多结节的树木，以山体坚硬和山势起伏类比之。　③兑为泽：《兑》卦象征水泽。为少女：《兑》卦象征少女，其卦形三索而为女（三爻为阴☱），故云。为巫：《兑》卦象征女巫，因巫以口舌通神，故云。为口舌：《兑》卦象征口舌。为毁折，为附决：《兑》卦象征水激边岸，毁坏财物；又象征冲毁堤坝，决口而溃。一说毁折指秋天果熟压折枯枝，附决指果实落地脱离枝干。　④其于地也为刚卤：《兑》卦象征坚硬而盐碱化的土地。按《兑》为泽，水积洼地则导致周围土质刚卤。刚，坚硬；卤，碱土也。为妾：《兑》卦象征小妾。按《兑》为泽处卑下之位，类似妾在家庭中之地位。为羊：《兑》卦象征羊。按羊之脾性温顺，似少女，故类比之。以上为第三章，分别阐述八经卦的卦象及其所象征的物事，多有引申附会。

《易传·序卦传》校注①

经　上

【原文】

有天地，然后万物生焉。盈天地之间者唯万物，故受之以《屯》。屯者，盈也。屯者，物之始生也。物生必蒙，故受之以《蒙》。② 蒙者，蒙也，物之稺也。物稺不可不养也，故受之以《需》。需者，饮食之道也。饮食必有讼，故受之以《讼》。③

［**注释**］①《序卦传》：为《易传》“十翼”之一，其主要内容是解释六十四卦的排列顺序，并阐述各卦前后相承的意义。其释《乾》《坤》《咸》《震》四卦以卦象为据，其他则以卦名为据，或不无牵强附会之处。全传分上下两部分，上则解说从《乾》至《离》三十卦的次序，下则解说从《咸》至《未济》三十四卦的次序。马王堆帛书《周易》未见《序卦传》，其卦序与此《序卦传》的卦序显为不同的两种体系。　②天地：按此处未举卦名，但天地分别代表《乾》《坤》二卦，且作为《易经》之首，此后万物才产生。盈：满也，充斥。受之以：（《乾》《坤》二卦）继后的是……。受，继也。屯者，盈也：《屯》卦代表万物初生，阴阳之气充

盈。物生必蒙：万物初生必然幼稚蒙昧。蒙，通“萌”，萌芽。故受之以《蒙》：故继后者必然是《蒙》卦。　③物稺不可不养也：万物幼小不能不加以养育。稺，通“稚”，幼禾也，即稚嫩。养，育也。故受之以《需》：所以继之以《需》卦。需，供养也。需者，饮食之道也：《需》卦讲的是饮食方面的道理。饮食必有讼：饮食之物的分配和夺取必然引起争讼。故受之以《讼》：所以继后者必是《讼》卦。

【原文】

讼必有众起，故受之以《师》。师者，众也。众必有所比，故受之以《比》。比者，比也。比必有所畜（xù），故受之以《小畜》。① 物畜（xù）然后有礼，故受之以《履》。履者，礼也。履而泰，然后安，故受之以《泰》。泰者，通也。物不可以终通，故受之以《否》。② 物不可以终否，故受之以《同人》。与人同者，物必归焉，故受之以《大有》。有大者不可以盈，故受之以《谦》。有大而能谦必豫，故受之以《豫》。③

［注释］①讼必有众起：争讼必然兴师动众。故受之以《师》：所以继后就是《师》卦。师者，众也：师就是兵众。按古代二千五百人为一师。众必有所比：众人相处需要协调关系，必然有所亲比。比，亲密也。比者，比也：《比》卦就是亲比、亲附。比必有所畜也：民众相亲附，力量和财富必定要小有蓄积。畜，通“蓄”。故受之以《小畜》：所以继后就是《小畜》卦。　②物畜然后有礼：众人财富积蓄了，然后必须有礼仪制度进行节度。故受之以《履》：所以继后就是《履》卦。履者，礼也：《履》卦就是按礼行事，人们按等级享用财物。按“履者，礼也”一句，今本无，《周易集解》本及王弼《周易略例・卦略》并有，高亨据补，从之。履而泰然后安：有了礼仪，人们泰然信守则平安。故受之以《泰》：所以继后就是《泰》卦。泰者，通也：《泰》卦就是通畅无阻。物不可以终通：事物不能永远通畅。故受之以《否》：所以继后就是《否》卦。　③物不可

以终否：事物不可能永远闭塞不通。故受之以《同人》：处否则思泰，思泰则需要人之协助，故继后者是《同人》卦。与人同者，物必归焉：《同人》即与人同心同行，则万物归附，大有收获。故受之以《大有》：所以继后的是《大有》卦。有大者不可以盈：获大成功者不可骄傲自满。盈，满也。故受之以《谦》：所以继后者为《谦》卦。有大而能谦必豫：有大成功而能谦虚者，必定安乐。豫，逸乐。故受之以《豫》：所以继后者是《豫》卦。

【原文】

豫必有随，故受之以《随》。以喜随人者必有事，故受之以《蛊》。蛊者，事也。有事而后可大，故受之以《临》。① 临者，大也。物大然后可观，故受之以《观》。可观而后有所合，故受之以《噬嗑》。嗑者，合也。② 物不可以苟合而已，故受之以《贲》。贲者，饰也。致饰然后亨则尽矣，故受之以《剥》。剥者，剥也。③

[**注释**]①豫必有随：追求安逸享乐必然有人追随。随，随从。故受之以《随》：故继后者为《随》卦。以喜随人者必有事：以喜悦之心随人必然惹起祸端。事，乱事。故受之以《蛊》：所以继后者为《蛊》卦。蛊者，事也：《蛊》卦就是有事端发生。有事而后可大：能够平复事端而后可以临大事。故受之以《临》：所以继后者为《临》卦。　②临者，大也：《临》卦以上临下，象征君临天下，故为大。物大然后可观：名物为大然后被人仰观。故受之以《观》：所以继后者为《观》卦。可观而后有所合：被人仰观而后上下人等融合为一体。故受之以《噬嗑》：所以继后者为《噬嗑》卦。嗑者，合也：所谓“嗑”就是像口嚼食物一样牙齿上下契合，比喻为人与人之间的和合。　③物不可以苟合而已：人与人之间不可以草率随便地结合，必要经过一定的礼乐文饰。物，人也。故受之以《贲》：故继后者为《贲》卦。贲者，饰也：《贲》卦就是饰之以礼文。致饰然后亨则尽矣：修饰过度就会失却本真，然后亨通之路就穷尽了。致，通“至”，极也。亨，通也，顺达。故受之以《剥》：故继后者就是《剥》卦。剥者，剥

也:《剥》卦就是剥落之义。剥,落也。

【原文】

物不可以终尽剥,穷上反下,故受之以《复》。复则不妄矣,故受之以《无妄》。①有无妄,物然后可畜,故受之以《大畜》。物畜然后可养,故受之以《颐》。颐者,养也。不养则不可动,故受之以《大过》。②物不可以终过,故受之以《坎》。坎者,陷也。陷必有所丽,故受之以《离》。离者,丽也。③

[注释]①物不可以终尽剥:事物不可能一直剥落到底使之穷尽。穷上反下:穷尽于上位之剥落,则返回下位而复升。反,通"返"。故受之以《复》:故继后为《复》卦。复,复归也。复则不妄矣:复归就要接受过去随意而过度的教训,不再有虚妄的做法。妄,谬也。故受之以《无妄》:故继后者为《无妄》卦。　②有无妄,物然后可畜:有无妄之行,则财物可以大蓄积。畜,通"蓄"。按今诸本皆无"物"字,高亨《周易大传今注》据李鼎祚《周易集解》补,从之。故受之以《大畜》:故继后者为《大畜》卦。物畜然后可养:财物大积蓄,然后身、家、臣、民都可以得到很好的养育。故受之以《颐》:故继后者为《颐》卦。颐者,养也:《颐》卦的中心思想就是养育。不养则不可动:没有很好地养育(身体、家庭、大臣、民众),则不可有所作为。动,行动。故受之以《大过》:故继后者为《大过》卦。大过,过之大者。　③物不可以终过:事物不可以一直有过行,否则就会有艰险坎坷。故受之以《坎》:所以继后者为《坎》卦。坎者,陷也:《坎》卦就是陷入危难的意思。陷必有所丽:陷入危难必然要附丽他人才能挣脱。丽,附着,依附。故受之以《离》:所以继后者就是《离》卦。离者,丽也:《离》卦讲的就是附丽。离,通"丽"。

经　下

【原文】

有天地然后有万物，有万物然后有男女，有男女然后有夫妇，有夫妇然后有父子，有父子然后有君臣，有君臣然后有上下，有上下然后礼义有所错。①夫妇之道不可以不久也，故受之以《恒》。恒者，久也。物不可以久居其所，故受之以《遁》。遁者，退也。物不可终遁，故受之以《大壮》。②物不可以终壮，故受之以《晋》。晋者，进也。进必有所伤，故受之以《明夷》。夷者，伤也。伤于外者必反其家，故受之以《家人》。③

[注释]①有天地然后有万物：《易经》下篇从象征男女结为夫妇的《咸》卦开始，因为人伦之起点是夫妇，故天地生万物，万物分雌雄，在人为男女，男女结为夫妇，而后再有父子、君臣，于是上下等级形成。按《咸》卦(䷞)上为兑为少女，下为艮为少男，阴阳相感；男下女上，男子亲迎，有结婚之象。有上下然后礼义有所错：有了上下等级，然后才有礼仪的施行。错，通“措”，施也。②夫妇之道不可以不久也：夫妻之间有终身之义，不能不恒久。故受之以《恒》：所以继《咸》卦之后为《恒》卦。恒者，久也：《恒》卦是持久的意思。物不可以久居其所：人不能永远不动而久处一地。故受之以《遁》：故继后而起的就是象征退避的《遁》卦。遁者，退也：《遁》卦就是退避。物不可终遁：人不可永远退避。故受之以《大壮》：故继后的是象征兴旺进取的《大壮》卦。　③物不可以终壮：任何事物也不可能安于强壮。故受之以《晋》：所以继后的是象征长进的《晋》卦。晋者，进也：《晋》卦就是前进。进必有所伤：前进不会一帆风顺，必有所损伤。故受之以《明夷》：故继后者为《明夷》卦。夷者，伤也：“夷”就是受伤的意思(“明夷”即光明受伤)。伤于外者必反其家：受伤于外必要返归其家。反，通“返”。故受之以《家人》：故继后者为象征返家的《家人》卦。

【原文】

家道穷必乖，故受之以《睽》。睽者，乖也。乖必有难，故受之以《蹇》。蹇者，难也。物不可终难，故受之以《解》。解者，缓也。①缓必有所失，故受之以《损》。损而不已，必益，故受之以《益》。益而不已，必决，故受之以《夬》。夬者，决也。②决必有所遇，故受之以《姤》。姤者，遇也。物相遇而后聚，故受之以《萃》。萃者，聚也。聚而上者谓之升，故受之以《升》。升而不已必困，故受之以《困》。③

［**注释**］①家道穷必乖：家势困穷必然使家人离散。穷，困顿。乖，背离。故受之以《睽》：故继后者为象征家人离散的《睽》卦。乖必有难：家人离散必有困难出现。故受之以《蹇》：所以继后者是寓意艰难的《蹇》卦。蹇，行动困难貌，引申为艰难。物不可终难：任何事物都不可能永远艰难。故受之以《解》：所以继后者是象征疏解的《解》卦。解者，缓也：《解》就是舒缓之义。②缓必有所失：人们生活舒缓就会思想麻痹松懈，必然造成过失不断。故受之以《损》：所以继后者是象征损失的《损》卦。损而不已，必益：事物减损到一定程度，人们主观上尽力扭转，事情又会向增益的方向转化。益，增加。故受之以《益》：所以继后者必为《益》卦。益而不已，必决：如水一样增加不止，就会使堤坝溃决。故受之以《夬》：所以继后者是《夬》卦。夬者，决也：《夬》卦就是如水溃决。　③决必有所遇：溃决之水必然在低处相遇。故受之以《姤》：所以继后者是《姤》卦。姤者，遇也：《姤》卦的主旨就是不期而遇。姤，邂逅。物相遇而后聚：人或者事物相遇就是聚集。故受之以《萃》：所以继后者是《萃》卦。萃，草丛盛貌，引申为积聚。聚而上者谓之升：事物汇聚则升腾。故受之以《升》：所以继后者是《升》卦。升而不已必困：一直上升必然困顿不前。故受之以《困》：所以继后者是《困》卦。

【原文】

困乎上者必反下，故受之以《井》。井道不可不革，故受之以《革》。革物者莫若鼎，故受之以《鼎》。主器者莫若长子，故受之以《震》。① 震者，动也。物不可以终动，止之，故受之以《艮》。艮者，止也。物不可以终止，故受之以《渐》。渐者，进也。进必有所归，故受之以《归妹》。② 得其所归者必大，故受之以《丰》。丰者，大也。穷大者必失其居，故受之以《旅》。③

[注释]①困乎上者必反下：困顿于上者必然反向朝下。故受之以《井》：水井处于卑下之地，所以继后者是《井》卦。井道不可不革：水井需要经常淘洗清淤。故受之以《革》：所以《井》卦继后者就是象征革新的《革》卦。革物者莫若鼎：最具有变革象征的器物莫过于鼎，它能将生的物品变成熟的。故受之以《鼎》：所以继后者是《鼎》卦。主器者莫若长子：鼎为祭祀宝器，主祭者之人选莫过于长子。故受之以《震》：《震》为长子，所以《鼎》之继后者为《震》卦。

②震者，动也：《震》即象征运动。物不可以终动：事物不能够运动不止。止之：必然要适时而止。故受之以《艮》：所以继后者是《艮》卦。艮者，止也：《艮》为山岳之象，喻静止。物不可以终止：事物也不能永远静止。故受之以《渐》：所以继后者为《渐》卦。渐者，进也：《渐》卦的主旨是逐渐前进。进必有所归：渐进的结果必有归宿。故受之以《归妹》：所以继后者是《归妹》卦。

③得其所归者必大：《归妹》即女子归于夫家，有良好归宿者必然丰盛强大。故受之以《丰》：所以继后者为《丰》卦。丰者，大也：《丰》卦意味着盛大。穷大者必失其居：人丰盛至极则骄奢淫佚，必然破家而失去居所。故受之以《旅》：所以《丰》卦的继后者就是象征羁旅无涯的《旅》卦。

【原文】

旅而无所容，故受之以《巽》。巽者，入也。入而后说之，故受之以《兑》。兑者，说也。说而后散之，故受之以《涣》。①涣者，离也。物不可以终离，故受之以《节》。节而信之，故受之以《中孚》。②有其信者必行之，故受之以《小过》。有过物者，必济，故受之以《既济》。物不可穷也，故受之以《未济》，终焉。③

[注释]①旅而无所容：羁旅在外而无定所容身。故受之以《巽》：所以继后者为《巽》卦。巽者，入也：《巽》之含义为风，风顺隙而入。入而后说之：人有容身之所，然后生喜悦之情。说，借为"悦"。故受之以《兑》：所以继后者为《兑》卦。兑者，说也：《兑》卦象征喜悦。说而后散之：旅客有归而喜悦，但终非长久之计，之后必然要离散而去。故受之以《涣》：所以继后者为《涣》卦。②涣者，离也：《涣》卦主离散。涣，散也。物不可以终离：事物不能够长久地散而不合，必须有所节制。故受之以《节》：所以继后者为《节》卦。节而信之：要节制和掌控事物的发展状态，必须有诚信在心。故受之以《中孚》：所以继后者为《中孚》卦。中，通"忠"，诚也；孚，信也。　③有其信者必行之：心有诚信然后身体力行，即使有过失也在所不惜。故受之以《小过》：所以继后者为《小过》卦。有过物者，必济：人做事不怕有过失，善于自我纠正者必能成功。物，事也。济，成也。故受之以《既济》：所以继后者为《既济》卦。既济，大功告成。物不可穷也：事物的发展无穷无尽，没有终结。穷，尽也。故受之以《未济》：所以继后者为《未济》卦。未济，功业既成又未成。终焉：六十四卦的序次至此而终。

《易传·杂卦传》校注①

【原文】

《乾》刚《坤》柔，《比》乐《师》忧。《临》《观》之义，或与或求。②《屯》见(xiàn)而不失其居。《蒙》杂而著。《震》，起也。《艮》，止也。《损》《益》，盛衰之始也。《大畜》，时也。《无妄》，灾也。③《萃》聚而《升》不来也。《谦》轻而《豫》怠也。《噬嗑》，食也。《贲》，无色也。④

[**注释**]①《杂卦传》：为《易传》“十翼”之一，马王堆帛书《周易》无之。其内容是把六十四卦分成三十二对，两卦一组，用极简明的语言概括说明其卦义。它不按《序卦传》的顺序排卦，每一组两卦或同相类，称为“旁通卦”和“错卦”；或异相明，称为“反卦”和“综卦”。它们往往在衬托或对比中使卦义更鲜明更深刻。 ②《乾》刚《坤》柔：《乾》为天，其性刚健；《坤》为地，其性柔顺。按两者或纯阳或纯阴，为相错卦。《比》乐《师》忧：《比》卦之义为臣辅君，故乐安其位；《师》卦之义为军旅出征，故忧心败绩。按两卦同为一阳统五阴，但一阳《比》居九五君位，《师》居九二帅位，阴阳同体而上下相反，为相综卦。《临》《观》之义或与或求：《临》卦之义为临民施政，为施与；《观》卦之义为观民设教，即探求民之真情。与，施与。求，探求。 ③《屯》见而不失其居：《屯》卦之义是事物萌生初现，虽历艰难而终得安居。《蒙》杂而著：《蒙》卦象征启发童蒙，事虽繁杂而功效显著。《震》，起也：《震》为雷，其性为起而行动。《艮》，止

也：《艮》为山，其性为静止不动。《损》《益》，盛衰之始也：《损》卦损极则益，为兴盛之始；《益》卦益极则损，为衰败之始。《大畜》，时也：《大畜》就是大积蓄，需要待时而动。《无妄》，灾也：《无妄》说的是即使不任意妄为，也会遇上飞来横祸。　④《萃》聚而《升》不来也：《萃》卦之义是聚集而不散，《升》卦之义是上升而不回还。来，还也。《谦》轻而《豫》怠也：《谦》卦是谦卑自轻而人敬重之，《豫》卦是安逸怠惰而人轻视之。《噬嗑》，食也：《噬嗑》卦以开口进食象征上下契合。《贲》，无色也：《贲》卦以繁缛的文饰反而失去正色。按《说苑》孔子曰“贲非正色”，故此处称“无色”。

【原文】

《兑》见（xiàn）而《巽》伏也。《随》，无故也。《蛊》则饬也。《剥》，烂也。《复》，反也。《晋》，昼也。《明夷》，诛也。①《井》通而《困》相遇也。《咸》，速也。《恒》，久也。《涣》，离也。《节》，止也。《解》，缓也。《蹇》，难也。②《睽》，外也。《家人》，内也。《否》《泰》，反其类也。《大壮》则止，《遁》则退也。《大有》，众也。《同人》，亲也。《革》，去故也。《鼎》，取新也。③

[注释]①《兑》见而《巽》伏也：《兑》卦之义为喜悦故表情外现；《巽》卦之义为谦逊故隐伏无迹。《随》，无故也：《随》卦之义为无事而休息。故，事也。《蛊》则饬也：《蛊》卦之义为有事而整弊治乱。饬，整治也。《剥》，烂也：《剥》卦之象为五阴剥一阳，一阳腐烂将尽。《复》，反也：《复》卦之象为一阳复归，发展向上，逼迫五阴。反，通“返”。《晋》，昼也：《晋》卦之象为日出地上，故光明同昼。《明夷》，诛也：《明夷》卦象日入地中，喻贤人受伤害。诛，伤也。②《井》通而《困》相遇也：《井》卦之象木上有水（下巽上坎），木桶使水汲到地上而人们得利，故水通。《困》卦之象泽水渗地（下坎上兑），遭遇困遏而水不得出，故遇。遇，遏止。《咸》，速也：《咸》，义为感，感而快速反应，故速。《恒》，久也：恒常之物能长久，《恒》卦，之义为久。《涣》，离也：众物分散，《涣》

卦之义为离。《节》，止也：《节》卦之主旨为节制，即约束制止。《解》，缓也：《解》之卦象上震（动）下坎（险），危险缓解。《蹇》，难也：《蹇》之象上坎（险）下艮（止），正处险境，故难。 ③《睽》，外也：《睽》为"睽孤"，孤子乖离，故在家外。《家人》，内也：《家人》和睦会聚，故在家内。《否》《泰》，反其类也：《否》《泰》两卦一为闭塞（《否》），一为亨通（《泰》），事类相反。《大壮》则止：事物壮大到极点，必将衰止，《大壮》之义也。《遁》则退也：《遁》为困穷，宜当退避，以谋再起。《大有》，众也：《大有》柔居尊位，上下呼应，故拥众。《同人》，亲也：《同人》柔得中而刚应之，喻与人亲和。《革》，去故也：革命即除去旧弊。《鼎》，取新也：新朝定鼎，面貌焕然一新。

【原文】

《小过》，过也。《中孚》，信也。《丰》，多故也。亲寡，《旅》也。《离》上而《坎》下也。《小畜》，寡也。《履》，不处也。①《需》，不进也。《讼》，不亲也。《大过》，颠也。《姤》，遇也，柔遇刚也。《渐》，女归待男行也。《颐》，养正也。②《既济》，定也。《归妹》，女之终也。《未济》，男之穷也。《夬》，决也，刚决柔也。君子道长，小人道忧（xiāo）也。③

[注释]①《小过》，过也：《小过》之象是阴四阳二，略有过度，但并不违背中道，故小有过失。《中孚》，信也：《中孚》卦象二阴在中为虚空，象征心有诚信。孚，信也。《丰》，多故也：丰则大，大则盛，故旧多来攀援。故，故旧之人。亲寡，《旅》也：正常语序应是"《旅》，亲寡也"，此处错简。人旅居在外，少有亲故，故"亲寡"。《离》上而《坎》下也：《离》为火，火炎上；《坎》为水，水润下。《小畜》，寡也：小有积蓄，故称寡少。《履》，不处也：履，行也，故不静居一处。②《需》，不进也：《需》卦之象乾下坎上，坎险在前，须等待而不可燥急，故不进。《讼》，不亲也：打官司争讼纷纭，而使人不相亲。《大过》，颠也：《大过》之象是船覆泽底（下巽上兑），故颠。颠，覆也。《姤》，遇也：《姤》卦之象是一阴（初六）遇五阳，故柔遇刚也。遇，遭遇，对抗。《渐》，女归待男行也：《渐》卦下

艮(少男)上巽(长女),象女子出嫁,须等待男方亲迎而后行也。归,女子出嫁。《颐》,养正也:《颐》之卦义为养,但养之方法要持正。　③《既济》,定也:既已完渡,六爻得位,喻大事有成。定,成也。《归妹》,女之终也:《归妹》卦义,女之终身已有归宿。归,女嫁;妹,少女。《未济》,男之穷也:渡河未成,六爻失位,喻志向未遂。又三阳为主,故男子困穷。《夬》,决也:《夬》之卦象一柔居五刚之上,阳盛而阴将消,故称刚决柔也。决,断决。君子道长,小人道忧也:刚为君子,柔为小人,《夬》卦之义为君子之道壮大,小人之道消隐。忧,当读为“消”。

参考书目

（一）《易》类文献

[魏]王弼撰，楼宇烈校释：《周易注》并附《周易略例》，中华书局，2011年版。

[魏]王弼、[晋]韩康伯注，[唐]孔颖达疏：《周易正义》，见阮元校刻《十三经注疏》影印本，中华书局，1980年版。

[魏]王弼、[晋]韩康伯注，[唐]孔颖达正义：《周易正义》，简体横排标点本，中国致公出版社，2009年版。

[唐]李鼎祚撰：《周易集解》（上、下），简体横排本，九州出版社，2003年版。

[唐]陆德明撰：《周易释文》（一名《周易音义》），原为《经典释文》的第二卷，见阮刻《十三经注疏·周易正义》附，中华书局，1980年版。

[唐]郭京撰：《周易举正》，津逮秘书本。

[宋]司马光撰：《温公易说》，文渊阁四库全书本，台湾商务印书馆影印。

[宋]蔡渊撰：《周易卦爻经传训解》，文渊阁四库全书本，台湾商务印书馆影印。

[宋]朱熹撰,廖名春点校:《周易本义》,中华书局,2009年版。
[宋]程颐撰,王孝鱼点校:《周易程氏传》,中华书局,2011年版。
[宋]张载撰,章锡琛点校:《横渠易说》,见《张载集》,中华书局"理学丛书"本,2012年版。
[宋]吕祖谦撰:《古易音训》,"金华丛书"本。
[宋]魏了翁撰:《周易要义》,文渊阁四库全书本,台湾商务印书馆影印。
[明]来知德集注,胡真校点:《周易》,上海古籍出版社,2013年版。
[明]何楷撰:《古周易订诂》,文渊阁四库全书本,台湾商务印书馆影印。
[清]王夫之撰:《周易内传》,文渊阁四库全书本,台湾商务印书馆影印。
[清]王夫之撰:《周易稗疏》,皇清经解续本。
[清]黄宗羲撰,郑万耕点校:《易学象数论》,中华书局,2010年版。
[清]李光地等撰:《周易折中》,九州出版社,2002年版。
[清]胡煦撰,程林点校:《周易函书》,中华书局,2008年版。
[清]惠栋撰,郑万耕点校:《周易述》(附《易汉学》、《易例》),中华书局,2007年版。
[清]毛奇龄撰:《仲氏易》,文渊阁四库全书本,台湾商务印书馆影印。
[清]孙星衍撰:《周易集解》,"丛书集成"本,商务印书馆,1936年版。
[清]胡渭撰:《易图明辨》,"丛书集成"本,商务印书馆,1936年版。
[清]焦循撰:《易学三书》(《易通释》、《易章句》、《易略图》)、《周易补疏》,皇清经解本。
[清]朱骏声撰:《六十四卦经解》,中华书局,1958年版。
[清]阮元撰:《周易校勘记》,附阮刻《十三经注疏·周易正义》后。

马其昶撰:《重定周易费氏学》,集虚草堂丛书本(甲集)。
郭沫若:《周易时代的社会生活》,见氏著《中国古代的社会研究》,商务印书馆,2011 年版。
闻一多:《周易义证类纂》,《闻一多全集》本,湖北人民出版社,1993 年版。
于省吾:《双剑誃易经新证》,民国二十三年(1934 年)石印本。
尚秉和:《周易尚氏学》,中华书局,1980 年版。
尚秉和撰:《焦氏易诂》,1934 年刊本。
尚秉和撰:《焦氏易林注》,光明日报出版社,2006 年版。
李镜池:《周易探源》,中华书局,1978 年版。
李镜池:《周易通义》,中华书局,2008 年版。
李镜池:《周易校释》,载岭南大学《岭南学报》第九卷第 2 期。
陈立夫主编:《易学应用之研究》(第一辑),台湾中华书局,1974 年版。
南怀瑾、徐芹庭注译:《周易今注今译》,天津古籍出版社,1987 年版。
高亨:《周易古经今注》(重订本),中华书局,1984 年版。
高亨:《周易大传今注》,齐鲁书社,1979 年版。
高亨:《周易杂论》,山东人民出版社,1962 年版。
金景芳、吕绍纲著:《周易全解》(修订本),上海古籍出版社,2005 年版。
金景芳:《〈周易·系辞传〉新编详解》,辽海出版社,1998 年版。
金景芳:《周易讲座》,吉林大学出版社,1987 年版。
金景芳:《学易四种》,吉林文史出版社,1987 年版。
黄寿祺:《易学群书平议》,北京师范大学出版社,1988 年版。
朱伯崑:《易学哲学史》,北京大学出版社,1986 年版。
刘大钧:《周易概论》,齐鲁书社,1986 年版。

张立文:《周易思想研究》,湖北人民出版社,1980 年版。
张立文:《帛书周易注译》,中州古籍出版社,1992 年版。
胡朴安:《周易古史观》,上海古籍出版社,1986 年版。
杨鸿儒:《易经导读》,华文出版社,2001 年版。
唐明邦主编:《周易评注》,中华书局,1995 年版。
翟廷晋主编:《周易与华夏文明》,上海人民出版社,1998 年版。
廖名春、康学伟、梁韦弦:《周易研究史》,湖南出版社,1991 年版。
黄寿祺、张善文译注:《周易》,上海古籍出版社,2007 年版。
林忠军:《易纬导读》,齐鲁书社,2002 年版。
崔波:《周易解说》,天马图书有限公司(香港),2002 年版。
宋会群、苗雪兰:《中华第一经——〈周易〉与中国文化》,河南大学出版社,1995 年版。
徐勇:《易经原理及注释》,中医古籍出版社,2015 年版。
马王堆汉墓帛书整理小组整理:《马王堆帛书周易六十四卦释文》,《文物》1984 年第 3 期。
于豪亮:《帛书周易》,《文物》1984 年第 3 期。
张政烺:《帛书六十四卦跋》,《文物》1984 年第 3 期。
张政烺:《试释周初青铜器铭文中的易卦》,《考古学报》1980 年第 4 期。
顾颉刚:《周易卦爻辞中的故事》,载《古史辩》第三册上,上海古籍出版社,1982 年版。
张岱年:《论易大传的著作年代与哲学思想》,《中国哲学》第 1 辑,北京三联书店,1981 年版。
黄寿祺:《汉易举要・孟氏易卷》,《福建师范学院学报》1962 年第 1 期。
陈仁仁:《上海博物馆藏战国楚竹书〈周易〉研究综述》,《周易研究》2005 年第 2 期。

赵争:《湖北江陵王家台秦简〈归藏〉研究综述》,《周易研究》2012年第5期。

游志诚:《迈向〈周易〉综合学新途径——从李镜池〈周易通义〉谈起》,《中国文化》2016年春季号(总第43期)。

(二)其他类目文献

[魏]王弼著,楼宇烈校释:《王弼集校释》(上、下),中华书局,1980年版。

[汉]孔安国传,[唐]孔颖达疏:《尚书正义》,阮刻《十三经注疏》本,中华书局,1980年版。

[汉]毛亨传,郑玄笺,[唐]孔颖达疏:《毛诗正义》,阮刻《十三经注疏》本,中华书局,1980年版。

[汉]郑玄注,[唐]贾公彦疏:《周礼注疏》,阮刻《十三经注疏》本,中华书局,1980年版。

[清]秦蕙田撰:《五礼通考》,文渊阁四库全书本,台湾商务印书馆影印。

杨伯峻编著:《春秋左传注》,中华书局,2009年版。

徐元诰撰:《国语集解》,中华书局,2002年版。

[汉]刘向集录:《战国策》,中华书局,1985年版。

[汉]司马迁:《史记》,中华书局,1982年版。

[汉]班固:《汉书》,中华书局,1962年版。

[刘宋]范晔:《后汉书》,中华书局,1964年版。

[晋]陈寿:《三国志》,中华书局,1959年版。

[唐]房玄龄等:《晋书》,中华书局,1974年版。

[梁]沈约:《宋书》,中华书局,1974年版。

[唐]魏徵等:《隋书》,中华书局,1973年版。

[后晋]刘昫等:《旧唐书》,中华书局,1975年版。

[元]脱脱等:《宋史》,中华书局,1977 年版。
[清]张廷玉等:《明史》,中华书局,1974 年版。
[魏]王弼著,楼宇烈校释:《老子道德经注》,见《王弼集校释》,中华书局,1980 年版。
高明撰:《帛书老子校注》,“新编诸子集成”本,中华书局,1996 年版。
程树德撰,程俊英、蒋见元点校:《论语集释》,“新编诸子集成”本,中华书局,2014 年版。
[清]郭庆藩撰,王孝鱼点校:《庄子集释》,“新编诸子集成”本,中华书局,2012 年版。
[清]焦循撰,沈文倬点校:《孟子正义》,“新编诸子集成”本,中华书局,1987 年版。
[清]王先谦撰,沈啸寰、王星贤点校:《荀子集解》,“新编诸子集成”本,中华书局,2013 年版。
[汉]韩婴撰,许维遹校释:《韩诗外传集释》,中华书局,1980 年版。
[汉]刘安等撰,刘文典集解:《淮南鸿烈集解》,中华书局,1989 年版。
[汉]王符著,[清]汪继培笺,彭铎校正:《潜夫论笺校正》,“新编诸子集成”本,中华书局,1985 年版。
[汉]王充著,张宗祥校注,郑绍昌标点:《论衡校注》,上海古籍出版社,2013 年版。
[宋]王应麟著,张三夕、杨毅点校:《汉制考》《汉艺文志考证》,中华书局,2011 年版。
[宋]王应麟著:《玉海》,文渊阁四库全书本,台湾商务印书馆影印。
[宋]邵雍撰:《皇极经世书》,文渊阁四库全书本,台湾商务印书馆影印。
[宋]黎靖德编,王星贤点校:《朱子语类》,中华书局,1986 年版。

[宋]程颢、程颐撰:《二程集》,中华书局,1981年版。
[宋]陆九渊撰:《象山集》,文渊阁四库全书本,台湾商务印书馆影印。
[清]顾炎武撰:《日知录》,文渊阁四库全书本,台湾商务印书馆影印。
[清]章学诚撰:《文史通义》,中华书局,1961年版。
[清]唐晏著,吴东民点校:《两汉三国学案》,中华书局,1986年版。
[宋]王尧臣等撰:《崇文书目》,文渊阁四库全书本,台湾商务印书馆影印。
[宋]晁公武撰:《郡斋读书志》,文渊阁四库全书本,台湾商务印书馆影印。
[宋]陈振孙撰:《直斋书录解题》,文渊阁四库全书本,台湾商务印书馆影印。
[清]永瑢等撰:《四库全书总目》,中华书局,1965年版。
[清]段玉裁撰:《说文解字注》,中华书局,2013年版。
汉语大字典编委会编纂:《汉语大字典》(九卷本),崇文书局、四川辞书出版社,2010年版。
汉语大词典编委会编纂:《汉语大词典》(十二卷本),汉语大词典出版社,1993年版。

近期国学读物要目

国学新读本

诗经　梁锡锋　注说
论语　臧知非　注说
尚书　姜建设　注说
国语　曹建国　张玖青　注说
孔子家语　杨朝明　注说
山海经　郑慧生　注说
墨子　苏凤捷　程梅花　注说
孟子　何晓明　周春健　注说
庄子　曹础基　注说
荀子　杨朝明　注说
韩非子　赵　沛　注说
孙子兵法　赵国华　注说
楚辞　李中华　邹福清　注说
潜夫论　王　健　注说
文心雕龙　戚良德　注说

礼记　杨天宇　注说
老子　曹　峰　注说
吕氏春秋　张富祥　注说
商君书　徐　莹　注说
战国策　张彦修　注说
淮南子　杨有礼　注说
春秋繁露　曾振宇　注说
世说新语　赵成林　注说
史通　李振宏　注说

周易　龚留柱　注说
新语　李振宏　注说
新书　徐　莹　注说
新论　臧知非　注说
说苑　赵国华　范正娥　注说
搜神记　王利锁　注说
颜氏家训　郭宝军　注说

文中子　王路曼　池　桢　注说
潜书　池　桢　王路曼　注说
六祖坛经　姚彬彬　注说
韩愈集　刘真伦　注说
柳宗元集　岳　珍　注说
贞观政要　苏士梅　注说
通书　张文瀚　注说
正蒙　李　峰　注说
王弼集　党圣元　注说
欧阳修集　杨　亮　注说
王安石集　张富祥　李玉诚　注说
容斋随笔　张富祥　注说
论语集注　梁振杰　注说
大学中庸集注　梁振杰　注说
孟子集注　赵庆伟　注说
近思录　路新生　注说
传习录　岳淑珍　注说
焚书　李竞艳　注说
明夷待访录　赵轶峰　注说
闲情偶寄　惠　萍　注说
龚自珍集　曹志敏　注说
校邠庐抗议　刘克辉　戴宁淑　注说
劝学篇　马小泉　注说

百年河大国学旧著新刊

河洛方言诠诂　王广庆　著
三统历表　邵瑞彭　著
中国戏剧概论　卢　前　著
晚明思想史散论　嵇文甫　著
论语新探　赵纪彬　著
天问研究　孙作云　著
汉魏六朝文学史　李嘉言　著
金艺文志　金登科记考　万　曼　著
唐集叙录　万　曼　著
中国文学史新编　张长弓　著
汉碑集释　高　文　著
袁中郎研究　任访秋　著
东夷杂考　李白凤　著
宋会要辑稿考校　王云海　著
长江集新校　李嘉言　著

高适岑参选集　高　文　王刘纯　选著
花间集注　华锺彦　著
庆湖遗老诗集校注　王梦隐　著
曾瑞散曲集校注　李春祥　著
辛弃疾选集　佟培基　选著
汉魏六朝韵谱　于安澜　著
毡推闲话　武慕姚　著
中国救荒史　邓云特　著
红学二百年　李春祥　著
文心雕龙选讲　温绎之　著

于安澜书画学四种

画论丛刊
画史丛书
画品丛书
书学名著选

元典文化丛书

中华第一经——《周易》与中国文化　宋会群　苗雪兰　著
教化百科——《诗经》与中国文化　孙克强　张小平　著
经国治民之典——《周礼》与中国文化　郝铁川　著
哲人的智慧——《老子》与中国文化　高秀昌　龚　力　著
圣人箴言录——《论语》与中国文化　李振宏　著
武学圣典——《孙子兵法》与中国文化　龚留柱　著
亚圣思辨录——《孟子》与中国文化　何晓明　著
逍遥之祖——《庄子》与中国文化　白本松　王利锁　著
外王之学——《荀子》与中国文化　张曙光　著
中国帝王术——《韩非子》与中国文化　王宏斌　著
史家绝唱——《史记》与中国文化　邓鸿光　著
诸经总龟——《春秋》与中国文化　涂文学　周德钧　著
管理宝典——《管子》与中国文化　袁　闯　著
纵横家书——《战国策》与中国文化　张彦修　著
人仙之间——《抱朴子》与中国文化　徐仪明　冷天吉　著
医学圣典——《黄帝内经》与中国文化　王庆宪　梁晓珍　著
礼乐渊薮——《礼记》与中国文化　黄宛峰　著
词章之祖——《楚辞》与中国文化　李中华　著
星学宝典——《历书天官书》与中国文化　郑慧生　著
天人衡中——《春秋繁露》与中国文化　曾振宇　范学辉　著
王政全书——《吕氏春秋》与中国文化　张富祥　著
神话之源——《山海经》与中国文化　高有鹏　孟　芳　著

新道鸿烈——《淮南子》与中国文化　杨有礼　著
史家龟鉴——《史通》与中国文化　曾凡英　著
政事纲纪——《尚书》与中国文化　姜建设　著
春秋弦歌——《左传》与中国文化　龚留柱　著
平民理想——《墨子》与中国文化　苏凤捷　程梅花　著
人伦本原——《孝经》与中国文化　臧知非　著
法典之王——《唐律疏议》与中国文化　徐永康　吉霁光　郑　取　著
文论巨典——《文心雕龙》与中国文化　戚良德　著

宋代研究丛书

北宋诗学　张海鸥　著
宋代东京研究　周宝珠　著
宋代地域经济　程民生　著
宋代监察制度　贾玉英　著
宋代官员选任和管理制度　苗书梅　著
宋代地域文化　程民生　著
宋代文学通论　王水照　主编
宋代司法制度　王云海　主编
宋代教育　苗春德　主编
清明上河图与清明上河学　周宝珠　著
宋代文化史　姚瀛艇　主编
黄庭坚与宋代文化　杨庆存　著
宋代交通管理制度研究　曹家齐　著
岳飞和南宋前期政治与军事研究　王曾瑜　著
成圣之道——北宋二程修养工夫论之研究　温伟耀　著
宋代绘画研究　邓乔彬　著

汉语史专书语法研究丛书

《三朝北盟会编》语法研究　刁晏斌　著
《荀子》虚词研究　黄　珊　著
《晏子春秋》词类研究　姚振武　著
《聊斋俚曲》语法研究　冯春田　著
《孟子》词类研究　崔立斌　著
《朱子语类辑略》语法研究　吴福祥　著
敦煌变文 12 种语法研究　吴福祥　著
《吕氏春秋》句法研究　殷国光　著
《尚书》语法论稿　钱宗武　著
《左传》语法研究　何乐士　著
《元典章·刑部》语法研究　李崇兴　祖生利　著
汉语语法史断代专书比较研究　何乐士　著

图书在版编目(CIP)数据

周易/龚留柱注说.—郑州:河南大学出版社,2018.8
(国学新读本)
ISBN 978-7-5649-3439-2

Ⅰ.①周… Ⅱ.①龚 Ⅲ.①《周易》—注释 ②《周易》—译文 Ⅳ.①B221

中国版本图书馆 CIP 数据核字(2018)第 186574 号

责任编辑 何 新 解远文
责任校对 胡玲霞
封面设计 马 龙

出版发行 河南大学出版社
地址:郑州市郑东新区商务外环中华大厦 2401 号 邮编:450046
电话:0371-86059701(营销部) 网址:www.hupress.com
排 版 郑州市今日文教印制有限公司
印 刷 开封智圣印务有限公司
版 次 2018 年 9 月第 1 版 **印 次** 2018 年 9 月第 1 次印刷
开 本 650mm×960mm 1/16 **印 张** 27.25
字 数 330 千字 **定 价** 68.00 元
